全国高等职业教育汽车类“十二五”规划教材

汽车底盘电控技术

主　编　贾广辉
副主编　陈永利　崔志华　曹乐男
　　　　梅丽歌　叶新娜
主　审　齐　伟

黄河水利出版社
·郑州·

内 容 提 要

本书围绕汽车底盘电控系统及其检修方法展开论述，注重理论与实际操作相结合，系统地讲解了我国目前常见车型的电控液力自动变速器、电控无级变速器、双离合自动变速器、电控制动防抱死系统(ABS)、电控驱动防滑/牵引力控制系统(ASR/TRC)、车辆稳定控制系统(ESP)、电控悬架系统、电控动力转向与四轮转向系统等的结构、原理、使用及检修。

本书可作为高职高专汽车检测与维修等专业教材，也可供汽车维修技术人员及相关行业的技术人员、成人高等教育和汽车技术培训使用。

图书在版编目(CIP)数据

汽车底盘电控技术/贾广辉主编．—郑州：黄河水利出版社，2013.6

全国高等职业教育汽车类“十二五”规划教材

ISBN 978-7-5509-0426-2

Ⅰ.①汽… Ⅱ.①贾… Ⅲ.①汽车-底盘-电气控制系统-高等职业教育-教材 Ⅳ.①U463.6

中国版本图书馆 CIP 数据核字(2013)第 020254 号

策划编辑：王文科　电话：0371-66025273　E-mail:15936285975@163.com

出 版 社：黄河水利出版社

地址：河南省郑州市顺河路黄委会综合楼14层　　邮政编码：450003

发行单位：黄河水利出版社

发行部电话：0371-66026940、66020550、66028024、66022620(传真)

E-mail: hhslcbs@126.com

承印单位：河南地质彩色印刷厂

开本：787 mm×1 092 mm　1/16

印张：18.5

字数：450 千字　　印数：1—4 100

版次：2013 年 6 月第 1 版　　印次：2013 年 6 月第 1 次印刷

定价：36.00 元

前　言

随着汽车工业的发展与国家汽车排放法规、油耗法规和安全法规要求的不断提高，人们对汽车的舒适性、安全性、可靠性的要求也越来越高，传统的机械系统已很难满足这些要求。汽车电子控制技术已应用到汽车发动机、底盘、车身的各个方面，作为汽车电子控制技术的一个重要组成部分——底盘电子控制技术（简称底盘电控技术），对提高汽车的性能起到了非常重要的作用。为满足汽车检测与维修等相关专业的教学需要，使广大汽车维修技术人员系统地掌握现代汽车底盘电控技术，编者参阅了大量文献资料，并将多年的教学、生产、培训及教学改革的成果融入了本书，注重针对性和实用性。

本书共8章，主要包括电控液力自动变速器、电控无级变速器、双离合自动变速器（DCT/DSG）、电控制动防抱死系统（ABS）、电控驱动防滑/牵引力控制系统（ASR/TRC）、车辆稳定控制系统（ESP）、电控悬架系统、电控动力转向与四轮转向系统等的结构、原理、使用及检测。

本书编写人员及编写分工如下：第一章的第一、二、三节由河南交通职业技术学院贾广辉编写，第一章的第四、五节由河南交通职业技术学院张俊停编写，第一章的第六节和第三章由河南交通职业技术学院梅丽歌编写，第二章由河南交通职业技术学院姜凌丽编写，第四章和第五章由河南机电高等专科学校崔志华编写，第六章由河南交通职业技术学院叶新娜编写，第七章由济源职业技术学院陈永利编写，第八章由河南工业职业技术学院曹乐男编写。本书由贾广辉担任主编，陈永利、崔志华、曹乐男、梅丽歌、叶新娜担任副主编，由河南交通职业技术学院齐伟主审。

在本书的编写过程中，编者参阅了很多国内外公开出版与发表的文献资料，在此对文献资料的作者表示感谢。由于编者水平有限，书中可能存在不妥或错漏之处，恳请读者批评指正。

编　者
2013 年 3 月

目　录

第一章 电控液力自动变速器

【学习目标】

了解自动变速器的优缺点、分类；掌握电控液力自动变速器的组成、结构和工作原理；掌握电控液力自动变速器的使用注意事项及检查、试验的方法；掌握分析常见故障的现象、原因的方法及诊断、排除故障的方法。

【导入】

目前，自动变速器在各种车辆上都得到了广泛的应用。随着电子技术和计算机技术的迅速发展，由微型计算机控制的电控液力自动变速器已经逐步普及。电控液力自动变速器按照最低油耗及最佳换挡时间进行换挡，使自动变速器的各项性能指标均达到最佳综合优化水平。

自动变速器是指汽车行驶过程中离合器的操纵和变速器的操纵都实现了自动化，简称AT，是英文 Automatic Transmission 的缩写。目前，自动变速器的自动换挡等过程都是由自动变速器的电子控制单元（英文缩写为 ECU，俗称电脑）控制的，因此自动变速器又可简称为 EAT、ECAT、ECT 等。

第一节 概 述

采用普通机械变速器的汽车需要经常换挡，以适应各种行驶条件和车速的要求，但每次换挡都需要操纵离合器，在交通繁忙的驾驶环境下，对驾驶员的体力和精神都是一种负担。在汽车发展的历史中，随着大量非职业驾驶员的出现，自动变速器应运而生。

在 20 世纪 40 年代的美国，通用公司（GM）的奥兹莫比尔于 1940 年、凯迪拉克于 1941 年、庞蒂克于 1948 年、克莱斯勒于 1941 年，相继推出了各自的液控自动变速器。1948 年，GM 公司以 Dynaflow 命名了该公司用于批量生产轿车上的液控自动变速器。到 20 世纪 70 年代，欧洲及美国的商务用车的装车率在 80% 以上。20 世纪 80 年代，自动变速器成为美国轿车的标准装备，1983 年通用公司自动变速器的装车率达到 94%。在日本，1985 年轿车的装车率达到 49%。20 世纪末，城市客车的装车率在美国约为 100%，在欧洲约为 95%。工程机械车辆的装车率在美国约为 70%，在欧洲约为 30%。

随着计算机技术的发展，计算机在工业生产中的应用也越来越多，同样也应用于液控自动变速器。1985 年，日本丰田公司首先推出了电控自动变速器 A140E，提高了自动变速器的使用性能和经济性，开创了自动变速器发展的新领域。

一、电控液力自动变速器的优缺点

（一）优点

（1）整车具有更好的驾驶性能。自动变速器能根据汽车行驶工况自动控制升降挡，以获得最佳的燃油经济性和动力性,使得驾驶性能与驾驶员的技术水平关系不大,因而特别适用于非职业驾驶员。

(2)良好的行驶性能。自动变速装置的挡位变换平稳,提高了汽车的乘坐舒适性。

(3)较好的行车安全性。在车辆行驶过程中,驾驶员必须根据道路、交通条件的变化,对车辆的行驶方向和速度进行改变和调节。装备自动变速器的车辆取消了离合器踏板,在行驶中无需操纵变速杆,只要控制节气门踏板,就能自动变速,从而减轻了驾驶员的疲劳强度、降低了行车事故率、提高了行车的安全性。

(4)降低了废气排放。发动机在怠速和高速运行时,排放的废气中一氧化碳或碳氢化合物的浓度较高,而自动变速器的应用可使发动机经常处于经济转速区域内,也就是在废气排放较少的转速范围内工作,从而降低了排气污染。

(二)缺点

(1)结构较复杂。与手动变速器相比,自动变速器的结构较复杂,零件加工难度大,生产成本较高,维修也较复杂。

(2)传动效率低,换挡执行元件消耗能量。与手动变速器相比,自动变速器属于液力传动,传动效率不够高。但是,通过与发动机匹配优化,液力变矩器锁止、增加挡位数等措施,可使自动变速器的效率得到提高。

二、电控液力自动变速器的组成

如图 1-1 所示,自动变速器主要由液力传动装置、机械传动装置、液压控制系统、人机联动装置、电子控制系统和冷滤系统等组成。

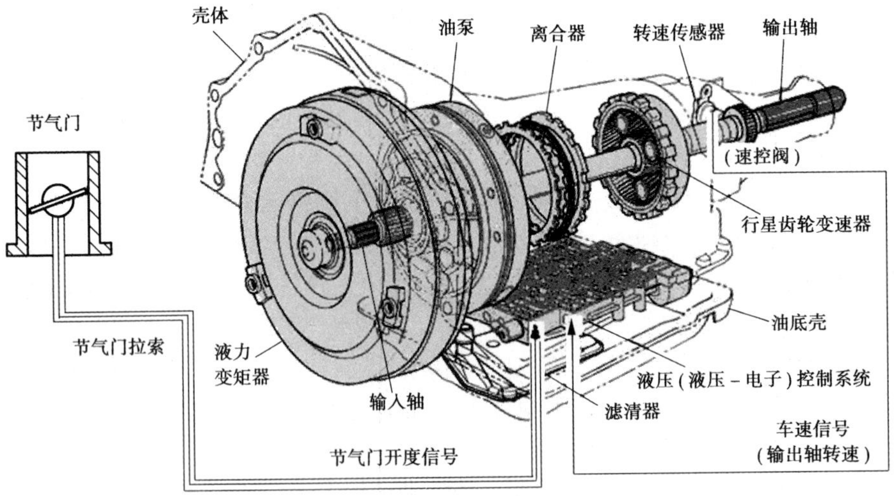

图 1-1　自动变速器的组成

(一)液力传动装置

目前,液力传动装置是指液力变矩器,如图 1-2 所示。该装置安装在发动机后端的飞轮上,其内部装满了自动变速器油(ATF)。它的作用是把发动机的动力传递给机械传动装置。

其主要作用如下所述:

(1)将发动机的转矩传给机械传动装置中的齿轮系统,还可以在转矩传递过程中增大

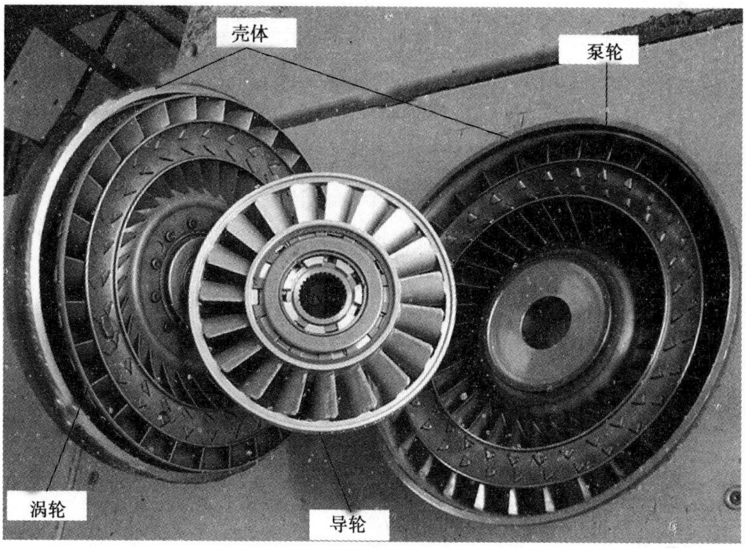

图 1-2　液力变矩器

转矩，使输出轴的转速可以在一定范围内无级变化。

(2)用变速器油作为传递动力的介质，发动机和传动系没有刚性连接，可以有效地防止发动机振动和传动系过载。

(3)液力传动装置质量较大，可代替飞轮起到平稳发动机运转的作用，因此装有自动变速器的发动机的飞轮质量通常较小。

(4)液力传动装置的壳体可以驱动自动变速器的油泵。

(二)机械传动装置

机械传动装置安装在铝合金变速器的壳体内，用来改变转矩和输出轴的旋转方向，将动力传给万向传动装置。机械传动装置由齿轮传动装置和换挡执行元件两部分组成。

(1)齿轮传动装置。其主要起变速作用，有平行轴式齿轮机构和行星齿轮机构两种形式。

(2)换挡执行元件。换挡执行元件主要包括离合器、制动器和单向离合器。

离合器的主要作用是将两个可以旋转的零件连接起来，使它们能够一起旋转，以获得所需的传动比和传动方向。通常采用湿式多片式结构。

制动器的主要作用是将某个旋转元件与自动变速器的壳体连接在一起，从而将旋转零件固定，以获得需要的传动比。其结构形式主要有湿式多片式和制动带式两种。

单向离合器的作用是单向固定，可以单向固定行星齿轮系统中的某个元件，使其不能沿某个方向转动，以获得所需的传动比。

(三)液压控制系统

液压控制系统一般安装在变速器的油底壳中，用来控制换挡执行元件的油路，以实现自动变速器的换挡。

液力自动变速器的换挡控制：液压控制系统将发动机的负荷和车辆行驶速度转换成液压信号，根据这两个信号控制变速器中离合器和制动器的工作，根据车辆行驶情况改变变速器的传动比，如图 1-3 所示。

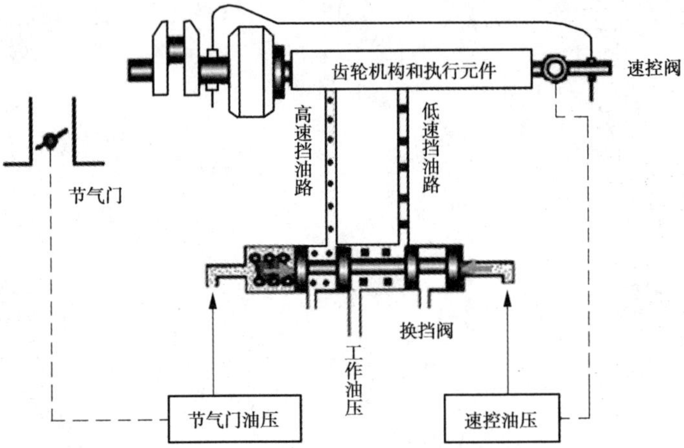

图 1-3　液压控制系统的工作原理图

(四)人机联动装置

人机联动装置的作用是将驾驶员对车辆行驶方式的具体要求以及发动机负荷的变化等信息传递给液压控制系统,以便液压控制系统进行油压的调节和挡位的变换。

人机联动装置包括选挡手柄和节气门拉索。

驾驶员操作选挡手柄,通过机械装置与变速器连接,对行驶方式进行选择。选挡手柄主要用于改变车辆的行驶方式,即前进、倒退、空挡或停车,而具体挡位变换是由变速器内部自动控制的。

选挡手柄一般有 6 ~ 7 个挡位,分别为 P 挡、R 挡、N 挡、D 挡、2 挡、L 挡,如图 1-4 所示。各挡位的功能和选用原则如下:

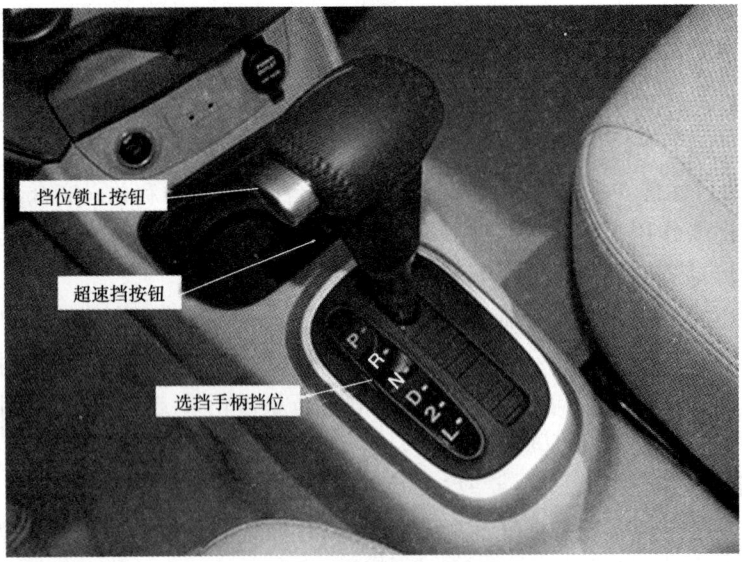

图 1-4　自动变速器选挡手柄挡位

P 挡为驻车挡或锁止挡。在该挡位时,变速器的输出轴被强制锁止,可以有效地防止车辆在坡道溜滑。在 P 挡时可以启动发动机,长时间停车时,应将选挡杆移入 P 挡。驾驶员在启动发动机前应先检查选挡手柄的位置是否在 P 挡,如不在 P 或 N 位置,发动机将无法启动。另外,有的轿车为强化停车熄火后必须挂 P 挡的认识,而设计成在不挂 P 挡的情况下,车钥匙无法拔下。

R 挡为倒挡。倒挡必须在车辆可靠停止后才能选用。选挡手柄为防止驾驶员误挂倒挡,在手柄的上部设有解除挡位锁止按钮,只有按下该按钮,才能将选挡手柄从 D 或 2 或 L 位置移入 R 位置。

N 挡为空挡。选挡手柄置于此位置时,所有机械变速器的齿轮机构空转,不能输出动力。

D 挡为前进挡。选挡手柄置于此位置时,液压系统控制装置根据节气门开度信号和车速信号自动接通相应的前进挡油路,行星齿轮变速器在换挡执行元件的控制下得到相应的传动比。随着行驶条件的变化,在前进挡中自动升降挡,实现自动变速功能。

2 挡为滑行挡。选挡手柄置于此位置时,液压控制系统只能接通前进挡中的 1、2 挡油路,自动变速器只能在这两个挡位间自动换挡,无法升入更高的挡位,该挡主要在汽车上、下长坡时选用,从而使汽车获得发动机制动效果,减少行车制动器的使用时间,避免制动器过热而使制动效能减弱甚至丧失。

L 挡为低速挡。选挡手柄置于此位置时,汽车被锁定在前进挡的 1 挡,只能在该挡位行驶而无法升入高挡,发动机制动效果更强。该挡主要在冰雪、沙漠、泥泞、沼泽等无路或道路条件恶劣的情况下采用,可提高车辆的通过性。

常见的选挡手柄的位置可布置在转向柱上或驾驶室地板上,如图 1-5 所示。

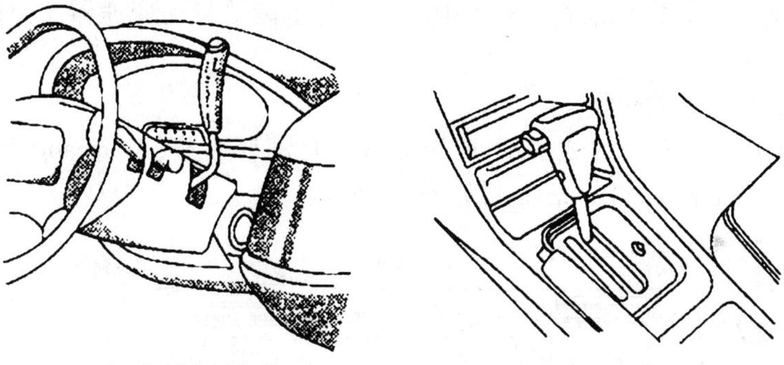

(a) 布置在转向柱上　　(b) 布置在驾驶室地板上

图 1-5　选挡手柄的位置

(五)电子控制系统

电控自动变速器(ECT)是在液压控制的基础上增加了传感器、ECU 和执行元件,提高了自动变速器的换挡精度。电子控制系统将自动变速器的各种控制信号输入到电子控制单元(ECU),经 ECU 处理后发出控制指令,控制液压系统中的各种电磁阀,实现自动换挡,并改善换挡性能。

三、自动变速器的分类

自动变速器可以按结构和控制方式、车辆驱动方式、前进挡挡位数的不同来分类。

(一)按结构和控制方式分类

自动变速器按结构和控制方式的不同可以分为机械式自动变速器、无级变速器和液力式自动变速器。

1. 机械式自动变速器

机械式自动变速器简称AMT,是英文Automated Mechanical Transmission的缩写,它是在原有手动、有级、普通齿轮变速器的基础上增加了电子控制系统,可以自动控制离合器的接合、分离和变速器挡位的变换。由于机械式自动变速器原有的机械传动结构基本不变,所以齿轮传动固有的传动效率高、机构紧凑、工作可靠等优点被很好地保留下来,在重型车上的应用具有很好的发展前景。

2. 无级变速器

无级变速器简称CVT,是英文Continuously Variable Transmission的缩写,它采用传动带和工作直径可变的主、从动轮相配合来传递动力,可以实现传动比的连续改变。这也是一种具有广阔发展前景的自动变速器,目前在汽车上的应用已具有一定的市场份额。目前,常见的有奥迪A6的Multitronic无级自动变速器、派力奥的Speedgear无级自动变速器、旗云的VT1F无级自动变速器等。

3. 液力式自动变速器

液力式自动变速器是目前应用最广泛、技术最成熟的自动变速器。按照控制方式的不同,液力式自动变速器可以分为液控液力自动变速器和电控液力自动变速器,目前轿车上都采用电控液力自动变速器;按照变速机构(机械变速器)的不同,液力式自动变速器又可以分为行星齿轮自动变速器和非行星齿轮自动变速器,行星齿轮自动变速器应用最广泛,非行星齿轮自动变速器只在本田等个别车系中应用。行星齿轮自动变速器又可以分为辛普森式、拉威娜式和串联式。

(二)按车辆驱动方式分类

自动变速器按车辆驱动方式的不同,可以分为自动变速器(Automatic Transmission)和自动变速驱动桥(Automatic Transaxle),如图1-6所示。

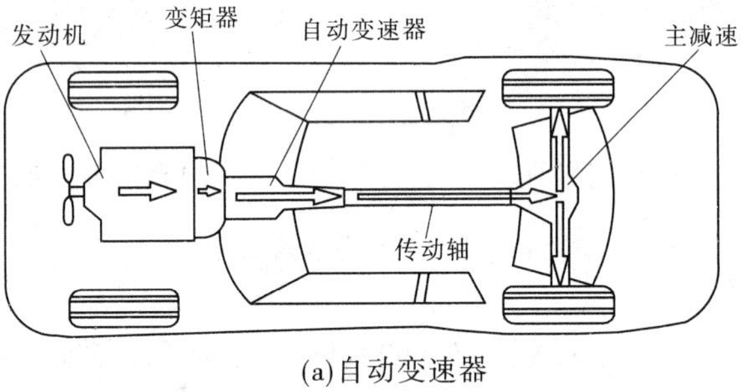

(a)自动变速器

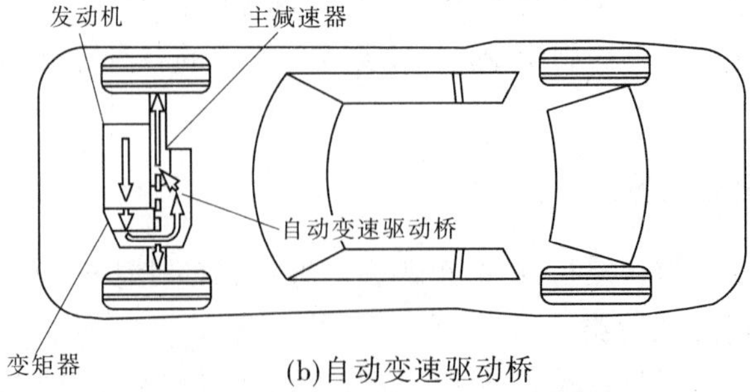

(b)自动变速驱动桥

图1-6 自动变速器和自动变速驱动桥

自动变速器用于发动机前置后轮驱动的布置形式，变速器与主减速器、差速器分开，而自动变速驱动桥用于发动机前置前轮驱动的布置形式，变速器与主减速器、差速器制成一个总成。

（三）按前进挡挡位数的不同分类

按照自动变速器选挡手柄置于前进挡时的挡位数，可以分为四挡、五挡、六挡等，目前比较常见的是四挡和五挡自动变速器，在某些高级轿车如丰田皇冠、宝马 7 系、奥迪 A8 等上采用六挡自动变速器。

第二节　液力耦合器和液力变矩器

自动变速器中既采用液力传动又采用液压传动。液力传动是指利用液体动能的变化来传递功率的传动形式。液压传动是指利用液体压力能的变化来传递功率的传动形式。

一、液力耦合器

在第二次世界大战前夕，克莱斯勒公司第一次把液力耦合器应用到汽车上。早期的自动变速器多采用液力耦合器，但是因为液力耦合器具有只传递转矩而不能改变转矩的缺陷，所以现代的车辆上已经不再使用液力耦合器，而是采用液力变矩器，其满足既可传递转矩又可改变转矩的要求。但是液力变矩器是在液力耦合器的基础上改进得到的，所以学习液力变矩器还要从认识液力耦合器开始。

（一）液力耦合器的结构

液力耦合器安装在汽车发动机和机械变速器之间，即离合器的位置上。其主要零件如图 1-7(a)所示，结构简图如图 1-7(b)所示。液力耦合器外壳 2 固定在发动机曲轴 1 的凸缘上。叶轮 3 是液力耦合器的主动元件，称为泵轮，它和外壳 2 作刚性连接，与曲轴一起旋转。和从动轴 5 相连的叶轮 4 是液力耦合器的从动元件，称为涡轮。泵轮和涡轮都称为工作轮。在工作轮的环状壳体中，径向排列着许多叶片。涡轮装在密封的外壳 2 中，与泵轮叶片端面相对，两者之间留有 3 ~ 4 mm 的间隙，没有刚性连接。泵轮和涡轮装合后，形成环形空腔，其内充有工作油液。

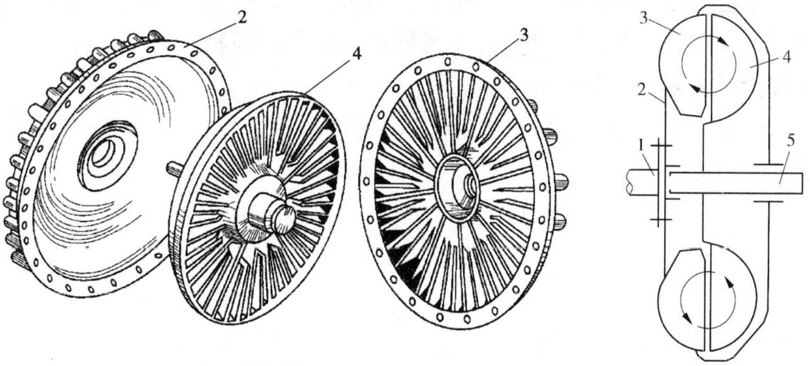

(a) 零件分解图　　(b) 结构简图

1—发动机曲轴；2—液力耦合器外壳；3—泵轮；4—涡轮；5—从动轴

图 1-7　液力耦合器结构示意图

(二)液力耦合器的工作原理

液力耦合器的工作原理如图1-8所示。发动机工作时,飞轮带动耦合器的泵轮同方向旋转。随泵轮转速的升高,离心力使工作油液沿泵轮叶片从中心向外流动。当泵轮达到一定转速时,工作油液从泵轮的叶片外缘冲出,进入涡轮叶片,液体冲击涡轮叶片,推动涡轮开始旋转。

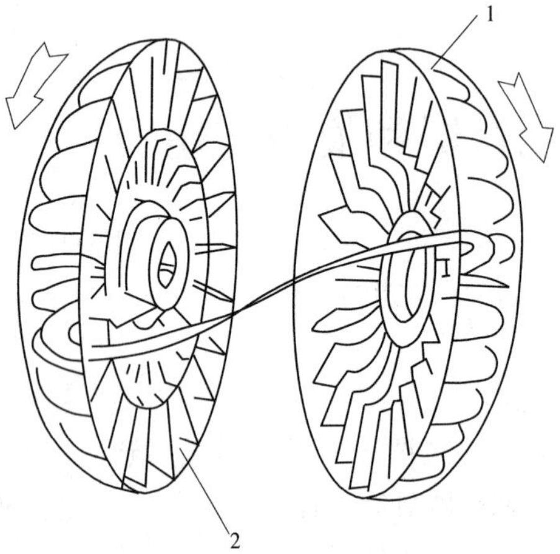

(a)液体从泵轮进入涡轮

(b)液体的流动情况

1—泵轮;2—涡轮

图1-8 液力耦合器的工作原理

液体的运动形式主要有以下两种:

(1)环流。液体随泵轮的旋转而作圆周流动,称为环流。它是由泵轮叶片的推动而产生的。

(2)涡流,又称循环流动。即工作油液由泵轮进入涡轮,而后又回到泵轮,在泵轮和涡轮之间的循环流动。这种循环流动只有在泵轮和涡轮之间存在转速差时才发生。在泵轮和涡轮间传递动力的运动形式主要是涡流。

液力耦合器内部液体的运动形式是环流和涡流的合运动。转速差越大,涡流越强,环流越弱,传力能力越强;反之,涡流越弱,环流越强,传力能力越弱。

(三)液力耦合器的传动效率

设泵轮转速为n_B,涡轮转速为n_W,n_W/n_B为液力耦合器的转速比i,则液力耦合器的传动效率为

$$\eta = \frac{P_W}{P_B} = \frac{M_W n_W}{M_B n_B}$$

式中 η——传动效率;

P_B——泵轮的输入功率;

P_W——涡轮的输出功率;

M_B——泵轮的输入转矩;

M_W——涡轮的输出转矩。

因作用在液力耦合器上泵轮和涡轮的转矩相同，即 $M_B = M_W$，则

$$\eta = \frac{n_W}{n_B} = i$$

也就是说，液力耦合器的传动效率等于其转速比。涡轮与泵轮的转速差越大，转速比越小，传动效率就越低；反之，转速比越大，传动效率越高。在发动机进入运转并挂上挡，而汽车尚未起步时，泵轮虽转动而涡轮转速为0，此时液力耦合器的传动效率为0。汽车刚起步时，车速较低，涡轮转速也低，传动效率低。随着汽车加速，涡轮转速逐渐提高，涡轮对泵轮的转速比增大，液力耦合器的传动效率也随之增高。从理论上说，当涡轮转速等于泵轮转速时，传动效率为100%。实际上，如涡轮转速等于泵轮转速，则涡轮与泵轮叶片外缘处的液压力将相等，从而使得液力耦合器内的循环流动停止，泵轮与涡轮间不再有能量传递，传动效率为0。一般来说，液力耦合器的最高效率可达其特性曲线的97%左右。液力耦合器的特性曲线如图1-9所示。

液力耦合器是以液体作为传动介质的，使得汽车起步和加速平稳，能够衰减传动系的扭转振动，并防止传动系过载，还能在暂时停车时，不脱开传动系而维持发动机的怠速运转。但因液力耦合器不能改变所传递转矩的大小，相应的变速机构需要增加挡位。此外，由于液力耦合器不能使发动机与传动系彻底分离，为解决换挡问题，在液力耦合器和机械变速器之间还须装一个换挡用离合器，从而使得整个传动系的质量增大、纵向尺寸增加。

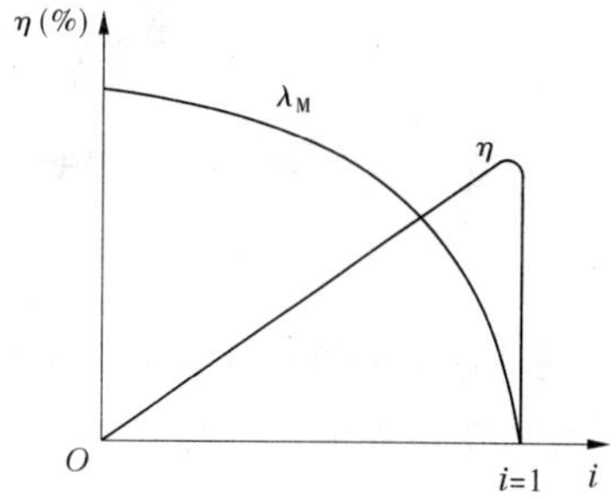

图1-9　液力耦合器的特性曲线

20世纪60年代，英国生产的劳斯莱斯轿车、美国生产的奥兹莫比尔轿车、苏联生产的吉姆轿车所用的自动变速器上都装用过液力耦合器。但由于其上述缺点，近年来生产的轿车基本上不采用液力耦合器，而使用液力变矩器。

二、液力变矩器

（一）液力变矩器的功用

液力变矩器位于发动机和机械变速器之间，以自动变速器油（ATF）为工作介质，主要完成以下功用：

（1）传递转矩。发动机的转矩通过液力变矩器的主动元件、ATF传递给液力变矩器的从动元件，最后传递给变速器。

（2）无级变速。根据工况的不同，液力变矩器可以在一定范围内实现转速和转矩的无级变化。

（3）自动离合。由于液力变矩器采用ATF传递动力，当踩下制动踏板时，发动机也不会熄火，此时相当于离合器分离；当抬起制动踏板时，汽车可以起步，此时相当于离合器接合。

（4）驱动油泵。ATF在工作的时候需要油泵提供一定的压力，而油泵一般是由液力变矩器壳体驱动的。

此外，由于采用ATF传递动力，液力变矩器的动力传递柔和，且能防止传动系过载。

(二)液力变矩器的结构

普通液力变矩器通常由泵轮、涡轮和导轮三个元件组成,称为三元件液力变矩器。也有的采用两个导轮,则称为四元件液力变矩器。三元件液力变矩器的结构如图 1-10 所示。液力变矩器中泵轮和涡轮的装配关系和液力耦合器相同,在此不再赘述。导轮位于泵轮与涡轮之间,通过单向离合器安装在与变速器壳体连接的导管轴上,由许多扭曲叶片组成。

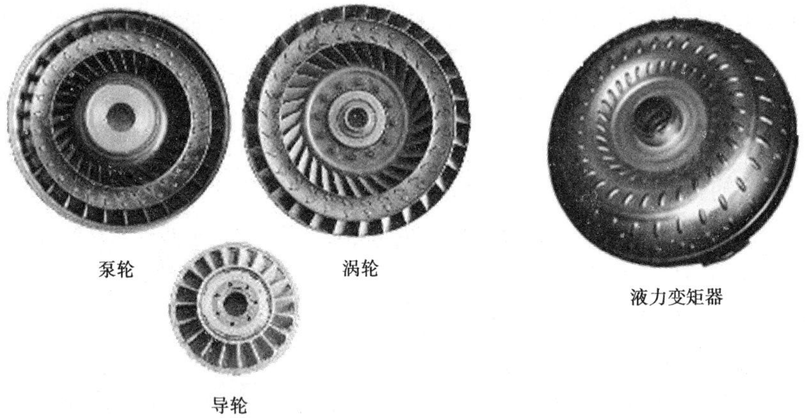

图 1-10　三元件液力变矩器的结构

(三)液力变矩器的工作原理

液力变矩器的工作原理如图 1-11 所示。

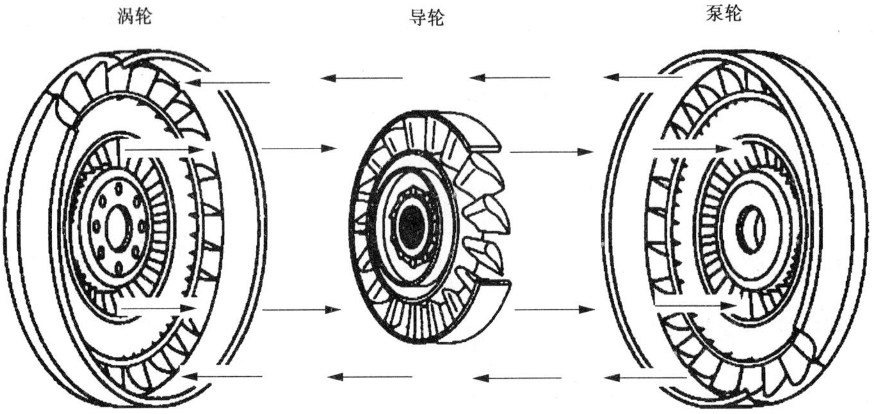

图 1-11　液力变矩器的工作原理

1. 动力的传递

泵轮旋转带动液体形成环流,液体在离心力的作用下从泵轮叶片外缘冲出,进入涡轮叶片之间的腔体。液体推动涡轮旋转,涡轮对液体的反作用力改变液体的流动方向,液体从涡轮叶片外缘冲出,进入导轮叶片。液体有推动导轮逆时针转动的动力,但导轮的单向离合器阻止导轮逆时针转动。导轮不转动,导轮对液体的反作用力改变液体的流动方向,液体从导轮外缘冲出,进入泵轮。因导轮改变了液体流动方向,液体进入泵轮时,刚好冲击到泵轮叶片的背面,从而对泵轮的旋转起到了推动作用,加速泵轮的旋转,并增加泵轮的旋转动力。

液力变矩器内液体的流动形式包括环流和涡流。当泵轮和涡轮之间转速差增大时,涡流速度增大，环流速度减小，参与涡轮的液体容积增大，涡轮输出转矩的增大幅度增大；反之，涡流速度和容积减小，涡流输出转矩的增大幅度减小。当涡轮和泵轮的转速相等时，不再传递动力。

2. 液力变矩器的增矩原理

变矩作用主要是靠导轮改变由涡轮流回泵轮的液体的流动方向，对泵轮起到了推动作用，增大了泵轮的旋转力矩，从而使涡轮输出的力矩增大。液力变矩器的变矩特性只有在泵轮与涡轮转速相差较大的情况下才成立。

当泵轮开始旋转而涡轮还没转动时，如图 1-12(a)所示，进入涡轮的液体在涡轮叶片的作用下，改变方向进入导轮，对导轮叶片产生冲击。此时，导轮单向离合器将导轮锁止，导轮不能转动。这种情况下，液体的方向偏转角最大，增矩作用最大。

涡轮开始转动后，从涡轮进入导轮的液体流动方向的偏转角减小，增矩作用减小，如图 1-12(b)所示。随着涡轮转速的不断提高，当涡轮转速达到泵轮转速的 85% ~90% 时，从涡轮回流的 ATF 冲击导轮，使导轮顺时针方向旋转。若导轮此时仍然固定不动，ATF 阻碍泵轮的运动，降低泵轮的旋转力矩，从而也使涡轮输出的转矩降低。所以，导轮应该自由转动。如图 1-12(c)所示，当导轮自由转动不能改变流回泵轮的液体的流动方向时，液体对泵轮也不再有推动作用，此时变矩器不再具有增矩作用，只能等于泵轮的转矩，此时称为耦合状态。为此，液力变矩器在导轮机构中增设了单向离合器，也称自由轮机构。当涡轮与泵轮转速相差较大时，单向离合器处于锁止状态，导轮不能转动，起增矩作用；当涡轮与泵轮转速相差较小时，导轮自由旋转，不起增矩作用，此时，液力变矩器就成了液力耦合器。

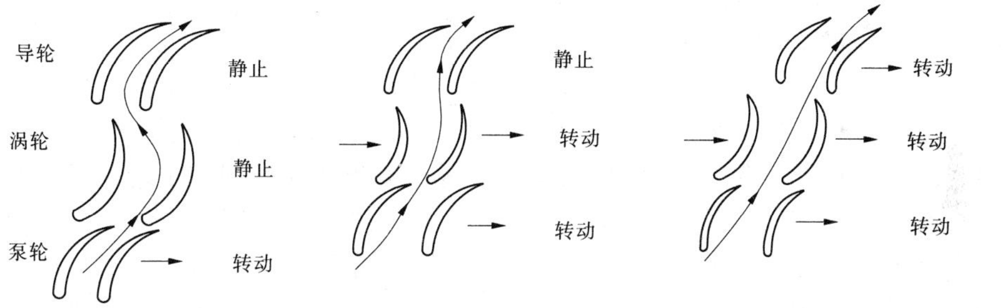

(a)导轮、涡轮静止　　(b)导轮静止，涡轮转动　　(c)导轮转动，涡轮与泵轮转速较小

图 1-12　变矩器的增矩原理

3. 无级变速

通过上面的分析，我们可以得出这样的结论：随着涡轮转速的逐渐提高，涡轮输出的转矩将逐渐下降，而且这种变化是连续的。同样，如果涡轮上的负荷增加了，涡轮的转速将下降，而涡轮输出转矩的增加正好适应负荷的增加。

综上所述，可以把液力变矩器的工作过程概括为两个工况，一是变矩，另一个是耦合。当泵轮与涡轮转速相差较大，或者在低速区时，液力变矩器实现变矩（增矩）；当涡轮转速达到泵轮转速的 85% ~90%，或者在高速区时，液力变矩器实现耦合传动，即输出（涡轮）转矩等于输入（泵轮）转矩。

（四）液力变矩器的分类

（1）按照泵轮和导轮之间刚性连接在一起的涡轮数目的不同，可分为：①单级液力变矩器(一个涡轮、三个元件);②二级液力变矩器(两个涡轮、四个元件);③三级液力变矩器(三个涡轮、两个导轮、六个元件)。

(2)按照变矩器的工况多少,可分为:①单相液力变矩器(一个导轮且固定,只有变矩工况);②双相液力变矩器(一个导轮单向离合器固定,有变矩和耦合两种工况);③三相液力变矩器(双导轮单向离合器固定,有第一变矩、第二变矩和耦合三种工况)。

(3)按照泵轮和涡轮能不能闭锁,可分为闭锁式液力变矩器和不闭锁式液力变矩器。

(五)液力变矩器的特性及工作效率

液力变矩器在泵轮转速 n_B 不变的条件下,涡轮转矩 M_W 随其转速 n_W 变化的规律即为变矩器的特性,其特性曲线如图 1-13 所示。

从图 1-13 中可以看出,涡轮转速是连续变化的。当汽车起步、上坡或遇到较大阻力时,如果发动机的转速和负荷不变,则车速将下降,即涡轮转速降低。于是,涡轮转矩相应增大,因而驱动轮获得较大的力矩,保证汽车能克服增大的阻力而继续行驶。所以,液力变矩器本身就是一种能随汽车行驶阻力的不同而自动改变输出转矩的无级变速器。此外,液力变矩器同样也具备使汽车平稳起步,衰减传动系的扭转振动,防止传动系超载等作用。从图 1-13 中也可看出,液力变矩器的效率曲线随涡轮转速的变化呈两头小、中间大的形态,最高效率接近 90%。

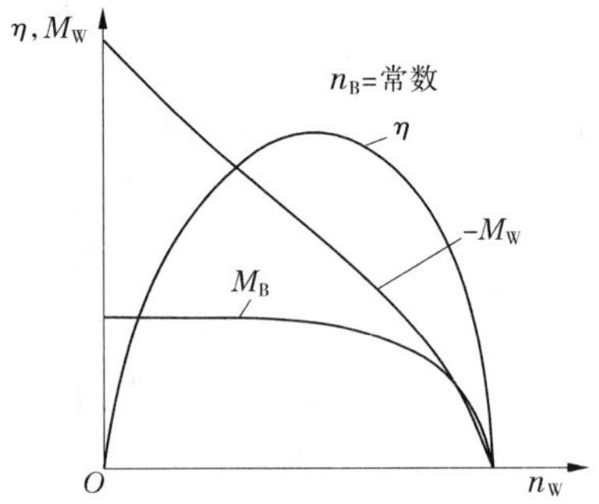

图 1-13　液力变矩器的特性曲线

(六)带锁止离合器的液力变矩器

汽车使用液力变矩器,具有很多优点,如提高了起步性能、加速性能和换挡性能,增加了动力传动系统的减振、隔振,减小了动载荷,使工作寿命延长等。但是,由于液力变矩器存在着液力损失,与机械传动相比,其效率较低,且效率曲线随工况变化,最高效率也只有 0.85 ~0.9,因而在正常行驶时油耗较大,经济性差。同时,因变矩器的效率低,损失的能量转变成热量,必须进行强制散热,从而增大了自动变速器的体积和质量。考虑到汽车在平坦路面上行驶时,液力传动的优点不太明显,如用机械传动,则可以提高效率,改善经济性。因此,出现了带锁止离合器的液力变矩器。它可以实现液力变矩器传动和机械直接传动两种工况,把两者的优点结合于一体。

带锁止离合器的液力变矩器内有一个由液压控制的锁止离合器,如图 1-14 所示的结构中,锁止离合器的主动盘就是变矩器壳体,从动盘是可轴向移动的压盘,通常为了减小离合器接合和分离瞬间的冲击力(即动载),从动盘内圈上带有弹性减振盘与涡轮输出轴相连。主动盘和从动盘相接触的工作面上有摩擦片。压盘右面的油液与泵轮、涡轮中的压力油相通;压盘左面的油液通过变矩器输出轴中间的控制油道与阀体总成上的锁止控制阀相通。

当锁止控制阀接通变矩器压力油路时,压盘左右两侧保持相同的压力,锁止离合器处于分离状态,如图 1-14(a)所示,动力须经液力变矩器传递,可充分发挥液力传动减振吸振、自动适应行驶阻力剧烈变化的优点,适合于汽车起步、换挡或在坏路面上行驶等工况。

当锁止控制阀接通变矩器回油路时,压盘左侧的油压降低,而压盘右侧的油压仍较高,在此压差的作用下,压盘通过摩擦片压紧在主动盘上,锁止离合器接合,如图 1-14 (b)所示。

动力经锁止离合器实现机械传动,变矩器输入(泵轮)轴与输出(涡轮)轴刚性连接,传动效率较高,提高了汽车的动力性和燃油经济性。当锁止离合器接合时,导轮单向离合器脱开,导轮自由旋转。泵轮和涡轮虽然是同速转动的,但与导轮有一定的转速差,因此在变矩器内仍有少量液流作循环流动,从而有一定的液力损失,即使实现直接机械传动,传动效率也略低于100%。

锁止离合器控制阀的操纵可以根据车速、节气门位置、发动机温度等信号进行控制。现在较多采用的是根据车速、节气门参数按比例转换的电压信号,由电控单元进行控制。

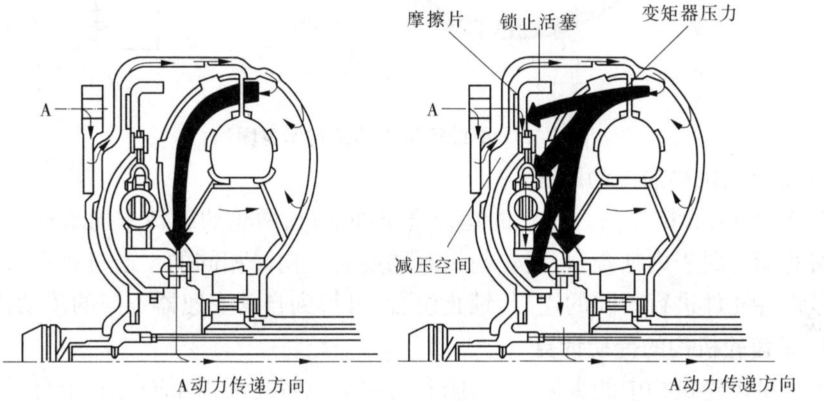

(a)分离状态　　(b)接合状态

图1-14　带锁止离合器的液力变矩器

第三节　行星齿轮机构

液力变矩器虽能在一定范围内自动、无级地改变传动比,但由于液力变矩器存在变矩能力和效率之间的矛盾,其传动比在1~2,难以满足汽车使用要求,故在汽车上广泛采用的是由液力变矩器与齿轮式变速器组成的液力机械变速器。发动机动力经液力变矩器传至机械变速器,经机械变速器输出至传动轴。液力变矩器在自动变速器中的主要作用是使汽车起步平稳,并在换挡时减缓传动系的冲击载荷。汽车在使用过程中主要是靠齿轮变速器实现变速的,可使转矩增大2~4倍。与液力变矩器配合使用的齿轮式变速器多数是行星齿轮变速器,也可以是固定轴线式变速器。行星齿轮变速器具有体积小、结构简单、操作简便、变速范围大等优点,所以被广泛采用。

一、单排行星齿轮机构

行星齿轮机构是由太阳轮及均匀分布在太阳轮周围的几个行星轮以及与行星轮相啮合的齿圈组成的,而几个行星轮又都同时装在一个公用的行星架上。如图1-15所示为一个单级行星排的结构示意图。

在一个自动变速器内,行星排的多少取决于自动变速器挡位的多少。自动变速器就靠这些行星排中元件的不同组合来实现不同挡位的输出。

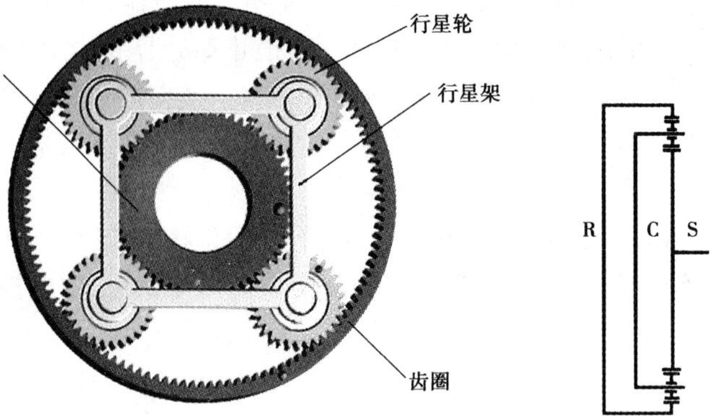

图 1-15　单级行星排的结构示意图

(一)行星齿轮机构的传动原理

由图 1-15 可知,太阳轮与行星轮的啮合属于外啮合,两轮的旋转方向永远是相反的;行星轮与齿圈的啮合属于内啮合,行星轮与齿圈的旋转方向是相同的。通过离合器、制动器和单向离合器将各元件进行不同的连接、锁止组合,可得到自动变速器不同的传动比。

(二)行星齿轮机构的传动计算

只要将行星齿轮机构中的太阳轮、齿圈和行星架三者之间以不同方式组合,便可得到各种传动比,这是采用具有行星齿轮机构的自动变速器能实现自动变速的根本所在。这种速比的计算公式是根据行星齿轮机构转矩关系推导出来的。

行星齿轮机构一般运动规律的特性方程为

$$n_1 + an_2 - (1 + a)n_3 = 0 \tag{1-1}$$

式中　n_1——太阳轮的转速;

n_2——齿圈的转速;

n_3——行星架的转速;

a——齿圈齿数与太阳轮齿数之比,$a > 1$。

太阳轮、齿圈和行星架三者具有同一旋转轴线。由式(1-1)可以看出,将三者中的任一构件与主动轴相连(作为输入主动件),第二构件与被动轴相连(作为输出从动件),再加上第三个条件——第三构件被强制固定(称为制动,即该构件转速为零),或使其运动受一定的约束(即该构件的转速为某一定值),则整个轮系就以一定的传动比传递动力,实现不同挡位的速度变化。单级行星排受力分析示意图如图 1-16 所示。

1. 太阳轮制动、行星架主动

太阳轮制动、行星架主动时,受力传动情况如图 1-17 所示。

由图 1-17 可知,当行星架主动顺时针旋转时,行星架带着行星轮一起顺时针旋转。太阳轮被制动,其轮齿给行星轮轮齿 B 一个反作用力 P_1,作用于 B 齿的力和反作用力的方向如图 1-17 所示。行星轮在 P_1 的作用下必顺时针旋转。行星轮顺时针旋转时,其轮齿给齿圈轮齿 A 一个 P_2 的推力,齿圈在 P_2 的作用下,克服其运动阻力而顺时针旋转,而行星轮既自转又绕太阳轮公转。

因太阳轮制动,所以 $n_1 = 0$,代入式(1-1),得

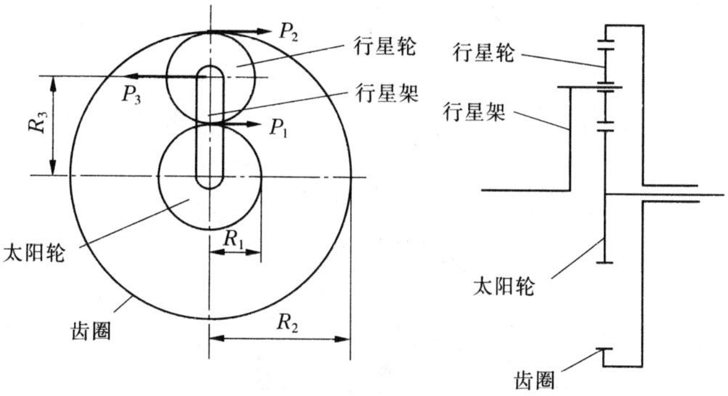

图 1-16　单级行星排受力分析示意图

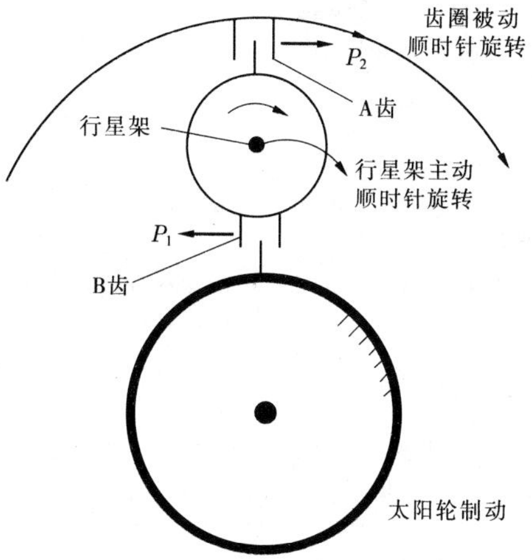

图 1-17　太阳轮制动、行星架主动时的受力传动示意图

$$a \times n_2 - (1 + a)n_3 = 0 \qquad (1\text{-}2)$$

$$i_{3,2} = \frac{n_3}{n_2} = \frac{a}{1 + a} < 1 \qquad (1\text{-}3)$$

由式(1-3)可知，$n_3/n_2 < 1$，故 $n_2 > n_3$，即齿圈的转速大于行星架的转速，主动件的转速小于被动件的转速，属超速传动。

2. 太阳轮制动、齿圈主动

太阳轮制动、齿圈主动、行星架被动的传动情况，如图 1-18 所示。

当齿圈主动顺时针旋转时，齿圈轮齿便给行星轮轮齿 A 一个推力 P_1，行星轮顺时针旋转，此时太阳轮制动，其轮齿给行星轮轮齿 B 一个反作用力 P_2。行星轮在 P_1 与 P_2 合力作用下必绕太阳轮顺时针公转，即行星轮若想围绕太阳轮顺时针旋转，必须带着行星架绕太阳轮旋转，于是行星架便被动地顺时针旋转而输出。

从另外一个角度也可说明齿圈主动时行星架顺时针旋转的原理。当太阳轮制动时，行星轮轮齿 B 的齿顶在制动的太阳轮上不动，行星轮轮齿 A 因齿圈顺时针转动而向顺时针方向拉动，行星轮以太阳轮轮齿为支点向顺时针方向倾倒，其结果是行星轮绕太阳轮旋转并自转，同时带动行星架顺时针旋转并输出。

因太阳轮制动，即 $n_1 = 0$，代入式(1-1)，得

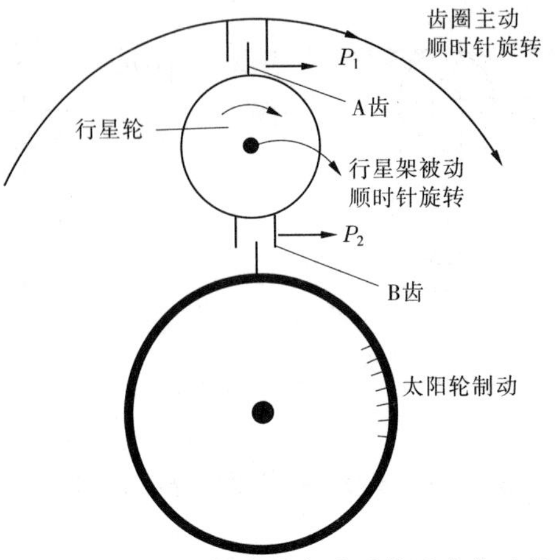

图 1-18　太阳轮制动、齿圈主动时的受力传动示意图

$$an_2 - (1 + a)n_3 = 0$$

$$i_{2,3} = \frac{n_2}{n_3} = \frac{1 + a}{a} > 1 \tag{1-4}$$

由式(1-4)可知,$\frac{n_2}{n_3} > 1$,故 $n_2 > n_3$。齿圈的转速大于行星架的转速,即主动件的转速大于被动件的转速,属减速传动。

3. 齿圈制动、太阳轮主动

齿圈制动、太阳轮主动时,行星架输入的情况如图 1-19 所示。

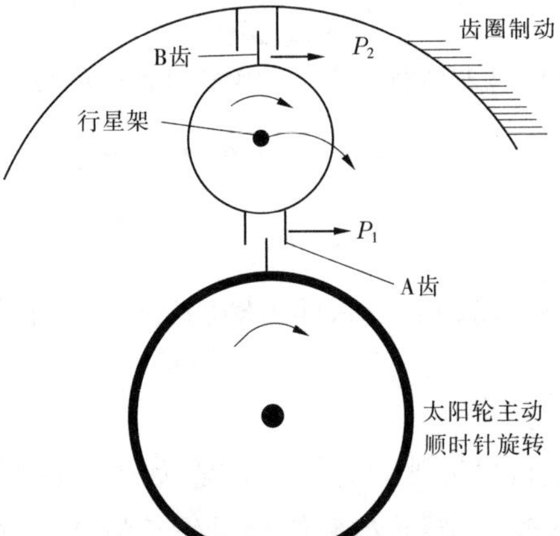

图 1-19　齿圈制动、太阳轮主动时的受力传动示意图

当太阳轮主动顺时针旋转时,太阳轮轮齿给行星轮轮齿 A 一个推力 P_1,行星轮在 P_1 的作用下逆时针旋转。齿圈制动,其轮齿给行星轮轮齿 B 一个反作用力 P_2,行星轮在 P_1 与 P_2 合力作用下绕太阳轮顺时针旋转,使行星架顺时针旋转。由此可知,行星轮既绕行星架逆时针自转,又绕太阳轮顺时针公转。

因齿圈制动,即 $n_2 = 0$,代入式(1-1),得

$$n_1 - (1 + a)n_3 = 0 \tag{1-5}$$

$$i_{1,3} = \frac{n_1}{n_3} = 1 + a > 1 \tag{1-6}$$

由式(1-6)可知,太阳轮的转速 n_1 大于行星架转速 n_3,即主动件的转速大于被动件的转速,属减速传动。

4. 齿圈制动、行星架主动

行星架主动顺时针旋转时,齿圈制动而太阳轮被动输出的传动情况如图 1-20 所示。

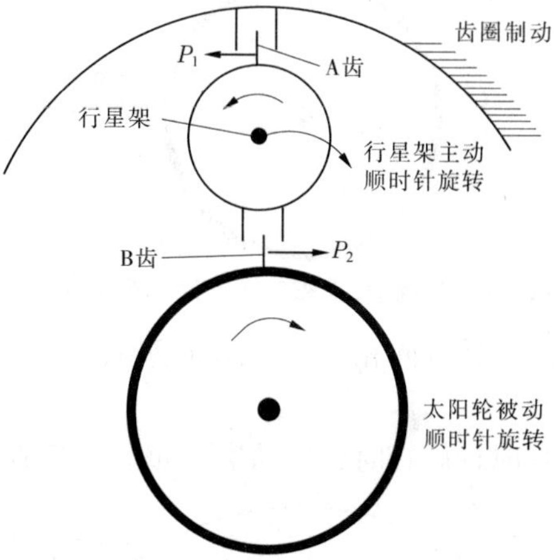

图 1-20　齿圈制动、行星架主动时的受力传动示意图

由图 1-20 可知,当行星架主动顺时针旋转时,强行带动行星轮顺时针绕太阳轮公转。齿圈制动、行星架公转时,齿圈给行星轮轮齿 A 一个反作用力 P_1,行星轮在 P_1 的作用下逆时针旋转,可见行星轮既绕行星架逆时针自转,又随行星架绕太阳轮公转。行星轮的逆时针自转,使其轮齿给太阳轮轮齿 B 一个 P_2 的作用力,太阳轮在 P_2 的作用下顺时针旋转并输出。

齿圈制动即 $n_2 = 0$,代入式(1-1),得

$$n_1 - (1 + a)n_3 = 0$$

$$i_{3,1} = \frac{n_3}{n_1} = \frac{1}{1 + a} < 1 \tag{1-7}$$

由式(1-7)可知,$n_1 > n_3$,太阳轮的转速大于行星架的转速,即被动件的转速大于主动件的转速,属超速传动。

5. 行星架制动、太阳轮主动

行星架制动,而太阳轮主动顺时针旋转时的受力传动情况如图 1-21 所示。

由图 1-21 可知,当太阳轮主动顺时针旋转时,太阳轮轮齿给行星轮轮齿 A 一个作用力 P_1。行星架制动,行星轮在 P_1 的作用下绕行星架逆时针旋转。行星轮逆时针旋转时给齿圈的轮齿 B 一个作用力 P_2,齿圈在 P_2 的作用下逆时针旋转并输出。

因行星架制动,即 $n_3 = 0$,将 n_3 代入式(1-1),得

$$n_1 + an_2 = 0 \tag{1-8}$$

$$i_{1,2} = \frac{n_1}{n_2} = -a > 1 \tag{1-9}$$

式(1-9)中 a 大于 1,所以 n_1 大于 n_2,即太阳轮的转速大于齿圈的转速,属减速传动。

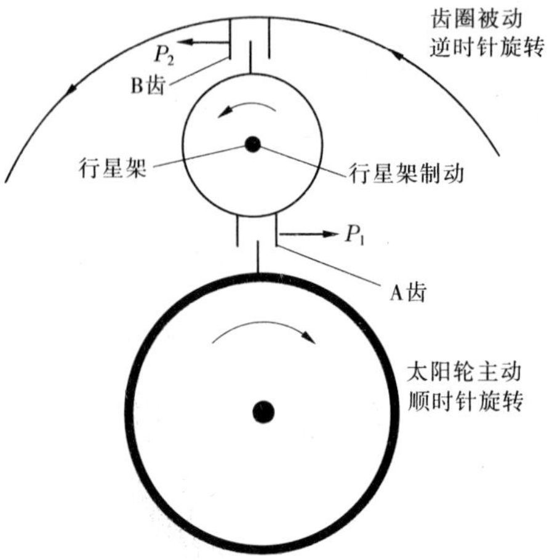

图 1-21　行星架制动、太阳轮主动时的受力传动示意图

式中的负号表示主、被动件的旋转方向相反。因此，此种传动方式可用于倒挡。

6. 行星架制动、齿圈主动

行星架制动、齿圈主动顺时针旋转时的传动情况如图 1-22 所示。

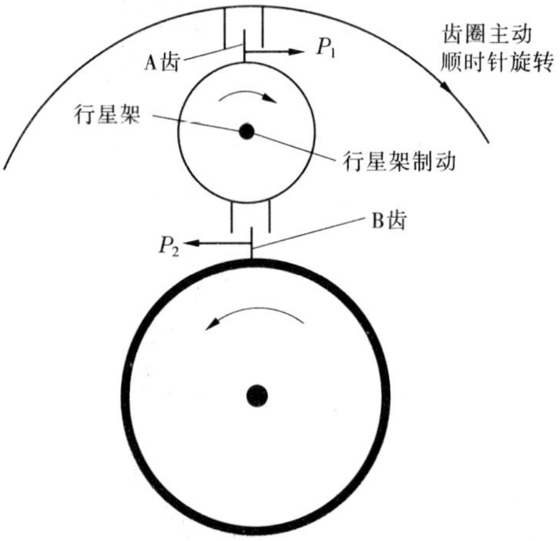

图 1-22　行星架制动、齿圈主动时的受力传动示意图

由图 1-22 可知，当齿圈主动顺时针旋转时，齿圈轮齿给行星轮轮齿 A 一个作用力 P_1。行星架制动，行星轮绕行星架顺时针自转。行星轮顺时针转动时，行星轮轮齿给太阳轮轮齿 B 一个作用力 P_2，使太阳轮逆时针被动旋转并输出。

因行星架制动，即 $n_3=0$，代入式(1-1)，得

$$n_1 + an_2 = 0$$

$$i_{2,1} = \frac{n_2}{n_1} = -\frac{1}{a} < 1 \tag{1-10}$$

由式(1-10)可知，太阳轮的转速比齿圈的转速高，即主动件(齿圈)的转速小于被动件(太阳轮)的转速，此种传动属超速传动。式中的负号表示主、被动件的旋转方向相反。

7. 太阳轮与行星架连成一体

行星架与太阳轮连成一体时的传动情况如图 1-23 所示。

由图 1-23 可知，当把太阳轮与行星架连成一体时，太阳轮与行星架无相对运动，即太阳轮

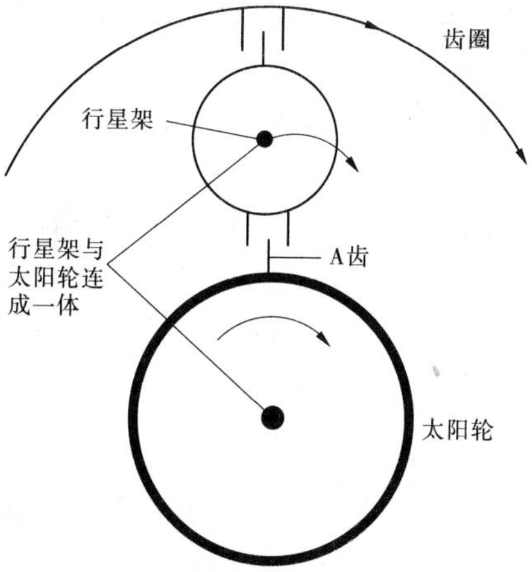

图 1-23　行星架与太阳轮连成一体时的传动示意图

轮齿 A 与行星架无相对运动，而行星轮轮齿与太阳轮轮齿 A 啮合，所以行星轮与行星架也无相对运动。齿圈轮齿与行星轮轮齿相啮合，因此齿圈与行星架间没有相对运动。所以，太阳轮、行星轮、齿圈均与行星架无相对运动，行星轮与行星架、太阳轮与齿圈成为一个整体，同步旋转。

8. 太阳轮与齿圈连成一体

太阳轮与齿圈连成一体时的传动情况如图 1-24 所示。

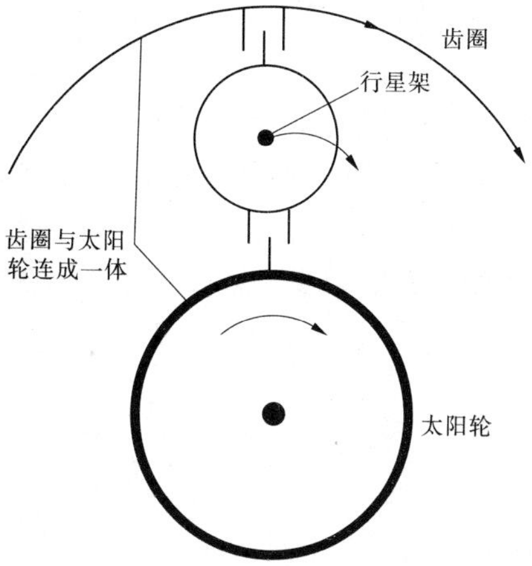

图 1-24　太阳轮与齿圈连成一体时的传动示意图

由图 1-24 可知，当把太阳轮与齿圈连成一体时，太阳轮的轮齿与齿圈的轮齿间无任何相对运动，夹在太阳轮与齿圈之间的行星轮也没有相对运动，相当于把太阳轮、行星轮及齿圈连成一体，而行星架穿在行星轮中，太阳轮、齿圈和行星架成为一个整体，与主动件一起同步旋转。

当把行星架与齿圈连成一体旋转时，太阳轮便同步旋转，即行星架、齿圈和太阳轮成为一体。

通过以上分析可知，只要把行星齿轮机构中的太阳轮、行星架和齿圈以不同的方式组合，即可得到各种不同挡位的传动关系，并可得到以下规律性的结论：

（1）只有把行星排三元件之一固定，有了主动输入，才会有被动输出。

(2)若将太阳轮、齿圈、行星架三元件中的任意两个相连，则第三个同步旋转，三元件成为一体，同速旋转，称直接挡传动。

(3)只有固定行星架，主、被动件的旋转方向才是相反的，其余情况下主、被动件的旋转方向均是相同的。

(4)只要将行星齿轮机构中的三元件以不同的方式组合，便可得到不同挡位。

上述的几个结论是针对单一行星排而言的。自动变速器只有一个行星排是满足不了自动变速的要求的，最少要有两个或三个行星排的联合，才能满足换挡要求，上述结论同样适用于多行星排。

(三)传动方案类型

1. *减速传动*

下面介绍两种减速传动：

(1)齿圈制动，太阳轮输入，行星架输出。当输入轴驱动太阳轮作顺时针(由前往后看)旋转时，各行星轮分别绕各自的行星轮轴作逆时针旋转，这使与行星轮啮合的齿圈必须转动。但由于齿圈已被强制制动，于是行星轮必然沿齿圈按顺时针方向滚动，即绕太阳轮公转。此时，行星架也将绕太阳轮旋转，旋向与太阳轮转向相同，但转速要比太阳轮慢得多。此时的传动比要取决于齿轮的尺寸或齿数，式(1-1)中 $n_2=0$，故传动比

$$i_{1,3}=\frac{n_1}{n_3}=1+a=1+\frac{z_2}{z_1}$$

若是齿数确定的行星机构，可按此公式进行计算，此时转速只有输入的 $1/i_{1,3}$，即得到一种减速传动。

(2)太阳轮制动，齿圈输入，行星架输出。在这种情况下，齿圈顺时针旋转，引起各行星轮在各自的轴上作顺时针旋转。同时，因为太阳轮固定，行星架还将沿太阳轮按顺时针方向旋转。行星架与齿圈按相同的方向旋转。这种组合方案也得到一种减速运动，但其扭矩的增加和转速的降低均比上一种组合方案要少。如果把上一种减速传动称为低挡，此种减速传动则可称为高挡。此时，式(1-1)中 $n_1=0$，故传动比

$$i_{2,3}=\frac{n_2}{n_3}=\frac{1+a}{a}=1+\frac{z_1}{z_2}$$

2. *超速传动*

下面介绍两种超速传动：

(1)太阳轮制动，行星架输入，齿圈输出。行星轮按顺时针方向沿太阳轮滚动，引起各行星轮分别在各自的轴上作顺时针旋转，使齿圈与输入轴同向旋转。此种方案使输出轴的转速高于输入轴的转速，为超速传动。此时，式(1-1)中 $n_1=0$，故传动比

$$i_{3,2}=\frac{n_3}{n_2}=\frac{a}{1+a}=\frac{z_2}{z_1+z_2}$$

(2)齿圈制动，行星架输入，太阳轮输出。行星轮按顺时针方向沿齿圈滚动，引起各行星轮分别在各自的轴上作逆时针旋转，使太阳轮与输入轴同向旋转。此种方案为超速传动。此时，式(1-1)中 $n_2=0$，故传动比

$$i_{3,1}=\frac{n_3}{n_1}=\frac{1}{1+a}=\frac{z_1}{z_1+z_2}$$

3. 倒挡

下面介绍两种倒挡：

(1)行星架制动，太阳轮输入，齿圈输出。各行星轮只有自转而无公转。此时它们作为惰轮工作，使齿圈与太阳轮反向旋转。此种方案得到减速传动，且输出轴旋向与输入轴旋向相反，故为倒挡。此时，式(1-1)中 $n_3=0$，故传动比

$$i_{1,2}=\frac{n_1}{n_2}=-a=-\frac{z_2}{z_1}$$

(2)行星架制动，齿圈输入，太阳轮输出。很容易看出太阳轮与齿圈反向旋转，此种方案为倒挡升速。此时，式(1-1)中 $n_3=0$，故传动比

$$i_{2,1}=\frac{n_2}{n_1}=-\frac{1}{a}=-\frac{z_1}{z_2}$$

4. 直接挡

若使式(1-1)中 $n_1=n_2$，则 $n_3=\frac{n_1+an_1}{1+a}=n_1=n_2$，或当 $n_2=n_3$ 时，同样可得 $n_1=n_2=n_3$，故太阳轮、行星架和齿圈中有任意两个元件被连接成一体时，各齿轮间均无相对运动，整个行星轮机构将成为一个整体而旋转，此时为直接挡传动。

5. 空挡

如果太阳轮、行星架和齿圈三者中无任何一个构件被制动，也无任何两个构件被连成一体，各构件将都可作自由转动(空挡)不受任何约束；当输入轴转动时，输出轴可以不动，在此种组合方案下，行星轮机构将不传递动力，得到空挡。

单排行星轮机构的速比范围有限，往往不能满足汽车的实际要求，在实际应用中的行星齿轮变速器，都是由几个单排行星轮机构和几组离合器组成的。借助于离合器操纵，用不同行星轮机构的组合可获得不同的挡位速比，使得实际行星齿轮变速器的结构比上述单排行星轮机构复杂得多，其形式也可以是多种多样的，但其工作原理仍与单排行星轮机构相同。

其传动比可根据单排行星轮机构的特性方程式推导出来。单排行星齿轮机构传动比的计算公式如表1-1所示。

表1-1 单排行星齿轮机构传动比的计算公式

主动件	固定件	从动件	传动比	转向	变速	挡位
太阳轮 S	齿圈 R	行星架 C	$i=1+z_R/z_S(2.5\sim5)$	同向	减速	1挡
行星架 C	齿圈 R	太阳轮 S	$i=z_S/(z_S+z_R)(0.2\sim0.4)$	同向	超速	
齿圈 R	太阳轮 S	行星架 C	$i=1+z_S/z_R(1.25\sim1.67)$	同向	减速	2挡
行星架 C	太阳轮 S	齿圈 R	$i=z_R/(z_S+z_R)(0.6\sim0.8)$	同向	超速	超速挡
太阳轮 S	行星架 C	齿圈 R	$i=-z_R/z_S(1.5\sim4)$	反向	减速	倒挡
齿圈 R	行星架 C	太阳轮 S	$i=-z_S/z_R$	反向	超速	
任两元件	无	另一件	$i=1$	同向	等速	直接挡

二、辛普森(SIMPSON)齿轮机构

(一)辛普森(SIMPSON)齿轮机构的结构

不同车型的自动变速器在结构上往往有较大差别,如前进挡的挡位数不同,离合器、制动器及单向离合器的数目和布置方式不同,所采用的行星齿轮机构的类型不同等。早期的自动变速器的行星齿轮变速器常采用2个或3个前进挡,新型轿车的自动变速器的行星齿轮变速器大部分采用4个或5个前进挡。前进挡的数目愈多,行星齿轮变速器中的离合器、制动器及单向离合器的数目就愈多。离合器、制动器及单向离合器的布置方式,主要取决于行星齿轮变速器前进挡的挡位数和所采用的行星齿轮机构的类型。对行星齿轮机构类型相同的行星齿轮变速器来说,其离合器、制动器及单向离合器的布置方式和工作过程基本上是一致的。

辛普森式行星齿轮变速器是由辛普森齿轮机构和相应的换挡执行元件组成的,目前大部分轿车的自动变速器都采用这种行星齿轮变速器。辛普森式行星齿轮机构是一种十分著名的双排行星齿轮机构,根据这两排在变速器中的位置,分别称之为前行星齿轮机构和后行星齿轮机构,这两组齿轮机构由共用的太阳轮连接。前、后行星齿轮机构有两种连接方式:一种是前行星齿轮机构的齿圈和后行星齿轮机构的行星架相连,称为前齿圈和后行星架组件,如图1-25所示,输出轴通常与前齿圈和后行星架组件连接;另一种是前行星齿轮机构的行星架和后行星齿轮机构的齿圈相连,称为前行星架和后齿圈组件,如图1-26所示,输出轴通常与前行星架和后齿圈组件连接。

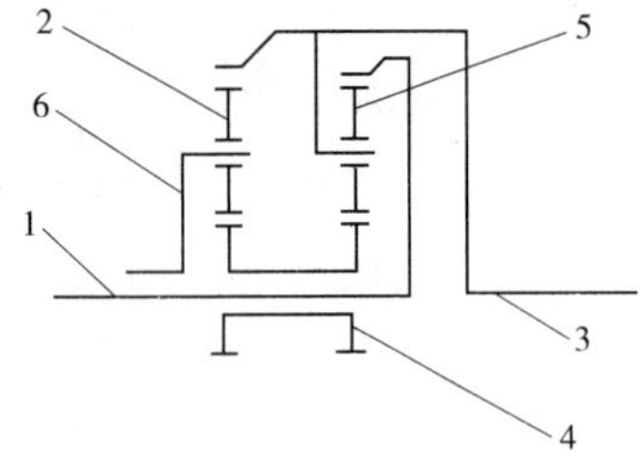

1—后齿圈;2—前行星齿轮;3—前齿圈和后行星架;4—前、后太阳轮组件;5—后行星齿轮;6—前行星架

图1-25 辛普森式行星齿轮机构啮合方式(一)

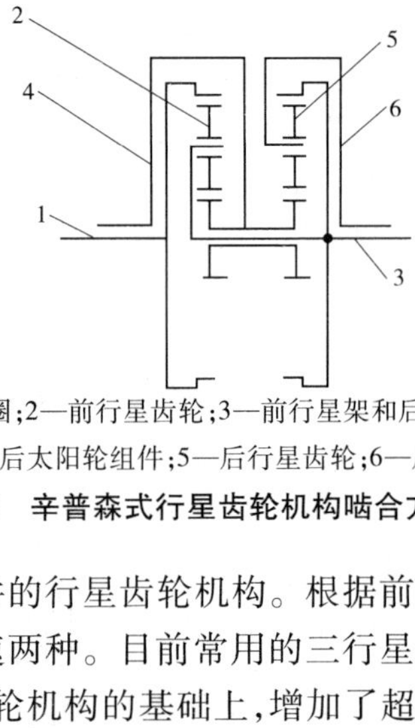

1—前齿圈;2—前行星齿轮;3—前行星架和后齿圈组件;4—前、后太阳轮组件;5—后行星齿轮;6—后行星架

图1-26 辛普森式行星齿轮机构啮合方式(二)

经过上述组合,该机构成为一种具有四个独立元件的行星齿轮机构。根据前进挡的挡数不同,可将辛普森式行星齿轮变速器分为三速和四速两种。目前常用的三行星排辛普森式四速行星齿轮变速器是在双行星排辛普森式行星齿轮机构的基础上,增加了超速排。下面讨论这种变速器的各挡传动关系和各挡传动原理,以丰田A341E自动变速器为例,其齿轮机构的实物图如图1-27所示,结构示意图如图1-28所示。

这种自动变速器的3个行星排均由齿圈、太阳轮、行星架和4个小行星齿轮组成。

超速排行星架与主动轴固连(主动轴与变矩器涡轮相连),超速排齿圈与前、后排输入轴相连,动力由超速排行星架输入,超速排齿圈输出。超速离合器 C_0 连接超速排太阳轮和超速排行星架,C_0 接合,超速排实现直接传动。超速制动器 B_0 固定超速排太阳轮,B_0 接合,实现超速传动。超速单向离合器 F_0 连接超速排太阳轮和超速排行星架,防止超速排太阳轮

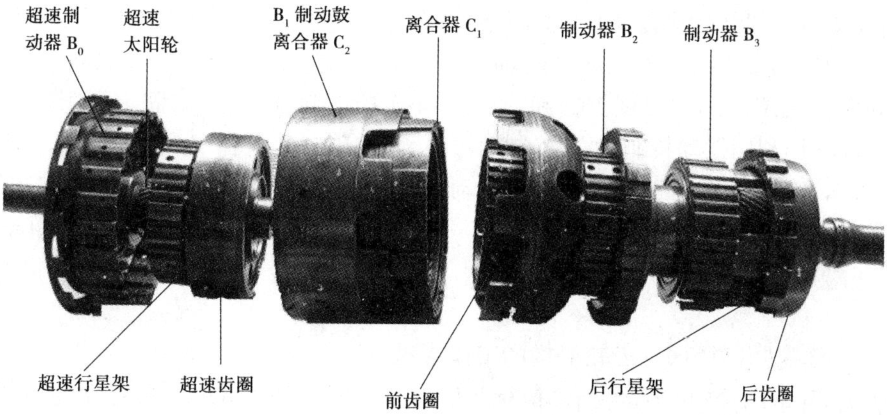

图 1-27　A341E 自动变速器齿轮机构的实物图

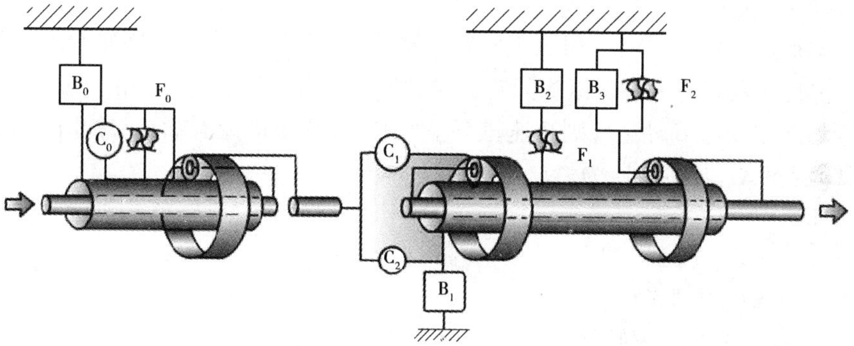

图 1-28　A341E 自动变速器齿轮机构的结构示意图

相对于超速排行星架顺时针转动。当动力由发动机输入时,超速排的直接传动作用由 C_0 和 F_0 共同完成;当利用发动机制动时,超速排的直接传动作用仅由 C_0 完成,F_0 不起作用。三行星排辛普森式四速行星齿轮变速器的工作规律如表 1-2 所示。

表 1-2　三行星排辛普森式四速行星齿轮变速器的工作规律

选挡杆位置	挡位	离合器			制动器				单向离合器			发动机制动
		C_0	C_1	C_2	B_0	B_1	B_2	B_3	F_0	F_1	F_2	
P	驻车挡	○						○				
R	倒挡	○		○				○	○			○
N	空挡	○										
D	1 挡	○	○						○		○	
	2 挡	○	○				○		○			
	3 挡	○	○	○			○		○			○
	OD 挡		○	○	○		○					○
2 或 S	1 挡	○	○						○		○	
	2 挡 *	○	○			○			○			○
L	1 挡 *	○		○		○			○			○

注:1. ○表示换挡元件工作或有发动机制动。
2. * 表示只能降挡不能升挡。

前、后行星排通过前进离合器 C_1 和高挡、倒挡离合器 C_2 与超速排齿圈相连,进行动力输入，由前排行星架和后排齿圈（两者固连）共同进行输出，前、后行星排共用一个太阳轮。前进离合器 C_1 用于连接输入轴和中间轴，C_1 接合，实现前进挡；高挡、倒挡离合器 C_2 连接输入轴和太阳轮，C_2 接合，实现倒挡和前进高挡；2 挡强制制动器 B_1 固定太阳轮，B_1 接合，可实现 2 位 2 挡利用发动机制动；2 挡制动器 B_2 固定单向离合器 F_1 的外圈，防止太阳轮逆时针转动，B_2 接合，实现 2 挡；低挡、倒挡制动器 B_3 固定前排行星架，B_3 接合，实现倒挡，且可能在 L 位利用发动机制动；单向离合器 F_1 是在 2 挡制动器 B_2 工作时，防止太阳轮逆时针转动；单向离合器 F_2 防止前排行星架逆时针转动。单向离合器 F_1、F_2 的设置简化了液压控制系统。

（二）辛普森（SIMPSON）齿轮机构的工作原理

由表 1-2 和图 1-24 可知，各挡位执行元件工作状况的改变可以实现自动变速器各挡位之间的相互转换。

1. 超速排的工作原理

（1）若超速离合器 C_0 接合，超速单向离合器 F_0 起作用，超速排太阳轮和超速排行星架就锁为一体，其输入和输出部位以相同转速转动，实现超速排的直接传动。

（2）若超速制动器 B_0 接合，则超速排行星架输入，超速排齿圈输出，输出转速高于输入转速，实现超速传动，其传动比为

$$i_0 = \frac{n_{03}}{n_{02}} = \frac{a_0}{1 + a_0}$$

式中　i_0——超速排传动比；

n_{03}——超速排行星架转速；

n_{02}——超速排齿圈转速；

a_0——超速排齿圈齿数 z_{02} 与超速排太阳轮齿数 z_{01} 之比。

超速排超速挡的传动路线为：主动轴→超速排行星架→超速排行星齿轮→超速排齿圈→前、后排输入轴。

2. D 位的工作原理

1）D 位 1 挡（D_1）

D_1 挡位时，超速离合器 C_0、前进离合器 C_1 接合，单向离合器 F_0 和 F_2 起作用。

超速离合器 C_0 和超速单向离合器 F_0 起作用，超速排传动比 $i_0 = 1$，动力由主动轴通过超速排传到前、后排输入轴，经前进离合器 C_1（接合）传给中间轴，再传给后排齿圈。后排齿圈和后排行星齿轮顺时针转动，前、后排太阳轮逆时针转动，将动力传给前排行星齿轮，使前排行星架逆时针转动。单向离合器 F_2 能够防止前排行星架逆时针转动，前排行星架被锁定不动，前排行星齿轮只能自转而不能公转，前、后行星排由于前排行星架的固定而使动力得以输出。

通过分析可知，D_1 挡位时，前、后两个行星排均参加工作，行星齿轮机构所承受的负荷被分为两部分，以免过载。其动力传递路线如图 1-29 所示。

由运动特性方程得

$$n_{11} + a_1 n_{12} - (1 + a_1) n_{13} = 0$$
$$n_{21} + a_2 n_{22} - (1 + a_2) n_{23} = 0$$

式中　a_1——前排齿圈齿数与太阳轮齿数之比；

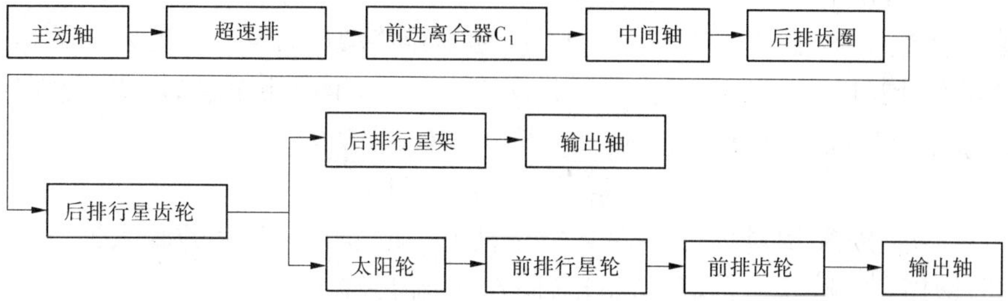

图 1-29　D_1 挡位时的动力传递路线

a_2——后排齿圈齿数与太阳轮齿数之比；

n_{11}——前排太阳轮转速；

n_{21}——后排太阳轮转速；

n_{12}——前排齿圈转速；

n_{22}——后排齿圈转速；

n_{13}——前排行星架转速；

n_{23}——后排行星架转速。

且知：$a_1 = a_2$；$n_{11} = n_{21}$（太阳轮共用）；$n_{13} = 0$（F_2 作用使前排行星架固定）；$n_{12} = n_{23}$（前排齿圈与后排行星架固连）。因此，可得前、后排传动比为

$$i'_{D1} = \frac{n_{22}}{n_{23}} n_{12} = \frac{1 + 2a_2}{a_2} = 2 + \frac{1}{a_2}$$

故 D_1 挡传动比为

$$i_{D1} = i_0 i'_{D1}$$

2）D 位 2 挡（D_2）

D_2 挡位时，超速离合器 C_0、前进离合器 C_1、2 挡制动器 B_2 接合，单向离合器 F_0 和 F_1 起作用。

超速离合器 C_0 和单向离合器 F_0 起作用，超速排传动比 $i_0 = 1$，前进离合器 C_1 的接合继续使输入轴转矩通过中间轴传给后排齿圈。后排齿圈顺时针转动，后排行星轮顺时针转动，前、后排太阳轮就具有逆时针转动趋势；2 挡制动器 B_2 的接合固定了单向离合器 F_1 的外圈，F_1 起作用将太阳轮的逆时针转动趋势锁止，使太阳轮固定，动力不会传到前行星排，只有后行星排起作用。其动力传动路线为：主动轴→超速排→输入轴→前进离合器 C_1→中间轴→后排齿圈→后排行星齿轮→后排行星架→输出轴。

由运动特性方程得

$$n_{21} + a_2 n_{22} - (1 + a_2) n_{23} = 0$$

且知：$n_{21} = 0$。因此，可得前、后排传动比为

$$i'_{D2} = \frac{n_{22}}{n_{23}} = 1 + \frac{1}{a_2}$$

故 D_2 挡传动比为

$$i_{D2} = i_0 i'_{D2}$$

3）D 位 3 挡（D_3）

D_3 挡位时，超速离合器 C_0、前进离合器 C_1、高挡、倒挡离合器 C_2、2 挡制动器 B_2 接合，

单向离合器 F_0 起作用。

超速离合器 C_0 和单向离合器 F_0 起作用,超速排传动比 $i_0=1$,前进离合器 C_1 和高挡、倒挡离合器 C_2 同时接合,前、后两个行星排固连为一个整体一起旋转,形成直接传动,前、后排传动比 $i_{D3}i'_{D3}=1$,故 D_3 挡传动比为

$$i_{D3}=i_0\times i'_{D3}=1$$

即 D_3 挡为直接挡,其动力传递路线为:主动轴→超速排→前、后排输入轴→前进离合器 C_1 和高挡、倒挡离合器 C_2→前、后行星排(固连)→输出轴。

注意:制动器 B_2 虽然接合,但不传递动力,也不影响动力传递。为简化液压控制系统,在 D_2 挡位制动器 B_2 接合的基础上升入 D_3 挡位后,不再单独设置制动器 B_2 的泄油路。D_4 挡位 2 挡制动器 B_2 的工作情况与此相同。

4)D 位 4 挡(D_4)

D_4 挡位时,超速挡开关置于 ON 位,超速制动器 B_0、前进离合器 C_1、高挡、倒挡离合器 C_2、2 挡制动器 B_2 接合。

超速制动器 B_0 接合,超速排实现超速传动,传动比 i_0 小于 1;前进离合器 C_1 和高挡、倒挡离合器 C_2 同时接合使前、后排实现直接传动,传动比为 1,故 D_4 挡位的传动比为

$$i_{D4}=i_0\times i'_{D4}=i_0$$

D_4 挡动力传递路线为:主动轴→超速排行星架→超速排行星齿轮→超速排齿圈→前、后排输入轴→前进离合器 C_1 和高挡、倒挡离合器 C_2→前、后行星排(固连)→输出轴。

3. 2 位的工作原理

(1)2 位 1 挡(2_1)。2_1 挡位时,各执行元件的动作情况、传动比及动力传动路线与 D_1 挡完全相同。

(2)2 位 2 挡(2_2)。2_2 挡位的动力传动路线及传动比与 D_2 挡完全相同。但是 2_2 挡位增加了 2 挡强制制动器,便于利用发动机制动。

利用发动机制动时,输出轴顺时针转动,后排行星架以相同的方向旋转;发动机减速后,后排齿圈比输出轴转得更慢,促使后排行星轮按逆时针自转,太阳轮被强制按顺时针旋转。当处于 D_2 挡位时,单向离合器 F_1 不能阻止太阳轮顺时针转动,动力不能由输出轴传至后排齿圈,即不能利用发动机制动。2_2 挡位时,制动器 B_1 的接合使太阳轮固定,后排行星齿轮顺时针转动,后排齿圈也顺时针转动,发动机在 2_2 挡位时产生制动作用。

4. L 位的工作原理

L 位时,超速离合器 C_0、前进离合器 C_1、低挡、倒挡制动器 B_2、单向离合器 F_0 起作用。

选挡杆位于 L 位时,自动变速器闭锁在 1 挡,其动力传递路线及传动比与 D_1 挡完全相同。但 L 位增加了低挡、倒挡制动器 B_3,自动变速器在 L 位时可以利用发动机制动。

利用发动机制动时,发动机怠速运转,后排齿圈以相同的怠转速度顺时针转动,而与整车相连的变速器输出轴由于惯性较大,其转速并未立即下降,使后排行星架和前排齿圈以较高的转速顺时针转动。后排行星齿轮逆时针转动,太阳轮和前排行星架顺时针转动。单向离合器 F_2 不能阻止前排行星架顺时针转动,当处于 D_1 挡位时,不能将动力由输出轴传递到输入轴。L 位时,制动器 B_3 的接合将前排行星架固定,前排行星齿轮顺时针转动,促使太阳轮逆时针转动,进而使后排齿圈顺时针转动,动力传递到输入轴,实现发动机制动。

5. R 位的工作原理

R 位时，超速离合器 C_0、高挡、倒挡离合器 C_2 和低挡、倒挡制动器 B_3 接合，单向离合器 F_0 起作用。

超速离合器 C_0 和单向离合器 F_0 的作用是使超速排传动比 i_0 为 1。高挡、倒挡离合器 C_2 的接合使得动力由输入轴经高挡、倒挡离合器 C_2 传至前、后排太阳轮，太阳轮顺时针转动，前排行星齿轮逆时针转动，低挡、倒挡制动器 B_3 接合使前排行星架固定，使前排齿圈逆时针转动，实现倒挡。后排行星齿轮没有受限制的构件不能传递动力，只有前行星排参加工作。

因此，由运动特性方程可知，前后排传动比为

$$i'_R = \frac{n_{11}}{n_{12}} = -a_1$$

故 R 挡传动比为

$$i_R = i_0 i'_R = \frac{n_{11}}{n_{12}} = -a_1$$

其动力传递路线为：主动轴→超速排→输入轴→高挡、倒挡离合器 C_2→前、后排太阳轮→前排行星齿轮→前排齿圈→输出轴。

6. N 挡的工作原理

N 挡时，C_0 工作，由于 C_1、C_2 没有工作，变矩器到变速器输出轴的路线是中断的，没有动力输出。

7. P 挡的工作原理

P 挡时，C_0、B_3 工作。虽然 B_3 工作，但由于 C_1、C_2 不工作，因此变速器内没有动力传递。此时使 B_3 工作是为了避免变速器从 P 挡移至 R 挡时 C_2 和 B_3 同时充油开始接合，若两者速度不一致，就会导致换挡冲击。

8. 几点说明

通过分析各挡位换挡执行元件的工作情况及各挡位的动力传动路线，可以得出以下结论：

(1) 如果 C_1 故障，则自动变速器没有前进挡，即将选挡杆置于 D 位、2 位或 L 位时，车辆都无法起步行驶，但对于倒挡没有影响。

(2) 如果 C_2 故障，则自动变速器没有 3 挡，倒挡也将没有。

(3) 如果 B_2 或 F_1 故障，则自动变速器没有 D 位 2 挡，但对于 2 位 2 挡没有影响。

(4) 如果 B_3 故障，则自动变速器没有倒挡。

(5) 如果 F_0 故障，则自动变速器 3 挡升 4 挡时会产生换挡冲击。这是因为 3 挡升 4 挡时，相当于由 C_0 切换到 B_0，但 C_0、B_0 有可能同时不工作。此时负荷的作用将使超速行星排的齿圈不动，如果没有 F_0，在行星架的驱动下，太阳轮将顺时针超速转动，当 B_0 工作时产生换挡冲击。

(6) 如果 F_2 故障，则自动变速器没有 D 位 1 挡和 2 位 1 挡，但对于 L 位 1 挡没有影响。

(7) 换挡时，单向离合器是自动参与工作的，所以只考虑离合器和制动器的工作即可。D_1 挡升 D_2 挡是 B_2 工作，D_2 挡升 D_3 挡是 C_2 工作，D_3 和 D_4 互换相当于 C_0 和 B_0 互换。

(8) 如果某挡位的动力传动路线上有单向离合器工作，则该挡位没有发动机制动。有些挡位虽然标明有单向离合器工作，但实际上有可能被其他元件取代而不工作。如 2 位 2

挡的 B_1 工作后，F_1 实际上已不起作用，C_0 也可以取代 F_0，这样此挡虽标明有单向离合器工作，但都不起作用，所以有发动机制动。

三、拉威娜(Ravigneaux)齿轮机构

(一)拉威娜(Ravigneaux)齿轮机构的结构

拉威娜式行星齿轮的变速机构如图 1-30 所示，具有四个独立元件：小太阳轮、大太阳轮、行星架(图中未画出)和内齿圈，行星架上有相互啮合的长行星轮和短行星轮，其中长行星轮与内齿圈和大太阳轮啮合，短行星轮与小太阳轮啮合。

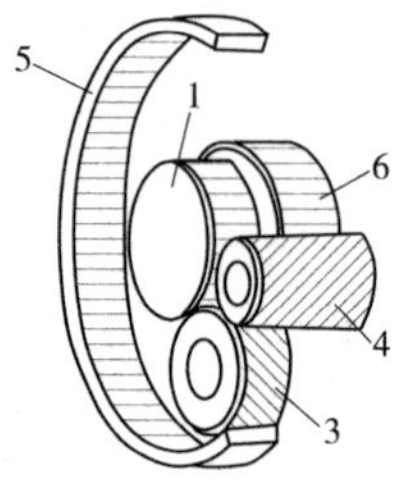

1—小(前)太阳轮；2—行星架；3—短行星轮；4—长行星轮；5—内齿圈；6—大(后)太阳轮

图 1-30 拉威娜式行星齿轮的变速机构

拉威娜式复合行星齿轮系统的结构特点为：两排行星齿轮机构共用一个内齿圈和一个行星架。行星架上的两套行星齿轮互相啮合，同时，短行星齿轮与小太阳齿轮相啮合，长行星齿轮与大太阳齿轮、内齿圈相啮合。所以，两个行星排分别为：大太阳轮、行星架(长行星轮)、内齿圈，其传动特点和运动方程前面已经详细讲述，在此不再赘述；小太阳轮、行星架(短行星轮和长行星轮)、内齿圈，该行星排的运动方程为

$$n_1 - an_2 - (1 - a)n_3 = 0$$

拉威娜式行星齿轮的变速机构在制造和装配上要求较高，特别是长行星轮要与内齿圈、大太阳轮、短行星轮三个元件同时啮合，不但零件制造精度要求高，在行星架上安装的位置精度要求也高。

在汽车自动变速器的设计中，常将小太阳轮的轴和行星架轴从空心的大太阳轮轴中穿出，输入有三种方式，内齿圈固定为输出，如图 1-31 所示。

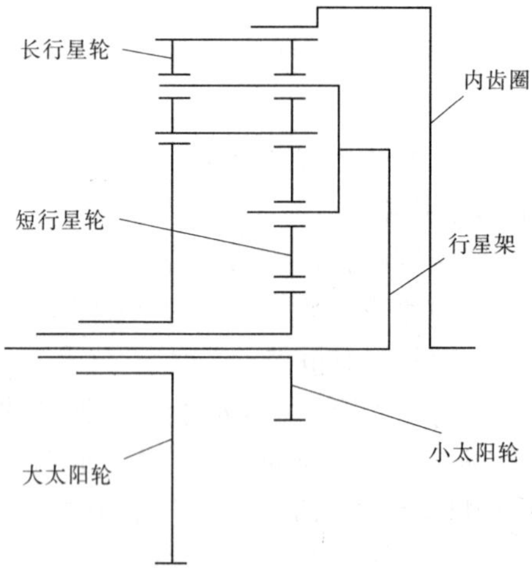

图 1-31 拉威娜式自动变速器行星齿轮机构

以大众前驱变速器为例，大众的 01N、01M、01P 和 001 型自动变速器使用的都是拉威娜式行星齿轮机构。典型拉威娜式自动变速器的齿轮机构的施力装置如图 1-32 所示，其执行元件有：

(1)前进挡离合器(C_1)：在 1 挡、2 挡、3 挡时工作，负责驱动小太阳轮。

(2)直接挡及倒挡离合器(C_2):在3挡和倒挡时工作,负责驱动大太阳轮。直接挡及倒挡离合器和前进挡离合器串联。

(3)强制低挡离合器(C_3):在L挡时起作用,负责驱动大、小太阳轮。

(4)超速挡离合器(C_4):在3挡和4挡时工作,负责驱动行星架。

(5)2挡及4挡制动器(B_1):在2挡和4挡时工作,负责固定大太阳轮。

(6)低速挡及倒挡制动器(B_2):在手动1挡和倒挡时工作。

(7)低挡单向离合器(F_1):负责单方向锁止行星架。

(8)前进挡单向离合器(F_2):和前进挡离合器一起单方向驱动小太阳轮。

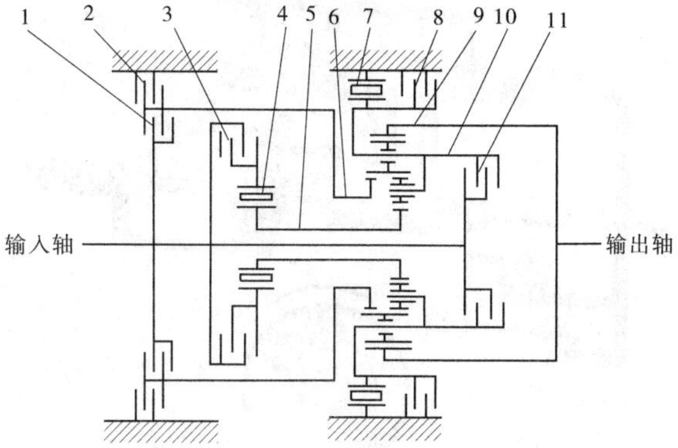

1—直接挡及倒挡离合器;2—2挡及4挡制动器;3—前进挡离合器;4—前进挡单向离合器;
5—小太阳轮;6—大太阳轮;7—1挡单向离合器;8—低速挡及倒挡制动器;
9—内齿圈(输出轴);10—行星架(安装有1套长行星轮和1套短行星轮);11—高速挡离合器

图1-32 拉威娜式自动变速器齿轮机构的施力装置

(二)拉威娜(Ravigneaux)齿轮机构的工作原理

下面以大众01N型拉威娜式四挡自动变速器为例,介绍该变速机构的动力传递路线,具体传递方案是:

(1)当行星架制动、小太阳轮输入时,传动路线为:小太阳轮→短行星轮→长行星轮(仅有自转)→内齿圈→输出轴,此变速结果为同向减速传动。

(2)当大太阳轮制动、小太阳轮输入时,传动路线为:小太阳轮→短行星轮→长行星轮(随行星架公转)→内齿圈→输出轴,此变速结果为同向减速传动。

(3)当大太阳轮制动、行星架输入时,传动路线为:行星架→长行星轮(随行星架公转)→内齿圈→输出轴,此变速结果为同向增速传动。

(4)当行星架制动、大太阳轮输入时,传动路线为:大太阳轮→长行星轮(仅有自转)→内齿圈→输出轴,此变速结果为反向减速传动。

应用到汽车上各挡位变换时,采用如下动力传递路线。

1. D位1挡的传动路线

D位1挡的传动路线如图1-33所示。变速杆在D位置、变速器在1挡时,前进挡离合器C_1接合,低挡单向离合器F_1和前进挡单向离合器F_2锁止。动力经输入轴、前进挡离合器C_1传至小太阳轮,小太阳轮顺时针转动,通过短行星轮和长行星轮带动内齿圈顺时针转动。长行星轮在带动内齿圈顺时针(从输入轴向输出轴方向看)转动的同时,对行星架产生逆时针力矩,F_1在逆时针方向使行星架锁定。发动机的动力经输入轴、小太阳轮、短行星轮、长行星轮传给内齿圈和输出轴。设齿圈与小(前)、大(后)太阳轮的齿数之比分别为 a_1 和 a_2,此时行星架固定不动,后排根据双排行星齿轮运动的特性方程为

$$n_1 - a_2 n_2 - (1 - a_2) n_3 = 0$$

由于式中 $n_3 = 0$,因此拉威娜式四速行星齿轮变速器 1 挡的传动比为

$$i = a_2$$

当汽车滑行、输出轴反向驱动行星齿轮变速器时,内齿圈通过长行星轮对行星架产生一个顺时针方向的转矩,1 挡单向离合器 F_1 不能锁止行星架的顺时针旋转,行星架沿顺时针方向自由转动,行星齿轮机构失去传递动力的能力,无法利用发动机制动。

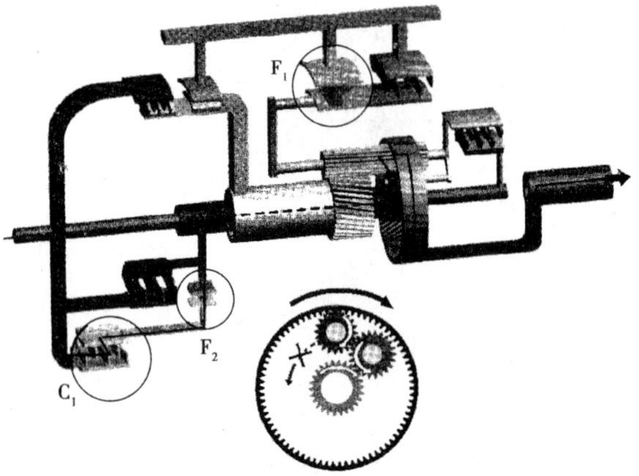

C_1—前进挡离合器;F_1—低挡单向离合器;F_2—前进挡单向离合器

图 1-33　D 位 1 挡的传动路线示意图

2. D 位 2 挡的传动路线

D 位 2 挡的传动路线如图 1-34 所示。在 D 位 2 挡时,前进挡离合器 C_1 和 2 挡及 4 挡制动器 B_1 同时工作,前进挡单向离合器 F_2 锁止。发动机动力经输入轴和前进挡离合器 C_1 传至小太阳轮,小太阳轮顺时针转动,并通过短行星轮带动长行星轮顺时针转动。由于大太阳轮被 2 挡及 4 挡制动器 B_1 固定,长行星轮在顺时针转动的同时还将沿顺时针方向公转,带动内齿圈和输出轴以较快的速度顺时针转动。发动机动力由小太阳轮经短行星轮、长行星轮传递至内齿圈和输出轴,将动力传出。根据运动特性方程:

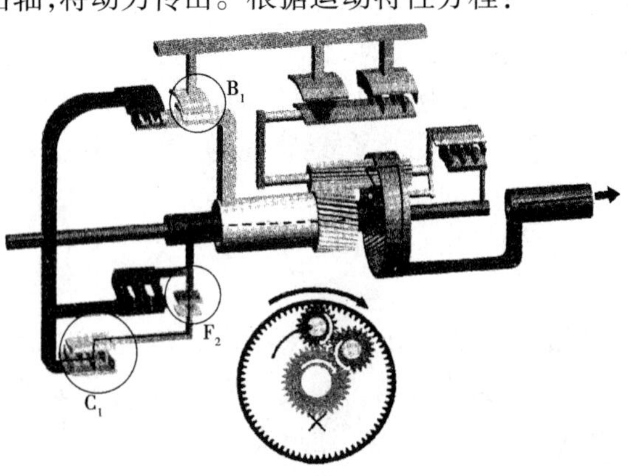

C_1—前进挡离合器;F_2—前进挡单向离合器;B_1—2 挡及 4 挡制动器

图 1-34　D 位 2 挡的传动路线示意图

前排：$n_1 + a_2n_2 - (1 + a_1) \times n_3 = 0$

后排：$n_1 - a_2n_2 - (1 - a_2) \times n_3 = 0$

由于式中 $n_1 = 0$，拉威娜式四速行星齿轮变速器 2 挡的传动比为

$$i_2 = \frac{a_1 + a_2}{1 + a_1}$$

3. D 位 3 挡的传动路线

D 位 3 挡的传动路线如图 1-35 所示。D 位 3 挡时，前进挡离合器 C_1 和直接挡及倒挡离合器 C_2 同时接合，前进挡单向离合器 F_2 锁止，使输入轴同时与小、大太阳轮相连接。小、大太阳轮同时转动，并随输入轴转动，短行星轮和长行星轮不能作自转，只能同小、大太阳轮一起公转，同时带动行星架以相同的转速随小、大太阳轮一起转动。这样，内齿圈和前、后行星排所有元件作为整体，发动机动力由小、大太阳轮经前、后行星排传递至内齿圈和输出轴，此时传动比为 1，为等速传动。

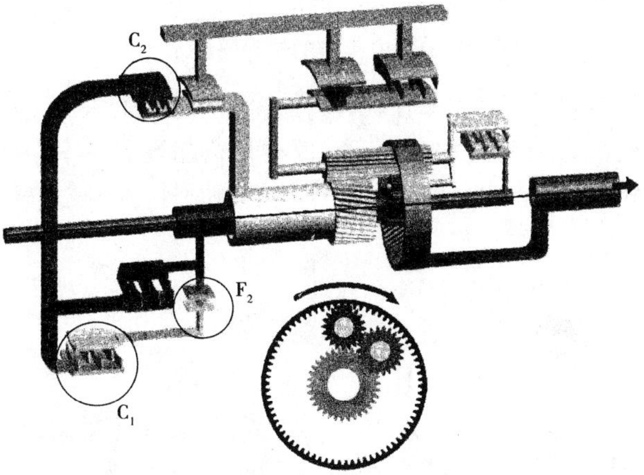

C_1—前进挡离合器；C_2—直接挡及倒挡离合器；F_2—前进挡单向离合器

图 1-35　D 位 3 挡的传动路线示意图

4. D 位 4 挡的传动路线

D 位 4 挡的传动路线如图 1-36 所示。在 D 位 4 挡时，超速挡离合器 C_4 和 2 挡及 4 挡制动器 B_1 同时参与工作，使输入轴与行星架连接，发动机动力经超速挡离合器 C_4 带动行星架。由于大太阳轮被 B_1 固定，行星架又带动长行星轮顺时针自转和公转，其公转特性可使内齿圈和输出轴顺时针同步转动，而自转特性可使内齿圈和输出轴相对输入轴顺时针加速转动，它的传动比小于 1，为超速挡。虽然前进挡离合器 C_1 接合（目的是控制简便），但前进挡单向离合器 F_2 内圈转速高于外圈，所以不影响传动。根据单排行星齿轮运动的特性方程：

$$n_1 + a_1n_2 - (1 + a_1)n_3 = 0$$

由于式中 $n_1 = 0$，拉威娜式 4 速行星齿轮变速器 4 挡的传动比为

$$i_4 = \frac{n_3}{n_2} = \frac{a_1}{1 + a_1}$$

5. R（倒挡）位的传动路线

倒挡的传动路线如图 1-37 所示。变速杆在 R 位时，直接挡及倒挡离合器 C_2 接合，使输

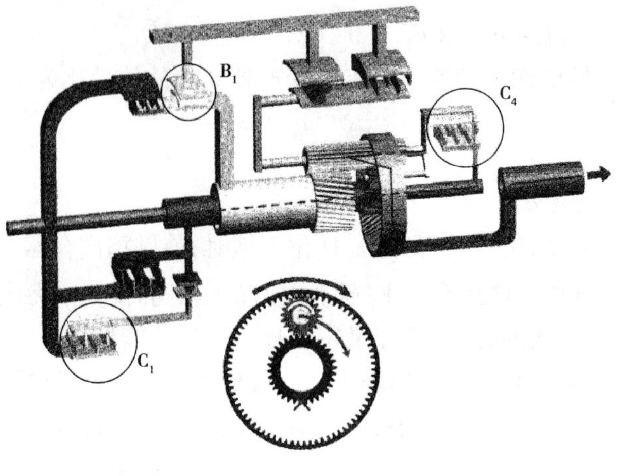

C_1—前进挡离合器;C_4—超速挡离合器;B_1—2 挡及 4 挡制动器

图 1-36　D 位 4 挡的传动路线示意图

入轴同大太阳轮连接,这时低速挡及倒挡制动器 B_2 制动,使行星架固定。发动机动力经输入轴传给大太阳轮,使大太阳轮顺时针转动,带动长行星轮逆时针转动。由于行星架被固定,长行星轮不能公转,从而带动内齿圈和输出轴沿逆时针方向减速转动,实现倒挡。

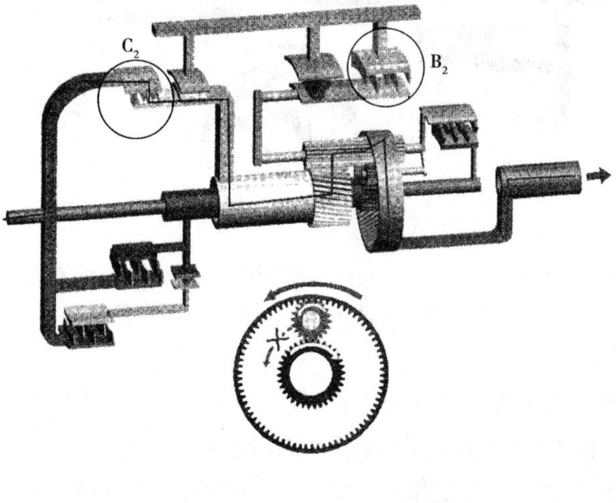

C_2—直接挡及倒挡离合器;B_2—低速挡及倒挡制动器

图 1-37　R(倒挡)位的传动路线示意图

根据单排行星齿轮运动的特性方程:

$$n_1 + a_1 n_2 - (1 + a_1) n_3 = 0$$

由于式中 $n_3 = 0$,拉威娜式四速行星齿轮变速器倒挡的传动比为

$$i_R = \frac{n_2}{n_1} = -a_1$$

根据分析,在倒挡时,该行星齿轮变速器也能实现发动机制动。

6. L 挡的传动路线

L 挡的传动路线如图 1-38 所示。变速杆在 L(或 1)位置,为强制 1 挡,或称低速挡。其动力传递线路与 D 位 1 挡的区别是,C_3 代替 C_1 和 F_2,B_2 代替 F_1,驱动轮可通过变速器反拖

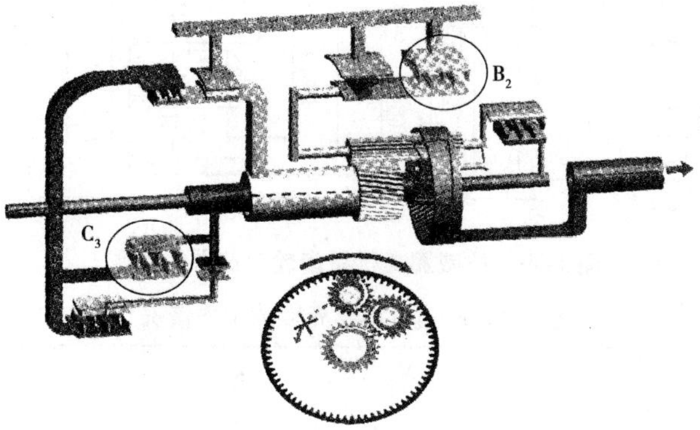

C_3—强制低挡离合器;B_2—低速挡及倒挡制动器

图 1-38　L 位 1 挡传动路线示意图

发动机,利用发动机进行制动。自动变速器必须靠相应的执行元件工作,才能实现上述的动力传递路线,见表 1-3。

表 1-3　拉威娜式四速自动变速器换挡执行元件的工作规律

挡位		离合器				制动器		单向离合器	
		前进挡离合器 C_1	直接挡及倒挡离合器 C_2	强制低挡离合器 C_3	超速挡离合器 C_4	2 挡及 4 挡制动器 B_1	低速挡及倒挡离合器 B_2	低挡单向离合器 F_1	前进挡单向离合器 F_2
D 前进挡	1 挡	○						○	○
	2 挡	○				○			○
	3(直接)挡	○	○						○
	4(超速)挡				○	○			
R(倒挡)			○				○		
L(强制低挡)				○			○		

注:○表示接合、制动或锁止。

(三)桑塔纳 2000 轿车 01N 型四挡拉威娜式行星齿轮变速器各挡传动路线

拉威娜式行星齿轮变速器的简图如图 1-39 所示,其中离合器 K_2 用于驱动大太阳轮,离合器 K_3 用于驱动行星齿轮架,制动器 B_1 用于制动行星齿轮架,制动器 B_2 用于制动大太阳轮,单向离合器 F 用于防止行星齿轮架逆时针转动,锁止离合器 LC 将变矩器的泵轮和涡轮刚性地连在一起。

各挡位换挡元件的工作情况见表 1-4。

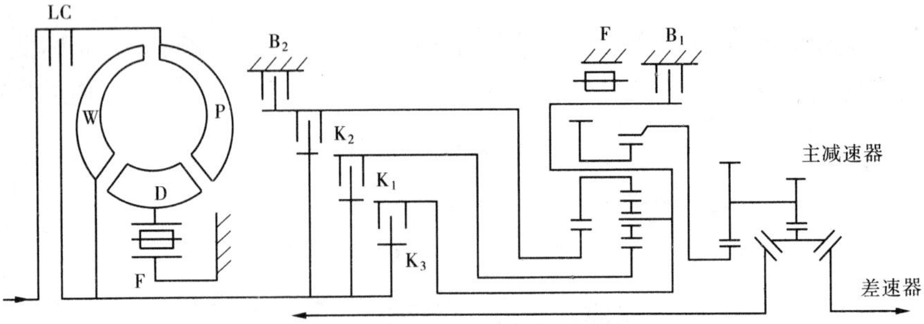

图 1-39　拉威娜式行星齿轮变速器的简图

表 1-4　各挡位换挡元件的工作情况

挡位	B_1	B_2	K_1	K_2	K_3	F
R	○			○		○
1 挡			○			○
2 挡		○	○			
3 挡			○		○	
4 挡		○			○	

注:○表示离合器、制动器或单向离合器工作。

各挡动力传动路线如下。

1.1 挡

1 挡时,离合器 K_1 接合,单向离合器 F 工作。如图 1-40 所示,动力传动路线:泵轮→涡轮→涡轮轴→离合器 K_1→小太阳轮→短行星轮→长行星轮驱动齿圈。

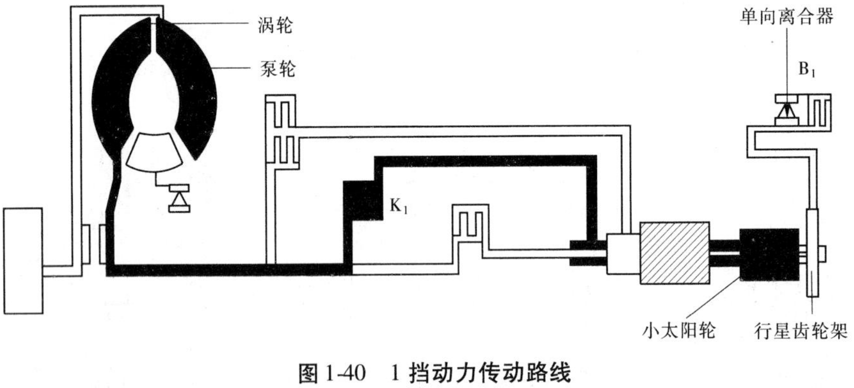

图 1-40　1 挡动力传动路线

2.2 挡

2 挡时,离合器 K_1 接合,制动器 B_2 制动大太阳轮。如图 1-41 所示,动力传动路线:泵轮→涡轮→涡轮轴→离合器 K_1→小太阳轮→短行星轮→长行星轮围绕大太阳轮转动,并驱动齿圈。

3.3 挡

3 挡时,离合器 K_1 和 K_3 接合,驱动小太阳轮和行星架,因而使行星齿轮机构锁止并一

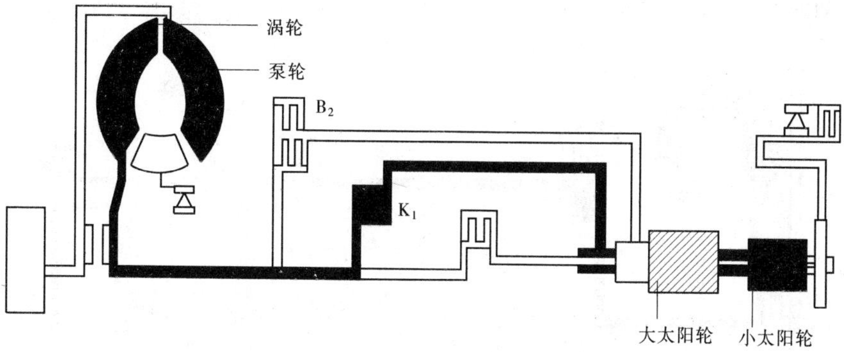

图 1-41　2 挡动力传动路线

起转动。如图 1-42 所示，动力传动路线：泵轮→涡轮→涡轮轴→离合器 K_1 和 K_3→整个行星齿轮转动。

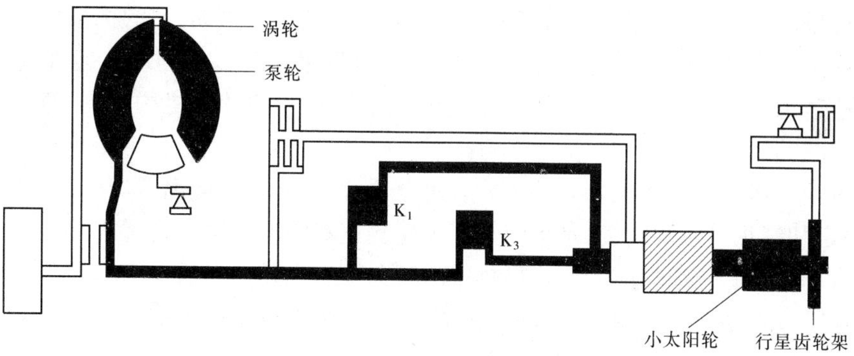

图 1-42　3 挡动力传动路线

4. 4 挡

4 挡时，离合器 K_3 接合，制动器 B_2 工作，使行星架工作，并制动大太阳轮，如图 1-43 所示，动力传动路线：泵轮→涡轮→涡轮轴→离合器 K_3→行星架→长行星轮围绕大太阳轮转动并驱动齿圈。

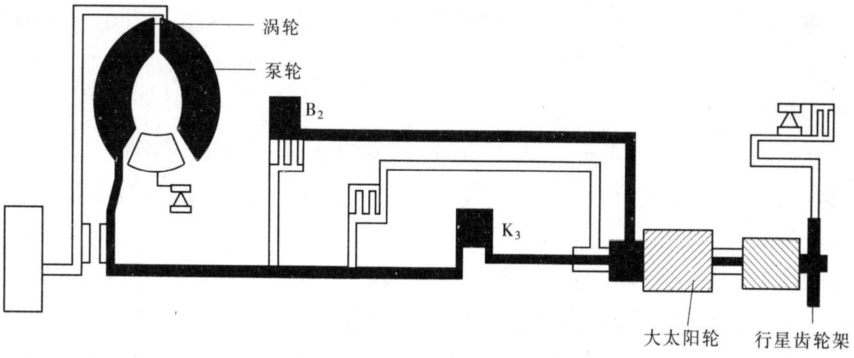

图 1-43　4 挡动力传动路线

5. R 挡

R 挡时，离合器 K_2 接合，驱动大太阳轮；制动器 B_1 工作，使行星架制动。如图 1-44 所示,动力传动路线:泵轮→涡轮→涡轮轴→离合器 K_2→大太阳轮→长行星轮反向驱动齿圈。

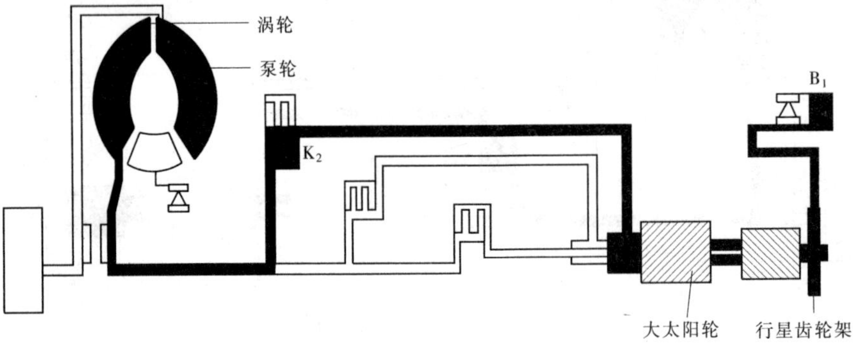

图 1-44　倒挡动力传动路线

(四)换挡执行元件

根据行星齿轮传动的特点,自动变速器和手动齿轮变速器不同,它的挡位变换不是通过移动齿轮或接合套进行的,而是通过以不同的方式对行星齿轮机构的基本元件进行约束来实现的。通过选择适当的被约束的基本元件和约束方式,可以使该机构具有不同的传动比,从而组成不同的挡位。

行星齿轮变速器的换挡执行元件主要有离合器、制动器和单向离合器三种,其基本作用为连接、固定和锁止。所谓连接,是指将行星齿轮变速器的输入轴与行星排中的某一个基本元件连接,以传递动力,或将前一个行星排中的某一个基本元件与后一个行星排中的某一个基本元件连接,以约束这两个基本元件。所谓固定,是指将行星排中的某一个基本元件与自动变速器的壳体连接,使元件固定而不能旋转。所谓锁止,是指把某个行星排的三个基本元件中的两个连接在一起,从而将该行星排锁止,使其三个基本元件以相同的转速一同旋转,产生直接传动。换挡执行元件通过一定的规律对行星齿轮机构的某些元件进行连接、固定或锁止,使行星齿轮机构获得不同的传动比,从而实现各挡位的变换。

1. 离合器

1)离合器的作用

离合器的作用是连接轴和行星齿轮机构中的一个元件或连接行星齿轮机构中不同的两个元件。

2)离合器的组成

在辛普森式行星齿轮自动变速器内,安装有多片湿式离合器,其结构如图 1-45 所示。多片湿式离合器主要由离合器鼓、与离合器鼓键配合的钢片和摩擦片、离合器液压活塞、液压活塞的回位弹簧等组成。

离合器摩擦片两面涂有摩擦材料,通常是在薄钢片两表面上涂厚度为 0.4 ~ 0.8 mm 的摩擦材料层。摩擦片的内花键与离合器毂的外花键槽相配合,摩擦片可在毂的键槽内轴向移动,但不能相对转动。离合器钢片外圆上的键与离合器鼓上的键槽相配合,钢片可在鼓上轴向移动,但不能相对运动。

离合器的钢片与摩擦片相间排列。钢片与摩擦片的接合或分离,完全由离合器的液压活塞控制。

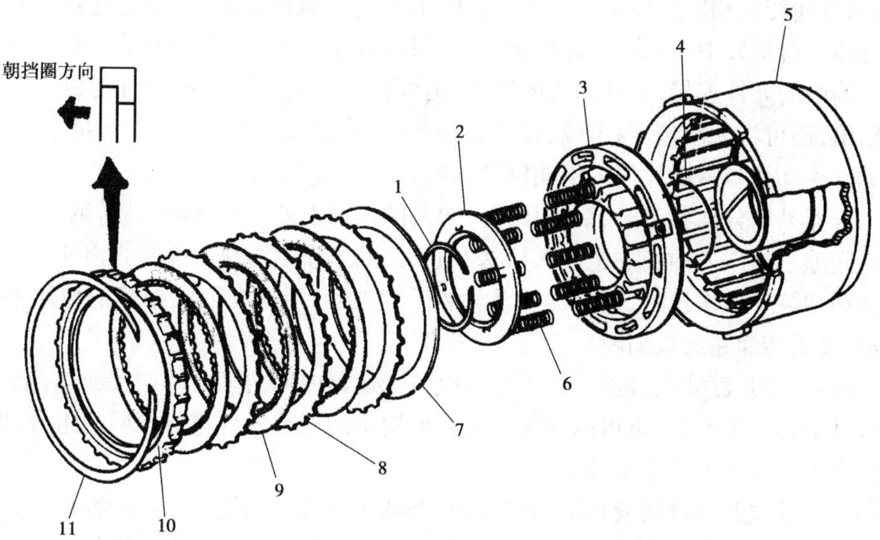

1—卡环;2—弹簧座;3—活塞;4—O 形圈;5—离合器鼓;6—回位弹簧;7—碟形弹簧;8—钢片;9—摩擦片;10—压盘;11—卡环

图 1-45　离合器零件分解图

3)离合器的工作原理

离合器的工作原理如图 1-46 所示。压盘(板)一般固定在壳体远离活塞一侧的键槽中,用以限制离合器钢片(从动片)和摩擦片(主动片)的位移量,其外侧安装了限位卡环。离合器液压活塞装在离合器鼓内,由橡胶密封圈将液压油密封在离合器的腔内,防止高压油泄漏,同时有油路与液压控制阀相通。回位弹簧一端抵于活塞端面,另一端支承在保持座上。当液压活塞缸内的油压增大时,液压活塞克服弹簧的弹力外伸,将相间配合的离合器钢片与摩擦片压紧,于是离合器的毂、鼓便连成一体。当液压油泄出时,离合器活塞在回位弹簧的作用下复位,钢片和摩擦片自由分离,使离合器钢片与摩擦片脱离接合。

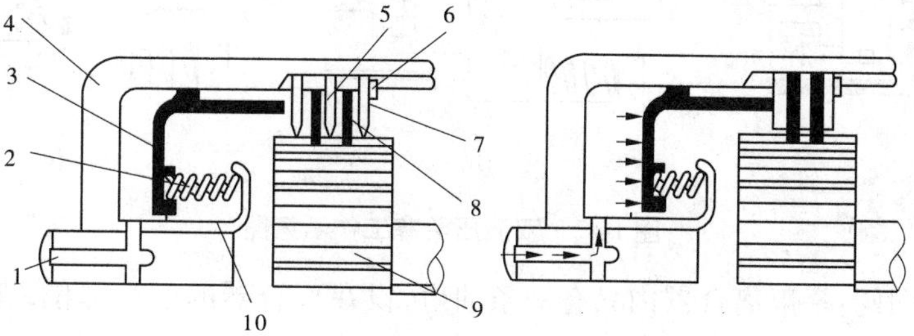

(a)分离状态　　(b)接合状态

1—控制油道;2—回位弹簧;3—活塞;4—离合器鼓;5—主动片;6—卡环;7—压盘;8—从动片;9—花键毂;10—弹簧座

图 1-46　离合器的工作原理

多片离合器的离合器鼓即壳体,内有很多内花键槽,钢片通过外缘键齿与壳体的内花键槽配合,与壳体同步旋转。壳体内的离合器毂即旋转芯体,通过很多外花键槽与摩擦片内缘键齿配合。只要各钢片与各摩擦片压紧接合,即连接在一起,离合器鼓和毂就具有共同转速，并在两者间传递相应的转矩。壳体和芯体中的某个与输入轴、输出轴连接，另一个与太阳轮、内齿圈、行星架中任意一个元件相连。因此，通过壳体与芯体的接合，既可以将输入轴与齿轮机构中的元件连接，实现动力的输入，也可以将齿轮机构中的元件与输出轴连接，实现动力输出，还可将太阳轮、内齿圈、行星架任意两个元件连接在一起，使行星齿轮机构变为直接传动。主动片与从动片均可沿花键槽轴向移动。

当离合器处于分离状态时，活塞在回位弹簧的作用下处于左极限位置，钢片和摩擦片间存在一定间隙。当压力油经油道进入活塞左腔后，液压作用力克服弹簧张力使活塞右移，将所有钢片和摩擦片依次压紧，离合器接合。油压卸去后，活塞在回位弹簧的作用下复位，离合器分离，动力传递路线被切断。

综上所述，多片湿式离合器的作用是可以将变速器内的两个元件连接起来，把转矩由一个元件传递给另一个元件，也可以使行星齿轮机构中的三个元件进行不同的组合，即将行星齿轮机构中的某两个元件连接或分离。

有些离合器或制动器的液压缸内装有内、外两个活塞，即内活塞和外活塞，两个活塞可对同一个离合器或制动器加压。两个活塞腔互不相通，分别与各自的油道相通，可以分别动作，也可以同时动作。带有两个活塞的制动器或离合器，其工作示意图如图 1-47 所示。如图 1-47(a)所示，当液压油作用在内活塞上时，由于内活塞与液压油接触面积较大，因此传递的转矩较大。当液压油作用在外活塞上时，如图 1-47(b)所示，活塞与液压油接触面积较小，传递的转矩较小。在内活塞工作后，外活塞再工作，如图 1-47(c)所示，传递的转矩相继增大，这样可以减轻离合器或制动器接合时的冲击，使换挡柔和。

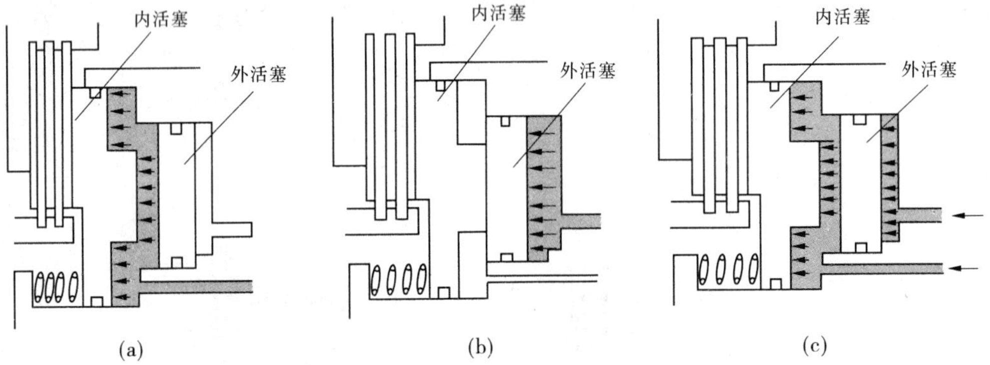

图 1-47　双液压活塞工作示意图

离合器单向阀：一般离合器内只有一条油道，设在离合器的中心部位，进油和泄油均通过该油道完成。离合器接合后，液压油受到旋转离心力的作用被甩到活塞液压腔的外壁上。在离合器泄油时，该部分油液由于离心力的作用不易排出，造成离合器不能完全分离。为了防止这种情况发生，离合器活塞内装入了单向阀。当离合器充油时，在高油压的作用下，单向阀被压紧在阀座上，泄油口关闭，离合器正常充油并工作；当离合器泄油时，随着油缸内油压降低，单向阀在离心力的作用下离开阀座，将泄油口打开，液压油可以迅速地从阀座孔排出，使离合器迅速彻底分离。其原理如图 1-48 所示。

2. 制动器

制动器是将变速器行星排中的太阳轮、行星架或齿圈三者之一制动，以便和离合器或单

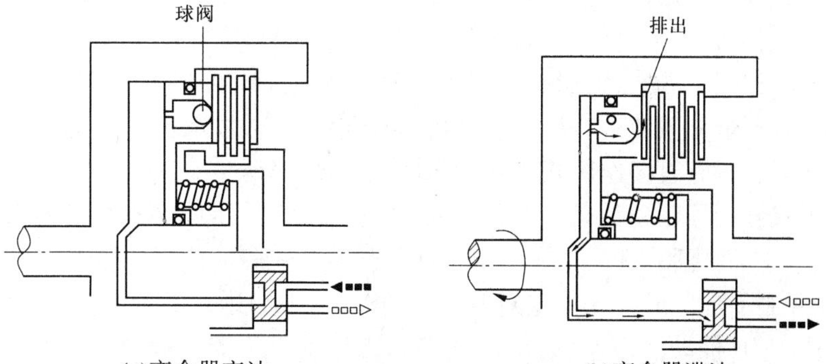

(a)离合器充油　　(b)离合器泄油

图 1-48　离合器单向阀工作原理

向离合器配合,完成行星齿轮机构中不同元件的连接、制动组合,实现变速器不同挡位的输出。目前,常用的制动器有多片湿式制动器和带式制动器。

1)多片湿式制动器

多片湿式制动器的结构与离合器的结构基本相同,也是由毂、鼓、挂在毂鼓上的钢片与摩擦片以及驱动制动片压紧或分离的液压活塞和使活塞回位的回位弹簧组成的。它与离合器不同的地方是,制动器的鼓是变速器的壳体,它不是把两个元件连接起来使两个元件一起旋转,而是把某一元件与变速器壳体连接,从而将该元件固定。除此之外,其构造、组装与离合器相同,这里不再赘述。

2)带式制动器

许多自动变速器内除安装多片湿式制动器外,还装有带式制动器。带式制动器的结构示意图如图 1-49 所示。

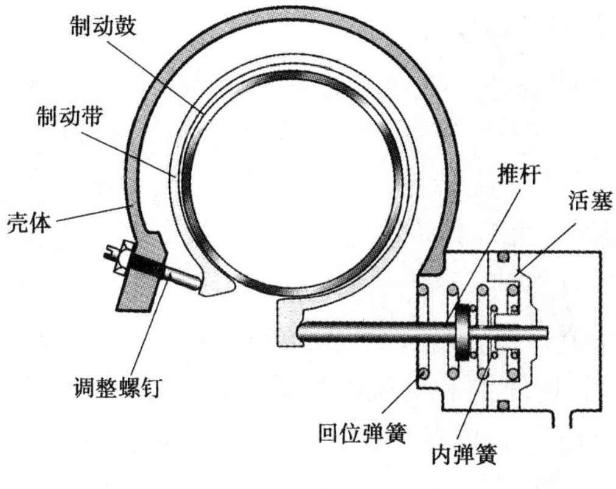

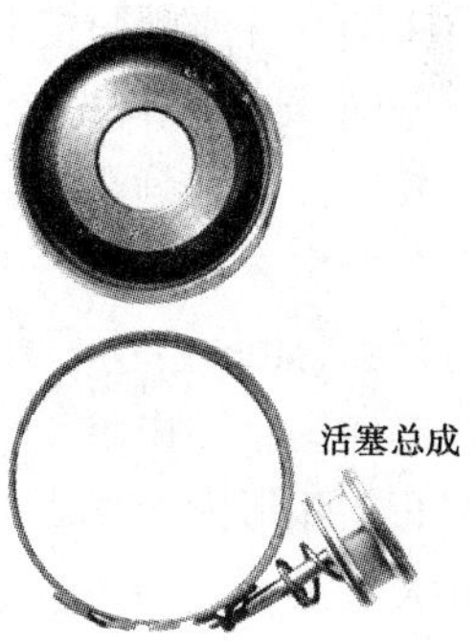

图 1-49　带式制动器的结构示意图

从图 1-49 可知,带式制动器由制动鼓、制动带和伺服缸内的液压活塞、密封圈、回位弹簧和推杆等组成。制动带是内表面带有镀层的开口式环形钢带。制动带开口的一端支承在与变速器壳体固定在一起的支座上,另一端与伺服装置相连。

按变形能力的不同,制动带可分为刚性制动带和挠性制动带。刚性制动带比挠性制动带厚,具有较大的强度和热容性,其缺点是不能产生与制动毂相适应的变形。挠性制动带在工作时可与制动毂完全贴合,而且价格低。

按结构区分,制动带有单边式和双边式两种类型。双边式制动带具有自行增力功能,制动效果更好,多用于转矩较大的低挡和倒挡制动器。用于不同挡位的同类型制动带内表面镀层的材料不尽相同。低挡、倒挡制动带镀层多采用金属摩擦树脂,其作用是保证足够的制动力矩。高挡制动带一般使用有机耐磨材料,防止制动毂过度磨损。

制动器伺服装置有直接作用式和间接作用式两种类型。

直接作用式制动器制动带开口处的一端通过摇臂支承于固定在变速器壳体的支承销上,另一端支承于油缸活塞杆端部。活塞在回位弹簧和左腔油压的作用下位于右极限位置。此时,制动带和制动毂之间存在一定间隙。制动时,压力油进入活塞右腔,克服左腔油压和回位弹簧的作用力,推动活塞左移,而制动带以固定支座为支点收紧。在制动力矩的作用下,制动毂停止旋转,行星齿轮机构中某元件被锁止。随着油压的撤除,活塞逐渐回位,制动解除。若仅依靠弹簧的张力,则活塞回位速度较慢,这种结构多用于换入空挡的过程。目前,大多数制动器设置了左腔进油道,在右腔油压撤除的同时左腔进油,活塞在油压和回位弹簧的共同作用下回位,可迅速解除制动。

间接作用式制动器与直接作用式制动器的区别在于制动带开口的一端支承于推杆端部,活塞杆通过杠杆控制推杆的动作。由于采用杠杆结构将活塞作用力放大,制动力矩进一步增大。

制动解除后,制动带与制动毂之间应保持一定间隙,否则会造成制动带过度磨损和制动毂的滑磨,影响行星齿轮系统的正常工作。调整该间隙的常见结构有三种:一是长度可调的支承销;二是长度可调的活塞杆(或推杆);三是通过调整螺钉调整长度的杠杆。

片式制动器工作容量大、寿命长,所以凡是变速器内空间尺寸允许的都使用片式制动器,空间尺寸较小的使用带式制动器。

3. 单向离合器

单向离合器主要由内座圈、外座圈、滚子或楔块及限制它们的支架及弹簧等组成。其工作特性是内座圈与外座圈只能相对一个方向旋转。单向离合器的作用是锁住行星齿轮机构的某个旋转方向,即只允许一个零件相对另一零件在某个方向旋转,而在反方向,则锁止不能旋转。当其中一个为静止,另一个零件反方向旋转时,其锁止功能相当于制动器。

单向离合器主要有两种:一种是滚柱式,如图 1-50 所示;另一种是楔块式,也称楔块式单向超越离合器,如图 1-51 所示。

滚柱式单向离合器由滚子(滚柱)、弹簧和内、外座圈(内、外环)组成。外座圈的内表面制有若干偏心的弧形滚道。因此,由光滑的内座圈和外座圈构成的滚子滚道的宽度不均匀,即右侧宽度大于滚子直径,左侧宽度小于滚子直径,滚子被弹簧压向滚道小端。在外座圈固定的情况下,内座圈可沿顺时针方向旋转,带动滚子压缩弹簧,使其落入滚道大端。若内座圈沿逆时针方向旋转,滚子被带向滚道小端,内座圈卡住不能转动,单向离合器锁止。

从图 1-50 可知,滚柱的空间是一个楔形,当内、外环无相对运动时,滚柱被弹簧推至楔形空间的最大处,当内、外环产生相对运动时,若内、外环相对运动时的摩擦力使滚柱压缩弹簧滚至楔形空间的宽敞处,滚柱不对内、外环的相对运动产生干涉。内环或外环可以自由相对运动,但如果内、外环相对运动对滚柱产生的摩擦力使滚柱压缩弹簧滚至楔形空间的狭窄处,滚柱便被挤住而对内、外环的相对运动产生干涉。由此可见,这种结构起到了单向离合器的作用。

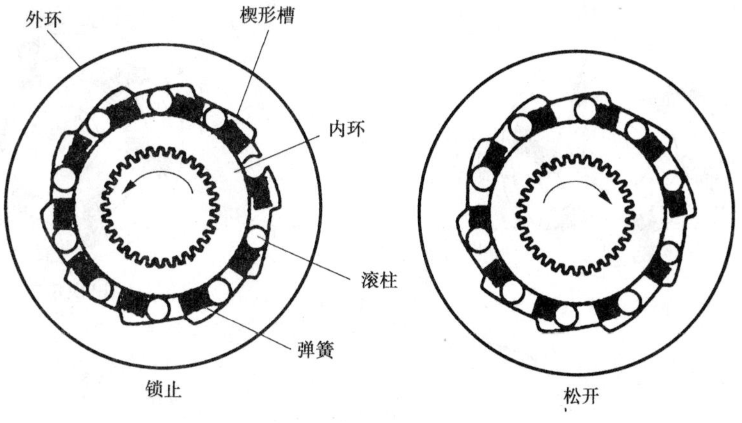

图 1-50　滚柱式单向离合器

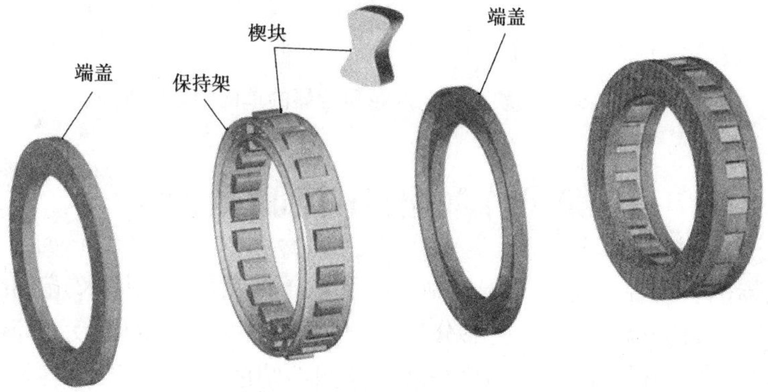

图 1-51　楔块式单向离合器

楔块式单向超越离合器的结构和滚柱斜槽式单向超越离合器的结构基本相似，也有外环、内环、滚子（楔块）等。不同之处在于，它的外环或内环上都没有楔形槽，其滚子不是圆柱形的，而是特殊形状的楔块。楔块式单向超越离合器的单向锁止原理如图 1-52 所示，楔块在 A 方向上的尺寸略大于内、外环之间的距离 B，而在 C 方向上的尺寸略小于内、外环之间的距离 B，如图 1-52（c）所示。当外环相对于内环逆时针转动时，楔块以保持架为中心，逆时针偏转一个角度，使楔块 C 方向两端位于内、外环中间，此时楔块不能锁止内、外环，外环可自由转动，如图 1-52（a）所示。反之，若外环相对于内环顺时针转动，则楔形块会将内、外环锁止，如图 1-52（b）所示。

当外环相对于内环沿顺时针方向转动时，楔块在摩擦力的作用下立起，因自锁作用而被卡死在内、外环之间，使内环与外环无法相对滑转，此时单向超越离合器处于锁止状态；当外环相对于内环沿逆时针方向旋转时，楔块在摩擦力的作用下倾斜，脱离锁止状态，内环与外环可以相对滑动，此时单向超越离合器处于自由状态。

楔块式单向超越离合器的锁止方向取决于楔块的安装方向。

单向离合器的工作性能对变速器的换挡品质有很大影响。自动变速器通过行星齿轮系统执行机构的工作实现换挡，执行机构的灵敏性直接影响换挡的平顺性。单向离合器具有灵敏度高的优点，可瞬间锁止（或解除锁止），从而大大提高了换挡时机的准确性。另外，单向离合器不需要附加的液压或机械操纵装置，结构简单，不易发生故障。

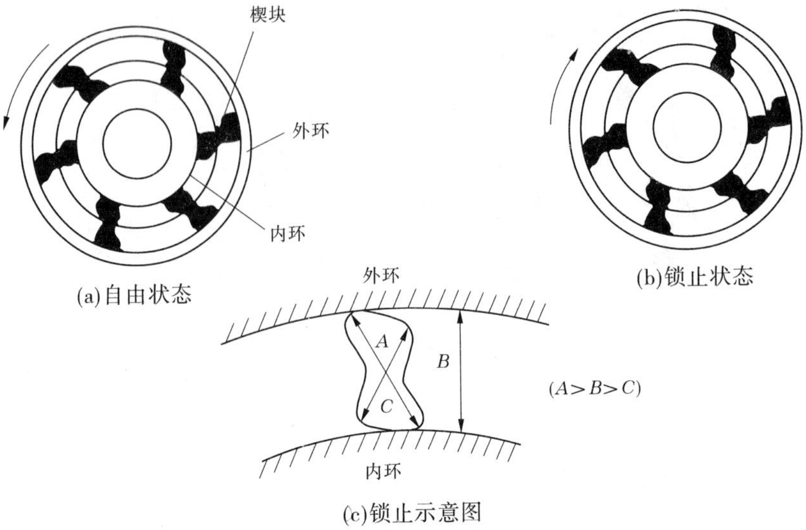

图 1-52　楔块式单向超越离合器的单向锁止原理

第四节　液压控制系统

自动变速器的自动控制是靠液压控制系统和电子控制系统共同来完成的。液压控制系统由动力源、执行机构和控制机构三部分组成，主要元件如图 1-53 所示。液压控制系统的动力源是油泵（或称为液压泵），它是整个液压控制系统的工作基础，如各种阀体的动作、换挡执行元件的工作等都需要一定压力的 ATF。油泵的基本功用是提供满足需求的 ATF 油量和油压。执行机构主要由离合器、制动器油缸等组成。其功用是在控制油压的作用下实现离合器的接合和分离、制动器的制动和松开，以便得到相应的挡位。控制机构包括阀体和各种阀，如主调压阀、副调压阀、手动阀、换挡阀、节气门阀、速控阀（调速器）、强制降挡阀等，它们集中安装在自动变速器的阀体上。

液压控制系统还包括一些辅助装置，如用于防止换挡冲击的蓄能器、单向阀等。

液压系统在发动机启动后，液力变矩器壳体后端的轴套驱动油泵运转，油泵将变速器油底壳的油液压入阀板，先经主油路调压阀建立主油压后进入主油路。主油路油液一方面进入各压力调节阀建立其他油压，进入变矩器工作油路、润滑油路、蓄压器背压控制油路等完成工作任务；另一方面经手控阀、换挡阀、蓄压器到达各执行元件，控制齿轮机构实现挡位变换。

一、油泵

油泵的作用是使自动变速器油产生一定的压力和流量，并作为动力供给液力变矩器和液力操纵系统所需要的压力油，驱动液压执行元件工作，并使行星齿轮等运动机构元件得到润滑。

油泵是液力自动变速器的重要元件，油泵技术状态的好坏对自动变速器的使用性能及使用寿命有直接影响。油泵一般安装在变矩器后方，由变矩器壳后端的轴套驱动，只要发动

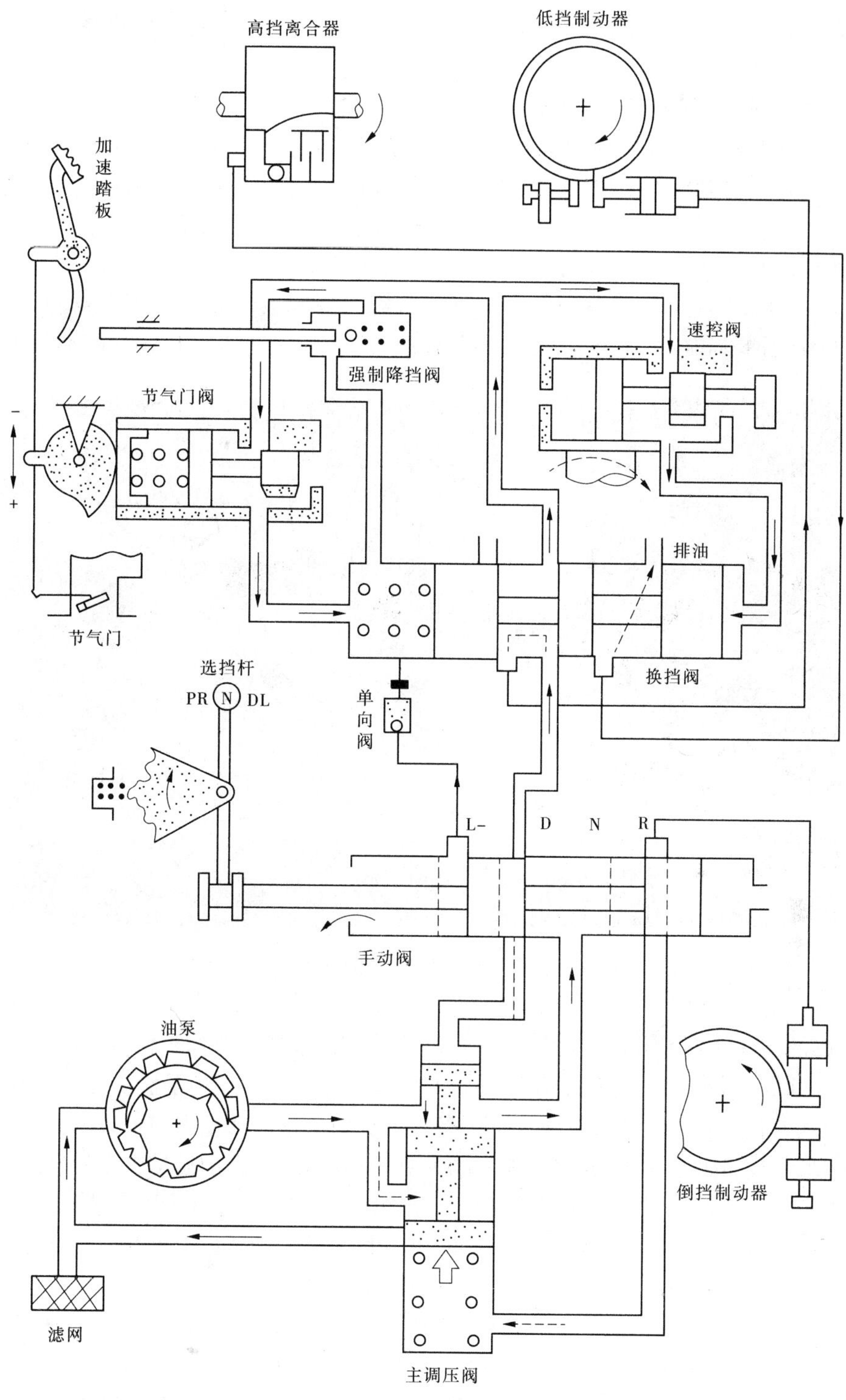

图 1-53　液压控制系统的基本组成和工作原理

机运转，油泵就运转。它为自动变速器中的变矩器、换挡执行机构、液压控制阀等元件提供所需要的压力油,以保证自动变速器工作正常。

在汽车自动变速器中,常使用的油泵有三种形式:月牙泵(简称齿轮泵)、转子泵和叶片泵。

(一)月牙泵的结构与工作原理

月牙泵是自动变速器中应用最多的一种油泵,丰田轿车自动变速器基本上都采用这种齿轮泵。该泵具有结构紧凑、尺寸小、质量轻、自吸能力强、流量波动小、噪声低等优点。

月牙泵主要由小齿轮、内齿轮、月牙形隔板(有时与泵壳铸造成一体)、油泵壳、油泵盖等零件组成。小齿轮为外齿轮、主动齿轮,内齿轮为从动齿轮,它们都是渐开线齿轮。月牙形隔板的作用是把小齿轮和内齿轮之间的工作腔分隔成吸油腔和压力油腔,彼此不相通。油泵壳上有进油口和出油口,液力变矩器驱动油泵运转。月牙泵的结构如图1-54所示。

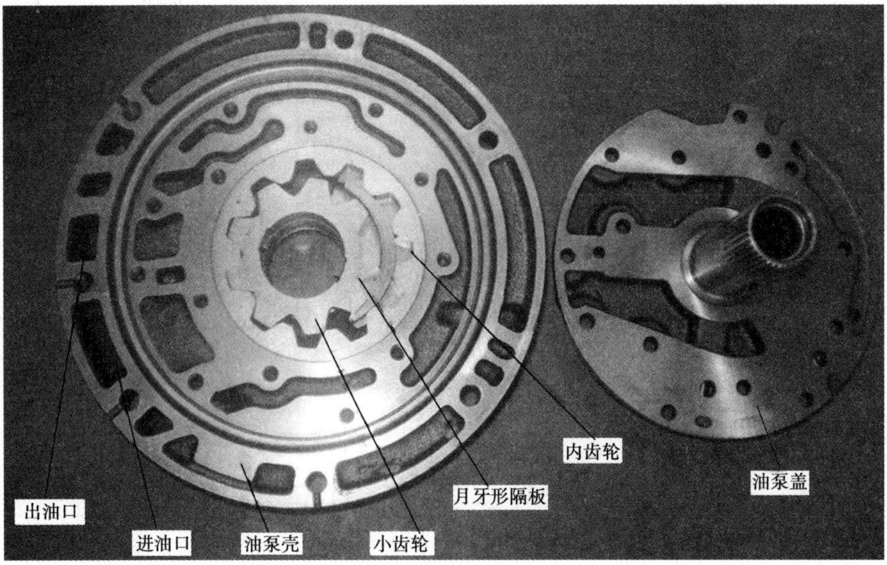

图1-54 月牙泵的结构

发动机运转时,液力变矩器壳后端的轴套带动小齿轮和内齿轮沿顺时针方向旋转。这时在吸油腔,由于小齿轮和内齿轮啮合旋转,容积增大,形成局部真空,将自动变速器油从进油口吸入。随着齿轮副的旋转,齿轮间的自动变速器油被带到压力油腔。在压力油腔,由于小齿轮和内齿轮不断啮合,容积不断减小,最终将自动变速器油排出出油口。

月牙泵的排量由小齿轮的齿数、模数和齿宽决定,油泵的理论排量等于油泵的排量与转速的乘积。因为油泵的密封件间隙处存在泄漏,油泵的实际排量都会小于理论排量。因此,油泵各密封圈保持良好的密封性能对油泵的压力和排量保持稳定很重要。影响油泵性能的还有小齿轮和内齿轮与油泵体安装在一起时的端面间隙、内齿轮和小齿轮齿顶与月牙形隔板之间的间隙、内齿轮外圆与油泵体之间的间隙,这些间隙过大会造成油泵泵油量下降、液压系统油压偏低、汽车动力性下降、执行元件过早磨损等故障。在上述间隙尺寸中,油泵齿轮的端面间隙对油泵的性能影响最大,如果超过使用说明书中的规定值,必须进行更换或修理。油泵常用压力为0.5~1.0 MPa,最大使用压力为1.5~2.0 MPa,转速为1 000 r/min时的流量为10~15 L/min。

（二）转子泵的结构与工作原理

转子泵是月牙泵的一种变形形式，它具有结构简单、尺寸紧凑、噪声小、运转平稳、高速性能好等优点。它的缺点是流量脉动大、齿廓曲线加工精度要求高。

转子泵由内转子、外转子、泵壳和泵盖等组成，内转子齿廓曲线是外摆线，为外齿轮；外转子齿廓曲线是圆弧曲线，为内齿轮。内外转子旋转时不同心，具有偏心距 e。一般内转子齿数为 4、6、8、10 等，外转子比内转子多 1 个齿。内转子齿数越多，泵油脉动量越小。

许多自动变速器使用的转子泵的内转子都是 10 个齿。典型转子泵的结构如图 1-55 所示。

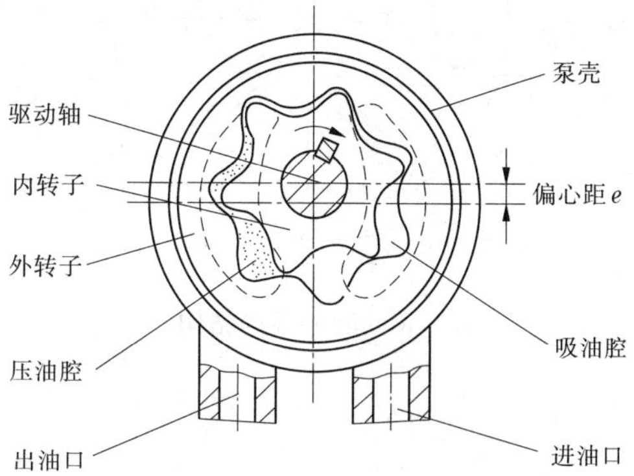

图 1-55　典型转子泵的结构

发动机运转时，带动油泵内外转子沿相同的方向旋转。内转子为主动齿，外转子的转速比内转子每圈慢一个齿。由于内转子和外转子的齿廓是一对共轭齿廓曲线，在油泵运转时，不论内外转子转到什么位置，各齿均处于啮合状态，即内转子每个齿的齿廓曲线上总有一点和外转子的齿廓曲线相接触，使内外转子之间形成与内转子齿数相同个数的工作腔。这些工作腔的容积随转子的旋转而不断变化。当转子沿顺时针方向旋转时，内外转子中心线右侧的各个工作腔的容积由小变大，形成局部真空，这时自动变速器油从进油口被吸入；而在内外转子中心线左侧的各个工作腔的容积由大变小，自动变速器油从出油口被排出。这就是摆线转子泵的泵油过程。

转子泵的排量由内转子的齿数、齿形、齿宽和内外转子的偏心距决定。齿数越多，齿形、齿宽和偏心距越大，排量就越大。

（三）叶片泵的结构与工作原理

叶片泵由定子、转子、叶片和壳体等组成，如图 1-56 所示。

叶片泵有运转平稳、噪声小、流量均匀、容积效率高等优点。它的结构较复杂，对自动变速器油的要求较高。叶片泵的转子由变矩器壳体后端的驱动轴套带动旋转。

叶片泵的定子固定不动，转子与定子不同心，两者之间存在偏心距。当转子旋转时，叶片在离心力或叶片底部自动变速器油的压力作用下向外张开，紧靠在定子内表面上。随着转子旋转，叶片在转子叶片槽内作往复运动，这时在相邻两叶片之间形成密封的工作腔。如果转子顺时针旋转，在转子与定子中心连线的右半部的工作腔容积逐渐增大，形成一定的真空，把自动变速器油从进油口吸入，而左半部的工作腔容积逐渐减小，自动变速器油从出油口被挤出。这就是叶片泵的泵油过程。

叶片泵的排量由转子直径、转子宽度，以及转子与定子的偏心距决定。转子直径、转子宽度和转子与定子的偏心距越大，叶片泵的排量就越大。

叶片泵的主要特点是输出流量均匀、脉动小、噪声小，但结构较复杂，吸油特性不良。

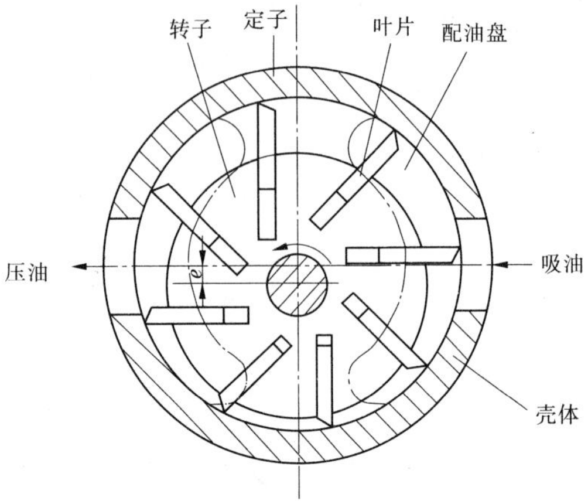

图 1-56　叶片泵的结构

二、主调压阀

主油路调压阀简称主调压阀。其作用是根据车速和发动机负荷的变化，将油泵压力调节至规定值，形成稳定的工作液压。由主调压阀调节的压力称为管路压力，它是自动变速器最基本、最重要的压力。管路压力用来控制所有离合器和制动器的动作，同时还作为其他元件（如速控阀压力、节气门压力等）的压力源。

若主油路压力过高，则会导致换挡时发生冲击或油液产生大量泡沫，油泵将消耗更多的动力，从而造成发动机功率损失增大；若主油路压力过低，则会造成离合器和制动器打滑，严重时，还会使汽车无法行驶。因此，必须将主油路压力控制在一定的范围之内。

影响主油路压力的调节方式的因素有以下两种：

(1)油路压力的调节与挡位、节气门开度两方面的因素有关。即主油路压力不仅随选挡手柄位置的改变而改变，而且随节气门开度的变化而改变。当节气开度较小时，由于发动机输出功率小，其操纵油压可以降低；当节气门开度较大时，操纵油压升高。该调节方式在大负荷时，可提供较高的系统压力，以防止执行元件的打滑。但在使用过程中，必须注意节气门压力的变化，若节气门拉杆失调或使用因素引起拉杆变形，则会致使主油路油压偏低。

(2)油路压力的调节与挡位、节气门开度和汽车行驶速度三方面的因素有关。这种调节方式目前被广泛采用。美国的通用、福特公司，日本的日产、丰田公司等生产的自动变速器大多采用这种结构。

如图 1-57 所示为选挡手柄和节气门开度共同控制的主调压阀。该主调压阀主要由调压阀芯、弹簧和压力调节阀芯等组成。

在调节阀芯的顶端作用着大小为$(S_A - S_D)$×管路压力的力，该力的作用方向向下。在调节阀芯的下端作用有方向向上的弹簧力和节气门液压力。阀体上、下液压作用力的平衡，决定阀体所处的位置。当油泵不工作时，由于弹簧的作用，调节阀芯处于最下端；当油泵压力升高时，推动阀体下移，出油口打开，排出一部分工作液至油底壳或油泵的入口，使工作液压调节到规定值。大负荷时，节气门开度增大，节气门液压增大，即推动阀芯向上的力增大，阀芯上移，关闭排油通道，使管路压力上升，以满足大负荷工况的需要。直到阀芯上端面积产生的压力与下端弹簧及节气门液压产生的上推力的合力平衡时，输出稳定的管路压力。

当选挡手柄置 R 位时，手控阀打开一条油路，将工作液引入调压阀下部，如图 1-58 所示。因调压阀芯 *B* 处横截面面积大于 *C* 处，$(S_B - S_C)$ × 管路压力 + S_C × 节气门液压 + 弹簧力共同推动阀体向下产生较高的管路压力。这样使倒挡时产生的管路油压高于前进挡时产生的管路油压，即在倒挡时，变速器可输出更大的转矩。

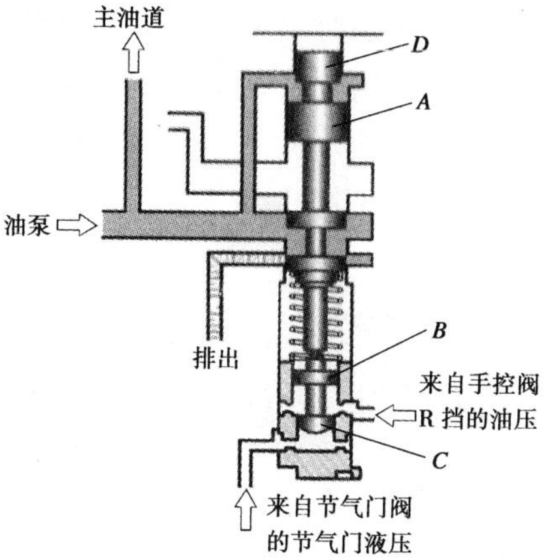

图 1-57　主调压阀的结构

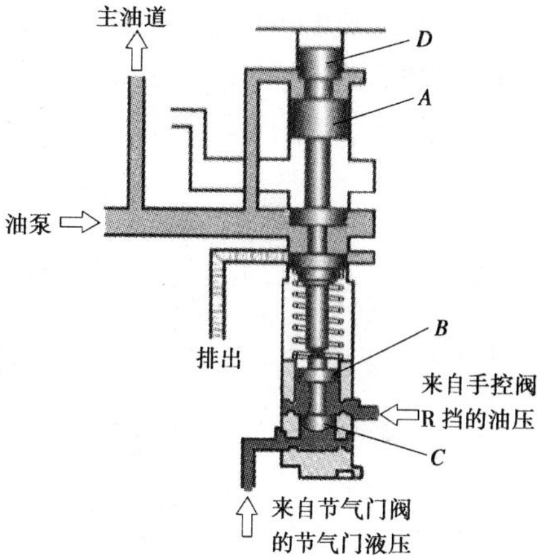

图 1-58　选挡手柄置 R 位时的工作情况

三、副调压阀

副调压阀又称第二调压阀或次调压阀，其作用是根据汽车行驶速度和节气门开度的变化，自动调节液力变矩器的液压，并保证各摩擦副润滑的油压和流向 ATF 冷却装置的油压。

如图 1-59 所示，变矩器调压阀主要由阀体和弹簧组成。弹簧张力和节气门液压作用于阀的下端作为向上的推力，变矩器液压作用于阀的上端产生向下的压力。这两个方向的力调节着变矩器压力和润滑压力。

发动机停止工作后，液力变矩器的油液被部分或全部排出，将会导致液力变矩器打滑或变速器换挡时滞后。因此，液力变矩器调压阀在弹簧力的作用下，将液力变矩器的油路关闭，阻止液压油从液力变矩器外流，以保证液力变矩器转矩的输出。

当发动机以较低转速运转时，调压阀在弹簧力的作用下，切断通向 ATF 冷却装置的油路，直到液力变矩器的压力变为 0.2 MPa。

当发动机转速升高时，随着液力变矩器油压的升高，油温也升高，摩擦损失增大，压力调节阀打开液压油至冷却器的通路进行冷却，以保证液压油的温度在

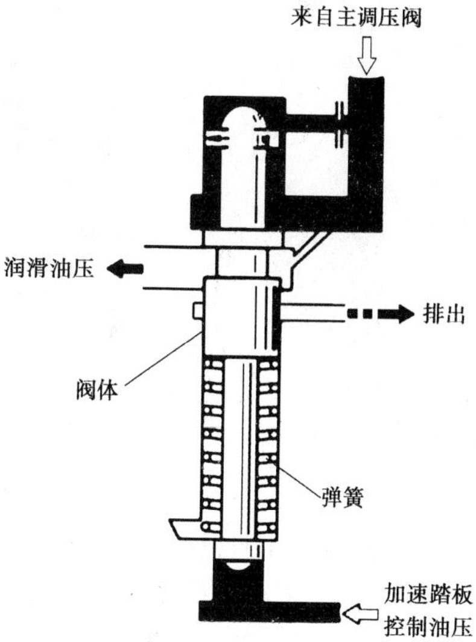

图 1-59　变矩器调压阀

正常的范围内。

四、节气门阀

节气门阀的作用是根据节气门开度的大小，将管路压力转变为反映节气门开度的节气门液压，通过控制换挡阀的移动来实现变速器的自动换挡控制。

丰田系列自动变速器采用机械操纵式节气门阀，其结构如图1-60所示。节气门阀由强制降挡柱塞、节气门阀、弹簧等组成。强制降挡柱塞装有滚轮，与节气门凸轮相接触。节气门凸轮经拉索与加速踏板相连。当踩下加速踏板，节气门开度增加时，节气门拉索拉动节气门凸轮转动，将强制降挡柱塞上推，并通过弹簧将节气门阀体向上推，节流口开大，输出的节气门油压增加，使得节气门油压与节气门开度成正比。

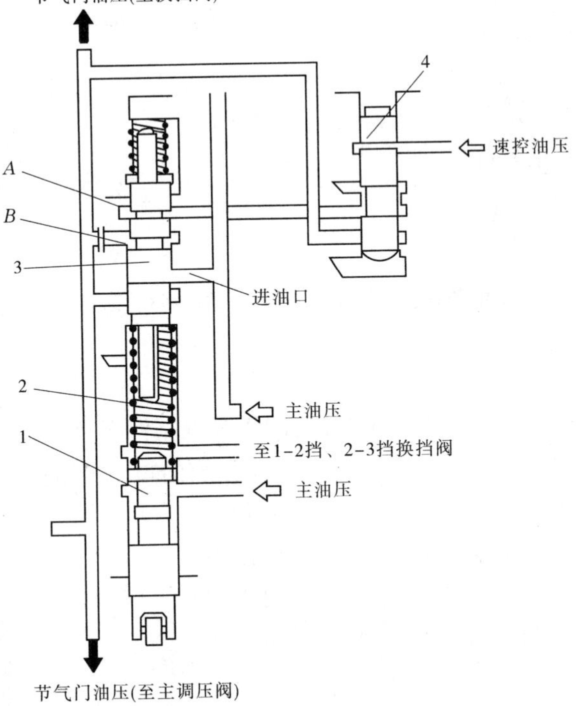

1—强制降挡柱塞；2—弹簧；3—节气门阀；4—减压阀

图1-60 机械操纵式节气门阀

当车速增加时，来自速控阀的速控油压也会增加，使减压阀下移，这样节气门油压会通过减压阀作用到节气门阀体的A处，由于A处的上横截面面积小于下横截面面积，所以在A处有一个向下的油压，节气门阀下移，减小了节流口的通道面积，使节气门油压下降，从而使主油压下降。

节气门阀进油口的压力油来源有三个：一是来自油泵的管路压力油；二是来自减压阀的压力油；三是来自锁止调节阀的压力油。出油口与各换挡阀相通作为节气门信号，控制升降挡。出油口还分别与主调压阀和变矩器调压阀相通，以实现主油路与液力变矩器压力的调节。同时，出油口还与断流阀相通，经减压阀调节后又经节气门阀进油口作用在节气门阀体上，起到调节节气门阀压力的作用。

节气门阀的工作原理如下：

踩下加速踏板时，通过拉索使凸轮转动，推动强制降挡阀向上压缩弹簧，在弹簧力的作用下，节气门阀芯向上移动，打开压力通道，产生节气门液压。

节气门作用在 *B* 处的液压、断流阀作用在 *A* 处的断流压力以及上弹簧力一起推动节气门阀向下移动，即节气门阀的位置由这三个力与向上的下弹簧力决定，亦即节气门液压取决于向下与向上的总推力的平衡。因此，节气门压力（节气门液压）始终可根据节气门的开度和车速的变化而相应变化，并将这种变化传送给各换挡阀。同时，节气门压力作用于主调压阀和变矩器调压阀上，故管路压力、变矩器压力和润滑压力随节气门阀开度和车速（断流压力）的变化而变化。

节气门压力与速控压力一样重要，如果节气门压力低于标准值，变速器就会在低于规定车速时进行挡位变换。如果节气门压力高于标准值，挡位变换的车速又会高于规定车速。节气门压力是否正常，与节气门拉索的调整有关。

五、强制降挡阀

（一）功用

强制降挡阀的功用是在车辆行驶过程中，如果行驶阻力增加，或者为了加速超车，在驾驶员将加速踏板踩下 85% 以上时，使自动变速器在当前挡位降低 1 个挡位。

（二）结构与原理

对于液控自动变速器，强制降挡阀与节气门阀安装在一起，如图 1-61 所示的强制降挡柱塞。当节气门开度超过 85% 时，节气门凸轮将强制降挡柱塞顶起到一定程度，使主油压能到达相应换挡阀，使换挡阀动作，在当前挡位降低 1 个挡位。

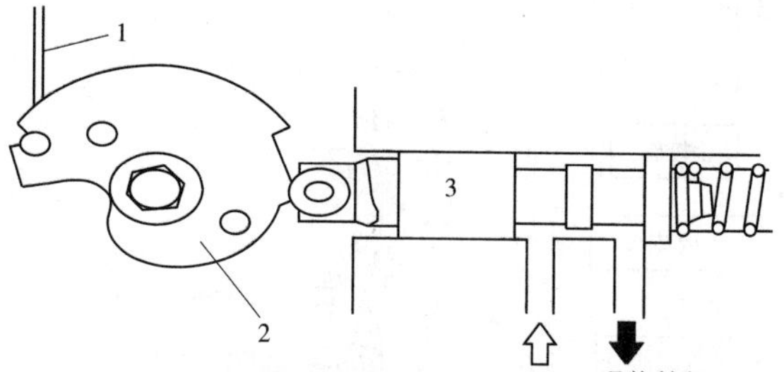

1—节气门拉索；2—节气门阀凸轮；3—强制降挡柱塞

图 1-61　强制降挡阀

六、手控阀

手控阀的作用是提供选挡手柄的位置信号，控制液压系统接通不同的操纵油路，即实现挡位、油路的切换，使自动变速器按照驾驶员的操纵意图工作。

手控阀的左端通过连杆与选挡手柄相连。操纵选挡手柄，移动手控阀使其分别处于 P、R、N、D、2、L（选挡手柄因车而异）等位置，选挡手柄在不同挡位时，手控阀可以控制不同的油路导通或切断，通过执行元件使变速器处于不同挡位，如图 1-62 所示。当选挡手柄位于 N 位和 P 位时，由手控阀通往操纵油路的油道被关闭，操纵油路中无控制油压；当选挡手柄分别处于D、2、L、R位置时，手控阀分别接通来自油泵的管路至挡位的操纵油路，则液压系统按照驾驶员选择的挡位完成相应的工作。

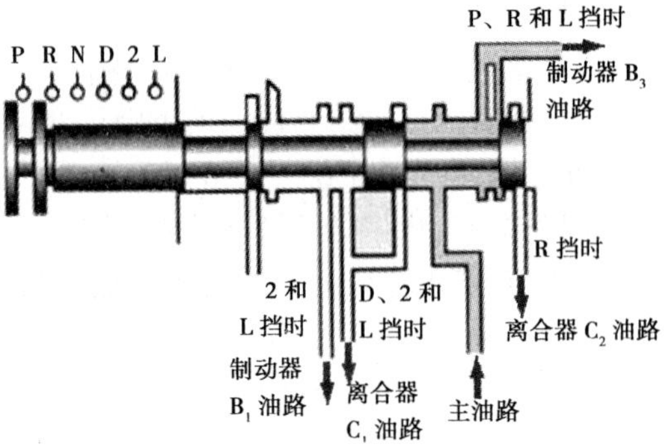

图1-62　手控阀控制油路情况

七、换挡阀

换挡阀的作用是根据速控阀和节气门阀的压力（速控油压和节气门油压）控制来自手控阀的主油路至各执行机构的油路转换。一台自动变速器通常有2~3个换挡阀。下面以丰田A43D、A42DL系列自动变速器为例，分别说明1-2挡、2-3挡、3-4挡换挡阀的结构及工作原理。

（一）1-2挡换挡阀

1-2挡换挡阀的作用是根据速控压力和节气门压力控制1、2挡的相互转换。1-2挡换挡阀由两个阀体组成：上部为低滑行换挡阀阀体，下部为1-2挡换挡阀阀体，中间由弹簧支撑。其结构如图1-63所示。

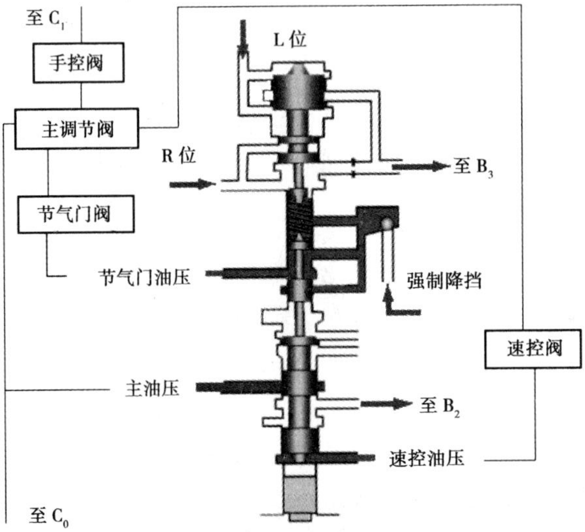

图1-63　1-2挡换挡阀在1挡时的工作情况

由图1-63可见，节气门压力、速控压力分别作用于1-2挡换挡阀的上、下端。其管路压力来自于选挡阀。当速控压力低于节气门压力与弹簧力之和时，阀芯被向下推动，关闭选

挡阀至制动器 B_2 油路，则变速器换入 1 挡。

当速控压力高于节气门压力与弹簧力之和时，阀芯被向上推动，打开 B_2 的油路，变速器换入 2 挡，如图 1-64 所示。由于阀芯上移时将节气门压力通道关闭，则从 2 挡降至 1 挡时，阀芯向下的作用力只有弹簧力，使得从 2 挡降 L 挡的车速要低于从 1 挡升 2 挡的车速。

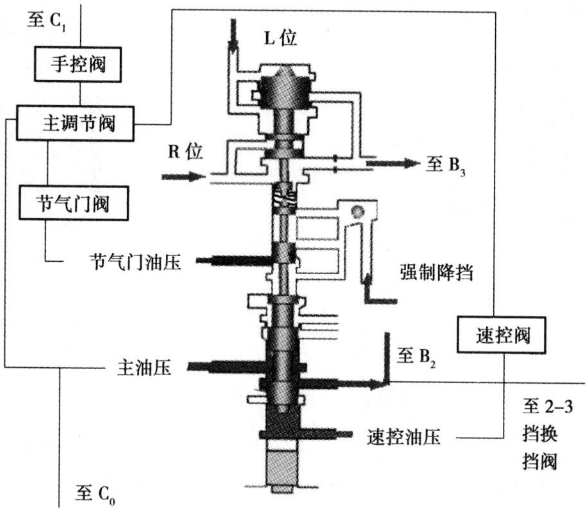

图 1-64　1 –2 挡换挡阀在 2 挡时的工作情况

变速器在 2 挡工作时，如节气门开度大于 85%，节气门凸轮使节气门阀上的强制降挡阀上移，使经锁止调节阀调节的锁止压力作用于 1 –2 挡换挡阀上方。此时，作用于阀芯的向下的合力，即节气门压力 + 弹簧力 + 锁止压力，大于向上的速控压力，因此阀芯下移，1 –2 挡换挡阀强制降至 1 挡。

当选挡手柄置 L 位时，由选挡阀输出的油压经低滑行调节阀后，加至低滑行换挡阀上端，因此也在 1 –2 挡换挡阀上方附加一个低滑行调节阀压力，阀受到的向下合力为节气门压力 + 弹簧力 + 低滑行调节压力，该合力大于向上的速控压力，使 1 –2 挡换挡阀被锁止在 1 挡，不能升入 2 挡。

选挡手柄在 2 位 2 挡时，来自中间调节阀的压力油通过 1 –2 挡换挡阀作用在制动器 B_1 上，以实现发动机制动。

(二)2 –3 挡换挡阀

2 –3 挡换挡阀的主要作用是根据速控压力和节气门压力控制 2 挡和 3 挡的相互转换，另外，也在换至倒挡和 1 挡时起作用。2 –3 挡换挡阀由两个阀体组成，即中间换挡阀体与 2 –3挡换挡阀体，两者中间由弹簧隔开支撑，如图 1-65 所示。2 –3 挡换挡阀体上方作用力为节气门压力与弹簧力，下方作用力为速控压力。其管路压力来自于 1 –2 挡换挡阀。

当汽车行驶速度提高时，速控压力升高，克服节气门压力与弹簧力的合力，使阀芯上移，打开选挡阀经 1 –2 挡换挡阀至离合器 C_2 的通道，自动升至 3 挡，如图 1-66 所示。

反之，当车速较低时，节气门压力与弹簧力克服速控压力，使阀芯下移，关闭至 C_2 的通道，自动降至 2 挡，如图 1-66 所示。

由于在升挡和降挡时，速控压力在换挡阀芯上的作用面积不同，降挡时的作用面积比升

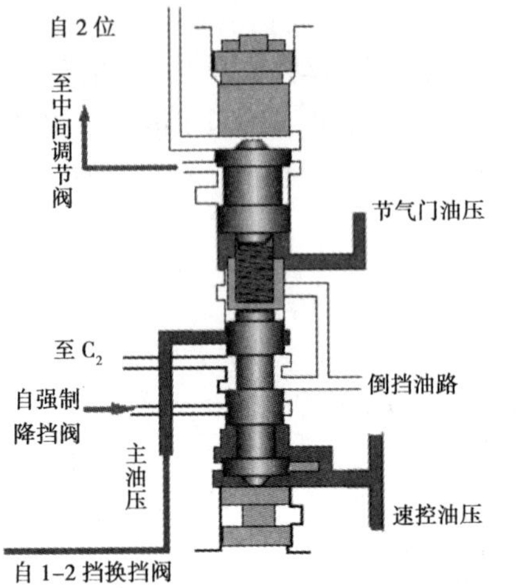

图1-65　2－3挡换挡阀在2挡时的工作情况

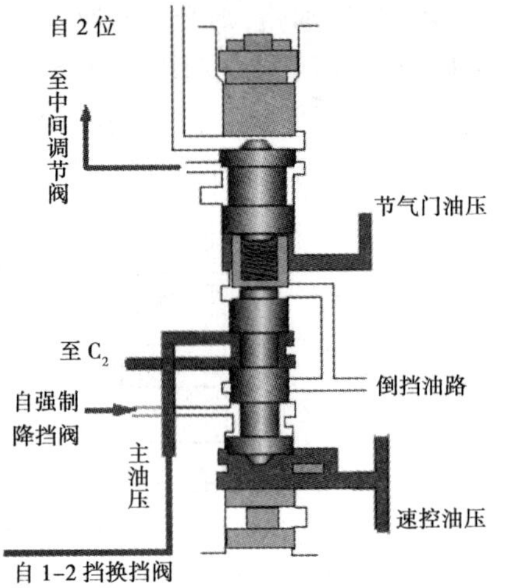

图1-66　2－3挡换挡阀在3挡时的工作情况

挡时的大,使得变速器的降挡点的车速比升挡点的低。

变速器在3挡工作时,如节气门开度大于85%,锁止压力将通过降挡阀进入阀芯中环形通道,使阀芯受到方向向下的合力(因节气门压力＋弹簧力＋锁止压力大于阀芯受到的向上的速控压力),自动变速器将强制降至2挡。

当选挡手柄处于2位时,选挡阀打开一条油路,使来自选挡阀的管路压力经D－2降挡定时阀作用于中间换挡阀阀芯上端,使节气门压力、弹簧力、管路压力的合力大于速控压力。因此,2－3挡换挡阀被锁止在2挡,不能升入3挡。

同时,管路压力通过中间换挡阀作用在中间调节阀上,产生中间调节压力,该压力作用在制动器B_1上,以实现2位2挡时的发动机制动。

(三)3－4挡换挡阀

3－4挡换挡阀的作用是根据速控压力和节气门压力控制3挡和4挡的相互变换。它同样由两个阀体组成,如图1-67所示,上部为第三滑行变速阀阀体,下部为3－4挡换挡阀阀体。装有超速挡的自动变速器,都装有超速挡电路控制开关(OD开关),并装有电磁阀来控制超速挡液压控制阀的动作,只有接通OD开关,才可能升至超速挡。

3－4挡换挡阀控制着超速传动离合器C_0及制动器B_0的油路系统,与选挡手柄所在的挡位无关,所以不受所选挡位换挡阀的控制。来自主油路的压力油直接进入3－4挡换挡阀的阀体与C_0或B_0相通。

当车辆低速行驶时,3－4挡换挡阀阀芯在节气门压力和弹簧力的共同作用下,克服速控压力向下移动,关闭制动器B_0的油路,打开油泵至C_0的油路(管路压力来自油泵,不经选挡阀),换入3挡。但要升入4挡,则必须具备下列条件:

(1)选挡手柄在D位。此时若车速升高,则速控压力升高,速控压力克服节气门压力与弹簧力之和,使阀芯上移,接通B_0的油路,同时关闭C_0的油路,自动变速器升至超速挡,如图1-68所示。此外,管路压力作用在制动器B_0的同时,也作用在锁止信号阀上,从而使锁止离合器处于锁止状态。

当3－4挡换挡阀在4挡工作而要强制降挡时,来自降挡阀阀芯的锁止压力作用于滑行变速阀上,增加了一个使3－4挡换挡阀向下的作用力,使变速器强制降至3挡。

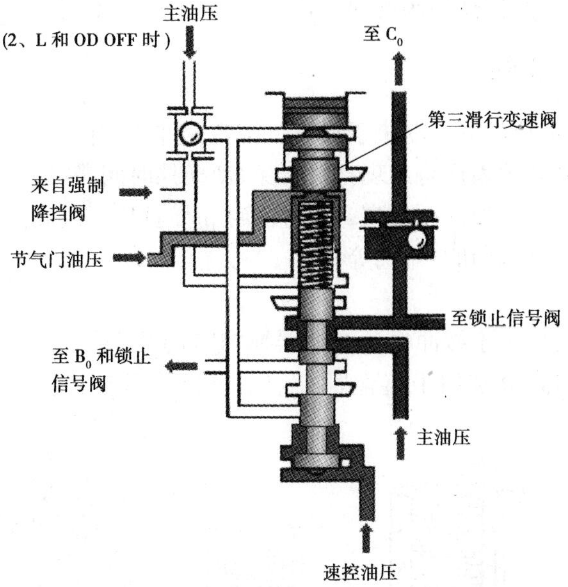

图1-67　3－4挡换挡阀在3挡时的工作情况

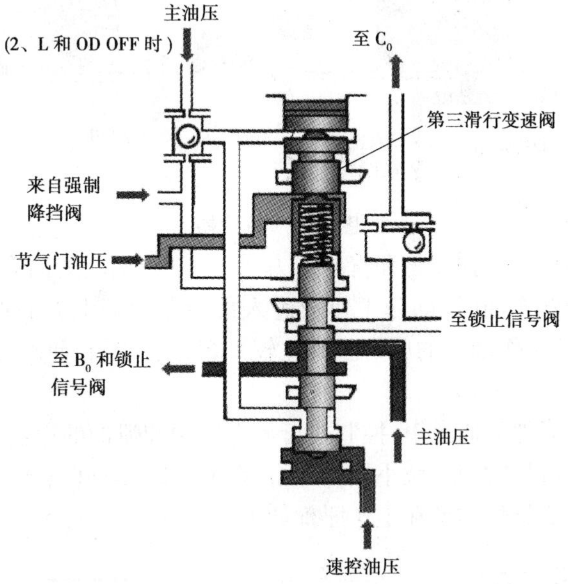

图1-68　3－4挡换挡阀在4挡时的工作情况

同时,汽车以超速挡行驶时,若关闭OD开关,则来自OD电磁阀的管路压力重新作用于滑行变速阀,使3－4挡换挡阀也降至3挡工作。

当选挡手柄置于2位时,来自选挡阀的主油路油压作用在滑行变速阀的上端,使之下移,限制了3－4挡换挡阀的上移,防止了B_0油路的打开,使变速器不能升入超速挡。

(2)超速挡电磁阀接通。当超速挡电磁阀接通时,其上的出油口打开,主油路压力油通过出油口流回自动变速器油底壳,使管路压力不作用于滑行变速阀的上方,因而3－4挡换挡阀能上下移动,以便升入超速挡。反之,当超速挡电磁阀关闭时,主油路压力作用在滑行变速阀上方，阻止了 3 –4 挡换挡阀的向上移动，因而不能升至超速挡。

八、蓄能器和节流阀

自动变速器换挡品质的好坏取决于执行机构各元件的工作情况。若换挡阀系统提供的工作油压过小，各元件摩擦表面将出现打滑现象，使换挡时间滞后，导致发动机超速，甚至烧蚀摩擦副表面。反之，若工作油压过高，则会使换挡时间提前，造成换挡冲击等。为此，在液压系统中通常设置有蓄能器和节流阀等。

（一）蓄能器

蓄能器又称蓄压器，用于缓冲自动变速器换挡时的冲击。如丰田 A40、A130 系列自动变速器装有三个蓄能器，分别用于离合器 C_1、C_2 和制动器 B_3，三者的结构相同，如图 1-69 所示。

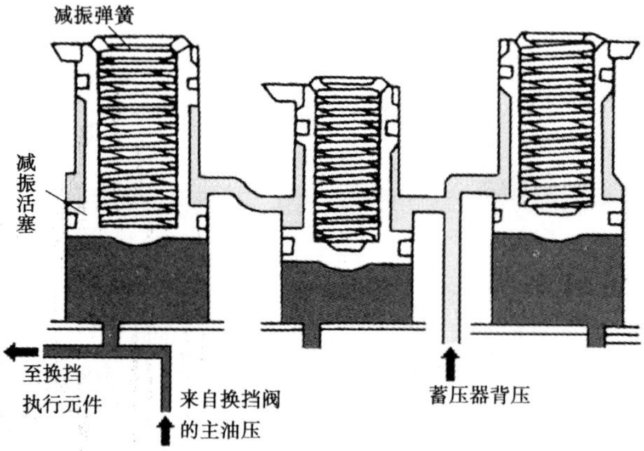

图 1-69　蓄能器

蓄能器活塞一侧作用着弹簧力和管路压力，另一侧与相应的离合器或制动器的油路相通。当离合器或制动器充油时，部分工作液进入蓄能器活塞上方的油缸，缓慢推动活塞上行，使离合器或制动器工作油缸的压力上升比较平缓，达到缓和冲击的目的。

（二）节流阀

节流阀位于执行元件的通道中，控制执行元件充油和泄油的速度。在充油时，关闭油道的一部分，使充油速度得到控制，减小换挡冲击；在泄油时，通道完全打开，增大泄油速度，避免影响换挡速度。节流阀的类型和工作原理如图 1-70 所示。

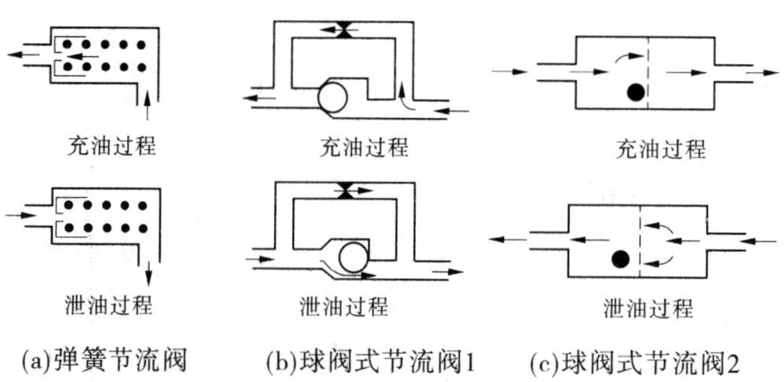

图 1-70　节流阀的类型和工作原理

第五节　电子控制系统

自动变速器的电子控制系统主要由电子控制单元(ECU)、传感器和执行器三部分组成框图,其组成框图如图1-71所示。

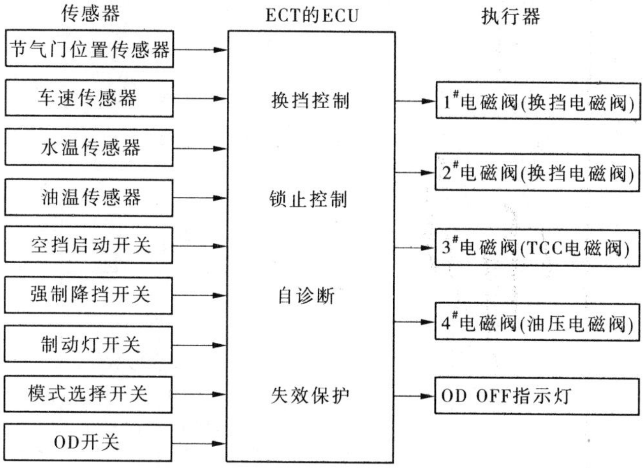

图1-71　电子控制系统的结构框图

传感器部分主要包括节气门位置传感器、车速传感器、发动机转速传感器、输入轴转速传感器、冷却水温传感器、ATF油温传感器、空挡启动开关、强制降挡开关、制动灯开关、模式选择开关、OD开关等。其作用是感测对变速器工作有影响的汽车和发动机的各种信息,并将信息转换成计算机能够接收的电信号,为计算机提供可靠的控制信息。

电子控制单元(ECU)又称动力控制模块,是自动变速器控制系统的中枢,其作用是接收从车辆和变速器上的传感器传来的各种输入电信号,根据其程序中的指令,对各种信号进行分析处理,确定车辆的工作情况,并与计算机内储存的数据进行比较,得到相应控制指令,并送到各执行器,控制液压系统、机械换挡系统和变矩器锁止离合器的工作。

ECU主要控制以下三个方面:

(1)通过控制换挡电磁阀的通断模式来控制各换挡阀的控制油路,使换挡移动改变执行元件的工作状态,完成升挡和降挡;

(2)通过控制压力调节电磁阀来调节管路压力、变矩器和润滑油压、储能器背压等,从而实现变速器的各种控制,改善换挡品质等;

(3)通过变矩器锁止离合器TCC来调节电磁阀,控制锁止离合器接合和分离的时刻,以及接合和分离时的工作品质。

执行器是电控系统的输出装置,它接收计算机输出的指令,完成设定任务。常见的输出装置包括压力调节电磁阀PCS、换挡电磁阀、锁止电磁阀、各种指示灯。

自动变速器ECU具有自诊断功能,如果电子控制系统出现故障,电脑会将故障代码存储在存储器中,以便读取。另外,电脑还会点亮OD OFF指示灯(或故障指示灯),提示自动变速器出现故障,并可通过OD OFF指示灯的闪烁读取故障代码。

如果自动变速器出现故障,除了OD OFF指示灯会点亮,一般自动变速器还会锁挡,即自动变速器不会升挡也不会降挡，锁挡一定有故障代码。

一、电子控制系统的组成

（一）传感器

1. 行驶模式选择开关

行驶模式选择开关一般安装在换挡手柄附近或仪表盘上，用于选择驾驶模式。行驶模式的种类主要有动力模式（PWR）、常规模式（NORM）、经济模式（ECON）、运动模式（SPORT）等。一般只要动力和常规两种模式，在动力模式时，线路会向电控单元提供 12 V 的电压信号，而常规模式时，电压为 0 V，如图 1-72 所示。

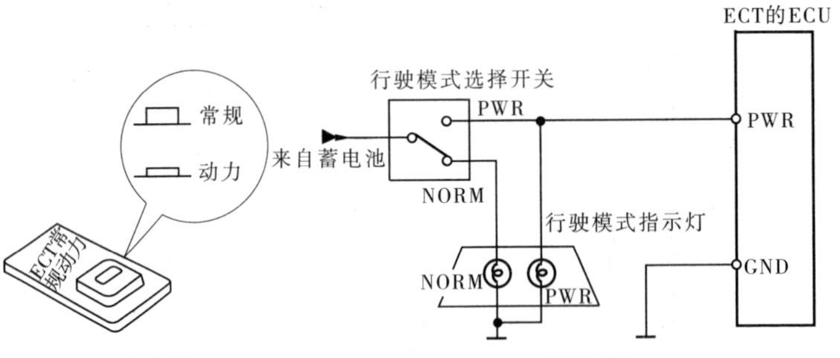

(a)安装位置　　(b)电路

图 1-72　行驶模式选择开关

2. 空挡启动开关

空挡启动开关安装在变速器外部，用于通知 ECU 变速器所处的挡位，以便执行相应的换挡操作。空挡启动开关内部为电路板，各挡位有相应的固定触点，如图 1-73 所示。

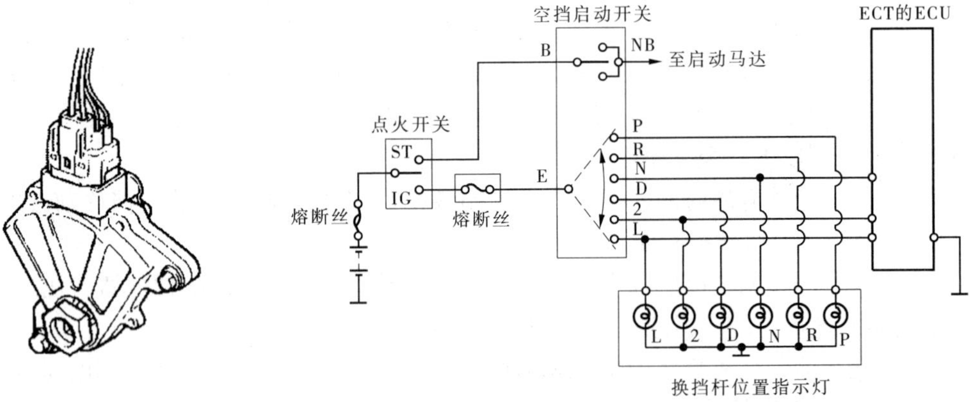

图 1-73　空挡启动开关的结构及其电路

换挡手柄、手控阀和空挡启动开关三者的位置是一致的，否则变速器将无法正常控制。当点火开关处于启动位置，空挡启动开关处于 P 或 R 位时，发动机的控制线路才能接通，发动机才能启动，在其他挡位无法启动发动机。在空挡启动开关处于 N、2、L 位时，向 ECU 的相应端子输入 12 V 的信号电压。如 ECT 的 ECU 接收不到电压信号，便认为变速器处于 D 挡。计算机按照 D 挡的控制程序控制变速器的电磁阀工作，使变速器进行挡位变换。

ECT 的 ECU 在 N 挡时对车辆起步时的“后坐”进行控制。

3. 节气门位置传感器

节气门位置传感器安装在节气门体上，用于检测节气门的开度，并将其转换成电信号传给 ECT 的 ECU，以便进行换挡正时控制和锁止正时控制。节气门位置传感器的结构和电路如图 1-74 所示。

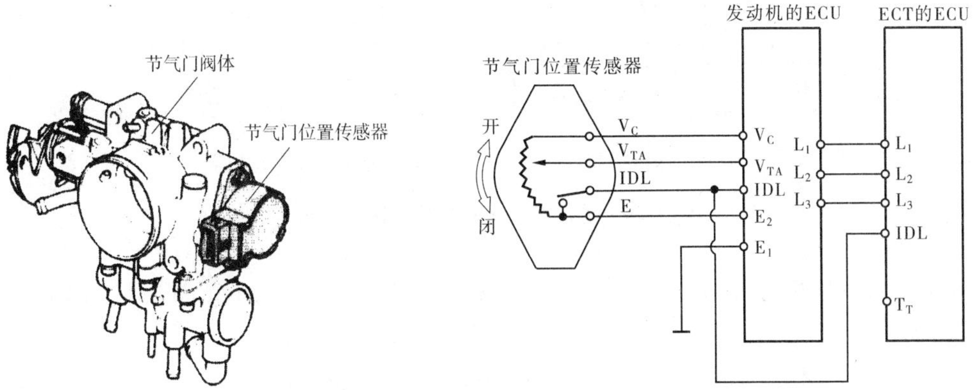

图 1-74　节气门位置传感器的结构及其电路

节气门内部的触点臂与节气门轴联动，只有线性输出的节气门位置传感器才能用于自动变速器。V_C 端子为 5 V 的输入电压，V_{TA} 是信号输出端子，IDL 为怠速信号输出端子，E_1 为地线。节气门开度变化时，V_{TA} 向发动机的 ECU 提供变化的电压信号。发动机的 ECU 并不将节气门开度信号持续地传递给变速器的 ECU，而是将节气门信号转换成三个电压信号 L_1、L_2、L_3 提供给变速器的 ECU。三个电压信号的不同组合关系反映了节气门的不同开度。即自动变速器的 ECU（或 ECT 的 ECU）通过三个电压信号和 IDL 电压信号判断节气门的开度，进而控制换挡和锁止离合器的锁止。

4. 车速传感器（VSS）和变速器输入转速传感器（TISS）

1）车速传感器

车速传感器将车辆的行驶速度信号转换成电压信号输送至 ECU，用于控制换挡的过程。自动变速器一般有两个车速信号传感器，如图 1-75所示。丰田自动变速器的 2 号车速传感器为主传感器，安装在变速箱中，结构为簧片式，如图 1-76（a）所示。转子装在输出轴上，转子上固定两块磁铁，转子转一圈，簧片闭合一次，向 ECT 的 ECU 发出一个信号，ECT 的 ECU 根据信号的频数计算出相应的车辆行驶速度。

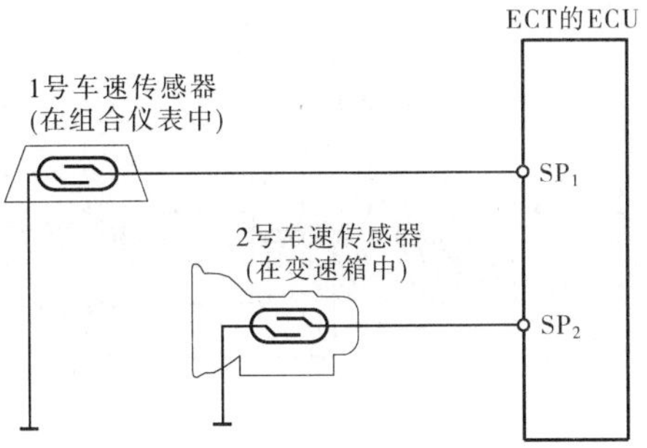

图 1-75　自动变速器的两个车速传感器

1 号车速传感器为备用传感器，装在驾驶室的仪表板中。四块磁铁组成的转子由里程表的软轴驱动，如图 1-76（b）所示。转子转一周，传感器向 ECU 提供四个信号。ECT 的 ECU 接到两个车速信号后进行对比，若信号一致，以 2 号为准来控制换挡和锁止。若两信号不一致，以 1 号为准进行控制。

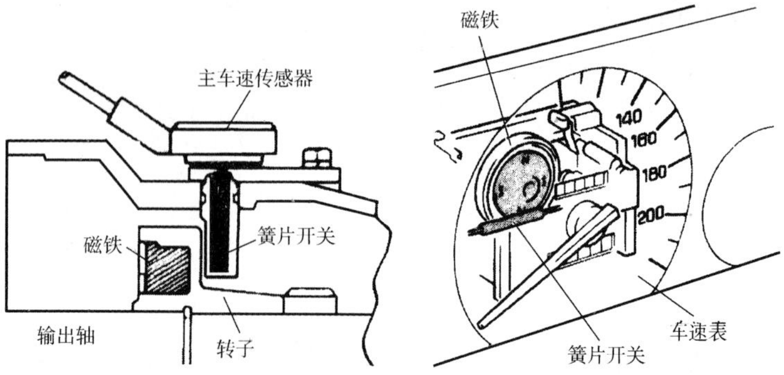

(a)2号车速传感器　　(b)1号车速传感器

图 1-76　簧片式 1 号和 2 号车速传感器

除簧片式车速传感器外,还经常使用电磁感应式车速传感器(见图 1-77),其结构如图 1-77(b)所示。

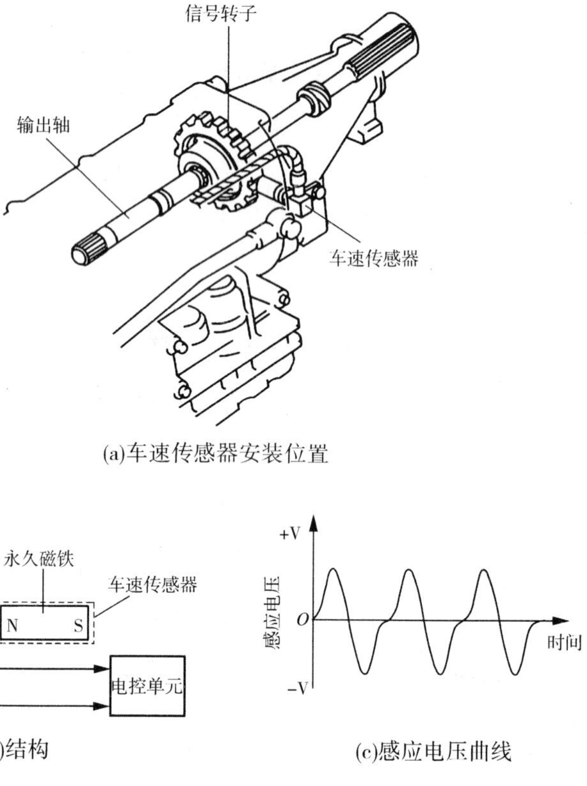

(a)车速传感器安装位置

(b)结构　　(c)感应电压曲线

图 1-77　电磁感应式车速传感器

2)变速器输入转速传感器

变速器输入转速传感器一般安装在液力变矩器的后面,用来测量变速器的输入转速。ECU 通过 TISS 信号和 VSS 信号,根据输入转速和输出转速,能随时确定变速器处于什么挡位。

TISS 产生一个类似于 VSS 的转速信号，它通过变速器前部的一个齿轮，利用电磁感应产生转速信号。TISS 和 VSS 的安装位置如图 1-78 所示。

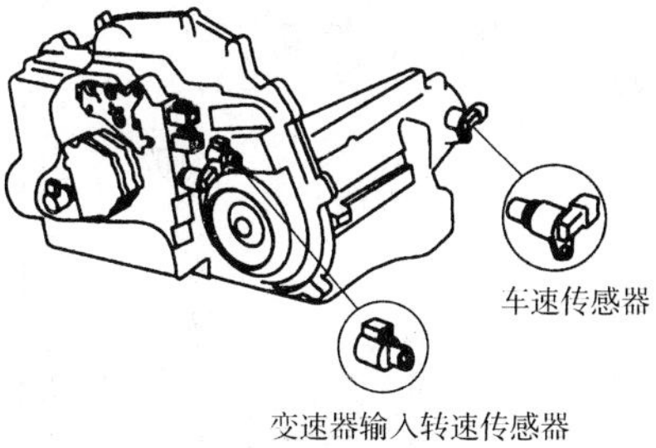

(a)前轮驱动

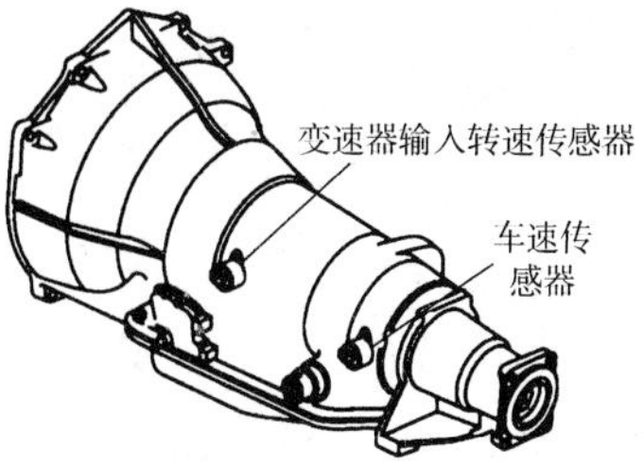

(b)后轮驱动

图 1-78　变速器输入转速传感器和车速传感器的安装位置

5. 发动机冷却液温度传感器

发动机冷却液温度传感器检测发动机冷却液的温度，用于控制发动机的喷油和点火，对自动变速器来说，用于控制变速器的升超速挡和锁止离合器的锁止。

水温传感器为负温度系数的可变电阻，水温高于规定值时，向 ECT 的 ECU 提供 12 V 的电压信号，如图 1-79 所示，允许升入超速挡和锁止离合器的锁止。若该传感器出现故障，ECT 的 ECU 按水温为 80 ℃进行控制。

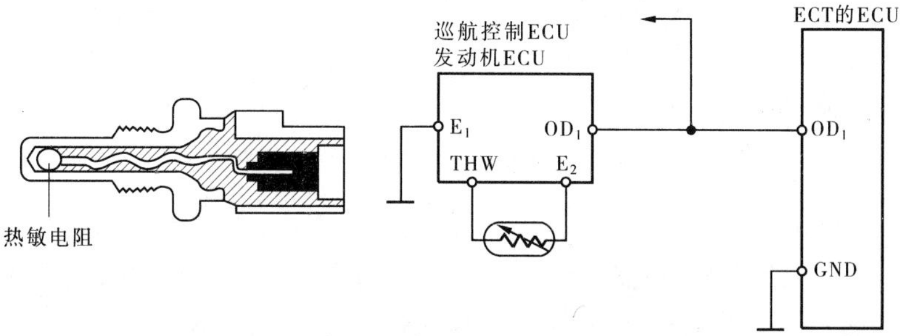

图 1-79　水温传感器及其电路

6. 制动灯开关

该开关主要参与变矩器锁止离合器的锁止控制。在不制动时，开关触点不接通，制动灯不亮，此时 ECU 的 STP 端子的电压为 0 V，变矩器锁止离合器可以进行锁止控制。在制动状态时，ECU 会得到 12 V 的电压信号，控制解除锁止离合器的锁止，避免发动机在制动时熄火。制动灯开关的安装位置及其电路如图 1-80 所示。

该开关还用于变速器的后坐控制。若该开关故障，则变矩器不能锁止，变速器无后坐控制。

7. 超速挡开关

驾驶员通过该开关控制是否可以升入超速挡。当该开关处于 ON 位置时，开关内触点断开，OD OFF 指示灯不亮，开关向 ECU 提供 12 V 的电压信号，此时可以升入超速挡。若该开关处于 OFF 位置，则 OD OFF 指示灯亮，不提供电压信号，如图 1-81 所示。

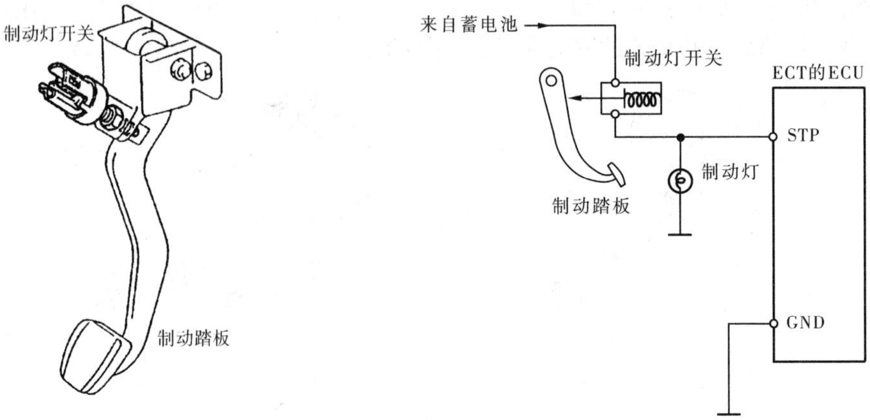

图 1-80　制动灯开关的安装位置及其电路

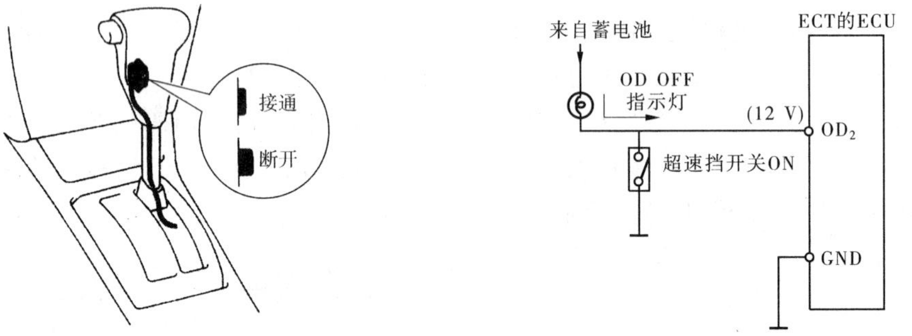

(a)超速挡开关的安装位置　　　　(b)超速挡开关的电路

图 1-81　超速挡开关的安装位置及其电路

8. 巡航控制电脑

在车辆进入巡航控制后，ECU 可从巡航系统获得 12 V 的电压信号，当车速下降的幅度超过 10 km/h 时，该信号电压会变成 0 V，巡航控制系统与变速器的 ECU 的连接情况如图 1-82所示，ECU 就会进行两个操作：解除 OD 挡和解除锁止离合器的锁止。此时，车辆可以降为 3 挡，重新加速。当车速回到巡航车速范围时，重新升入超速挡和控制锁止离合器锁止。

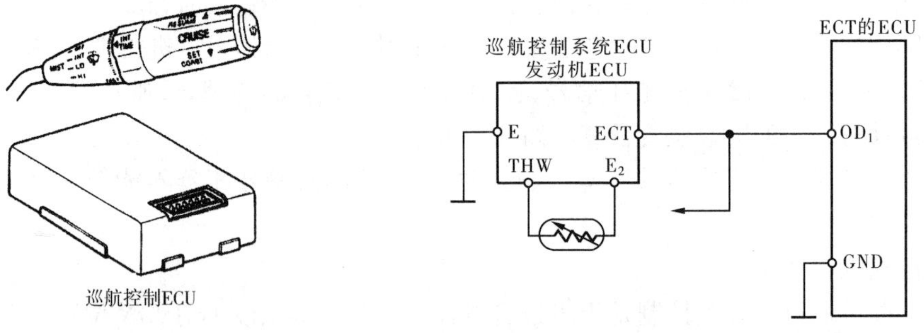

图 1-82　巡航控制系统与变速器的 ECU 的连接情况

9. 压力开关总成(PSA)

压力开关总成用于向 ECU 提供手动换挡杆的位置信号。当驾驶员通过选挡杆选择了 P、R、N、D(D_1、D_2、D_3、D_4)、2、L 挡中的任意一挡时,压力开关总成(PSA)就向 ECU 发送一个信号,告知哪个挡位已被选择。PSA 通常安装在阀体上,如图 1-83 所示。

来自手动换挡阀的各种液压油的压力作用在液压开关上,控制开关打开和关闭电气触点。压力开关的内部结构如图 1-84 所示。当来自手动换挡阀的油压增加时,底部的触点向上提起,并和上面的触点接触,这样就接通了上面的电路,使压力开关上的电压降为零,并且将此信号送至 ECU。压力开关的通断组合决定了送到 ECU 的信号,ECU 根据这些信号确定驾驶员选择了哪个挡位。

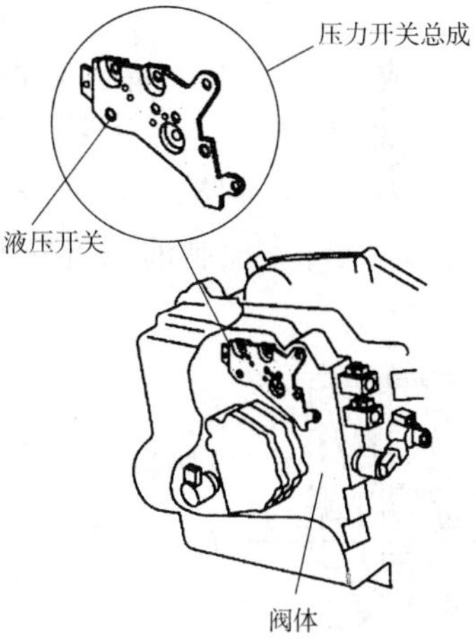

图 1-83 压力开关总成的安装位置

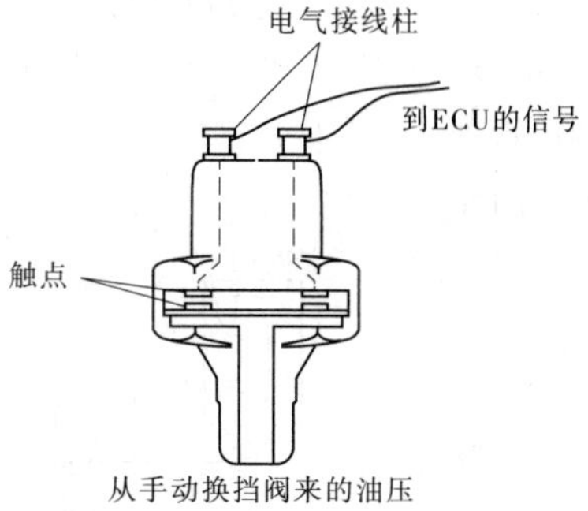

图 1-84 压力开关的内部结构

10. 变速器油温传感器(TFT)

换挡感觉是电子控制变速器的一个重要特性。换挡感觉定义为从一个挡换到另一个挡位时的平稳度。换挡感觉将会随着变速器油温的变化而变化。因此,ECU 需要知道变速器油的温度。变速器油温传感器通常安装在阀体上,变速器油的温度通过变速器油温传感器来确定。此传感器是一种热敏电阻型传感器,其阻值能随温度的变化而变化,如图 1-85 所示。ECU 根据油温调节换挡的时刻,使换挡平稳。

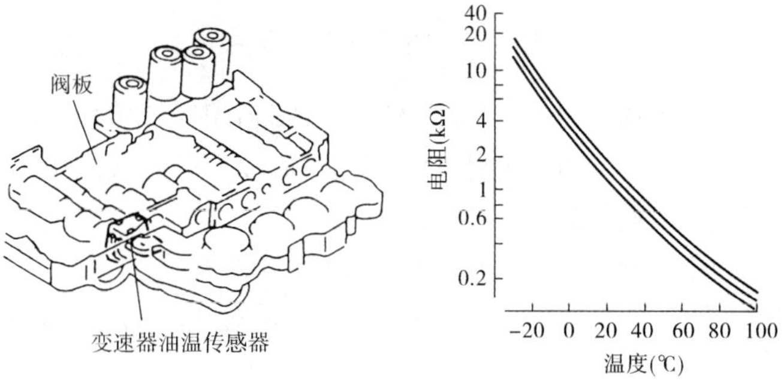

(a)安装位置 (b)电阻变化曲线

图 1-85 变速器油温传感器

11. 进气歧管绝对压力传感器(MAP)

发动机负荷是与变速器换挡有关的一个重要参数。当负荷施加到发动机时,升挡模式稍微延迟;当发动机没有负荷时,升挡模式更快。ECU 通过进气歧管绝对压力传感器(MAP)检测进气歧管压力,根据该压力的变化调节液压管路的压力和换挡正时。

12. 空调开关信号

当空调打开时,发动机的负荷增加。空调开关向 ECU 发送接通信号,ECU 根据此信号调节液压管路的压力和换挡正时。

(二)执行器

电子控制系统的执行器主要指电磁阀和故障指示灯。这里只介绍电磁阀。自动变速器的电磁阀主要有开关型电磁阀和脉冲线性电磁阀两种。

开关型电磁阀主要由电磁线圈、弹簧、衔铁和球阀等组成,如图 1-86 所示。根据计算机发出的指令信号,进行通电或断电,因此电磁阀只有打开和关闭两种状态。根据控制原理,电磁阀可分为常开式和常关式。工作方式主要有三种:①控制一条油路,保持油压或排空,如图 1-86(a)所示;②开启和关闭某一油道,如图 1-86(b)所示;③控制油路流向变化,如图 1-86(c)所示。

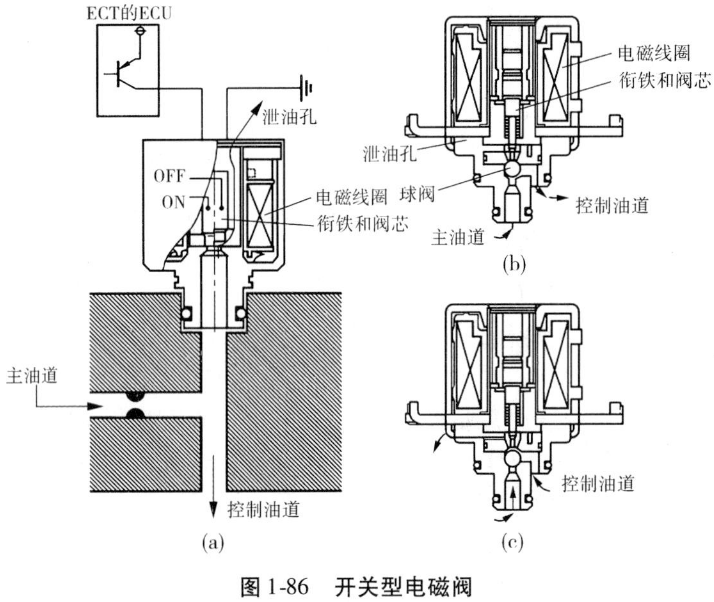

图 1-86　开关型电磁阀

脉冲线性电磁阀主要由电磁线圈、弹簧、衔铁、滑阀和阀体等组成,如图 1-87 所示。

根据计算机发出的具有一定频率的脉冲指令信号,改变电磁线圈中电流的大小,使滑阀处于不同的位置,以调节液压系统的压力。

控制信号为固定频率的脉冲信号,控制电磁阀反复地开启、关闭。ECU 改变每个脉冲周期内电流的占空比,改变电磁阀开闭的持续时间,实现对油压的控制。

1. 换挡电磁阀

电控自动变速器使用换挡电磁阀控制变速器内各挡的液压油路。换挡电磁阀控制流过换挡阀的油液,使其流向不同的离合器和制动器。图 1-88 所示为处于导通和关闭两种状态的换挡电磁阀。

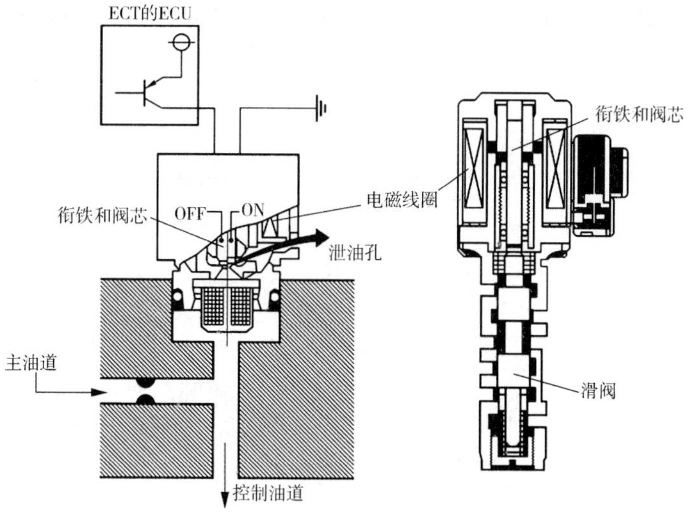

(a)普通脉冲线性电磁阀　　(b)带滑阀的脉冲线性电磁阀

图 1-87　脉冲线性电磁阀

图 1-88　换挡电磁阀的工作原理

在电磁阀不通电时，阀针的计量球将控制的泄油通道封闭，换挡阀利用油泵在油路内建立工作油压；当电磁阀通电时，计量球稍微提起，使泄油通道打开，工作油液回到油底壳，管路中油压下降。当液控系统的油路油压发生变化时，换挡阀就进行换挡动作。1、2 号电磁阀用于控制换挡阀换挡，3 号电磁阀用于控制锁止离合器的锁止。

换挡电磁阀是执行元件，通常安装在阀体上。拆开变速器油底壳后，在阀体上可以看到换挡电磁阀。

电控自动变速器工作时，换挡阀以各种通断组合将加压的变速器油送到不同的离合器，实现 1 挡、2 挡、3 挡和 4 挡的变换。表 1-5 所示为丰田 341E 各挡位换挡阀的通断组合。

2. 变速器换挡感觉

换挡感觉通常用来描述从一个挡位换到另一个挡位时感觉到冲击的强烈程度。但实质上，换挡感觉可以称为油压作用到离合器和制动带的速率或速度。换挡感觉能通过调节变速器内的油泵压力进行控制。ECU 能很容易地通过控制压力控制电磁阀来控制油泵或管路油压。

3. 压力控制电磁阀(PCS)

PCS 是一种通过 ECU 进行电子控制的电磁阀。它的作用是通过控制油液的管路压力来控制换挡感觉。管路压力是根据车辆的工作情况进行调节的。PCS 是一种脉冲宽度调制阀(PWM),这种电磁阀从 ECU 获得电信号,并连续地循环通断,同时改变通断的持续时间。

表 1-5　丰田 341E 各挡位换挡阀的通断组合

挡位		电磁阀	
		1 号	2 号
D	1 挡	通	断
	2 挡	断	断
	3 挡	断	通
	4 挡	通	通
R	—	通	断
2	1 挡	通	断
	2 挡	断	断
L	3 挡	通	断

压力控制电磁阀的工作情况如图 1-89 所示,当离合器需要较高压力时,ECU 减小 PCS 的电流,使 PCS 输出的转矩信号增加。增加了的转矩信号移动升压阀,并通过压力调节器来提高管路压力。压力调节器后面的控制油压和 PCS 的输入电流的关系如图 1-89 所示。注意,当 PCS 电流减小时,控制油压增加,反之亦然。

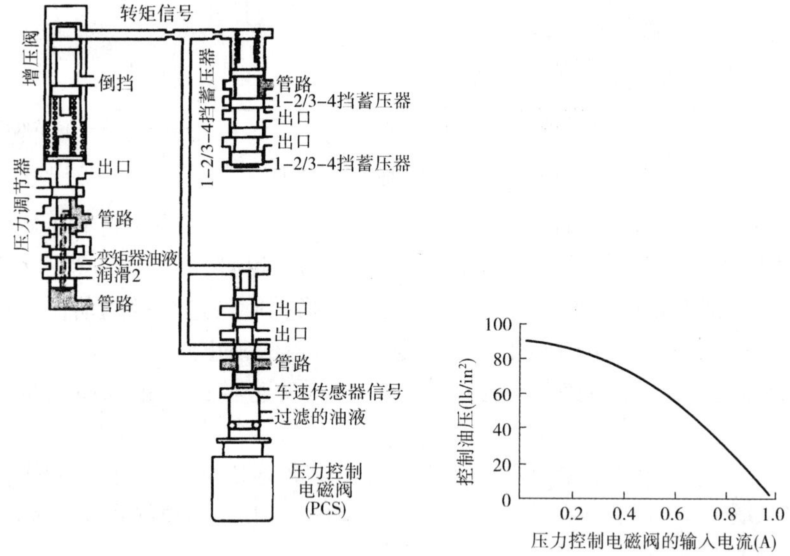

图 1-89　压力控制电磁阀的工作情况

转矩信号同时从 PCS 送到蓄压器阀,蓄压器阀可帮助调节蓄压器压力。增加蓄压器压力可以使换挡更平稳,特别是在急加速时。

4. 液力变矩器离合器(TCC)电磁阀

液力变矩器在特定时刻锁止对改善燃油经济性是很重要的。图 1-90 所示为 TCC 电磁阀的工作情况。TCC 电磁阀接通时,信号油压停止从泄油口泄掉。随着信号油压的阻断,变矩器锁止换向阀保持在一定位置，调节后的管路油压直接到达液力变矩器，使变矩器锁止。TCC 电磁阀关闭时，信号油压从电磁阀泄掉，弹簧力将 TCC 阀保持在一定位置，使油压泄掉，液力变矩器离合器处于分离状态。

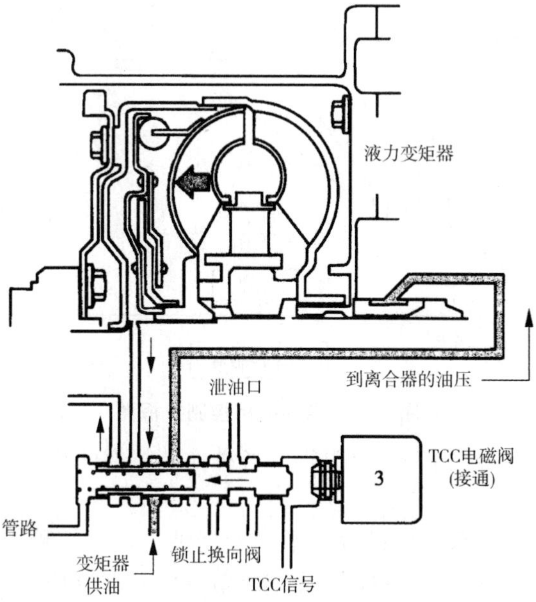

图 1-90 TCC 电磁阀的工作情况

（三）ECU

通常，电子控制自动变速器可与发动机的电子燃油喷射系统共用一个电脑，也可使用独立的电脑。ECU 是电子控制系统的核心，由接收器、控制器和输出装置三部分组成。接收器接收各输入装置的信号，并对其放大或调制。控制器将这些信号与内存中的数据进行对比，根据对比结果作出是否换挡等决定，再由输出装置将控制信号输送给电磁阀。

二、自动变速器的控制

（一）换挡正时控制

自动变速器的电脑中存储有各种模式、各模式下各挡位的最佳换挡程序。ECU 根据驾驶员所选择的模式，确定最佳的换挡点，决定什么时候进行换挡，并通过对电磁阀的控制来实现挡位的升降控制。自动变速器的换挡控制方框图如图 1-91 所示。

车速传感器（VSS）安装在变速器壳体的外面，它通过安装在变速器输出轴上的车速传感器转子工作。车速传感器转子始终以和车速成比例的速度旋转。车速传感器转子转动时，转子上的花键从电磁传感器旁边经过，这样在传感器内部就产生了电脉冲，此脉冲发送到 ECU 并作为车速信号。车速增大或减小时，给定时间内在电磁传感器旁边经过的花键齿同时增加或减少。ECU 读出此信号的频率并计算出车速。

节气门位置传感器（TPS）是一个测量驾驶员踩下加速踏板程度的传感器。ECU 需要根据此信息改变换挡模式、管路压力、换挡感觉和 TCC 控制。此传感器可以看作一个电位计。当加速踏板移动时，位于发动机节气门上的 TPS 也产生移动，从电位计产生的电压信号被

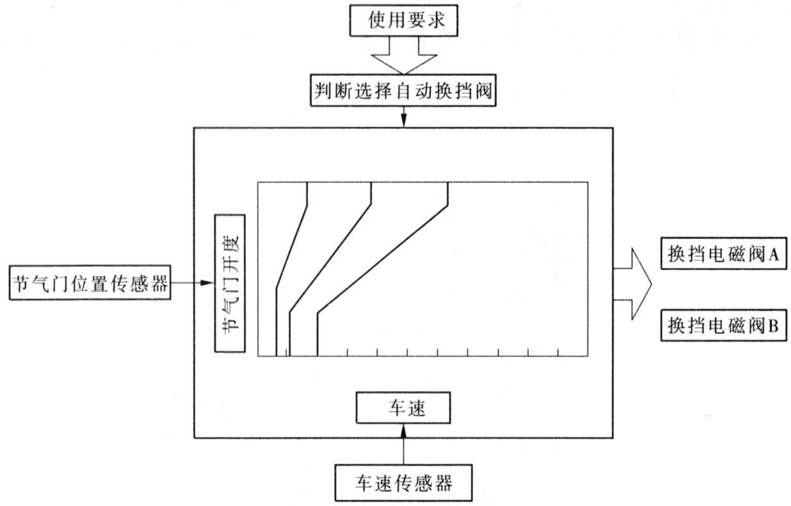

图 1-91　自动换挡控制方框图

送到 ECU。根据这两种主要的信号,可以得到各种换挡特性曲线。

1. 升挡控制

下面来分析一下升挡过程。假设两个不同的驾驶员从同一地点加速出发,1 号驾驶员以 10% 节气门开度缓慢加速,2 号驾驶员以 50% 节气门开度急加速行驶。

在这两种情况下,ECU 能读到车速和节气门开度信号。图 1-92 所示为各驾驶员的换挡模式和车速关系。例如,1 号驾驶员将在车速为 10 mile/h 时,从 1 挡换到 2 挡。2 号驾驶员将在车速为 20 mile/h 时,从 1 挡换到 2 挡,并且 2 号驾驶员换到 3 挡和 4 挡的时刻都较 1 号晚。换挡模式不同的原因是 ECU 对 2 号驾驶员的换挡时间延迟了,而之所以延迟,是因为节气门位置传感器提供的信号不同。

如图 1-93 所示,当车高速行驶时,节气门位置传感器发送一个开度减小的信号,此时变速器会怎样工作呢? 现以 2 号驾驶员为例进行说明。假设 2 号驾驶员驾车以 3 挡和 40 mile/h 的速度行驶,当他将节气门开度减小到 10% 时,变速器将立即升入 4 挡。因此,很多人会遇到这种情况,即当汽车急加速然后减速时,变速器会自动升高一个挡位。所有这些换挡模式都是由 TPS 和 VSS 进行控制的。

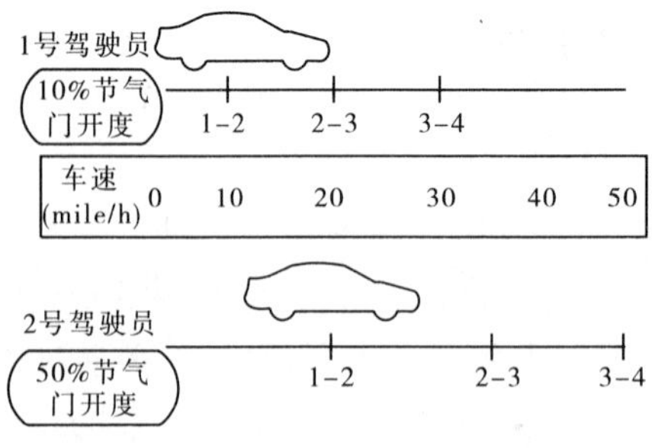

图 1-92　不同节气门开度时的升挡控制

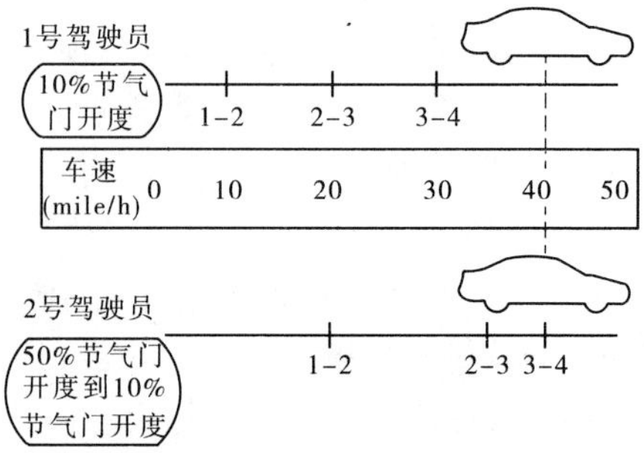

图 1-93　节气门开度由大到小时的挡位控制

2. 降挡控制

降挡也是由 TPS 和 VSS 进行控制的。现参考图 1-94 来分析一下变速器的降挡过程。

假设有两个驾驶员,1 号以 10% 节气门开度和 20 mile/h 的速度行驶。2 号驾驶员以 50% 节气门开度和 20 mile/h 的车速行驶。1 号的车在 2 挡,2 号的车在 1 挡。此时,如果 1 号驾驶员迅速踩下加速踏板,使节气门开度大于 50% ,ECU 会使变速器立即降到 1 挡,以增大汽车的动力。此时,1 号和 2 号车的挡位相同。同样,如果 2 号驾驶员将节气门开度减小到 10% ,变速器将升到 2 挡。

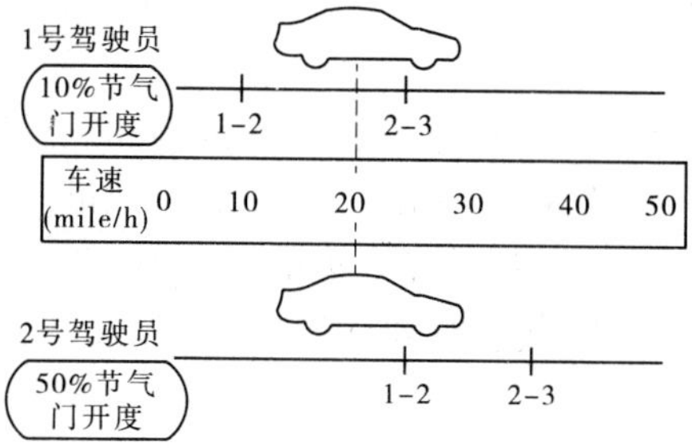

图 1-94　变速器的降挡控制情况

3. 超速挡控制

当变速器的超速挡开关打开时,变速器可以随车速的升高而逐渐升挡,最后升入超速挡。变速器在超速挡工作时,若 ECU 获得某些信号,变速器就会马上自动从超速挡降挡。变速器的控制电脑在接收到下述信号时,将取消 OD 挡的操作:

(1)超速挡开关 OFF。

(2)发动机水温信号为 0。发动机的水温低于规定温度。

(3)巡航控制信号为 0。车速偏离规定车速 10 km/h。

(二)锁止正时控制

ECU 对锁止离合器的控制需要满足一定的条件,不同的自动变速器控制条件不完全相同。ECU 接收到输入信号后,根据其存储的程序选择锁止的方式,控制 3 号电磁阀的通断,改变液压控制系统的油路,实现锁止离合器的锁止和分离。以丰田公司为例,锁止离合器的锁止必须同时具备下列条件:

(1)发动机冷却液温度不低于 65°;

(2)车辆在 2 挡、3 挡或 4 挡行驶;

(3)车速高于规定车速;

(4)节气门开启;

(5)没有踩下制动踏板。

锁止离合器的控制有以下几个特点:

(1)常规模式的锁止车速低于动力模式的;

(2)为了减小换挡冲击,换挡时如果离合器处于锁止状态,ECU 将解除离合器的锁止,换挡动作完成后再自动恢复离合器的锁止。

为了保证发动机的稳定工作,在出现下列情况时,锁止离合器的锁止将被解除:

(1)发动机水温低于 65 ℃;

(2)制动灯开关接通;

(3)油门开度大于 85%;

(4)巡航行驶时,车速低于设定4~10 km/h;

(5)换挡手柄移入L位置;

(6)车速低于规定车速。

(三)发动机转矩控制

为了减小换挡冲击,在换挡时需减小发动机的输出转矩,具体方法是利用点火提前角进行控制。ECU中存储有各种工作条件下的最佳点火提前角,根据接收到的信号进行以下工作:

(1)根据换挡手柄和行驶模式开关的位置,确定换挡和锁止模式,并进行控制。

(2)根据发动机转速传感器的转速信号和车速信号,判断车辆的行驶条件,并根据当前的换挡情况和节气门开度,确定点火提前角延迟的最佳值。

(3)控制点火器输出三极管的截止时间和换挡电磁阀的通断电,在推迟点火时间的同时进行换挡。

(四)后坐控制

当换挡手柄从N位置移到D位置准备起步时,车辆一般会产生一定的振动和车后部下沉的现象,这是由于在发动机转矩传递的同时要消除行星齿轮之间的间隙,在这个过程中会产生一定的冲击振动。为了防止后坐,有的变速器在起步时不是直接进入D_1挡,而是先进入D_2挡甚至D_3挡,当启动后再降为D_1挡起步,这个过程称为后坐控制。

在下列条件全部满足时,ECU才会进行后坐控制:

(1)车速传感器的输出信号为0,车辆停止;

(2)制动灯开关闭合;

(3)节气门位置传感器IDL触点闭合;

(4)换挡手柄从N位置移至D位置;

(5)发动机水温正常。

(五)减速降挡控制

车辆在OD挡行驶时,如车速不断下降会导致降挡,降挡时不是直接降入D_3挡,而是先降入D_2挡0.8 s,然后再升到D_3挡,以减小换挡时引起的冲击和振动,这个过程称为减速降挡控制。

减速降挡控制需要接收下列信号:

(1)换挡手柄在D位置;

(2)发动机水温正常,超过70 ℃;

(3)节气门位置传感器IDL触点闭合。

三、自诊断功能

ECU检测到传感器、电磁阀或连接线出现故障时,进行如下工作:

(1)在超速挡开关处于ON位置时,通过OD OFF指示灯的闪烁显示故障信息;

(2)存储故障信息;

(3)显示故障代码。

四、后备功能

当电气控制系统失效时,ECU中有若干个后备功能,可以提供失效保护:①电磁阀的后备功能；②后备车速传感功能；③手动换挡功能。

五、自动变速器的基本控制规律

油泵为自动变速器提供工作油压，通过主油路调压阀调节系统的工作油压。工作油压进入手控阀，由手控阀进行油路转换，经手控阀控制的油压可以进入换挡阀。换挡阀控制换挡油路以及进入离合器及蓄压缓冲器、制动器及其蓄压减振器的油路。不同的离合器、制动器工作就可以使自动变速器具有不同的挡位。有的自动变速器上，在蓄压缓冲器的油路中也运用了像锁止离合器背压调节中的PWM，以调节蓄压减振器的背压，从而减小换挡冲击。换挡阀由自动变速器电脑通过换挡电磁阀A、换挡电磁阀B进行控制，换挡电磁阀的数量因车而异，它有以下三种形式。

（一）共控式

两个换挡电磁阀（A、B）由电脑控制，进行不同的通、断电组合，组成4种状态，控制3个换挡阀，使自动变速器具有4个前进挡、1个倒挡。

（二）分控式

三个换挡电磁阀（A、B、C），每个电磁阀控制1个换挡阀，使自动变速器具有4个前进挡、1个倒挡。

（三）连控式

三个换挡电磁阀（A、B、C），联合控制着5个换挡阀，使自动变速器具有4个前进挡、1个倒挡，省去了若干顺序阀和截止阀。

从手控阀出来的油压，由液力变矩器锁止离合器的锁止电磁阀（TCC）和锁止压力控制电磁阀（PWM）通过继动阀控制锁止离合器的背压，使锁止离合器具有锁止、半锁止和不锁止等工作状态。其中，TCC是开关阀，PWM是频率控制阀，占空比可在5%到95%之间变化，以调节油压。

从手控阀出来的油压进入次调压阀，由次调压阀调节一个定压，分别进入液力变矩器、润滑油道和冷凝器。

第六节　电控液力自动变速器的使用与检修

一、电控液力自动变速器的使用

（一）自动变速器的使用注意事项

（1）绝大多数情况下，汽车行驶时只需将选挡手柄（换挡杆）放在D位置即可，在短暂停车时，也可保持挡位不变。严禁在汽车行驶中在L～D来回换挡。在等待信号或堵车时，常常将选挡手柄保持在D位，同时踩下制动。若时间很短，这样做是允许的，但若停止时间长，最好换为N位，并拉紧手制动。因为选挡手柄在行驶位置上，自动变速器汽车一般都有微弱的行驶趋势，长时间踩住制动，等于强行制止这种趋势，使得变速器油温升高，油液容易变质，尤其在空调器工作、发动机怠速较高的情况下更为不利。

（2）在车辆向前行驶时，严禁将选挡手柄移入R挡。有些驾驶员为了节油，在高速行驶或下坡时将选挡手柄扳到N位滑行，这很容易损坏变速器。这是因为虽然变速器输出轴转速很高，但发动机却在怠速运转，油泵因转速低而供油不足，变速器齿轮机构润滑状况恶化，易损坏变速器。

(3)在车辆行驶时，严禁同时踩下油门和制动踏板。

(4)在P挡时启动发动机后，通常要踩下制动踏板并按下选挡手柄上的挡位锁止按钮，才能将选挡手柄从P挡移出。车辆必须在完全停车后才能挂P挡。在车辆滑行和行驶中，绝对禁止挂P挡，否则会造成变速器严重损坏。

(5)装备自动变速器的车辆无法用牵引或推动的方法启动发动机。这是因为ATF油泵不工作，自动变速器无法建立起正常的工作油压，即使将选挡手柄放在D挡，此时自动变速器内部仍然是空挡，无法传递动力。

(6)当自动变速器车辆的发动机无法启动时，如果非拖车不可，应限制拖车车速和里程，一般拖车车速不超过30 km/h，距离不超过50 km，也可将故障车的驱动轮脱离地面进行拖车。

(7)自动变速器的电控系统出故障时会启用后备功能，此时可将选挡手柄在D、2、L挡之间移动来实现部分前进挡，即使电控单元失效，仍然可通过手动方式移动选挡手柄实现R挡和部分前进挡，但若长时间使用手动方式换挡，会损坏自动变速器内的执行元件，应及时将车辆送往修理厂进行修理。

(8)由于驾驶自动挡汽车不会出现起步熄火的情况，许多人喜欢起步时将油门踩得很深，而且一直踩住油门不放松，这种操纵方式会使车辆升挡过晚，造成油耗过高。合理的操纵方式是：起步时迅速将加速踏板踩下，发动机输出动力大，加速能力强。待车速稍微升高后，再将加速踏板很快松开，此时汽车会立即升挡。利用这种踩—松—踩—松油门的方式起步，既能迅速提速，又能使车辆及时升挡，可有效地降低车辆的油耗。

(二)自动变速器油的检查与更换

自动变速器最重要的维护工作就是自动变速器油的检查和更换。

1. 自动变速器油面高度的检查

自动变速器油面的高低对自动变速器的工作有很大的影响。当油面过低时，空气可能进入油路出现气阻，使得油压难以建立或油压过低，使各控制阀无法正常工作，出现变速器控制异常。油压过低还会造成离合器和制动器打滑，不但降低了传动效率而且会加剧摩擦片的磨损。当油面过低时，齿轮机构因得不到充分可靠的润滑，会出现过热而引发运动件卡滞及过度磨损。润滑和冷却条件恶化还会造成因温度过高而加速自动变速器油的氧化变质的后果。

当油面过高时，会出现行星齿轮搅拌润滑油，产生泡沫，空气同样会被吸入油泵进入控制油路，造成油压过低，出现与上述油面过低时出现的问题。油面过高时，还会因油温升高、齿轮的搅拌作用及汽车颠簸等，变速器油从加油管口冒出。

自动变速器油面高度的检查步骤如下所述：

(1)将换挡杆置于P位，启动发动机暖机，然后开车上路行驶5~10 km或10 min，使变速器油升温到50~80 ℃，然后将车停在平坦的地方。

(2)在发动机怠速运转状态下，踩下制动踏板，将换挡杆移到P挡接着移到1挡(或L挡)，再从1挡(或L挡)移到P挡，在每个挡位时都稍作停留，确保每个挡位的油路都充油。

(3)在发动机怠速运转状态下，打开发动机盖，拔出自动变速器油尺，用无绒纸擦干净，然后插入加油管，再次拔出油尺检查。

（4）自动变速器油有热态和冷态两种检查方法，油尺上也有"HOT"和"COOL"两种油量区域，如图1-95所示。冷态检查的温度通常为20 ℃左右，热态检查的温度通常为50～80 ℃。若汽车已经过远距离高速行驶，此时油温通常高于80 ℃，应关闭发动机，使变速器油冷却30 min后再进行检查。

热态条件下检查时，变速器油应位于"HOT"区域的两刻度之间。

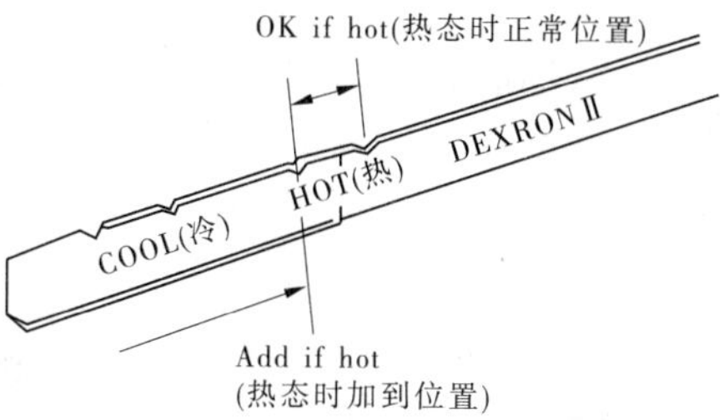

图1-95　油尺上的"HOT"和"COOL"区域

（5）如果发现自动变速器油面出现不正常现象，经过简单的目视检查，看看是否存在明显的泄漏或者其他故障，最好通过修理厂进行检查和排除故障。

2. 自动变速器油质的检查

自动变速器油是粉红色或红色、清澈、无杂味的油液。检查ATF油质时，可以从气味、颜色和形态等方面进行。首先抽出油尺，用无绒纸擦干净，然后将油尺重新插入加油管后再抽出来，检查油尺上的油。

1）ATF的颜色和气味检查

若ATF颜色呈暗红色或者褐色并且有烧焦气味，说明ATF经常处在高温环境下，而且已遭到破坏，应进行更换。出现该情况的主要原因可能是ATF使用时间过长、汽车长期重负荷工作使离合器及制动器严重磨损、自动变速器散热器出现故障等。

若ATF颜色呈黑色而且有焦糊味，说明离合器和制动器严重打滑磨损。出现这种情况时，应先更换ATF，然后对自动变速器进行修理，必要时清洗控制阀板和各油道。

2）ATF形态的检查

如果发现油尺上有油膏或积炭，说明ATF长时间温度过高导致氧化变质，然后沉淀形成油膏。积炭和油膏会造成控制阀板油道堵塞和滑阀粘连，导致无法换挡或换挡错误。遇到这种情况时，应立即更换ATF，并对变速器进行修理和彻底清洗，要打开控制阀板，彻底清洗各控制阀和油道，还要对变速器壳体上的油道进行疏通。

如果发现ATF稠化变得很浑浊，颜色呈粉红色或乳白色，并且打开散热器盖时能看到水面漂浮有一层红褐色的液体，则说明自动变速器散热器漏水。遇到这种情况时，应更换ATF，并对变速器进行清洗，同时修理或更换散热器。

用白色的吸水纸擦干净油尺，观测油中杂质的颜色和大小。黑色杂质为摩擦片的磨屑，银白色杂质为金属磨屑。将一滴油滴在手指上，用两手指摩擦油液，如能明显感觉油中有异物，则说明油液中杂质颗粒较大，应及时更换ATF。

3. 自动变速器油的更换

在自动变速器的正常使用期间，必须定期更换ATF，具体更换里程的长短因车辆的类型和车辆的使用情况的不同而有所不同,可参考维修手册的规定确定换油里程和选用正确型号的 ATF。ATF 的更换里程一般为 2 ~ 4 万 km,如果车辆停置一年以上没有使用,也应彻底更换 ATF。

自动变速器油可以人工手动更换,也可以采用换油设备更换。人工手动更换不能完全更换自动变速器内的 ATF,只能更换 ATF 总量的 1/2 左右。因此,残余的旧油会和新油混合,污染新油,对变速器的性能造成影响。

1)更换前准备

将换挡杆置于 P 位,启动发动机暖机,然后开车上路行驶 5 ~ 10 km 或 10 min,使 ATF 油温升到 50 ~ 80 ℃,然后将车停在平坦的地方。当 ATF 油温升高后,其黏度会降低,可使油中所含沉渣和积炭等随油一起排出。

2)人工手动换油

(1)举升车辆,旋下放油螺塞,彻底放完 ATF,如图 1-96 所示。换上新衬垫后装复放油螺塞,并以规定力矩紧固。

若要使换油效果更理想,应在更换 ATF 时拆下油底壳,彻底清洗油底壳和集滤器,最好更换集滤器。清洗完后装复。

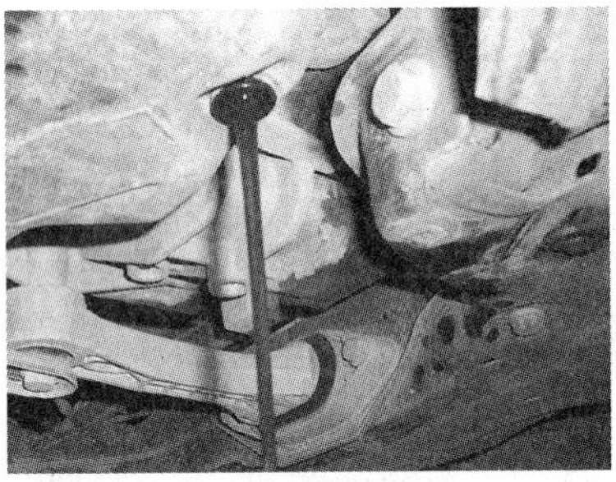

图 1-96　放出自动变速器油

(2)从加油管加 ATF 至规定液面高度。

(3)启动发动机,将选挡手柄依次从 P 挡移至 1 挡或 L 挡,然后再依次移回 P 挡。在每个挡位均稍作停留。

(4)在发动机怠速状态下,重新检查油面高度,并补加 ATF 至规定液面高度。

(5)在自动变速器达到正常工作温度后,在发动机怠速状态下,重新检查油面,并补加 ATF 至规定油面高度。

3)使用换油设备更换自动变速器油

(1)排除换油机中的废油。

(2)在换油机中加入规定量的自动变速器油。

(3)举升车辆。将自动变速器和散热器之间的连接管拆下,将换油机的两根管按要求分别与变速器和散热器的油管连接,如图 1-97 所示。

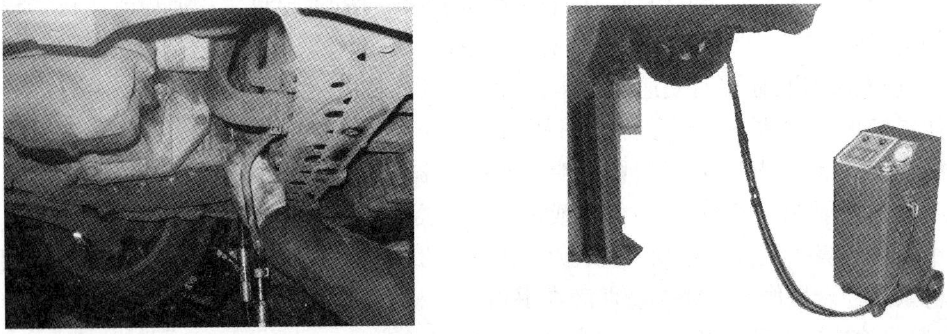

(a)将换油机油管与变速器、散热油管连接　　(b)换油机与车辆连接

图 1-97　使用换油机更换 ATF

(4)通过控制电脑输入需要交换的新油量,启动设备进行换油。

(5)换油完成后,拔出油尺,检查自动变速器内油量是否正常,若油量不够,可继续进行补加。

(6)补加完成后,将换油机与变速器和散热器的连接管路断开,将变速器和散热器的管路重新连接好。

(7)落车,清洁工作现场。

二、电控液力自动变速器的性能检查

自动变速器的结构和工作原理都十分复杂,不论是换挡执行元件损坏,还是控制电路、阀板中的控制阀或其他任何部件出现故障,都会影响变速器的正常工作。自动变速器不易拆装,当自动变速器出现故障或工作不正常时,首先应利用各种检测工具和手段,按照合理的程序和步骤,查出故障原因,以便有针对性地进行维修。

自动变速器的机械系统测试包括道路试验、失速试验、时滞试验、油压试验、手动换挡试验等项目。这些试验项目是在进行自动变速器的基本检查和调整后,检验变速器内各零部件的工作状态、故障以及分析总体使用效果的有效试验。

(一)失速试验

失速试验可以检查自动变速器液力变矩器的性能好坏,可以检查自动变速器换挡执行元件的工作是否正常,可以检查发动机的功率大小。

1. 试验前的准备

(1)发动机性能应该良好;

(2)变速器的油面、油温和油质应该正常;

(3)有良好的安全条件,制动器和驻车制动器性能良好,并用三角木将车轮塞住;

(4)汽车周围不应有人或障碍物;

(5)必须有发动机转速表,操作者有一定的反应能力。

2. 试验操作

(1)实施驻车和行车制动,启动发动机,换挡杆置 D 位如图 1-98 所示。

(2)在左脚踏紧制动踏板的同时,右脚将加速踏板踩到底,迅速读取此时发动机的最高转速,并立即松开加速踏板。

(3)将换挡杆拨入 P 或 N 位,发动机怠转 1 min 以上时,拨入 R 位,做同样的试验。

注意:在失速试验中,加速踏板从踩下到松开的整个过程的时间不得超过 5 s。不同的车型失速转速标准不同,如凌志车型的为 2 050 ~ 2 350 r/min。

3. 试验结果分析

不用的车型,由于结构不同,试验结果体现的故障不同,下面仅以常见丰田 4 档自动变速器为例进行说明。

(1)如果两个位置失速转速都相同,但均低于规定值:发动机可能功率不足、导轮(变矩器)单向离合器工作不正常。

提示:如果失速转速低于规定转速值 600 r/m,液力变矩器可能损坏。

(2)在 D 位失速转速高于规定值:主油压太低,前进挡离合器工作不良,O/D 单向离合器工作不良。

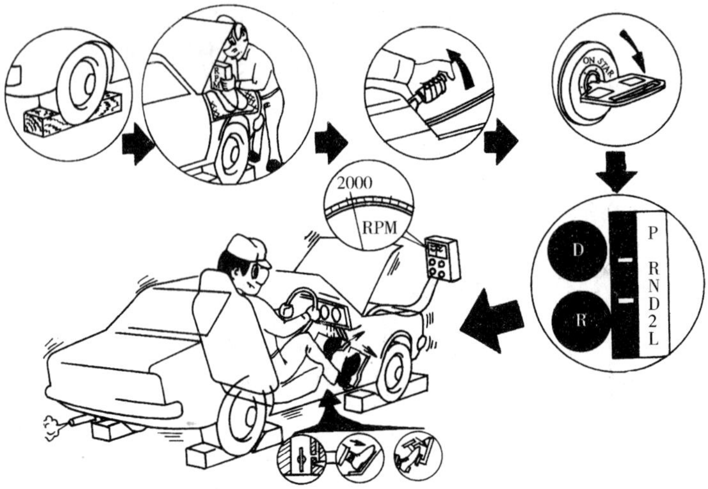

图 1-98　自动变速器失速试验

(3)在 R 位失速转速高于规定值：主油压太低，直接挡离合器打滑，一挡及倒挡离合器打滑、O/D 单向离合器工作不良。

(4)在 D 和 R 位失速转速均高于规定值：主油压太低，油液液面位置不正常，O/D 单向离合器工作不良。

(二)时滞试验

时滞时间的长短可以反映油路油压是否正常，以及换挡执行元件的工作是否正常。自动变速器的时滞试验如图 1-99 所示。

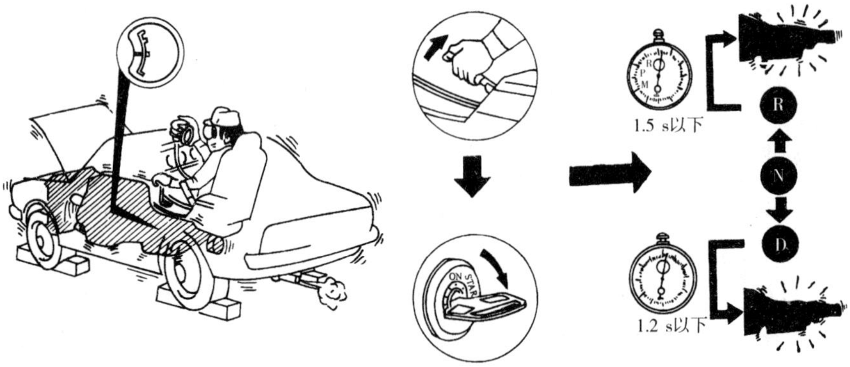

图 1-99　自动变速器的时滞试验

1. 试验准备

(1)预热发动机和变速器达到正常的温度；

(2)将汽车停放在水平地面，拉紧手制动；

(3)发动机怠速应该正常。

2. 试验操作

(1)拉紧驻车制动，检查调整怠速。

(2)将换挡杆从 N 位拨至 D 位,用秒表测量从拨动换挡杆到感觉汽车振动所需的时间。共做 3 次试验,取平均值作为 N－D 迟滞时间。

(3)同样,将换挡杆由 N 位拨至 R 位,测量 N－R 迟滞时间。

3. 试验结果分析

大部分自动变速器 N－D 迟滞时间小于 1.0 ~1.2 s,N－R 迟滞时间小于 1.2 ~ 1.5 s。

(1) 如果 N－D 延迟时间大于规定值,说明主油路油压过低、前进离合器磨损过甚或超速排单向离合器工作不良。

(2) 如果 N－R 延迟时间大于规定值,说明倒挡油路油压过低、倒挡离合器或倒挡制动器磨损过甚、超速排单向离合器工作不良。

(三)油压试验

油压过高,会造成严重的换挡冲击,甚至损坏控制系统;油压过低,会造成换挡执行元件打滑,甚至烧片。

油压试验主要有主油路油压测试和调速阀油压测试,而测试主油路油压时,应分别测出前进挡和倒挡的主油路油压。

油压测试操作步骤如下:

(1)找到主油路测压孔,接上油压表。

(2)启动发动机,将换挡杆拨至 D 位,油压表的读数即为怠速工况下的前进挡主油路油压。

(3)在失速工况下测试,读取失速工况下的前进挡主油路油压。

(4)将换挡杆拨至 R 位,在怠速和失速工况下读取倒挡主油路油压。自动变速器的油压试验压力表的连接如图 1-100 所示。

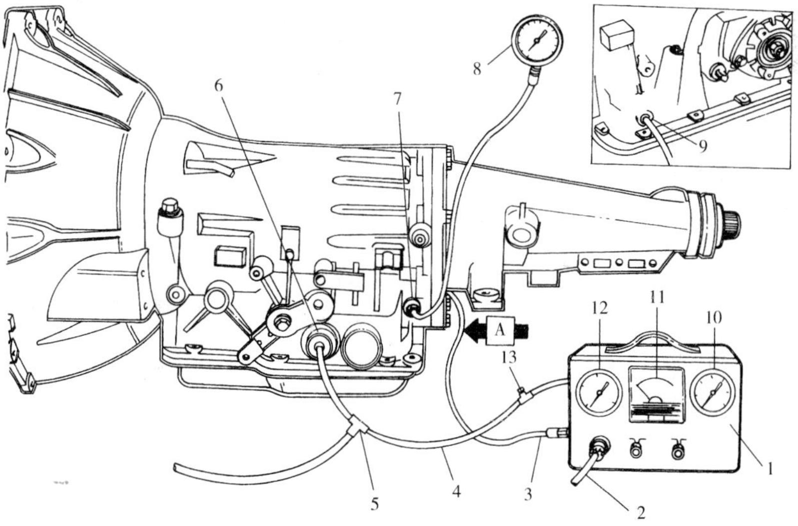

1—自动变速器测试仪;2—转速表引线;3—压力油管;4—真空管;5—接头;6—真空盒;7—速度压力测试点;8—压力表;9—主油路压力测试点;10—真空压力表;11—转速表;12—油压表;13—放气阀

图 1-100 自动变速器油压测试

不同车型的主油路油压标准见表1-6，主油路油压不正常的可能原因见表1-7。

表1-6　几种常见车型自动变速器主油路油压标准

车型	变速器型号	发动机型号	换挡杆位置	主油路油压(kPa)	
				怠速工况	失速工况
丰田 CROWN	A340E	2JZ－GE	D	363～422	902～1 147
			R	500～598	1 236～1 589
凌志 LS400	A341E A342E	1UZ－FE	D	382～441	1 206～1 363
			R	579～657	1 638～1 863
尼桑	L4N71B	VG30E VG30S	D	314～373	1 157～1 275
			R	549～686	2 187～2 373

表1-7　主油路油压不正常的可能原因

工况	测试结果	故障原因
怠速	所有挡位的主油路油压均过低	油泵故障、主调压阀卡死或弹簧过软、节气门拉线或节气门位置传感器调整不当、节气门阀卡滞、主油路泄漏、油压电磁阀损坏或线路故障
	前进挡和前进低挡的主油路油压均过低	前进挡离合器活塞漏油、前进挡油路泄漏
	前进挡主油路油压正常，前进低挡主油路油压过低	前进低挡制动器或离合器活塞漏油、前进低挡油路泄漏
	前进挡主油路油压正常，倒挡主油路油压过低	倒挡制动器或离合器活塞漏油、倒挡油路泄漏
	所有挡位的主油路油压均过高	节气门拉线或节气门位置传感器调整不当、主调压阀卡死或弹簧过硬、节气门阀卡滞、油压电磁阀损坏或线路故障
失速	稍低于标准油压	节气门拉线或节气门位置传感器调整不当、油压电磁阀损坏或线路故障、主调压阀弹簧过软或卡死
	明显低于标准油压	油泵故障、主油路泄漏、油压电磁阀损坏或线路故障

(四)道路试验

自动变速器的道路试验是诊断分析自动变速器故障的最有效手段之一。此外，自动变速器在修复后，也应进行道路试验，以检查其工作性能、检验修理质量。自动变速器的道路试验内容主要有：升挡过程、升挡车速、升挡时发动机转速、换挡质量、锁止离合器工作情况、发动机制动作用、强制降挡功能等的检查。

在道路试验之前，应让汽车以中低速行驶5～10 min，让发动机和自动变速器都达到正常工作温度。在试验中,如无特殊需要,通常应将超速挡开关置于 ON 位置,并将模式选择开关置于标准模式或经济模式位置。

1. 升挡检查

将选挡手柄拨至前进挡位置,踩下油门踏板,使节气门保持在 50% 左右,让汽车起步加速,检查自动变速器的升挡情况。自动变速器在升挡时,发动机会有瞬时的转速下降,同时车身有轻微的晃动感。正常情况下,汽车起步后随着车速的升高,试车者应能感觉到自动变速器顺利地由 1 挡升入 2 挡,随后由 2 挡升入 3 挡,最后升入超速挡。

若自动变速器不能升入高挡,则说明控制系统或换挡执行元件有故障。

2. 升挡车速的检查

将选挡手柄拨至前进挡位置,踩下油门踏板,并使节气门保持某一固定开度,让汽车起步并加速。当觉察到自动变速器升挡时,记下升挡车速。一般 4 挡自动变速器在节气门开度保持在 50% 时,由 1 挡升至 2 挡的车速为 25 ~ 35 km/h,由 2 挡升至 3 挡的车速为 55 ~ 70 km/h,由 3 挡升至 4 挡的车速为 90 ~ 120 km/h。由于升挡车速和节气门开度有很大的关系,即节气门开度不同时,升挡车速也不同,而且不同车型的自动变速器各挡传动比的大小都不同,其升挡车速也不完全一样。因此,只要升挡车速基本保持在上述范围内,而且汽车行驶过程中加速良好,无明显的换挡冲击,都可认为升挡车速正常。若汽车行驶过程中加速无力,升挡车速明显低于上述范围,说明升挡车速过低(即升挡过早);若汽车行驶过程中有明显的换挡冲击,升挡车速明显高于上述范围,说明升挡车速过高(即升挡太迟)。

3. 升挡时发动机转速的检查

有发动机转速表的汽车在做自动变速器的道路试验时,应注意观察汽车在行驶中发动机转速的变化情况,它是判断自动变速器是否正常工作的重要依据之一。在正常情况下,若自动变速器处于经济模式或标准模式,节气门开度保持在低于 50% 范围内,则在汽车由起步加速直至升入高速挡的整个过程中,发动机的转速都将低于 3 000 r/min。通常在加速至即将升挡时,发动机转速可达到 2 500 ~ 3 000 r/min,在刚刚升挡后的短时间内,发动机转速下降至 2 000 r/min 左右。如果在整个行驶过程中,发动机转速始终过低,加速至升挡时仍低于 2 000 r/min,说明升挡时间过早或发动机动力不足;如果在行驶过程中,发动机转速始终偏高,升挡前后的转速在 2 500 ~ 3 000 r/min,而且换挡冲击明显,说明升挡时间过迟;如果在行驶过程中,发动机转速过高,经常高于 3 000 r/min,在加速时达到 4 000 ~ 5 000 r/min,甚至更高,则说明自动变速器的换挡执行元件打滑,应拆修自动变速器。

4. 换挡质量的检查

换挡质量的检查主要是检查有无换挡冲击。正常的电控自动变速器的换挡冲击应十分微弱。若换挡冲击过大,说明自动变速器的控制系统或换挡执行元件有故障,其产生原因可能是油路油压过高或换挡执行元件打滑,应做进一步的检查。

5. 锁止离合器工作状况的检查

自动变速器变矩器的锁止离合器工作是否正常,也可通过道路试验进行检查。试验中,让汽车加速至超速挡,以高于 80 km/h 的车速行驶,并让节气门开度保持在低于 1/2 的位置,使变矩器进入锁止状态。此时,快速将油门踏板踩下至 2/3 开度,同时检查发动机转速的变化情况。若发动机转速没有太大变化,说明锁止离合器处于接合状态;若发动机转速升高很多,则表明锁止离合器没有接合,其原因通常是锁止控制系统有故障。

6. 发动机制动作用的检查

检查自动变速器有无发动机制动作用时，应将选挡手柄拨至前进低挡位置，在汽车以2挡或1挡行驶时，突然松开油门踏板，检查发动机是否有制动作用。若松开油门踏板后车速立即随之下降，说明发动机有制动作用，否则，说明控制系统或前进强制离合器有故障。

7. 强制降挡功能的检查

检查自动变速器的强制降挡功能时，应将选挡手柄拨至前进挡位置，保持节气门开度为1/3左右，在以2挡、3挡或超速挡行驶时，突然将油门踏板完全踩到底，检查自动变速器是否被强制降低一个挡位。在强制降挡时，发动机转速会突然上升至4 000 r/min左右，并随着加速升挡转速逐渐下降。若踩下油门踏板后没有出现强制降挡，说明强制降挡功能失效。若在强制降挡时发动机转速上升过高，达5 000～6 000 r/min，并在升挡时出现换挡冲击，则说明执行元件打滑，应拆修自动变速器。

8. P挡的检查

车辆停放在大于5°的斜坡上，选挡手柄换入P挡，逐渐地放开驻车制动器操纵杆，检查制动效果，为了安全，需要预防车辆滑移及溜车。

（五）手动换挡试验

通过手动换挡试验，可确定是控制系统故障还是变速器内的机械故障，操作步骤如下：

（1）取下电磁阀导线，让自动变速器不能电控换挡，只能通过选挡手柄进行换挡。

（2）启动发动机，驾驶员移动选挡手柄来变换挡位，在车辆的行驶过程中进行路试。

（3）观察发动机转速和车速之间的关系，判断变速器的挡位和选挡手柄的位置是否对应。丰田A341E手动换挡工作表见表1-8。

表1-8　丰田A341E手动换挡工作表

换挡挡位	D	2	L	R	N	P
挡位	超速挡	3挡	1挡	倒挡	空挡	驻车挡

（4）连接电磁阀导线，清除故障代码。

三、电控液力自动变速器机械系统的检修

（一）液力变矩器的检修

液力变矩器是一个密闭的整体，一般在维修中不做解体检修，只是通过一些简单的检测方法对液力变矩器的状况进行判断。

1. 液力变矩器的外观检查

液力变矩器的常规检查：液力变矩器是否有变形，与各部件的连接是否有松动，如螺栓、平衡重块等；液力变矩器与飞轮及齿轮变速机构的连接是否可靠；涡轮轴向间隙是否符合维修手册的要求；液力变矩器内部是否存在运动干涉；泵轮、涡轮、导轮之间是否能相互独立地灵活运动，无碰撞声或与壳体无摩擦。

2. 导轮和涡轮之间的干涉检查

（1）将液力变矩器与飞轮连接侧朝下放在台架上，然后装入液压泵总成，确保液力变矩器液压泵驱动毂与液压泵主动部分接合好。

（2）把变速器输入轴（涡轮轴）插入涡轮轮毂中，使液压泵和液力变矩器保持不动，然后

按顺时针、逆时针方向反复转动涡轮轴，如图 1-101 所示。如果转动不顺畅或有噪声，则更换液力变矩器。

3. 导轮和泵轮之间的干涉检查

（1）将液压泵放在台架上，并把液力变矩器安装在液压泵上。

（2）旋转液力变矩器，使液力变矩器的液压泵驱动毂与液压泵主动部分接合好。

（3）固定住液压泵，并按逆时针方向转动液力变矩器。如果转动不顺畅或有噪声，则更换液力变矩器。

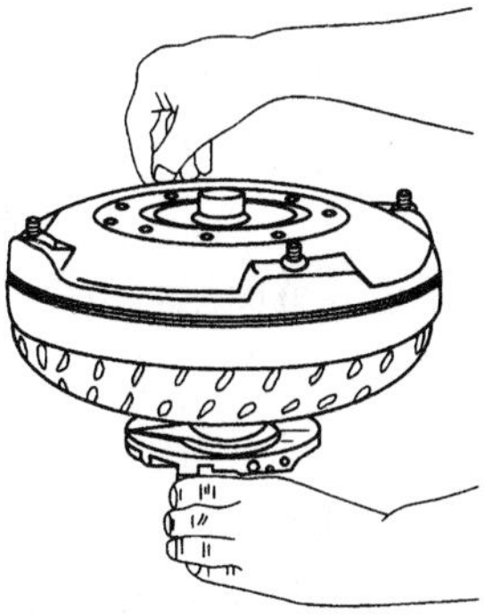

图 1-101　导轮和涡轮之间的干涉检查

4. 检测单向离合器

如图 1-102 所示，装上维修专用工具，使其贴合在液力变矩器毂缺口和单向离合器的外座圈中。转动驱动杆，检查单向离合器工作是否正常，按逆时针方向转动时应能锁止，而按顺时针方向时应能自由转动。如有异常，说明单向离合器已损坏，应更换液力变矩器。

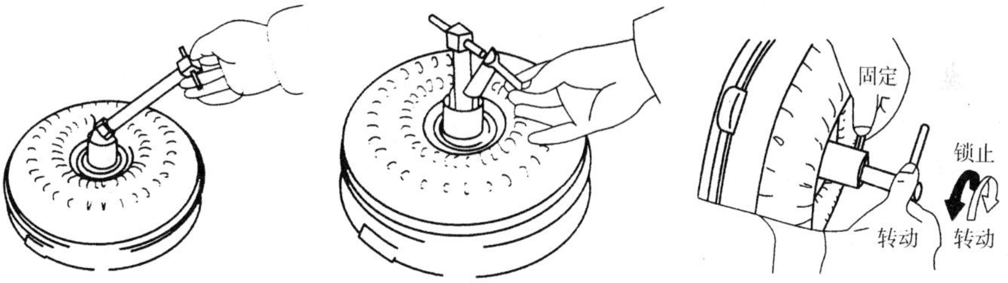

图 1-102　单向离合器的检查

5. 检测传动板与齿圈

用百分表测量传动板的径向圆跳动量，最大径向圆跳动量不超过 0. 20 mm；检查齿圈有无变形和断齿。

6. 检测液力变矩器轴套的径向圆跳动量

暂时将液力变矩器装在传动板上，安装百分表，如图 1-103所示。如径向圆跳动量超过 0. 30 mm，可通过重新调整液力变矩器的安装方位进行校正，并在校正后的位置上作一记号，以保证安装正确。若无法校正，应更换液力变矩器。

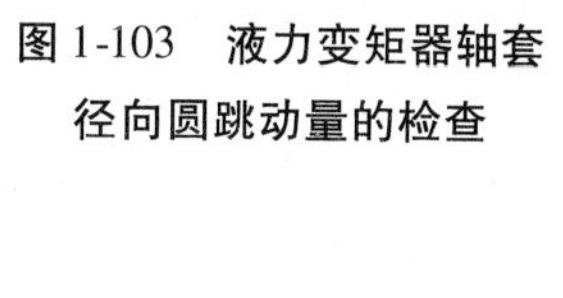

图 1-103　液力变矩器轴套径向圆跳动量的检查

（二）行星齿轮机构的检修

以丰田 A341E 自动变速器传动行星齿轮、离合器、单向离合器和制动器检修为例，来说明行星齿轮机构的检修方法。

（1）检查太阳轮、行星轮、齿圈的齿面是否有磨损或疲劳剥落；太阳轮、行星轮、齿圈等零件的轴颈或滑动轴承是否有异常磨损。

（2）行星齿轮和轴有无变黑现象，如变黑，说明在工作时严重超载，行星架或行星轮轴可能会发生变形；太阳轮、行星架、齿圈等零件的轴颈或滑动轴承处有无磨损，如有异常，应更换新件。

修理时,可更换行星齿轮机构总成(齿轮应成对更换),或更换行星架和行星轮轴。行星轮轴端部有旋转刀口时,用螺丝刀将轴拆下。安装时,要用凡士林把轴和套筒的滚针轴承粘好。

(3)检查单向超越离合器,如滚柱破裂、滚柱保持架断裂或内外围滚道磨损起槽,应更换新件。

(4)检查行星齿轮端部的工作间隙,行星齿轮和行星架的轴向间隙正常值为 0.2 ~0.6 mm,用厚薄规检测,若该处间隙超过 1.0 mm,应更换行星齿轮机构和行星架。

行星齿轮和行星架工作间隙过大是造成行星齿轮在工作中产生异响的主要原因。行星齿轮和行星架的工作间隙的检测方法如图 1-104 所示。

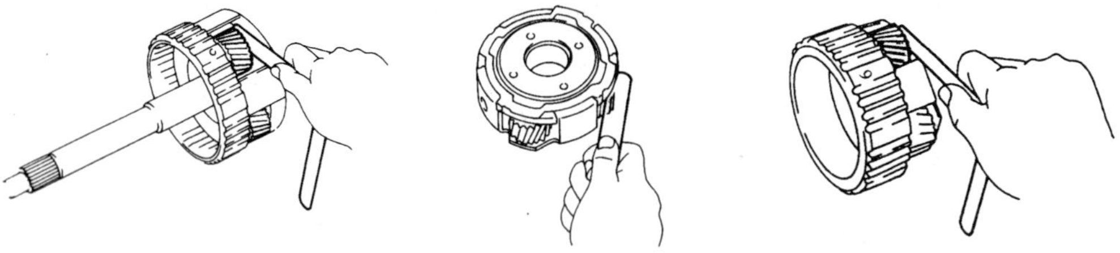

(a)超速排行星架　(b)前排行星架　(c)后排行星架

图 1-104　行星齿轮与行星架之间的间隙检查

(5)检查行星架的单向离合器的锁止方向。按图 1-105 所示的方法检查单向离合器的锁止方向,应使该单向离合器外圈(行星架)相对于内圈(离合器毂)在逆时针方向(由自动变速器前方看,下同)锁止,在顺时针方向可以自由转动。

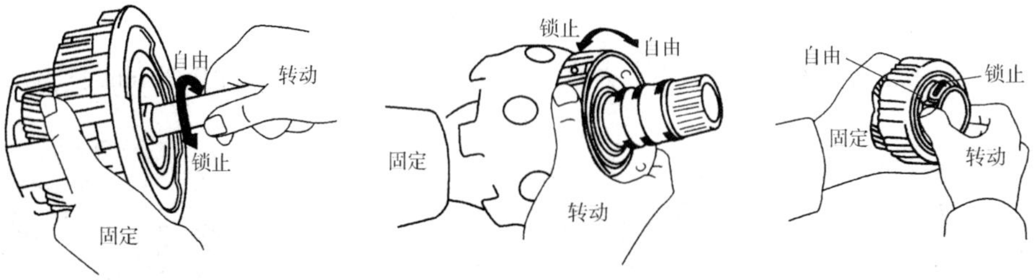

(a)直接单向超越离合器　(b)2挡单向超越离合器　(c)低挡单向超越离合器

图 1-105　单向离合器锁止方向的检查

(6)检查超速排离合器鼓衬套。用内径表测量超速排离合器鼓衬套的内径,最大值为 27.11 mm,如图 1-106 所示。

(7)检查超速排行星齿轮衬套。用内径表测量超速排行星齿轮衬套的内径,最大值为 11.27 mm,如图 1-107 所示。

(8)检查前行星排齿圈衬套。如图 1-108 所示,用内径表测量前行星排齿圈衬套的内径,最大值为 11.27 mm。

(9)检查太阳轮衬套。如图 1-109 所示,用内径表测量太阳轮衬套的内径,最大值为 27.08 mm。

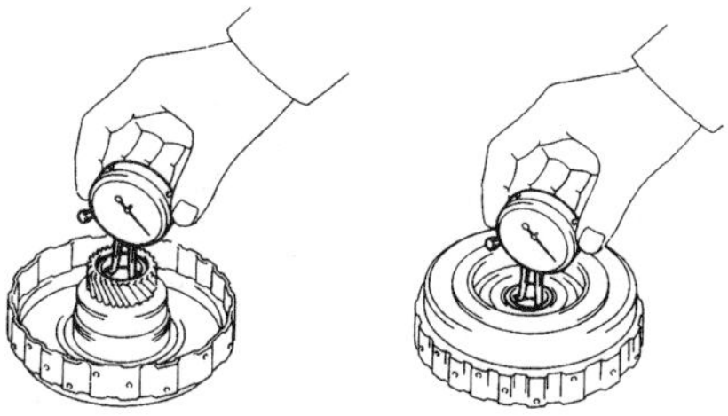

图 1-106　超速排离合器鼓衬套的检查

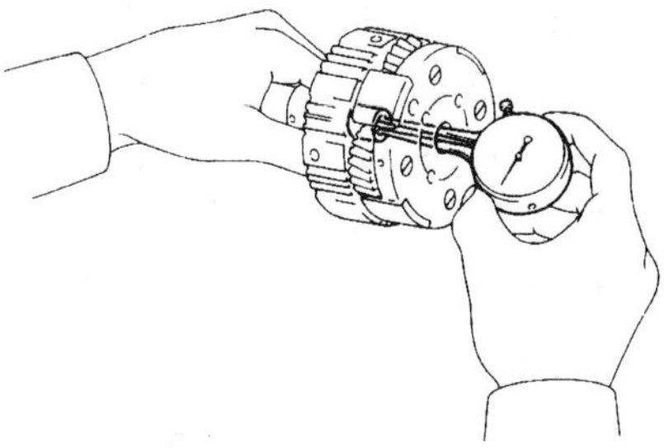

图 1-107　超速排行星齿轮衬套的检查

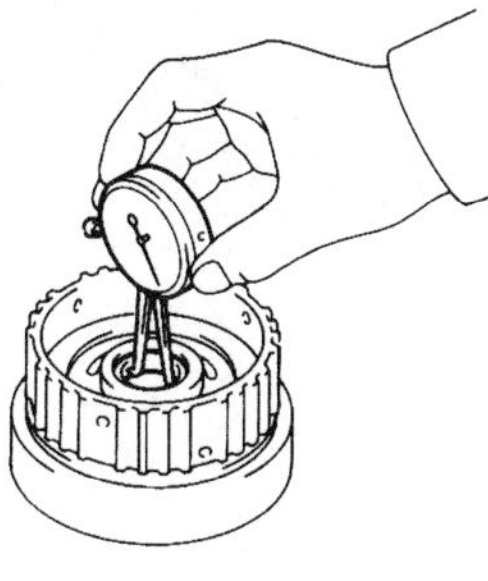

图 1-108　前行星排齿圈衬套的检查

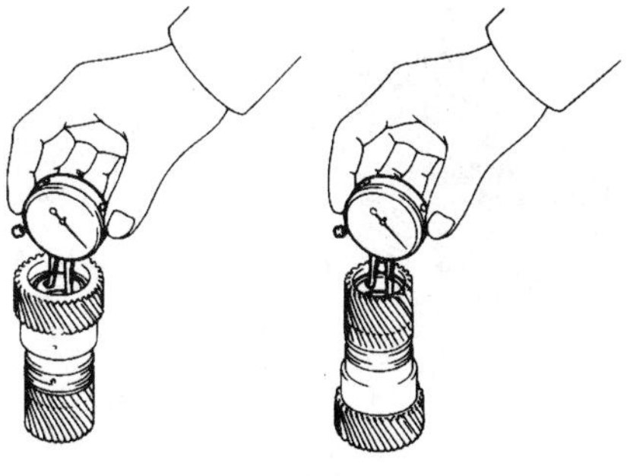

图 1-109　太阳轮衬套的检查

(10)检修带式制动器。主要有以下几个方面:

a. 制动带的检查。检查制动带变形:制动带拆下来后应将两端用钢丝系在一起,如图 1-110所示,在检修过程中,严禁将制动带展平、弯曲和扭转,否则易造成表面摩擦材料开裂和脱落,甚至造成制动带变形,以及与制动鼓局部接触,使制动器打滑。检查时,将制动带包住制动鼓工作外表面,观察两者是否完全贴合。

检查制动带表面情况:观察制动带表面是否有缺陷、碎屑,摩擦表面是否出现不均匀磨损,是否存在摩擦材料剥落、摩擦材料上印刷数字部分磨损、掉色、烧蚀(外观颜色发黑)等,若有,则应更换制动带。

图 1-110　将制动带两端扎紧

b. 检查钢片。钢片的损伤主要是变形。检查时,将两片钢片贴合在一起,观察两者之间是否有缝隙,若有,则应更换。

c. 检查制动鼓。与制动带配合工作的制动鼓的摩擦表面需要检查。钢板冲压的制动鼓,检查时把刀口尺立在鼓的摩擦表面上,观察刀口尺与制动鼓之间是否有间隙,从而检查鼓表面的垂直度。

四、电控液力自动变速器液压控制系统的检修

(一)油泵的检修

1. 内啮合齿轮泵的检查

内啮合齿轮泵的检查项目主要有:油泵从动齿轮外圈与壳体间隙、从动齿轮齿顶与月牙板间隙、齿轮端隙、油泵壳体衬套内径、导轮轴套前端内径、导轮轴套后端内径。

(1)测量内齿轮外圈与壳体间隙。如图 1-111(a)所示,将油泵内齿轮推向泵体某一侧,

用塞尺检查内齿轮外圈与壳体间隙。丰田 A341E 变速器内齿轮外圈与壳体之间的间隙正常为 0. 07 ~0. 15 mm，超过 0. 30 mm 时应更换。

(2)测量内齿轮齿顶与月牙形隔板间隙。丰田 A341E 变速器内齿轮齿顶与月牙形隔板之间的间隙正常为 0. 11 ~0. 14 mm，超过 0. 30 mm 时应更换，如图 1-111(b)所示。

(3)测量齿轮端隙。丰田 A341E 变速器的齿轮端隙为 0. 02 ~0. 05 mm，最大不得超过 0. 10 mm，如图 1-111(c)所示。

(a) (b) (c)

图 1-111 检查油泵

若油泵的上述测量尺寸超过极限尺寸，除更换油泵外，还应检查自动变速器滤清器和液力变矩器。首先观察油泵中是否很脏，是否有杂质。若变速器油很脏，则必须检查滤清器是否有破损，必要时应更换。若油泵中很干净无杂质，应检查变矩器驱动轴套的径向跳动量。若径向跳动量符合要求，直接更换油泵即可；若径向跳动量超出允许范围，应进一步检查变矩器驱动盘的断面跳动量。若变矩器驱动盘的断面跳动量符合要求，应更换变矩器；若变矩器驱动盘的断面跳动量不符合要求，应更换驱动盘，并检查确认故障部位。

(4)测量壳体衬套内径，如图 1-112 所示。丰田 A341E 变速器的壳体衬套内径的最大允许尺寸为 38. 19 mm，若超出，则应更换。

(5)测量转子轴套前、后端内径，如图 1-113 所示。丰田 A341E 变速器转子轴套前端内径最大允许尺寸为 21. 58 mm，后端内径的最大允许尺寸为 27. 08 mm。

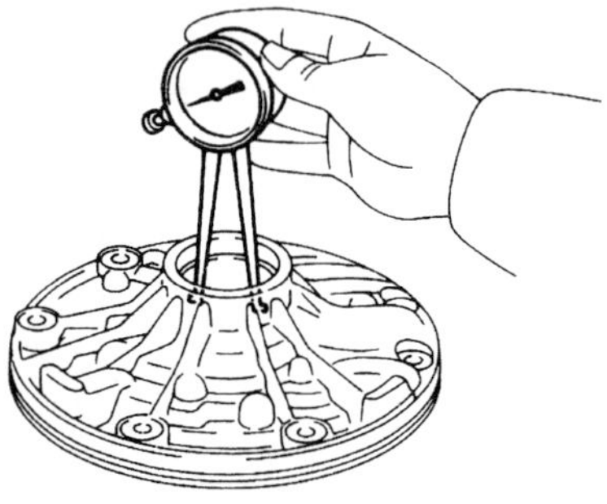

图 1-112 测量壳体衬套内径

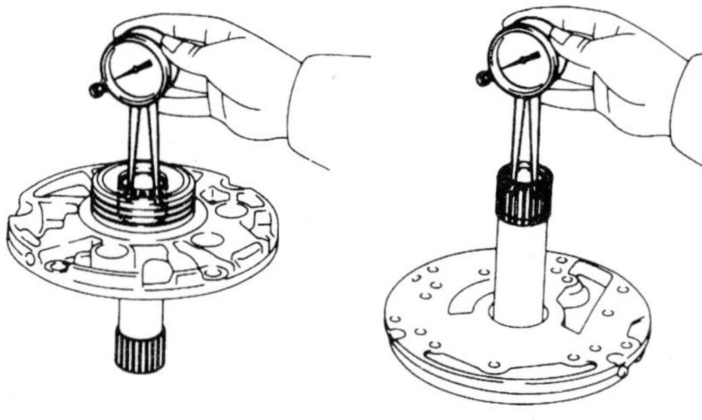

图 1-113 测量转子轴套前、后端内径

2. 叶片泵的检查

叶片泵的主要检查项目包括检查转子轴承及叶片。

(1)检查转子轴承是否有噪声，是否松旷。

(2)检查叶片在槽中是否有卡滞现象，检查叶片外端面的磨损情况，检查叶片与定子内表面的接触情况。

(二)阀板的检修

1. 拆卸阀板

(1)卸下油底壳的放油螺栓，放出变速器油。拆下油底壳螺栓，卸下油底壳。

(2)卸下滤清器，拆卸阀板固定螺栓，卸下阀板。

(3)向储能器油路施加压缩空气，吹出储能器活塞。拆下活塞上的密封圈。密封圈为一次性元件，重新安装储能器时应更换密封圈。

检查蓄压器活塞和壳体表面是否有胶质或杂质，安装前应清理干净。

2. 拆解阀板

拆卸上下阀板的连接螺栓。分解上下阀板时，应将上阀板连同隔板一起拿起，防止球阀和锁块掉落，如图 1-114 所示。将上下阀板的接合面朝上放置。在阀板拆解和检查过程中，应始终保持接合面朝上放置，否则，会造成球阀和锁块掉落。由于不同位置的锁块的大小和长短不一样，锁块掉落后，如果不能安装到正确位置，将影响到阀板上各控制阀的固定，使其无法正常工作。

用干净的白纸盖在阀板接合面上，印下阀板油道图形，并用笔在图上标出各球阀的大小和位置，如图 1-115 所示，然后取出球阀。拆卸各控制阀时，用手按住用阀端的栓塞，用磁棒或带磁性的起子将锁块吸出，松开手后，阀就会被弹簧顶出来。将卸下来的栓塞、阀和弹簧按顺序摆放在带有沟槽的零件盘里，以防滚动和混淆。

图 1-114　将上阀板和隔板一起拿起

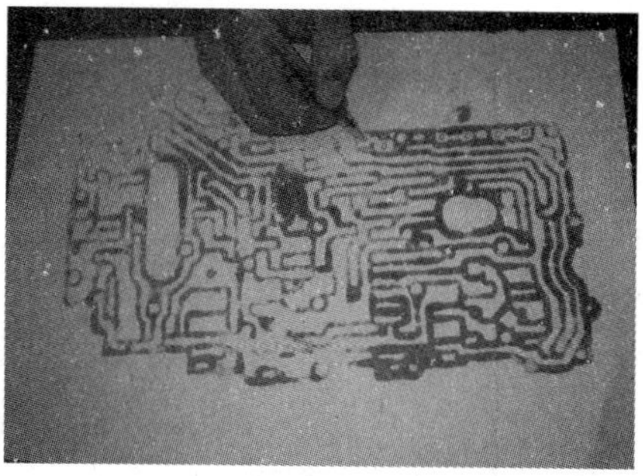

图 1-115　拓印油道图并标记球阀位置

3. 各控制阀的检修

(1)观察各控制阀表面和阀板的油道中是否有胶质和杂质。若有，应进行清除和清洗。将煤油倒入机油盘内，将阀板放入机油盘内，将 2000 号金相砂纸卷成细卷，旋转打磨阀座孔，如图 1-116 所示，并用煤油清洗。

用砂纸包住控制阀，不断转动控制阀，对控制阀阀芯表面进行打磨，以清除表面胶质，如图 1-117所示。打磨过程中，应检查打磨效果，并把控制阀阀芯放入阀座孔中进行试装，若阀能在自身重力作用下滑入阀座孔，用手按压和放松控制阀，阀能在阀座孔中运动自如，则说明阀不会卡滞。

油道清理完成后，用煤油彻底清洗，并用压缩空气吹干。

(2)检查球阀。检查各球阀表面是否磨损或破损，并将球阀放到隔板相应的工作位置上，用手电筒从另一侧照射，观察球阀与阀座孔的密封情况。若有漏光，则说明球阀密封不严，应更换。

图 1-116　打磨阀座孔

图 1-117　打磨阀芯

4. 阀板的装配和安装

(1)将各控制阀依次装入阀座孔中，并用锁块固定。

(2)将各球阀按拓印下的油路图上的位置依次装好。

(3)将隔板盖到上阀板接合面上，将两者一起盖到下阀板上。安装阀板螺栓，并以规定力矩紧固。

(4)更换储能器密封圈。储能器活塞上一般标有所对应执行元件的名称，按要求将各储能器装入各自座孔中。

(5)将阀板放到变速器壳体内的安装位置上，安装螺栓，并以规定力矩紧固。

(6)安装油底壳，并以规定力矩紧固螺栓。加注规定量的自动变速器油。

(7)清理废旧零件，整理工具设备，清洁工作现场。

五、电控液力自动变速器电子控制系统的检修

(一)车速传感器和输入轴转速传感器的检修

1. 簧片式车速传感器

顶起一侧的驱动轮，万用表选用电阻挡，一表笔接传感器插头，另一表笔搭铁，测传感器电阻值的变化。车轮转动一周，阻值应从 0 到无穷大变化一次，如图 1-118 所示。

2. 磁电感应式车速传感器

选用万用表的电阻挡和电压挡分别进行检测，如图 1-119 所示。

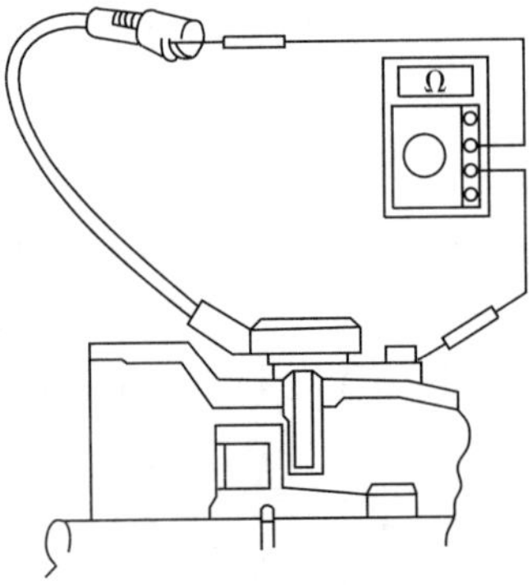

图 1-118　检查簧片式车速传感器

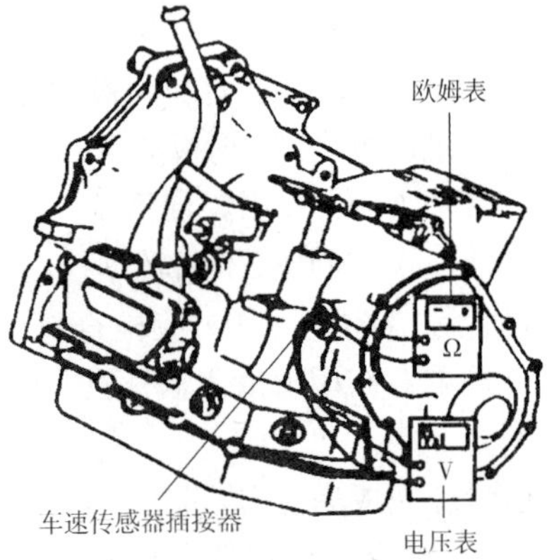

图 1-119　检查磁电感应式车速传感器

(1)测电阻,万用表选电阻挡,然后接传感器的两端子,测传感器电阻值。若电阻过大或过小,说明回路断路或短路。万用表一表笔接传感器,另一表笔搭铁,测电阻值时,阻值应为∞。

(2)测电压,万用表选电压挡,然后接传感器的两端子,测传感器信号电压,电压值应随输出轴的转动而波动。

(二)电磁阀的检修

1. 检查开关型电磁阀

(1)用万用表和蓄电池检查电磁阀。用万用表测量电磁阀插头和壳体之间的电阻,如图 1-120 所示。若电阻过大或过小,说明电磁阀内部线路搭铁或断路,应更换。

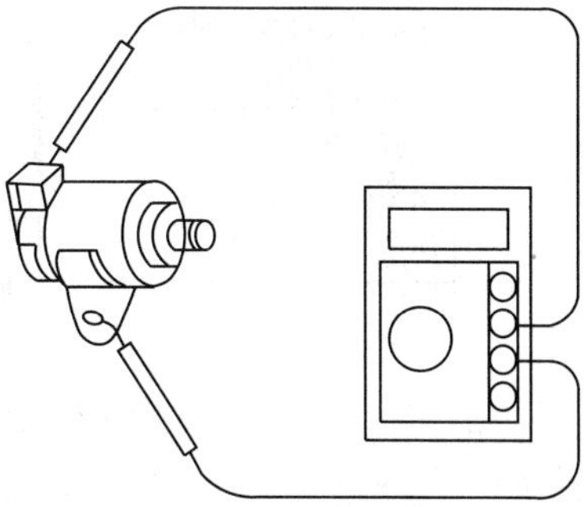

图 1-120　**检查开关型电磁阀插头和壳体之间的电阻**

将蓄电池正极与电磁阀插头连接,将蓄电池负极与电磁阀壳体间歇地接触和断开,应能听到电磁阀工作时发出的"嗒、嗒"声,如图 1-121 所示,否则应更换电磁阀。

(2)检查电磁阀密封性。用压缩空气枪向电磁阀端口吹入 0.5 MPa 的压缩空气,电磁阀应不漏气,将蓄电池电压加到电磁阀相应端子上,电磁阀应打开漏气,如图 1-122 所示。

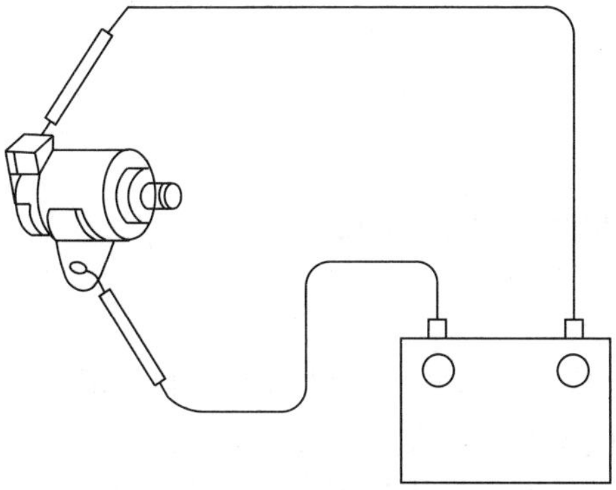

图 1-121　**检查电磁阀通断电时的工作情况**

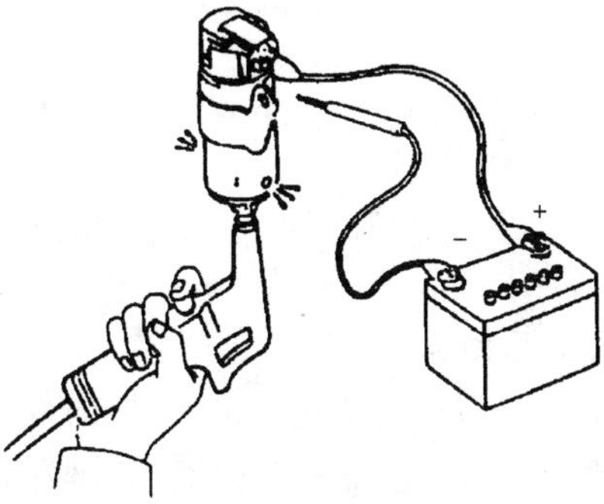

图 1-122　**电磁阀密封性的检查**

(3)检查电磁阀与发动机和 ECT 的 ECU 之间的配线和插接器,若不正常,应检修。若检修后故障代码仍然存在,检查并视情况更换 ECU。

2. 检查脉冲线性电磁阀

(1)拆下电磁阀配线,测量电磁阀两插接端子间的电阻,若电阻过大或过小,说明电磁阀内部线路搭铁或断路,应更换。

(2)将蓄电池正极串接一个 8 ~ 10 W 的灯泡,然后与电磁阀端子连接。当蓄电池供电时,阀芯应移动,否则应更换电磁阀。

(3)检查电磁阀与发动机和 ECT 的 ECU 之间的配线和插接器,若不正常,应检修。若检修后故障代码仍然存在,则应更换 ECU。

六、电控液力自动变速器故障诊断方法与排除

(一)故障诊断方法

1. 电控液力自动变速器的故障诊断流程

电控液力自动变速器故障诊断的流程如图 1-123 所示。

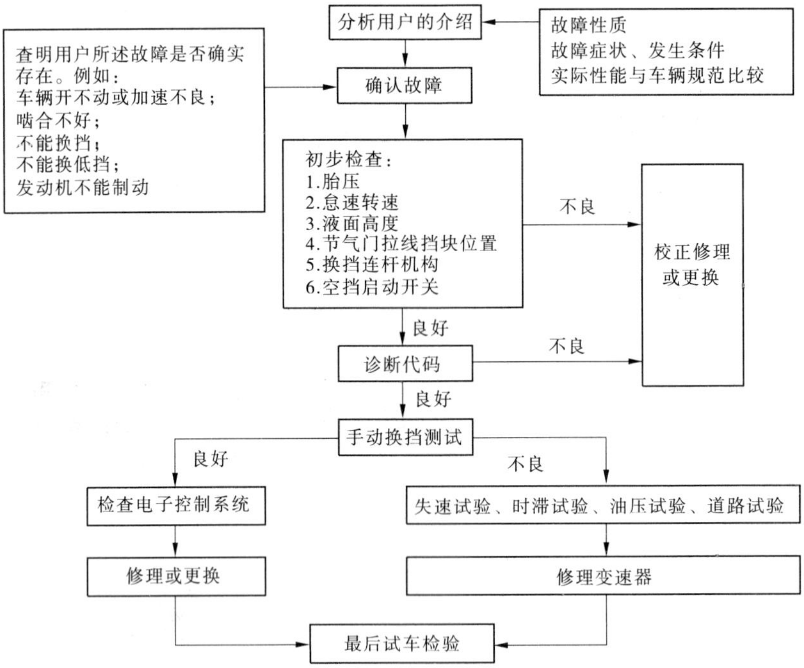

图 1-123　电控液力自动变速器故障诊断的流程

2. 自诊断系统

电控液力自动变速器的 ECU 内部有一个自诊断电路,它能自动监测控制系统的工作,并对系统中各传感器和执行器进行检测。通过测定传感器、执行器与电源或接地的电压,可判定传感器、执行器及其电路是否发生断路或短路。将实际测量值与存储器中的标准值进行比较,当偶然出现实际测量值超过标准值时,计算机并不确定为故障,但是,将产生的故障以相应的故障代码形式进行存储。当该故障反复出现时,则确认为测量装置发生故障,发出报警,并转入相应的安全功能,使系统处于故障安全状态,防止运行状态进一步恶化。

系统处于故障安全状态即系统启动备用功能,此时汽车仍可行驶,但运行状态只能维持汽车低速行驶。

当对变速器进行检修时,维修人员可采用一些操作方法通过自诊断系统,将存储在计算机内的故障代码调取出来。故障代码可通过故障指示灯的闪烁读取,也可利用专门的检测仪读取。

由于汽车生产厂独立进行控制系统的设计,其自诊断装置的内容、报警方式、故障代码显示方式、故障代码调用方法都不一样。故障代码的读取方法主要有两种:人工读取故障代码和解码器读取故障代码。

1）人工读取故障代码

人工读取故障代码是利用一只位于仪表板或控制器上的发光二极管来显示故障代码，故障代码显示分为单位数和两位数。丰田汽车自动变速器的故障自诊断输出采用仪表板上的超速挡指示灯闪烁显示故障代码。汽车行驶中如果超速挡指示灯连续闪烁，表明变速器系统出现故障，应进行检查并调取故障代码。对于不同型号的车，故障代码的调用方法略有不同。例如，丰田车在调用故障代码时，要先将超速挡开关打开，使用诊断用跨接线将检测端口内的 TE_1 或 TE_2 端与 E_1 端连接。打开点火开关，如系统内存有故障代码，则超速挡指示灯会出现闪烁。灯光每次闪亮的间隔时间为 0.5 s，以闪灭时间的长短变化来表示数位与数码。如连续以间隔 0.5 s 闪烁四次后，出现 1.5 s 的长间歇，然后又连续闪烁三次，表示故障代码是两位数，第一位是 4，第二位是 3，故障代码为 43。若有其他故障代码，会在第一个故障代码显示完后，有一个约为 2.5 s 的长间歇，然后显示的是下一个故障代码。一组故障代码显示完以后，会出现一个约 4.5 s 的长间歇，然后重复显示故障代码。

故障代码全部读取完以后，通过查找维修手册找到各故障代码所代表的故障原因、基本症状和检修方法，然后对车辆进行修理。修理完成以后，要记得消除故障代码。

2）解码器读取故障代码

汽车的控制电路上有一个专用的电脑故障检测插座，通常位于发动机附近或驾驶室仪表板下方，通过线路与解码器连接。打开点火开关，打开解码器，就可以对汽车发动机、自动变速器及其他部分电控系统进行检测。

（二）典型故障的诊断与排除

1. 汽车不能行驶故障的诊断

1）故障现象

（1）无论操纵手柄位于倒挡、前进挡或前进低挡，汽车都不能行驶。

（2）冷车启动后，汽车能行驶一小段路程，但热车状态下汽车不能行驶。

2）故障原因

（1）自动变速器油底壳渗漏，液压油全部漏光。

（2）操纵手柄和手动阀摇臂之间的连杆或拉索松脱，手动阀保持在空挡或停车挡位置。

（3）油泵进油滤网堵塞。

（4）主油路严重泄漏。

（5）油泵损坏。

3）故障诊断与排除

汽车不能行驶的故障诊断与排除流程如图 1-124 所示。

2. 无前进挡故障的诊断

1）故障现象

（1）汽车倒挡行驶正常，在前进挡时不能行驶。

（2）操纵手柄在 D 位时不能起步，在 S 位、L 位（或 2 位、1 位）时可以起步。

2）故障原因

（1）前进挡离合器严重打滑。

（2）前进单向超越离合器打滑或装反。

（3）前进挡离合器油路严重泄漏。

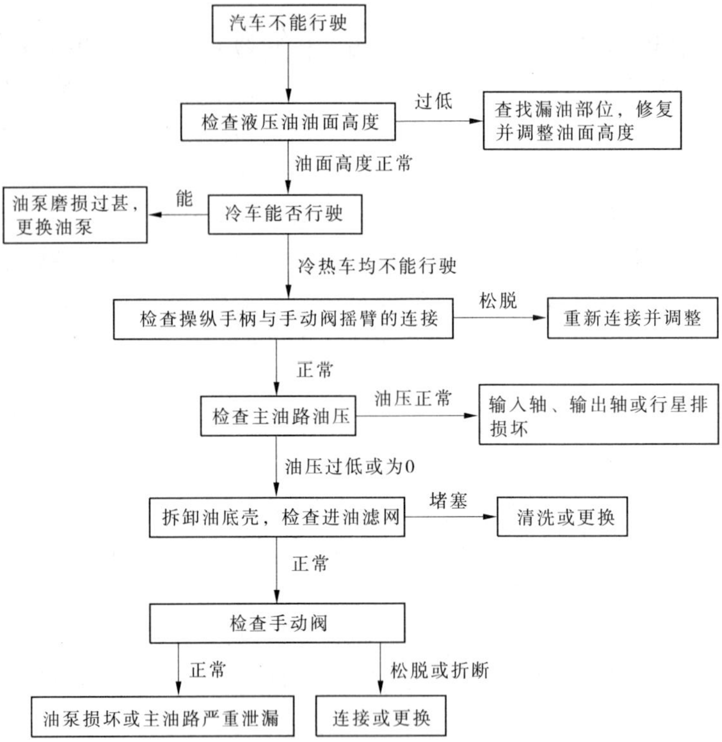

图 1-124　汽车不能行驶的故障诊断与排除流程

(4)操纵手柄调整不当。

3)故障诊断与排除

自动变速器无前进挡的故障诊断与排除流程如图 1-125 所示。

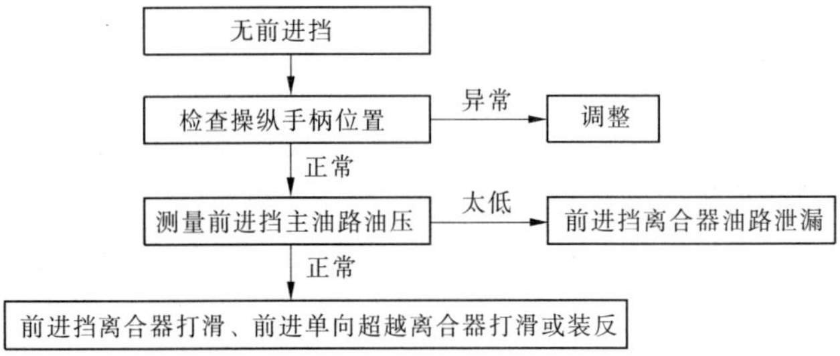

图 1-125　无前进挡的故障诊断与排除流程

3. 无倒挡故障的诊断

1)故障现象

汽车在前进挡能正常行驶,但在倒挡时不能行驶。

2)故障原因

(1)操纵手柄调整不当。

(2)倒挡油路泄漏。

(3)倒挡及高挡离合器或低挡及倒挡制动器打滑。

3)故障诊断与排除

自动变速器无倒挡的故障诊断与排除流程如图 1-126 所示。

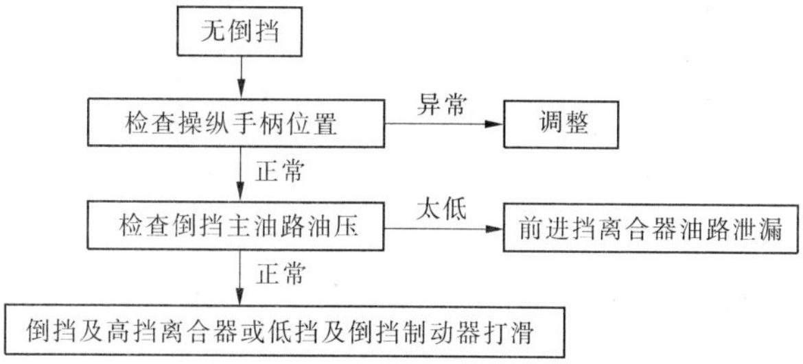

图 1-126 无倒挡的故障诊断与排除流程

4. 自动变速器打滑故障的诊断

1)故障现象

(1)起步时,踩下油门踏板,发动机转速很快升高,但车速升高缓慢。

(2)行驶中,踩下油门踏板加速时,发动机转速升高,但车速没有很快提高。

(3)平路行驶基本正常,但上坡无力,且发动机转速很高。

2)故障原因

(1)液压油油面太低。

(2)液压油油面太高,被行星排剧烈搅动后产生大量气泡。

(3)离合器或制动器摩擦片、制动带磨损过甚或烧焦。

(4)油泵磨损过甚或主油路泄漏,造成油路油压过低。

(5)单向超越离合器打滑。

(6)离合器或制动器活塞密封圈损坏,导致漏油。

(7)减振器活塞密封圈损坏,导致漏油。

3)故障诊断与排除

打滑是自动变速器中最常见的故障之一。自动变速器打滑往往都伴有离合器或制动器摩擦片严重磨损甚至烧焦等现象,在更换磨损的摩擦片之前,应找出打滑的真正原因。

自动变速器打滑的故障诊断与排除流程如图 1-127 所示。

5. 无发动机制动故障的诊断

1)故障现象

(1)在行驶中,操纵手柄位于前进低挡(S、L 位置或 2、1 位置)时,松开油门踏板,发动机转速降至怠速,但汽车没有明显减速。

(2)下坡时,操纵手柄位于前进低挡,但不能产生发动机制动作用。

2)故障原因

(1)挡位开关调整不当。

(2)操纵手柄调整不当。

(3)2 挡强制制动器打滑或低挡及倒挡制动器打滑。

(4)控制发动机制动的电磁阀有故障。

(5)阀体有故障。

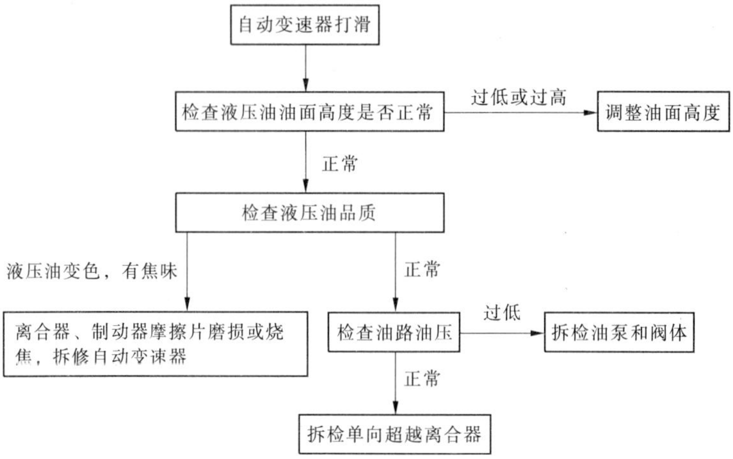

图 1-127　自动变速器打滑的故障诊断与排除流程

(6)自动变速器打滑。

(7)ECU 有故障。

3)故障诊断与排除

自动变速器无发动机制动的故障诊断与排除流程如图 1-128 所示。

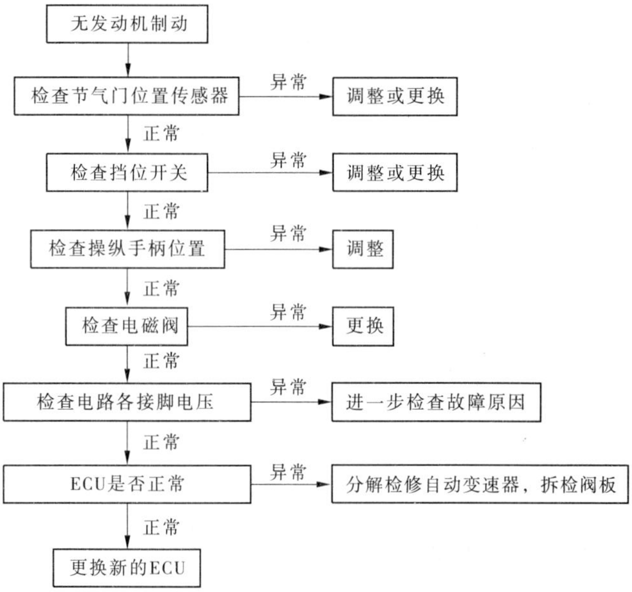

图 1-128　无发动机制动的故障诊断与排除流程

6. 无锁止故障的诊断

1)故障现象

(1)在汽车行驶过程中，车速、挡位已满足锁止离合器起作用的条件，但锁止离合器仍没有产生锁止作用。

(2)汽车油耗较大。

2)故障原因

(1)液压油温度传感器有故障。

(2)节气门位置传感器有故障。

(3)锁止电磁阀有故障或线路短路、断路。

(4)锁止控制阀有故障。

(5)液力变矩器中的锁止离合器损坏。

3)故障诊断与排除

自动变速器无锁止的故障诊断与排除流程如图 1-129 所示。

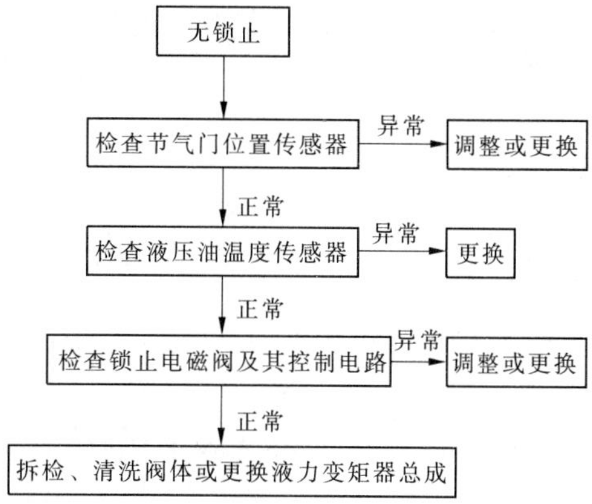

图 1-129　无锁止的故障诊断与排除流程

思考练习题

一、选择题

1.(　　)可以检查变矩器是否有故障。

A. 时滞试验　　B. 液压试验　　C. 失速试验

2. 若发动机熄火,换挡杆置 2 位,此时自动变速器内的挡位是(　　)。

A. 1 挡　　B. 2 挡　　C. 空挡

3.(　　)能够使其控制的元件静止。

A. 单向离合器　　B. 制动器　　C. 离合器

4. 太阳轮输入、齿圈输出、行星架固定的挡位是(　　)。

A. 直接挡　　B. 超速挡　　C. 倒挡　　D. 空挡

5. 新更换的从动盘摩擦片过厚,会导致(　　)故障。

A. 打滑　　B. 分离不彻底　　C. 难以判定

6. 自动变速器液压控制系统中,用来缓冲换挡冲击的有(　　)。

A. 蓄压器　　B. 缓冲阀　　C. 单向离合器　　D. 副调节阀

二、判断题

1. 锁止离合器锁止时,变矩器不再传力。　(　　)

2. 节气门油压越高，主油压越高，自动变速器的换挡时刻会提前。 (　　)

3. 有些 ECT 从超速挡降入 D_3 挡时，可先短暂地降入 D_2 挡，然后再升入 D_3 挡，以减小换挡时的冲击。 (　　)

4. 如果发动机的冷却水温度较低，自动变速器不允许升入超速挡。 (　　)

5. 自动变速器在自动换挡时，一般同一挡位的升挡车速要高于其降挡车速。 (　　)

6. 自动变速器换挡机构中设置了空挡启动开关，使汽车在 P 挡和 R 挡以外的其他挡位均不能启动发动机。 (　　)

7. 自动变速器时滞时间过长是因为液压系统油压过高。 (　　)

8. 失速转速过低的原因是主油压低，相应的执行元件损坏。 (　　)

三、思考题

1. 自动变速器的执行元件有哪些？各有什么作用？

2. 执行元件摩擦片主要有哪些损伤形式？

3. 什么是辛普森齿轮机构？有几个执行元件？

4. 自动变速器的液压系统主要有哪些压力调节阀？用来建立哪些油压？各油压有什么作用？

5. 画出三排四速辛普森齿轮机构的简图，标注各零件的名称。写出各挡执行元件的工作情况。

6. 电控液力自动变速器控制系统中的传感器有哪些？

7. 电控液力自动变速器的控制内容有哪些？

8. 自动变速器试验有哪些？目的分别是什么？

第二章　电控无级变速器

【学习目标】

了解无级变速器的优点，掌握无级变速器的组成和工作原理，掌握无级变速器液压控制和电子控制系统的工作特点，并能正确地拆检无级变速器。

【导入】

无级变速器传动比的变化是由无数个挡位完成的，变速器能在各种工况下选择最佳的传动比。无级变速器是变速器发展到一定程度的必然产物，也是完美变速器的代表，但受当前技术、材料等各方面的限制，它还没有被广泛应用。

目前，进口车型、合资车型以及国产车型中都已出现了无级变速器，无级变速器相对于其他变速器来说有其明显的优势，然而新的高科技产品并非"金刚不坏之身"，无级变速器大量应用到车上后，其故障也开始逐渐出现。

第一节　概　述

一、无级变速器的发展历史

CVT(Continuously Variable Transmission)技术即无级变速技术的发展，已经有一百多年的历史。德国奔驰公司是在汽车上采用CVT技术的鼻祖，早在1886年就将V形橡胶带式CVT安装在该公司生产的汽油机汽车上。1955年，荷兰DAF公司首先在汽车上试装采用V形橡胶带的CVT。由于结构设计和选材等方面的问题，该传动机构体积过大，传动比过小，无法满足汽车行驶的要求。1958年，荷兰的DAF公司H. Van Doorne博士研制成功了名为Variomatic的双V形橡胶带式CVT，并装备在DAF公司制造的Daffodil轿车上，其销量超过了100万辆。但是，由于橡胶带式CVT存在一系列的缺陷，如功率有限(转矩局限于135 N·m以下)，离合器工作不稳定，液压泵、传动带和夹紧机构的能量损失较大，因而没有被汽车行业普遍接受。

1972年H. Van Doorne博士成立了Van Doorne′s Transmission B. V公司，简称VDT公司，进行了大规模试验研究金属带式无级变速器。因此，习惯上把这种金属带式无级变速器称为VDT－CVT。金属带传动不仅可以达到传递功率容量大、效率高的目的，同时也改变了带传动传递的传统原理，将拉式传动改为推式传动为主。

由于金属带大量生产的过程的复杂性，直到1987年才实现CVT商品化。日本Subaru汽车厂是首先开始大量生产CVT的汽车厂。1987年Subaru将电子控制的CVT(P821型)装备在Justy汽车(发动机排量1～1.2 L)上，成功占领了日本市场。之后，欧洲的Ford和Fiat把CVT(机械式，P811型)装备在发动机排量为1.1～1.6 L的轿车上，投入市场，受到用户好评。

20世纪90年代，VDT公司在第一代产品生产和使用总结的基础上，开发了第二代产品。第二代产品的主要技术指标较多地超过了目前最先进的液力机械自动变速器,具有更好的经济性和操纵平顺性,并在结构上作了较多改进,如采用新型金属传动带、双级滚子叶片泵、全电子控制系统等。

目前,金属带式无级变速器是国外汽车无级变速传动研究和推广的重点,世界主要汽车公司都在研究和开发金属带无级变速系统。1991 年,德国 ZF 公司应用 VDT 技术开发了适用于发动机排量为 1.5 ~2.5 L 的前置前驱动轿车的 CVT 系列产品。1996 年,日本 Honda 公司和荷兰的 VDT 公司共同研制的新型无级变速器已装备在发动机排量为 1.6 L 的经济型轿车 Civic 上。

日产公司一直是 CVT 研究领域的领先者,注重 CVT 的研究和开发近 20 年。1992 年,日产公司成功研发出配置在 K11 型 MARCH 上的 N - CVT(采用电磁离合器),并开始量产。1997 年上半年,日产公司开发了在 2.0 L 汽车上使用的 CVT。

在此基础上,日产公司在 1998 年开发了一种为中型轿车设计的包含一个手动换挡模式的 CVT。新型 CVT 采用最新研制的高强度宽钢带和高液压控制系统,通过采用这些先进的技术来获得较大的转矩能力。日产公司研究开发 CVT 的电子控制技术,使传动比的改变实行全挡电子控制,汽车在下坡时可以一直根据车速控制发动机制动,而且在湿滑路面上能够平顺地增加速比来防止打滑。

为了让大排量的高级轿车也能享受到平稳、顺畅的无级变速,给高端汽车消费者带来舒适的驾驶感受,日产公司联合供应商伙伴开发了专利材料,解决了钢带强度问题,并通过对 CVT 扭矩转换器、油泵、钢带等各构成部分及其控制技术的革新,解决了多项技术难题。经过不懈努力,日产公司成为了世界上唯一能把 CVT 搭载到 3.5 L 发动机上的汽车制造商。

2009 年 8 月,日产汽车公司及变速器生产供应商 JATCO 公司联合对外宣布了双方共同开发的全新一代紧凑型、轻量化的无级变速器。全新一代 CVT 采用了革新性结构,在传统 CVT 传送带设计的基础上,增加了辅助变速机构,使得传动比得到了大幅的提高。由于采用了全新的内部结构设计,全新一代 CVT 的变速范围提高了 20%,甚至超过了某些 7 速自动变速器,使得车辆在起步和加速时反应更快。因此,新型 CVT 成为了全球应用于量产车型的、变速范围最宽的汽车变速器。

经过 100 多年的发展,以及近十几年的大力研究和突破革新,CVT 技术已经拥有足够成熟的制造技术和庞大的市场需求。在目前的车市中,东风日产旗下的全新天籁、新逍客、奇骏、轩逸、第十代 SUNNY 都采用了 CVT,不论是搭载 1.5 L 发动机的中级车,还是搭载 3.5 L V6 发动机的中高级车,均可享受到 CVT 优异的动力性、舒适性和燃油经济性。

CVT 技术采用传动带和工作直径可变的主、从动轮相配合来传递动力,可以实现传动比的连续改变,从而得到传动系与发动机工况的最佳匹配。常见的无级变速器有液力机械式无级变速器和金属带式无级变速器,国内市场上很多车型都已采用了无级变速器。目前,我国正在考虑发展轿车变速器的问题。自“九五”期间轿车金属带式无级变速器的开发和研制已经被列入国家的重大科技攻关计划,以紧跟世界技术的发展和开发适合我国国情的汽车。目前,国产车中的奇瑞旗云、长城炫丽、吉利帝豪等车型已推出了无级变速器车型。

无级变速器的传动比是一系列连续的值,可用一条平滑的曲线表示,无换挡跳跃,减缓了汽车变速过程中的换挡冲击,提高了汽车的经济性、动力性和舒适性。

CVT 结构形式与传统手动变速器相比,没有手动变速器众多笨重的齿轮副,避免了齿轮换挡过程中打齿现象,和其他类型的自动变速器相比,也没有复杂的齿轮变速机构,结构更简单、体积更小、性能更稳定。

此外,CVT 传动效率高,可达 95% 以上,而且变速范围大,能获得更令人满意的响应特性和舒适性,可使传动系与发动机工况匹配更好、驾驶员操作更方便,是较理想的传动装置。

二、无级变速器的传动原理

无级变速器(CVT,Continuously Variable Transmission)与有级式的区别在于,它的变速比不是间断的点,而是一系列连续的值,譬如可以从 3.455 一直变化到 0.85。CVT 结构比传统变速器简单,体积更小,它既没有手动变速器的众多齿轮副,也没有自动变速器复杂的行星齿轮组,它主要靠主、从动轮和金属带来实现速比的无级变化。

图 2-1 所示为金属带式无级变速器的变速原理。变速部分由主动带轮、金属传动带和从动带轮所组成。每个带轮都是由两个带有斜面的半个带轮组成一体,其中一个半轮是固定的,另一个半轮可以通过液压控制系统控制其轴向移动,两个带轮通过传动带传递动力,它们之间的中心矩是固定的。其变速原理像变速自行车一样,在踩自行车踏板时,通过改变后轮上的从动链轮直径,就可以使自行车链轮以不同的速比进行传动。在无级变速器中,由于两个带轮的直径可以连续无级变化,所以形成的传动比也是连续无级变化的。

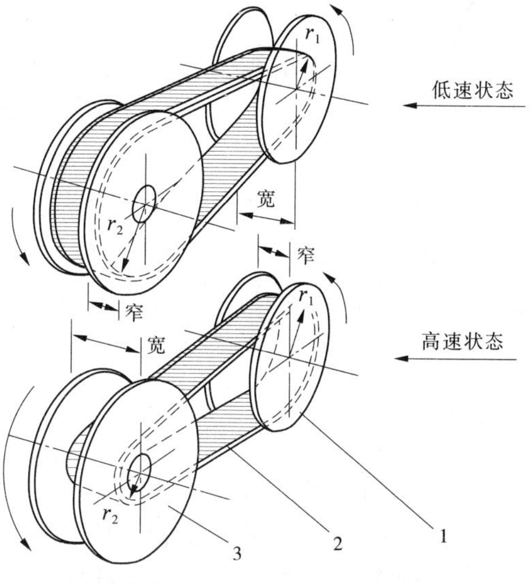

1—主动带轮;2—金属传动带;3—从动带轮

图 2-1 金属带式无级变速器的变速原理

CVT 采用传动带和可变槽宽的棘轮进行动力传递,即当棘轮变化槽宽时,相应地改变驱动轮与从动轮上传动带的接触半径来进行变速,传动带一般用橡胶带、金属带和金属链等。CVT 是真正无级化的,它的优点是重量轻,体积小,零件少,与 AT 相比,具有较高的运行效率,油耗较低。但 CVT 的缺点也是明显的,就是传动带很容易损坏,不能承受较大的载荷,只能限用在 1 L 左右排量的低功率和低扭矩汽车上,因此在自动变速器中的占有率约 4% 以下,近年来,经过各大汽车公司的大力研究,情况有所改善。CVT 将是自动变速箱的发展方向。

CVT 传动系统里,传统的齿轮被一对滑轮和一条钢制皮带所取代,每个滑轮其实是由两个锥形盘组成的 V 形结构,引擎轴连接小滑轮,透过钢制皮带带动大滑轮。CVT 的传动滑轮构造比较特别,分成活动的左右两半,可以相对接近或分离。锥形盘可在液压推力的作用下收紧或张开,挤压钢片钢带,以此来调节 V 形槽的宽度。当锥形盘向内侧移动收紧时,钢片钢带在锥形盘的挤压下向圆心以外的方向(离心方向)运动,相反会向圆心以内的方向运动。这样,钢片钢带带动的圆盘直径增大,传动比也就发生了变化。

三、无级变速器的分类和优点

(一)无级变速器的分类

随着 CVT 技术的不断发展、成熟,采用 CVT 技术的无级变速器类型也不断增多,常见的 CVT 分类方式如下:

(1)按 CVT 控制方式可分为机械式和电控式两大类。

(2)按传动带形式可分为 V 形橡胶带传动式、V 形或扇形承推钢带式、多片金属链带式。

(3)按传动构件驱动形式可分为 V 形或扇形金属带 V 形轮式、多片金属链带 V 形轮式。

(4)按动力接续方式可分为干式电磁粉离合器、液力变矩器、湿式摩擦离合器。

(5)按选挡/换挡操作方式可分为一般电控式、智能电子管理式、手动/自动一体式。

(二)无级变速器的优点

1. 经济性

CVT 在一定范围内可以拥有无限个传动比,能在相当宽的范围内实现无级变速,这样就能自由控制发动机的最佳工作点,实时协调汽车外界行驶条件、发动机负载与传动系统的匹配,既可在维持发动机最低油耗转速的同时,实现连续无级变速,又能在全功率状态行驶时,使发动机处于最佳转速范围内工作,因而运用 CVT 技术能够有效地提高整车燃油经济性。

2. 动力性

汽车后备功率决定其加速性能和爬坡能力,后备功率越大,汽车动力性就越好。运用 CVT 的无级变速特性,汽车能获得后备功率最大的传动比,实现顺畅驾驶,在保持发动机动力时刻处于最佳领域的同时,实现无级变速过程,动力性能明显优于其他自动变速器。

3. 环保性

CVT 传动范围宽,能使发动机以最低油耗实现最佳工况工作,改善了发动机的燃烧性能,降低了废气排放量,减轻了对环境的污染,环保性更好。

4. 制造成本

CVT 系统结构简单,零部件数目比其他变速器都少。尽管 CVT 技术含量和制造难度都要比其他变速器大,若大规模生产,CVT 生产成本也会比其他自动变速器小。此外,因其整车燃油经济性好和整车质量有所减轻,使用成本也将减少。

5. 驾驶平顺性

CVT 传动比是连续易变的,因而在加速或减速的过程中,转矩变化曲线非常平缓。在无换挡冲击或抖动的同时,还能获得强有力的加速性。汽车操纵系统采用了先进的电子控制装置,大幅度减轻了驾驶员劳动强度,操纵更简单,汽车行驶更加平顺,乘坐也更舒适,同时提高了行车安全性。

第二节　电控无级变速器的结构与工作原理

一、无级变速器的结构

(一)无级变速器的组成

CVT 的结构与传统手动、自动变速器结构完全不同。因厂商不同及其设计制造理念和语言差别等因素,CVT 各组成部分的名称定义并不完全统一。

通常按 CVT 各组成部分的功能,所有 CVT 都可分为动力接续装置、无级变速传动系统、电子控制系统、液压控制系统、方向转换系统和换挡控制系统等几部分。了解和掌握不同类型 CVT 结构的目的,就在于了解和掌握其各自特点和相互间的差异。

1. 液力变矩器加金属带式 CVT 组合型

日产天籁的 REOF09A 型、三菱的 FICI 型等 CVT 就是第三代 CVT 的典型代表,它由液力变矩器、前进挡离合器、倒挡制动器、换向行星齿轮机构、金属带/传动轮无级变速机构、液压控制系统、电子控制系统、主减速与差速齿轮机构等构成,如图 2-2 所示。

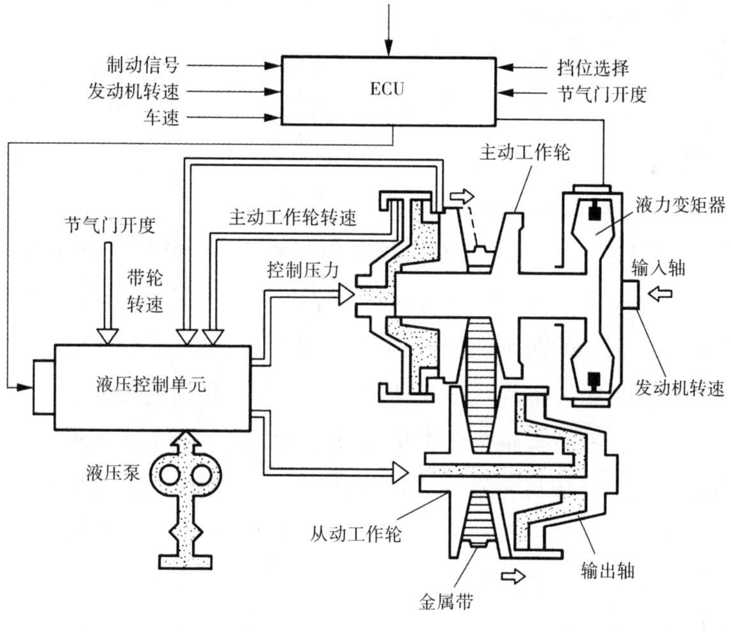

图 2-2　液力变矩器加金属带式 CVT 的组成

第三代 CVT 使用液力变矩器和扇形推挤式钢带设计,提高了转矩限制,有效地解决了动力衔接时的缓冲问题。车速在 20 ~ 30 km/h 以下时,第三代 CVT 利用液力变矩器来增矩,超过该速度就由 CVT 执行直接传动,兼顾了对低速时加速柔顺性和 CVT 使用寿命等多方面的要求,缺陷是低速时传动效率低,起步加速性比较差。

2. 湿式摩擦离合器加金属链式 CVT 组合型

大众车系使用的 01J 型 CVT 就是这种类型，它由湿式前进挡摩擦离合器、湿式倒挡制动器、换向行星齿轮机构、金属链/传动轮无级变速机构、液压控制系统、电子控制系统、主减速与差速齿轮机构等构成，如图 2-3 所示。

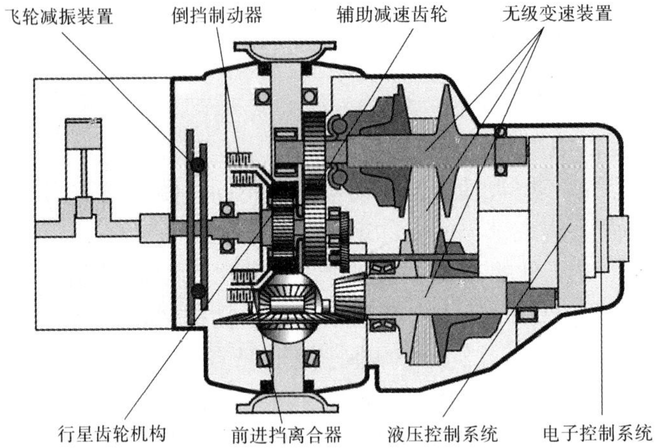

图 2-3　01J 型 CVT 的基本组成

(二)无级变速器的传动系统

最早的 CVT 传动带用橡胶带制作，主、从动滑轮各由两个 20°锥面体相向合成凹形带轮，传动带居于锥体带轮凹槽中，依靠传动带与锥体带轮间产生的摩擦牵引力传动。而随着科技发展和技术进步，现在多采用金属传动带(金属传动链)与 V 形带轮传动结构。

1. 金属传动带的结构与工作原理

新式扇形推块式金属传动带由两条多层金属环和几百个特殊形状金属推块片横向叠合而成，如图 2-4 所示。各钢片间无任何的胶粘和焊接，所有的金属依靠两边平行多层金属环串联和引导，所有金属钢片的两个侧面分别与主、从动轮接触，并产生摩擦。

在钢片传动过程中，扇形推块式金属传动带通过钢片传递动力时，钢片需要与带轮斜面间产生摩擦力，它不是一般复合钢带的拉扯带动方式，不会造成钢带断裂，只是在转矩输入过大时，可能会造成金属钢带与夹紧转轮间的滑动，整个动作过程如图 2-5 所示。首先从动带轮的液压油缸工作，油压推动移动锥盘挤压钢片，钢片被推向带轮的固定锥盘一侧，并被预夹紧，钢片侧面与从动带轮锥面贴合产生摩擦力。移动锥盘在球笼式滑轨上移动时，作顺时针蠕动，金属传动带中的钢环被拉紧，并产生张力，钢片得到钢环的纵向支撑力。随后主动带轮的液压油缸也开始工作，油压推动移动锥盘，钢片在被推向固定锥盘侧的同时，亦作顺时针蠕动，使金属传动带推力侧钢片间相互挤紧。金属传动带中的钢环被进一步拉紧，使金属传动带的运动中心线与主、从动带轮的 V 形槽中心线重叠，以保证金属带不偏移。金属传动带被夹在带轮之间的各受压钢片与主、从动带轮锥面间均产生均等的摩擦力。

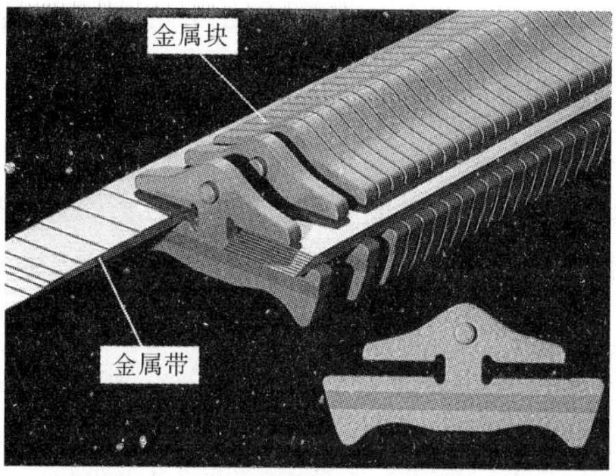

图 2-4　金属传动带的结构

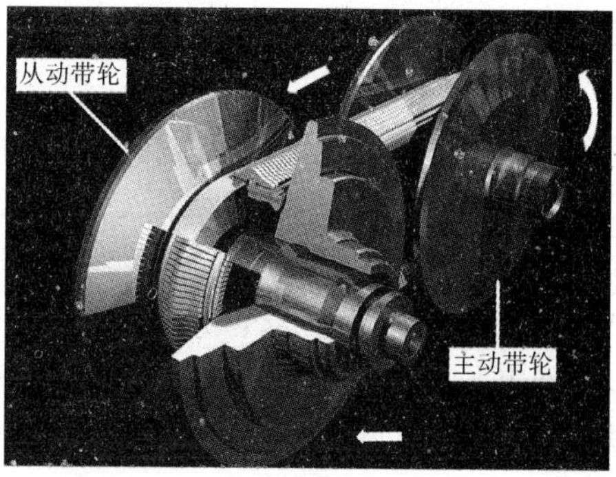

图 2-5　带轮传动情况

无级变速系统传动时，主、从动带轮锥面通过摩擦将动力传递给钢片，钢片通过压缩作用传递动力，钢环则通过自身张力传递动力。由于钢环的张力由整体分散承担，所以具有应力变化较小和持久性强的特点。

CVT 变速过程中，金属传动带的偏移会造成主、从动带轮 V 形槽中心线与金属传动带平面中心线不在同一平面上，在主、从动带轮的输入端和输出端易造成冲击、打滑、噪声增大，以及传动不平稳等故障，致使金属传动带的寿命急剧下降。通过修正设计与金属传动带相接触的带轮锥面的形状，可以解决此类问题。若能使主、从动带轮两侧同时对称轴向移动，则两轮的金属传动带平面中心线就不会产生过大的偏移了。

CVT 的主、从动带轮组都由锥形可动盘（移动锥盘）与锥形固定盘（固定锥盘）两部分组成。固定盘一侧被固定，可动盘靠近压力油缸一侧，在油压作用下，可动盘在球笼式滑架上可轴向滑动，如图 2-6 所示。CVT 工作并输出转矩时，主、从动带轮组的可动盘与固定盘在油压作用下，将金属钢带夹紧，主、从动带轮可动盘的轴向移动量是由控制系统根据驾驶员实际需要，通过调节主、从动带轮压力油缸的控制油压，使主、从动带轮的可动盘相对轴向移动，以改变各自的工作半径来实现的。

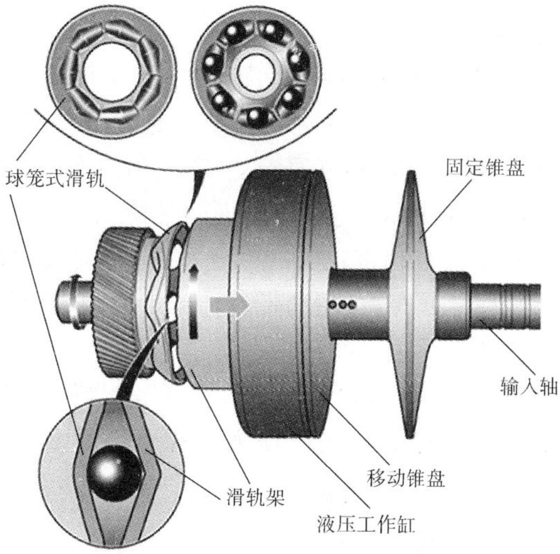

图 2-6　传动带轮的组成

主动油缸控制主动锥形可动盘位置沿轴向移动，从动油缸则控制从动锥形可动盘沿轴向反方向移动;当主动带轮组上的金属传动带沿 V 形槽移动时,由于金属传动带的长度不变,将迫使从动带轮组上的金属传动带沿 V 形槽向相反方向移动。金属传动带回转半径的变化实现了速比的连续调节变化,也就实现了无级变速过程。

金属传动带与 V 形带轮结构 CVT 的动力传输路线是:发动机输出的动力首先传递到 CVT 输入轴与主动带轮,主动带轮通过金属传动带传递到从动带轮与输出轴,最后经主减速器和差速器传递给驱动车轮。

汽车开始起步时,主动带轮工作半径较小,可获得较大的传动比,从而保证驱动桥能有足够的转矩,汽车则可获得较高的加速度。随着车速的增加,主动带轮工作半径逐渐减小,从动带轮工作半径相应增大,CVT 的传动比与传输转矩下降,输出转速升高,使汽车能够以更高的速度行驶。

2. 无级变速器的变速过程

CVT 无级变速机构的传动比等于主动带轮转速与从动带轮转速之比,也可用传动带与从动带轮接触圆半径和传动带与主动带轮接触圆半径的比值来表示。

由于 V 形传动带轮一半固定,另一半是个可轴向移动的锥盘,因而两个带轮的 V 形卡槽部分的宽度可调节变化,而传动链带的宽度是固定不变的,只要对应地改变两个带轮的 V 形卡槽宽度,即能改变传动链/带与传动带轮锥面间接触圆的半径。

改变了主、从传动带轮直径,也就改变了 CVT 无级变速机构的输出传动比,这一原理与齿轮变速原理一样。在 CVT 无级变速传动过程中,因主、从动带轮间的直径连续可调,其传动比就能实现无级变速过程,也无须中断动力传递。

3. 无级变速器的变矩控制

在 CVT 无级变速传动过程中,主动带轮通过 CVT 输入轴与动力连接装置、发动机端相连接,从动带轮通过 CVT 输出轴与主减速器、差速器、驱动轮连接。主、从动带轮间,通过金属传动带或金属传动链的旋转运动来传递动力,改变发动机的输出转矩和输出转速,使之与驱动轮上的行车阻力相适应。

金属传动带与带轮接触的直径由液压控制机构操纵变化,可以视不同的发动机转速和行车阻力需要,将主、从动带轮各自的两个锥面距离拉开与压近。

主、从动带轮锥面间两个 V 形凹槽变宽或变窄过程为反向调节,进而控制金属传动带位置的升高或降低。在其中一个带轮凹槽逐渐变宽时,另一个带轮凹槽必然会逐渐变窄,使金属带或金属链既保持一定的张力,也与带轮锥面间维持一定的夹紧力。

汽车低速行驶(负荷大)时,主动带轮的凹槽变宽,与传动带的接触半径变小,从动带轮的凹槽变窄,与传动带的接触半径变大;主动带轮传动带的圆周半径小于从动带轮传动带的圆周半径;无级变速装置的输出转速低而转矩大。

若汽车高速行驶(负荷小),主、从动带轮的凹槽宽窄调整方式相反;主动带轮传动带的圆周半径大于从动带轮传动带的圆周半径;使无级变速装置维持最佳的传动比,以节约燃料,保证强劲动力,实现有效率的行驶速度。

二、无级变速器的控制原理

(一)自动控制模式

CVT 的电控系统由电控单元(ECU)、传感器以及电磁阀组成。在自动控制模式下工作时，换挡采用电子方式来控制，可确保在所有条件下驾驶的舒适性。自动控制时，ECU 接收传感器、开关以及其他控制装置发送来的输入信号，经过数据处理后，再输出指令信号，用于发动机系统的反馈控制和无级变速系统的状态控制。

无级变速系统的状态控制包括自动换挡控制、带轮压力控制、起步离合器压力控制、倒挡锁止控制、坡道逻辑控制等。控制时，电控单元（ECU）将实际行驶条件与储存的行驶条件进行比较，然后控制执行电磁阀工作，通过对离合器、传动带轮进行压力控制，来变换无级变速系统的传动比，实现换挡控制，以满足行车需要，并能实时监控汽车运行状态，随时对离合器与传动带轮的工作压力进行反馈调节控制，以使离合器与传动带轮获得最佳工作压力，预防传动带的打滑现象，延长传动元件的使用寿命。

（二）手动控制模式

CVT 的手动/自动一体模式与其他自动变速器一样，变速杆可选择普通模式 P、R、N、D 位中的任一位。若将变速杆拨到手动动态换挡程序（DSP）槽，CVT Tiptronic 功能将起作用，此时只需轻轻将变速杆向前（“ + ”方向、增挡）或向后（“ - ”方向、减挡）推动，CVT 可手动切换到较高或较低挡位，同时仪表板上将显示当前车辆正在运行的挡位。如果在车辆高速行驶时不慎选择了低挡，或车辆低速行驶时选择了高挡，CVT 的 ECU 都不会接受错误指令，它将继续以合适的挡位行驶。

三、无级变速器的液压控制系统

（一）CVT 液压控制系统的典型结构

CVT 液压控制系统包括 ATF 油泵、液压控制主阀体、控制电磁阀、ATF 传输油路、执行元件控制油缸、油液过滤与冷却系统及手动阀体等部分。

不同 CVT 因制造厂家、设计思路，以及具体类型上的差异，各自的液压控制系统在设计和布置上也各有其独自的特点。

（二）CVT 液压控制系统的主要元件

1. ATF 油泵

CVT 使用的 ATF 油泵具有小型化、高精度、大流量、单独传动等特点。在 CVT 工作时，油泵由输入轴驱动，将始终保持适当的输出压力，向液压控制主阀体、执行元件控制油缸提供工作油压，并给机械部件提供润滑，冷却油温。

2. 液压控制主阀体

CVT 液压控制主阀体是由各压力控制阀、稳压阀、手动阀、电磁阀、相关液压控制油路，以及安装这些基本阀门与液控油路的阀体等组成的总成。

3. 手动阀体

CVT 液压控制系统中的手动阀控制机构是个相对独立的子系统。在有的 CVT 液控系统中，主动阀和倒挡限止阀等元件组成一个单独的手动阀体，再与主阀体通过螺栓固定连接在一起。手动阀体的作用就是根据变速杆位置，以机械方式开启或封闭相应的油路控制通道，以满足不同挡位控制需求。

4. 控制电磁阀

CVT 中的电磁阀，按控制方式，同样分为开关型和脉冲线性两类；按电磁阀控制功能，主要有主油路压力控制电磁阀、前进挡离合器压力控制电磁阀、倒挡制动器压力控制电磁阀、锁止压力控制电磁阀、无级变速带轮压力控制阀等。

5. 执行元件控制油缸

CVT 中的执行元件控制油缸主要有主动带轮压力控制油缸、从动带轮压力控制油缸、前进挡离合器压力控制油缸、倒挡制动器压力控制油缸。前进挡离合器与倒挡制动器压力控制油缸的结构、作用和工作原理,与一般电液控制型自动变速器中的离合器与制动器一样。

(三)油液过滤与冷却系统

CVT 液控系统对油液过滤系统的过滤能力要求更高,为保证电磁阀与阀体中液压元件的工作可靠性,从而提高 CVT 的整体工作可靠性,采取如下措施:

(1)选用高密度无纺织物材料制作滤清器,如三菱 FICI 型 CVT 使用的 ATF 滤清器,已达到了 40 μm 杂物的过滤率。

(2)在 ATF 吸入口附近增设了磁铁和高质量过滤网,利用磁铁来吸附 ATF 中的金属微粒,以减小意外磨损的可能性。

(3)采用两级或多级过滤方式,以进一步提高对 ATF 中不纯物质的过滤率。与传统自动变速器的滤清器相比,过滤细小杂质的能力提高了两倍以上。

(4)免维护型过滤器与 ATF 冷却器组成一体,如图 2-7 所示,要求定期或定时更换。

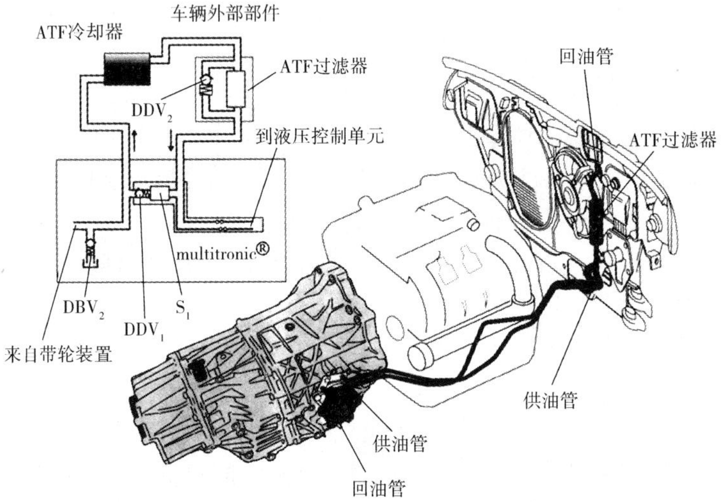

图 2-7 ATF 冷却系统的组成

(四)方向转换系统

1. CVT 方向转换系统的基本结构

典型的 CVT 方向转换系统由一个行星齿轮组、前进挡离合器、倒挡制动器等部分构成,如图 2-8 所示。CVT 中的行星齿轮组按结构形式,分为单行星齿轮组式和双行星齿轮组式两类。

2. 双行星齿轮组的结构特点

双行星齿轮组由太阳轮、两组行星齿轮、行星架和内齿圈组成,就如一个特殊的拉威娜齿轮机构。

在双行星齿轮组中,行星架通过输入轴与涡轮相连,并与前进挡离合器毂相连接。太阳

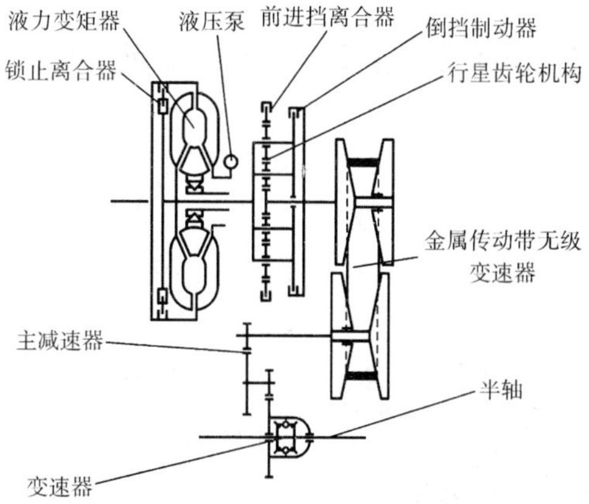

图 2-8　CVT 方向转换系统的组成

轮通过花键与 CVT 的输入轴、前进挡离合器鼓连接。两组行星齿轮都安装在同一行星架上,共用一个内齿圈,其中一组行星齿轮只与太阳轮啮合,不与内齿圈接触,另一组行星齿轮只与内齿圈啮合,而不与太阳轮接触,这种结构的行星齿轮组合,在 CVT 中主要用于方向的转换。

四、无级变速器的电子控制系统

CVT 的电控系统是由各传感器、电控单元、执行元件与连接线路等部分构成的。

CVT 的 ECU 工作时,同样是通过感知传感器信息判断驾驶员操作意图和汽车工作状况,再根据各传感器和开关的输入信号进行计算处理后,筛选出最佳运行模式和控制参数,然后输出控制信号,指令相关电控元件执行,使 CVT 能按照一定的换挡控制规律,由电液系统驱动无级变速系统工作,实现 CVT 自动的变速变矩功能,以符合汽车实际运行条件和驾驶员操作意愿。

德国博世公司开发的电子 CVT 控制系统,已经将独立部件传感器、执行器和变速器换挡 ECU 模块集成一个单独电子液压控制单元,还可通过 CAN 总线与汽车其他电控系统,实现资源信息共享。

为保证 CVT 自身工作正常,必须设置必要的传感器,主要用于液压压力检测、ATF 油温感应、转矩感应、输入轴与输出轴转速检测等几方面。

在汽车驾驶过程中,CVT 的换挡控制系统为驾驶员选择工作挡位、确定换挡模式、操作加速踏板控制节气门开度,并向 CVT 的控制单元提供相关的信息。

CVT 的控制单元会根据换挡控制信息,如汽车行驶速度(输出轴转速),自动控制 CVT 内各元件工作和传动状态,以实现不同的传动比与转矩比控制,进而实现自动换挡控制过程。

装备无级变速器的车辆同样有自己的停车挡 P、倒车挡 R、空挡 N、前进挡 D(高、低)等,只是在汽车前进过程中自动换挡时没有那种突跳的感觉,挡位变换时十分平稳。

Multitronic 式无级变速器为了体现驾驶乐趣,附设了虚拟挡位,以模仿手动变速器,采用(+)挡增速和(-)挡减速的形式,预设了 6 个或 7 个手动挡位,在换挡时连续进行分级变化,避免了顿挫的操作,无论驾驶员还是乘员,都会感觉很舒适。

第三节　电控无级变速器的使用与检修

一、拆卸 CVT 外围附件

CVT 外围附件包括空挡启动开关、输入轴转速传感器和输出轴转速传感器等。

(1)卸下空挡启动开关,如图 2-9 所示。

(2)卸下主速度传感器和辅助速度传感器,如图 2-10 所示。

图 2-9　拆卸驻车/空挡启动开关

图 2-10　拆卸速度传感器

二、卸下油底壳和阀板

(1)拆卸油底壳放油螺栓,放出变速器油,拆卸油底壳螺栓,如图 2-11 所示。

(2)断开阀板各线束接头,如图 2-12 所示。

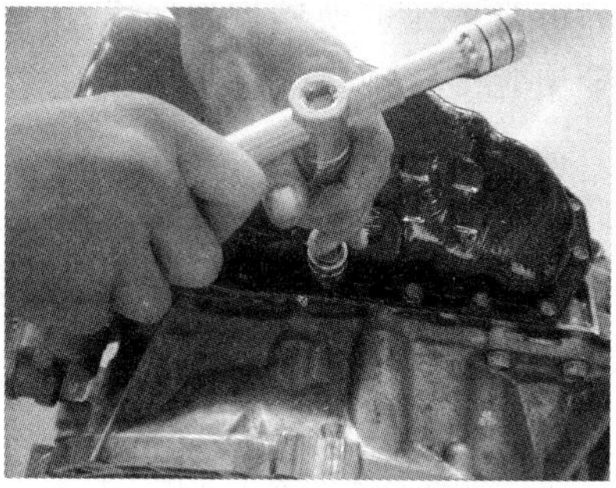

图 2-11　拆卸油底壳螺栓

图 2-12　拔下阀板各线束接头

(3)拆卸阀板螺栓,取下阀板,如图 2-13 所示。

(4)拆卸 CVT 前端壳,如图 2-14 所示。

三、拆卸主减速器和行星齿轮机构

(1)拆卸主减速器齿轮,如图 2-15 所示。

(2)检查油泵驱动链轮的运动情况。拆卸油泵驱动链轮,取下驱动链条,如图 2-16、图 2-17所示。检查油泵驱动链条。

(3)拆卸导轮导管轴壳体固定螺栓,如图 2-18 所示。

图 2-13 拆卸阀板螺栓

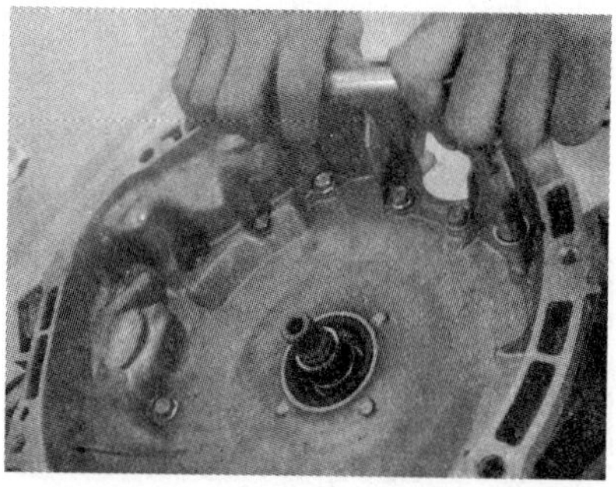

图 2-14 拆卸 CVT 前端壳

图 2-15 拆卸主减速器齿轮

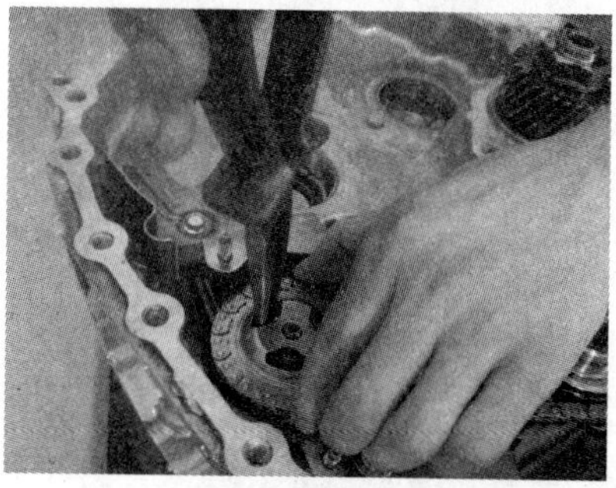

图 2-16 拆卸油泵驱动链轮(1)

图 2-17 拆卸油泵驱动链轮(2)

图 2-18 拆卸导轮导管轴壳体固定螺栓

(4)取下导轮导管轴和前齿圈,如图 2-19 所示。拆卸太阳轮和行星架,如图 2-20、图 2-21所示。检查前齿圈、太阳轮、行星架及制动器和离合器的摩擦片。

(5)拆卸 CVT 壳体和后端盖连接螺栓,如图 2-22 所示,注意图中箭头所指的六个螺栓不能拆下。

(6)将带轮和后端盖一起取下,检查带轮、金属传动带和金属块,如图 2-23 所示,将压缩空气从图示箭头位置的油路进行施压,观察带轮直径的变化情况。

四、CVT 的装配

按拆卸相反顺序装配 CVT。各连接处螺栓按规定力矩紧固。最后,整理工具盒设备,清洁场地卫生。

图 2-19　拆卸前齿圈

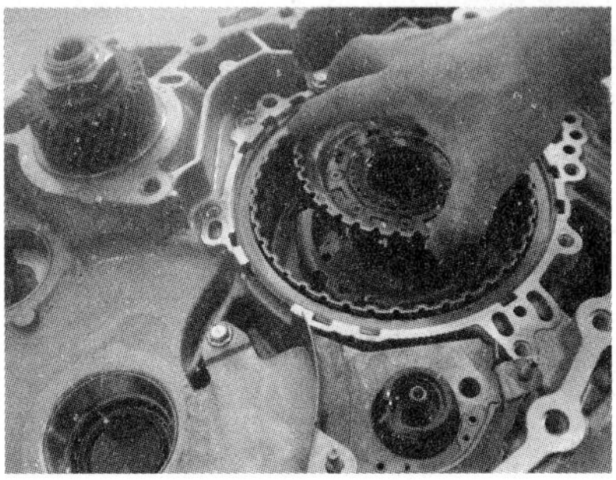

图 2-20　拆卸太阳轮

图 2-21　拆卸行星架

图 2-22　拆卸 CVT 壳体和后端盖连接螺栓

图 2-23　检查带轮、金属传动带和金属块

思考练习题

一、选择题

1. 不属于发动机电子控制系统的是(　　)。

A. EFI　　B. EGR　　C. ESA　　D. ESP

2. (　　)不是发动机电子控制系统的英文缩写。

A. AT　　B. ECAT　　C. ECT　　D. CVT

二、问答题

1. 无级变速器主要由哪些部分组成?

2. 简述无级变速器的变速原理。

第三章　双离合自动变速器(DCT 或 DSG)

【学习目标】

了解双离合自动变速的结构特点和性能，掌握双离合自动变速器的结构和工作原理。

【导入】

双离合自动变速器是基于手动变速器发展而来的，它综合了 AMT 的优势和 AT 动力换挡的优点，具有很好的换挡品质和车辆动力性、经济性。

第一节　概　述

双离合自动变速器(Dual Clutch Transmission，DCT)，也叫直接换挡变速器(Direct Shift Gearbox，DSG)。双离合自动变速器是基于手动变速器发展而来的，其工作原理是将变速器挡位按奇、偶数分开布置，分别与两个离合器连接，通过切换两个离合器的工作状态，就可以完成换挡动作。

典型的大众 OAM 七挡双离合自动变速器的结构如图 3-1 所示。双离合自动变速器有两组离合器，前进挡、倒挡每个挡位都有同步器操作模式，也可以实现手动/自动一体换挡模式。

图 3-1　大众 OAM 七挡双离合自动变速器的结构

一、结构特点

双离合自动变速器结构的主要特点是：

(1)基本结构与手动换挡变速器一样。

(2)齿轮组支承在几根平行轴上。

(3)有两个离合器。

(4)通过变速器的控制和执行机构来操纵离合器和换挡机构。

二、工作原理

将排列各挡的齿轮分为偶数挡齿轮和奇数挡齿轮两组。尽管双离合自动变速器与常规的中间轴换挡变速器的基本排列相似，但它们的根本区别是双离合自动变速器的主轴是分开的，即一根是实心轴，一根是套在实心轴外面的空心轴。在变速器输入端的实心轴和空心轴都装有离合器。因为在换挡时嵌入两个挡位(即当前挡位和预选的相邻挡位)，所以能在两个挡位间迅速换挡，如同液力自动变速器那样，而没有牵引力中断。

三、优缺点

双离合自动变速器的优点是：

(1)效率高。

(2)换挡时没有牵引力中断。

(3)能跳过一个挡。

(4)具有良好的换挡品质和车辆动力性、经济性。

双离合自动变速器的缺点是：体积较大，支承力大，结构粗实。

第二节　双离合自动变速器的结构与工作原理

以大众 OAM 七挡双离合自动变速器为例，介绍双离合自动变速器的结构和工作原理。

一、工作原理

图 3-2 所示为一汽大众公司 OAM 七挡双离合自动变速器外观，其工作原理如图 3-3 所示。

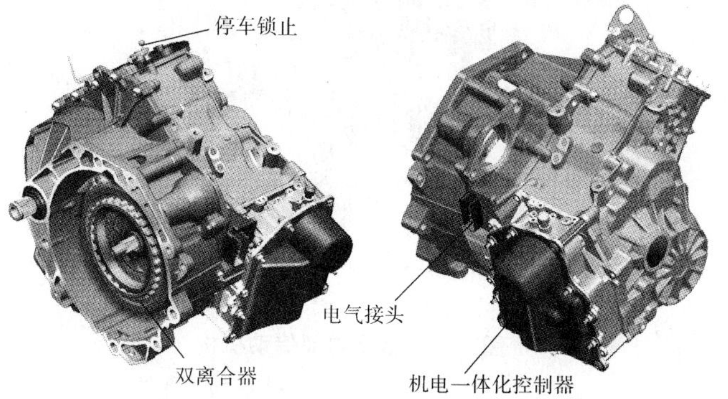

图 3-2　大众 OAM 七挡双离合自动变速器的外观

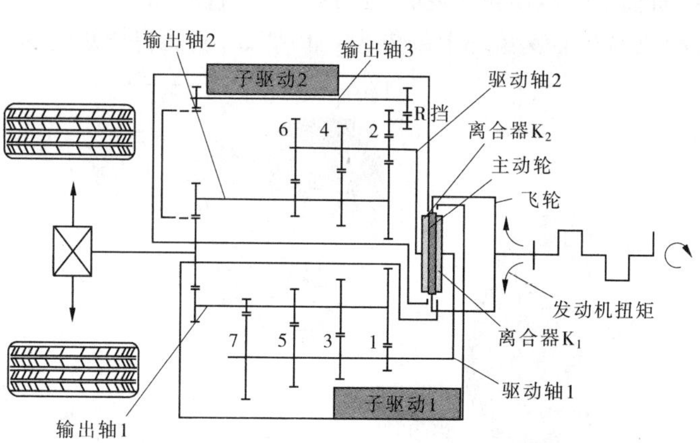

图 3-3　大众 OAM 七挡双离合自动变速器的工作原理

在图 3-3 中，1、3、5、7 挡与离合器 K_1 连接在一起，2、4、6、倒挡与离合器 K_2 连接在一起。

当车辆以某一个挡位运行时,下一个即将进入运行的挡位可以始终处于啮合状态。当达到下一个挡位的换挡点时,只需将正处于接合状态的离合器分离,将处于分离状态的离合器接合,即切换两个离合器的工作状态,就可以完成换挡动作。由于在两个离合器的切换过程中会使发动机动力传递出现一个减弱的过程,而不需要完全切断动力传递,因此 DSG 实现的是动力换挡,其换挡过程与 AT 的换挡过程基本类似。

二、系统组成

DSG 主要由传动机构、液压控制系统、电控系统等组成。电控系统的功能与其他类型电控自动变速器的类似,下面重点介绍传动机构与液压控制系统。

(一)传动机构

图 3-4 所示是 OAM 内部传动机构,DSG 主要包括带扭转减振器的干式双离合器系统、按 DSG 工作原理配置的变速器及换挡系统和相应的控制系统。

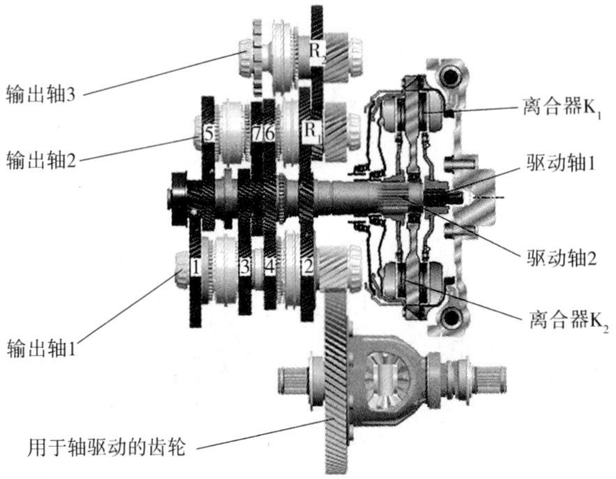

图 3-4　OAM 内部传动机构

1. 双质量飞轮

扭矩从固定在曲轴上的双质量飞轮传递到双离合器,如图 3-5 所示。为此,双质量飞轮上装有内齿,内齿和双离合器支承环上的外齿互相啮合,从而将扭矩传递至双离合器。

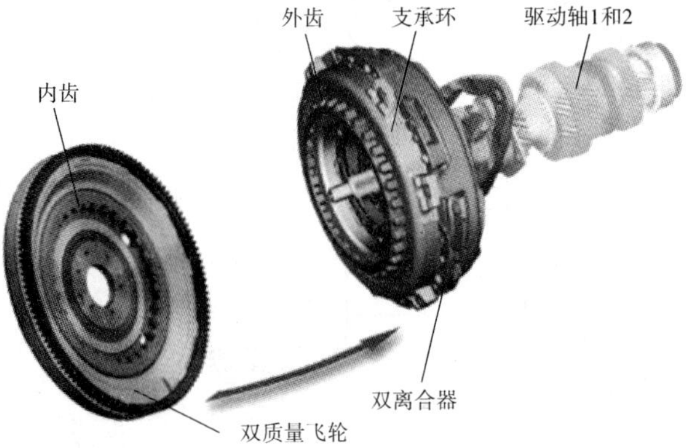

图 3-5　双质量飞轮

2. 双离合器系统

如图 3-4 所示,双离合器系统包含了两个传统的离合器 K_1 和 K_2,两者安装在一起组成一个双离合器。离合器 K_1 通过花键将扭矩传递到驱动轴 1,驱动轴 1 上 1 挡和 3 挡的扭矩传递到输出轴 1,5 挡和 7 挡的扭矩传递到输出轴 2。离合器 K_2 通过花键将扭矩传递到驱动轴 2,它传递 2 挡和 4 挡的扭矩到输出轴 1,6 挡和倒挡的扭矩到输出轴 2。通过倒挡中间齿轮 R_1,将扭矩传递到输出轴 3 的倒挡齿轮 R_2 上。

3. 输入轴(驱动轴)和输出轴

驱动轴 1 通过花键和离合器连接。该轴用于切换 1、3、5 挡和 7 挡。为记录变速箱输入速度,该轴上有个用于变速箱输入转速传感器 G632 的脉冲轮,如图 3-6 所示。

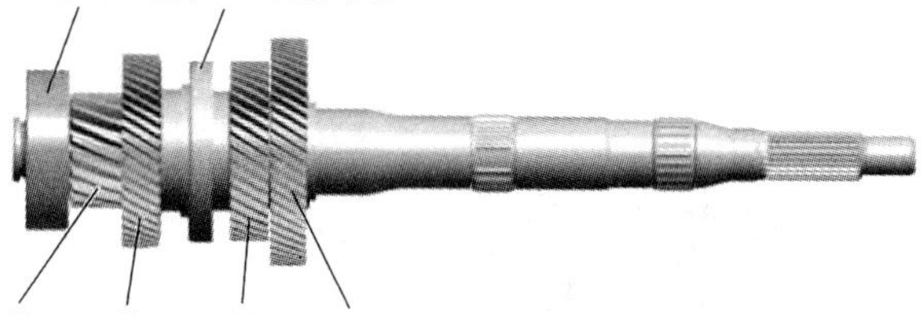

图 3-6　驱动轴 1

驱动轴 2 是中空轴结构。通过花键与离合器 K_2 连接。驱动轴 2 用于切换 2、4、6 挡和倒挡。为记录变速箱的输入速度,该轴上有个专门用于变速箱输入转速传感器 G612 的齿轮,如图 3-7 所示。

图 3-7　驱动轴 2

三根输出轴位于变速箱壳体内。根据啮合的挡位,发动机扭矩从驱动轴传递到输出轴上。扭矩通过各输出轴上的输出齿轮,传递至差速器的主传动齿轮上,如图 3-8 所示。

4. 传动路线

各挡动力传递路线如图 3-9 所示。

(二)液压控制系统

液压控制系统主要负责接收电控系统的控制指令,对离合器和变速器的换挡机构进行操纵。液压控制系统主要包括双离合器控制部分、换挡机构控制部分和冷却部分。

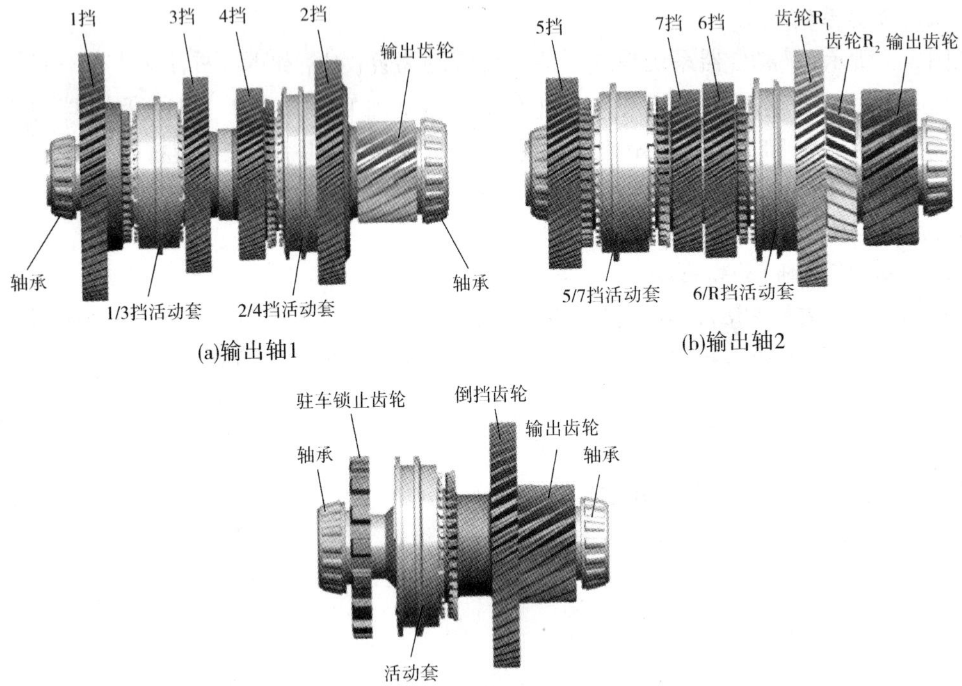

(a)输出轴1　　(b)输出轴2

(c)输出轴3

图 3-8　输出轴 1、2、3

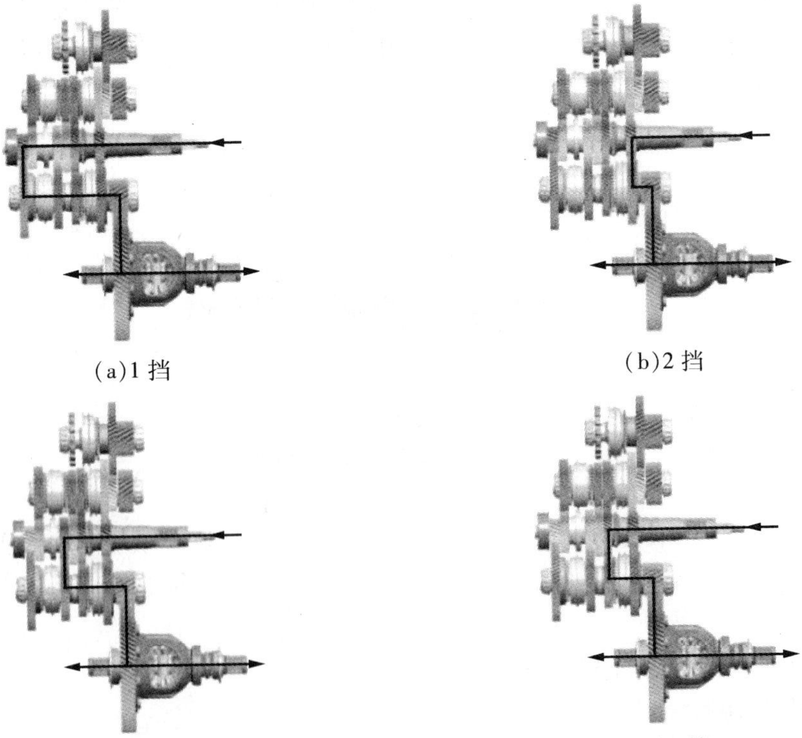

(a)1 挡　　(b)2 挡

(c)3 挡　　(d)4 挡

图 3-9　各挡动力传递路线

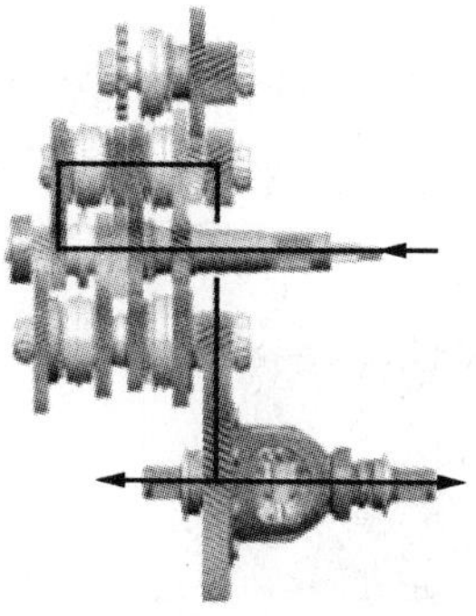

(e)5 挡

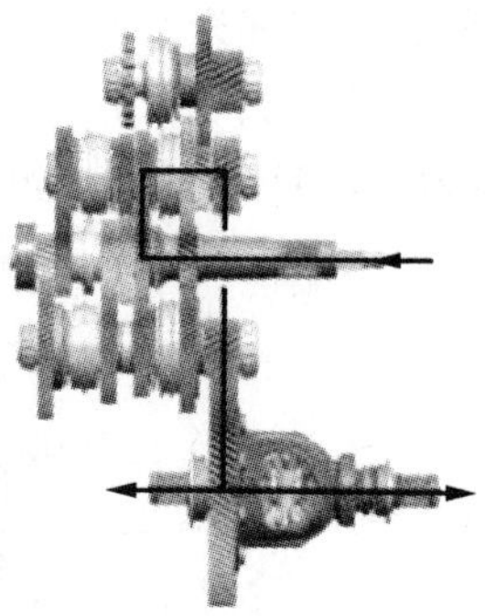

(f)6 挡

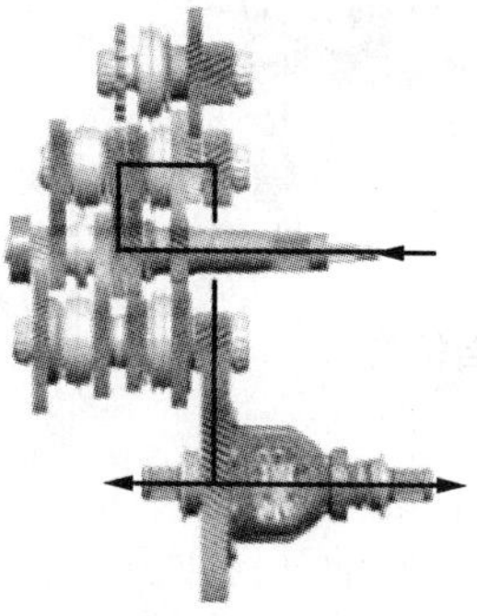

(g)7 挡

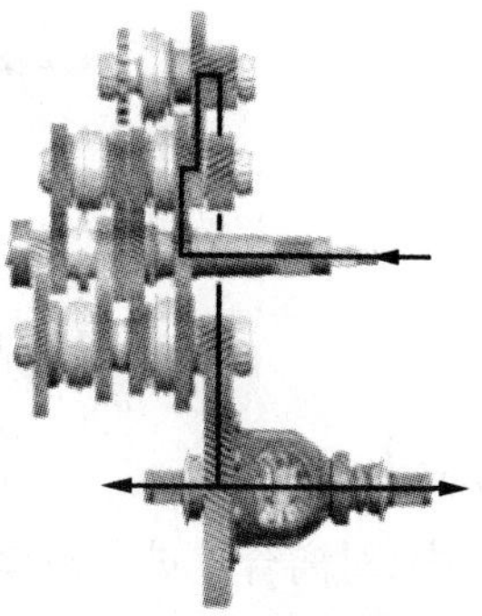

(h)R 挡

续图 3-9

1. 双离合器控制部分

在 DSG 中,既可以采用干式离合器,也可以采用湿式离合器。双离合器控制部分是通过对离合器油缸充入和释放液压油来实现离合器的分离和接合的,如图 3-10 所示。双离合器的油缸通过直接使用电磁阀或采用电磁阀做先导阀进行动作控制,并且也可以使用线性电磁阀对离合器接合实现压力控制,这对实现动力传动系统的转矩控制有利。

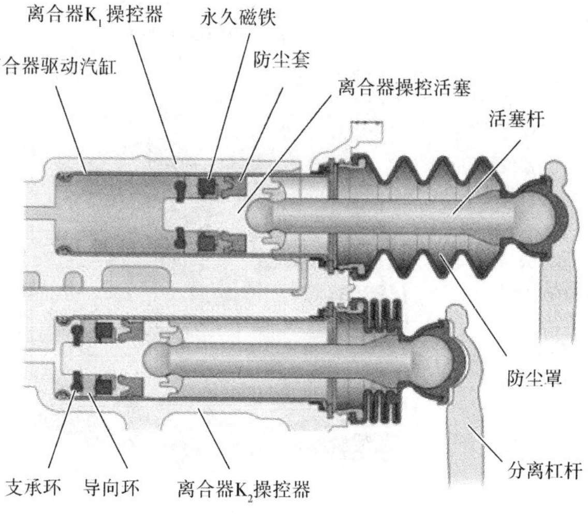

图 3-10　**双离合器的油缸**

2. 换挡机构控制部分

在 DSG 中,必须实现换挡过程的自动化,这就要增加自动换挡机构来完成换挡任务。图 3-11 所示为大众 OAM 七挡 DSG 换挡机构,通常使用两个油缸来控制拨叉,每个挡位有一个同步器。

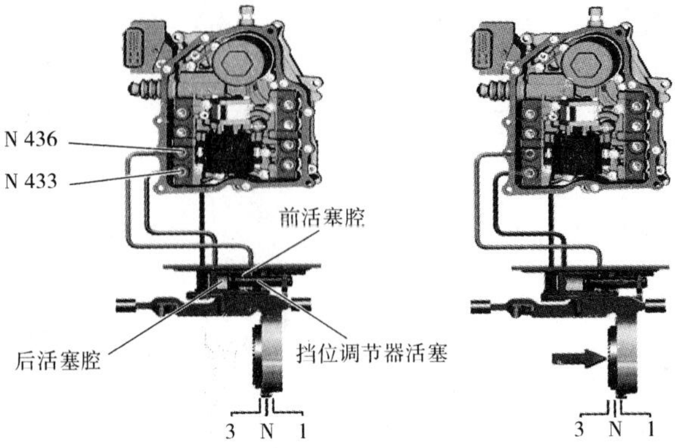

图 3-11　大众 OAM 七挡 DSG 换挡机构

3. 冷却部分

在 DSG 中,对离合器进行滑差控制必然产生滑磨热量,使油液温度升高。如果热量不能及时排出去,离合器的性能和寿命将受到影响,因此要对其提供冷却油路,进行散热。

(三)电子控制系统

机电装置的电子控制单元是变速箱的核心控制单元。所有传感器信号和其他控制单元的信号都汇总于此,且所有程序都通过它来执行和监测。电子控制单元内集成了 11 个传感器,传感器的位置如图 3-12 所示。只有变速箱输入转速传感器 G182 位于控制单元的外面。电子控制单元液压控制并调节 8 个电磁阀,用于切换 7 个挡位和启用离合器,电磁阀的位置如图 3-13 所示。当一个挡位啮合时,电子控制单元获悉(匹配)各个离合器的位置和换挡器的位置,预判断这些元件的下一步的操作。

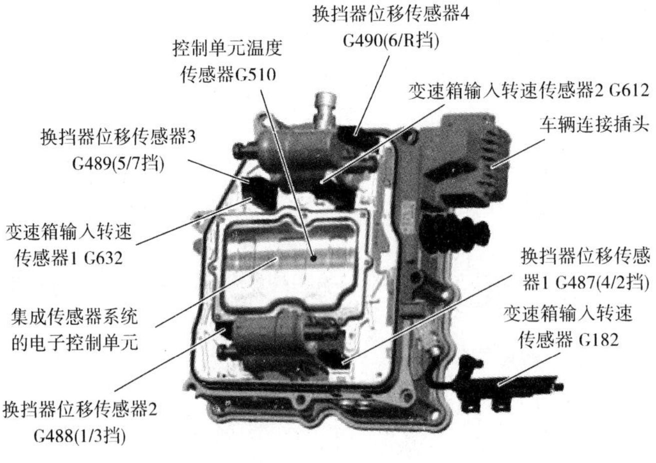

图 3-12　传感器的位置

续图 3-12

图 3-13　**电磁阀的位置**

思考练习题

1. 双离合自动变速器的优点是什么？
2. 试述双离合自动变速器的工作原理。
3. 双离合自动变速器的电子控制系统由哪些部分组成？

第四章 电控制动防抱死系统(ABS)

【学习目标】

掌握电控制动防抱死系统的基本原理;掌握电控制动防抱死系统的基本组成以及各部件的结构和功能;会检修电控制动防抱死系统。

【导入】

1. 故障现象

一辆上海桑塔纳2000GSI时代超人乘用车,维修前轮悬架后,紧急制动ABS时车辆发出异常的抖振,且右轮轮胎产生交替拖引和滚动,拖引产生的间隙距离约400 mm。感觉制动时的振动幅度较大。

2. 故障检查与排除

由于该车在维修前轮悬架之前没有故障,在维修前轮悬架的过程中,需要拆装前轮轮速传感器的导线连接器,这就说明此故障是在维修前轮悬架的过程中人为造成的。从故障现象看,右前轮ABS控制发生异常,从轮胎抱死拖引和减压滚动的印迹看,ABS电控单元是具备防抱死控制功能的,但对右前轮的控制频率下降,即抱死的制动距离与不抱死的制动距离太长。从ABS的工作原理来分析,右前轮轮速传感器出现故障的可能性较大,这是因为ABS电控单元是依据轮速传感器所提供的信号来进行ABS控制的。当轮速传感器不提供车轮转速信号或提供的车轮转速信号太弱时,ABS电控单元才判定为车轮抱死,从而向ABS液压控制单元发出指令,进行放油减压;当ABS电控单元又收到轮速传感器的信号时,判定车轮未抱死,向ABS液压控制单元发出指令,停止放油,并增压至车轮抱死。

由上述故障分析可以看出,该车的故障应从右前轮轮速传感器上找原因。经对右前轮轮速传感器仔细检查发现,右前轮轮速传感器连接器塑料罩上有一个破损的缺口,并且将导线插到传感器连接器上后感觉有松动。更换右前轮轮速传感器后试车,故障消失。

3. 故障分析

该车故障的主要原因是在维修前悬架时损伤了右前轮轮速传感器,从而导致在紧急制动时,前轮轮速传感器连接器松动,向ABS电控单元提供的轮速信号不稳定,呈周期性的时有时无,从而引发该车故障的产生。

思考:上述案例中,为何右前轮轮速传感器出问题时,ABS就停止了工作?ABS的工作原理是什么?

第一节 概 述

随着车辆车速的提高,必须有足够的制动稳定性,以保证安全运行。当汽车制动时,尤其是在潮湿、泥泞、冰雪等附着系数低的路面上行驶而需实施紧急制动时,车轮很容易抱死拖滑。这样不仅造成轮胎磨损,而且会使车辆失去转向能力,制动距离增加,还会导致侧滑甩尾,甚至造成相撞、倾覆等车毁人亡的恶性事故。汽车防抱死制动系统,简称ABS,就是针对这一问题而开发出的汽车主动安全性装置。

目前,ABS 已经成为轿车及客车的标准配置。安装 ABS 的汽车可以提高制动减速度、缩短制动距离,能有效地提高汽车的方向稳定性和转向操纵能力,保证汽车的行驶安全。

一、ABS 发展简史

20 世纪 50 年代,福特公司首次使用 ABS。同时,凯尔塞 - 海伊斯公司开始研制 ABS。

20 世纪 60 年代,福特公司开始生产凯尔塞 - 海伊斯公司的后轮 ABS。

20 世纪 70 年代,克莱斯勒开始生产 Bend-ix 的"sure-brake"。同时,Jonsonmotors 公司开始生产带 ABS 的四轮驱动;博世公司开始生产批量数字电路的 ABS。

20 世纪 80 年代,Teves 推出用微处理器的整体式 ABS 系统。同时,Lucao Girling 生产机械式 ABS;凯尔塞 - 海伊斯公司将后轮 ABS 装备到轻型卡车上。

20 世纪 90 年代,德科推出 ABS VI,同时博世推出 ABS 5.3,采用微型混合电路。

二、ABS 的理论基础

(一)汽车的制动性

汽车在行驶过程中,强制地减速直到停车,且维持行驶方向稳定性的能力称为汽车的制动性。

汽车制动性是汽车主要性能之一,评价制动性的指标主要有以下两点:

(1)制动效能——汽车在行驶过程中,强制减速直到停车的能力,即汽车以一定的初速度制动到停车所产生的制动距离、制动时间、制动减速度。

(2)制动时的方向稳定性——汽车在制动时仍能按指定方向的轨迹行驶,即不发生跑偏、侧滑以及失去转向能力。

(二)汽车制动时车轮受力分析

汽车制动时车轮的受力如图 4-1 所示。

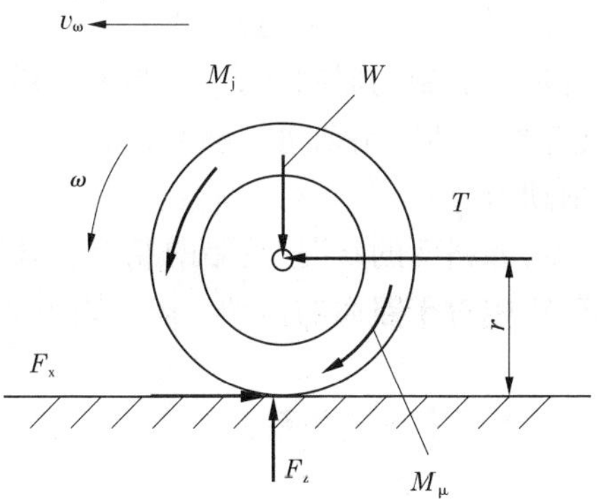

ω—车轮旋转角速度;M_j—惯性力矩;M_μ—制动阻力矩;W—车轮法向载荷;F_z—地面法向反力;T—车轴对车轮的推力;F_x—地面制动力;r——车轮半径;v_ω—车轮切向速度(轮速)

图 4-1　汽车制动时车轮的受力分析

1. 制动器制动力

制动蹄与制动鼓(盘)压紧时形成的摩擦力矩 M_μ 通过车轮作用于地面的切向力称为制

动器制动力，用 F_{μ} 表示。制动器制动力是由制动器的结构参数决定的，并与制动踏板力成正比。

2. 地面制动力

制动时地面对车轮的切向反作用力 F_x 如图 4-1 所示，即汽车制动时，由于制动鼓与制动蹄摩擦片之间的摩擦作用，形成了摩擦力矩 M_{μ}，此力矩与车轮转动方向相反。车轮在 M_{μ} 的作用下给地面一个向前的作用力，与此同时，地面给车轮一个与行驶方向相反的切向反作用力 F_x，这个力就是地面制动力，它是迫使汽车减速或停车的外力。

3. 附着力

附着力是指地面对轮胎切向反作用力的极限值，用 F_{ϕ} 表示。附着力取决于轮胎与路面之间的摩擦作用及路面的抗剪强度。

4. 地面制动力、制动器制动力及附着力之间的关系

图 4-2 所示为不考虑制动过程中附着系数产生变化的地面制动力、制动器制动力及附着力之间的关系。当踩下制动踏板时，首先消除制动系间隙后，制动器制动力开始增加。开始时，踏板力较小，制动器制动力也较小，地面制动力足以克服制动器制动力，而使得车轮滚动，且随踏板力增加成线性增加。但是，地面制动力是地面摩擦阻力的约束反力，其值不能大于地面附着力或最大地面制动力。

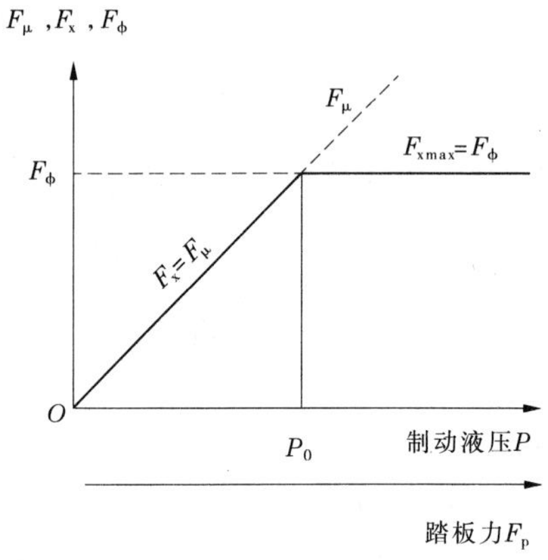

图 4-2 地面制动力、制动器制动力及附着力之间的关系

当制动踏板力上升到一定值时，地面制动力达到最大地面制动力，车轮开始抱死不转而出现拖滑现象。随着制动踏板力以及制动管路压力的继续升高，制动器制动力继续增加，直至踏板达到最大行程，但是地面制动力不再增加，且等于地面附着力。

综合以上分析，要想获得良好的制动效果，必须同时具备两个条件：一是具备足够的制动器制动力；二是要求较高的地面附着力，而附着力主要受附着系数的影响。只有当制动器制动力足够大，而且地面又能够提供足够大的附着力，才能获得足够大的地面制动力。

影响附着系数的因素很多，如路面的状况、轮胎的花纹、车辆的行驶速度、轮胎与地面的运动状态等。在诸因素中，车轮相对于路面的运动状态对附着力有着重要的影响，特别是在湿路面上，其影响更为重要。

（三）硬路面附着系数 φ 与滑移率 S 的关系

1. 制动过程中车轮的三种运动状态

仔细观察汽车的制动过程，就会发现轮胎胎面在地面上的印迹从滚动到抱死是一个逐渐变化的过程。轮胎印迹的变化基本上可分为三个阶段。

第一阶段：纯滚动，路面印痕与胎面花纹基本一致。车速 v = 轮速 v_{ω}，如图 4-3 所示。

第二阶段：边滚边滑，路面印痕可以辨认出轮胎花纹，但花纹逐渐模糊。此时，轮胎除滚动外，胎面和地面之间的滑动逐渐增加，车轮处于边滚边滑的状态，且随着制动强度的增加，滑动成分越来越大。车速 v > 轮速 v_{ω}，如图 4-4 所示。

第三阶段:纯滑动,抱死拖滑,路面印痕粗黑。随着制动强度的增加,车轮的滚动成分逐渐减少,滑动成分越来越多,即轮速 $v_\omega = 0$。一般用滑移率描述制动过程中轮胎滑动成分的多少,如图 4-5 所示。

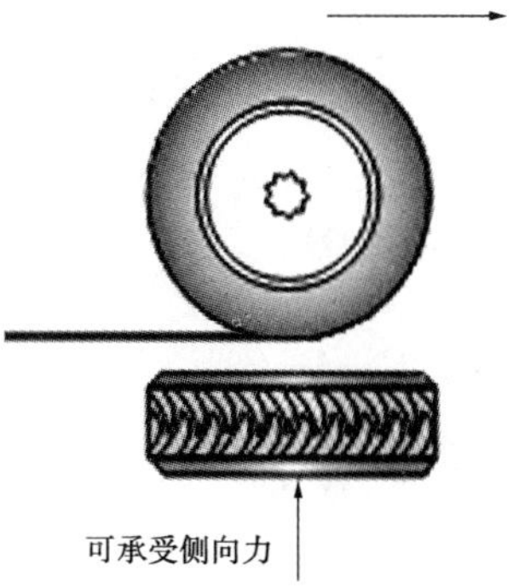

图 4-3　纯滚动状态

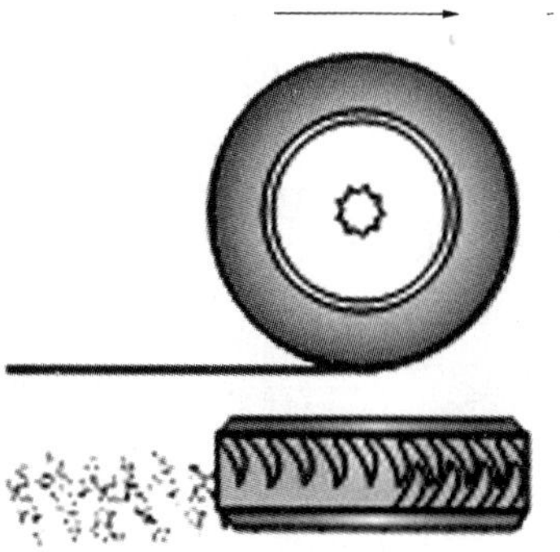

图 4-4　边滚边滑状态

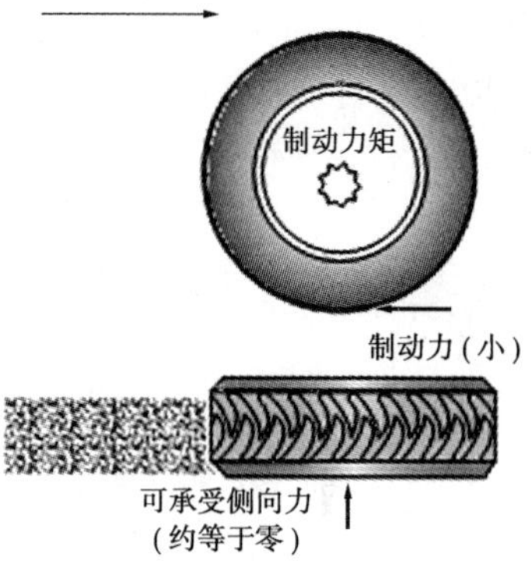

图 4-5　纯滑动状态

2. 滑移率 S

滑移率指汽车制动过程中滑动成分在车轮纵向运动中所占的比例,其数值越大,滑动成分越多,用 S 表示。其定义式为

$$S = [(v - v_\omega)/v] \times 100\%$$
$$= [(v - r_\omega)/v] \times 100\%$$

3. 附着系数与滑移率的关系

大量的试验证明,在汽车制动过程中,附着系数的大小随着滑移率的变化而变化。图 4-6所示为干燥硬实路面附着系数与滑移率的关系。纵向附着系数随着滑移率的增大迅速增加,在 $S = 20\%$ 左右时,纵向附着系数最大,然后随着滑移率的进一步增加,直至 $S = 100\%$,即车轮抱死时,纵向附着系数逐渐有所下降,此时制动距离会增加,制动效能下降。对于横向附着系数,$S = 0$ 时,横向附着系数最大,然后随着滑移率的增加,横向附着系数逐渐下降,并在 $S = 100\%$,即车轮抱死时,横向附着系数下降为零。此时,车轮将完全丧失抵抗外界侧向力作用的能力,稍有侧向力干扰(如路面不平产生的侧向力、汽车重力的侧向分力、侧向风力等),汽车就会产生侧滑而失去稳定性。而转向后轮抱死后失去转向能力。因此,车轮抱死将导致制动时汽车的稳定性丧失。

结合上述分析,可得出以下结论:

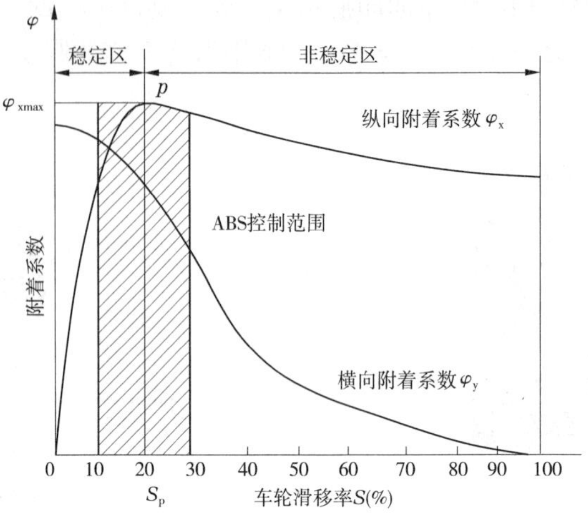

图4-6　干燥硬实路面附着系数与滑移率的关系

(1)$S<20\%$为制动稳定区域;$S>20\%$为制动非稳定区域。

(2)将车轮滑移率S控制在20%左右,便可获取最大的纵向附着系数和较大的横向附着系数,这到最理想的控制效果。

(四)理想的制动控制过程

(1)制动开始时,将制动压力迅速增大,使S上升至20%所需时间最短,以便获取最短的制动距离和最佳的方向稳定性。

(2)制动过程中,当S上升至稍大于20%时,对制动轮迅速而适当降低制动压力,使S迅速下降到20%;当S下降至稍小于20%时,对制动轮迅速而适当增大制动压力,使S迅速上升到20%。

结论:车轮在制动过程中,制动液压以5~10次/s的频率进行增压、保压、减压的不断切换,使S稳定在20%,这是最理想的制动控制过程。ABS的功用是控制实际制动过程接近于理想制动过程。

三、ABS的控制参数

目前,ECU所依据的控制参数类型主要有两种,分别是车轮滑移率和车轮角加速度。

(一)以车轮滑移率为控制参数的ABS

ECU根据车速和轮速传感器的信号计算车轮的滑移率,作为控制制动力的依据。

当S高于设定值时,ECU就会输出减小制动力信号,并通过制动压力调节器减小制动压力;当S低于设定值时,ECU就会输出增大制动力信号,并通过制动压力调节器增大制动压力,控制滑移率在设定的范围内。

这种直接以滑移率为控制参数的ABS,需要得到准确的车身相对于地面的移动速度信号和车轮转速信号。车轮转速信号容易得到,但取得车身移动速度信号则较难。现已有用多普勒雷达测量车速的ABS。

(二)以车轮角加速度为控制参数的ABS

ECU根据车轮的车速传感器信号计算车轮的角加速度作为控制制动力的依据。ECU中设置合理的角加速度、角减速度门限值,一个角减速度的门限值作为被抱死的标志,一个角加速度的门限值作为制动力过小、车速过高的标志。制动时，当车轮角减速度达到门限值时，ECU 输出减小制动力信号；当车轮转速升高至角加速度门限值时，ECU 输出增加制动力信号。不断地调整制动压力，使车轮不被抱死，处于边滚边滑的状态。

第二节　ABS 的结构与工作原理

一、ABS 的基本组成和工作原理

现代 ABS 是指电控 ABS，它是在传统制动基础上，又增设轮速传感器、电子控制单元（ECU）、制动压力调节器及 ABS 警告灯等装置，如图 4-7 所示。

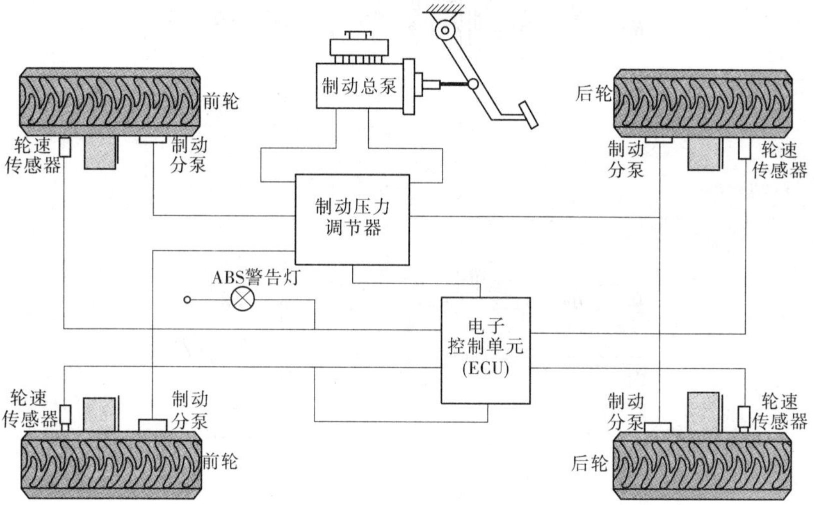

图 4-7　ABS 的组成

电控 ABS 的核心部件是 ECU，ECU 根据制动时接收到的轮速传感器信号发出控制信号。当车轮将要抱死时，ECU 发出控制信号，通过执行机构控制制动器的制动力，使车轮处于不被抱死的状态，获得良好的制动效果。

关于 ABS 的几点说明：

（1）ABS 在常规制动基础上工作，制动中车轮未抱死时，与常规制动相同。车轮趋于抱死时，ABS 才工作，ECU 控制制动压力调节器对分泵制动压力进行调节。

（2）ABS 工作的汽车车速必须大于 5 km/h，若低于该车速，制动时车轮仍可能抱死。

（3）若常规制动系统出现故障，ABS 随之失去控制作用。若 ABS 出现故障，ECU 自动关闭 ABS，同时 ABS 警告灯点亮，并存储故障代码，但常规制动系统仍可正常工作。

二、ABS 的控制方式

目前，液压制动系统的汽车和气压制动系统的汽车都有采用 ABS，我们主要介绍液压制动系统 ABS 的控制方式。根据控制通道数，可分为四通道、三通道、双通道及单通道。根据传感器数目，可分为四传感器和三传感器两种。控制通道是指能够独立进行制动压力调节的制动管路。如果一个车轮的制动压力占用一个控制通道，可以单独进行调节，称为独立控

制;如果两个车轮的制动压力是一同调节的,称为一同控制。一同控制有以下两种形式:

(1)按高选原则一同控制:对两个车轮实施一同控制时,如果以保证附着力较大的车轮不发生制动抱死为原则进行制动压力调节,称这两个车轮是按高选原则一同控制。

(2)按低选原则一同控制:对两个车轮实施一同控制时,如果以保证附着力较小的车轮不发生制动抱死为原则进行制动压力调节,称这两个车轮是按低选原则一同控制。

(一)四通道 ABS

对应于双制动管路,按前后和对角两种布置形式,四通道制动防抱死系统相应地也有两种结构形式,如图 4-8 所示。在四通道 ABS 中,为了对四个车轮进行独立控制,在每个车轮各设置一个转速传感器,并在通往各制动轮的制动管路中各设置一个制动压力调节装置。

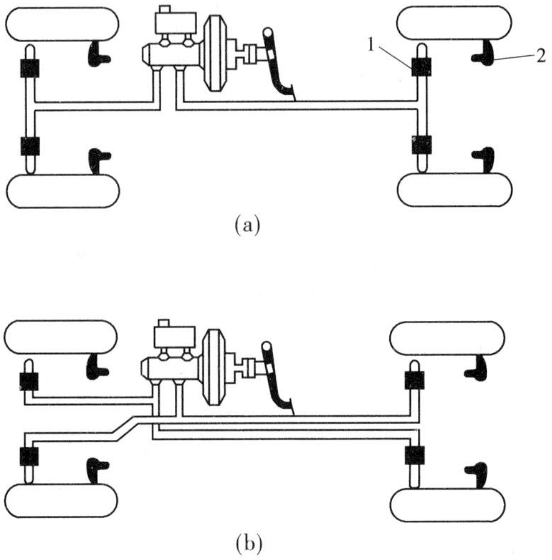

1—制动压力调节装置;2—转速传感器

图 4-8　四通道四轮独立控制的 ABS

四通道制动防抱死系统可以最大限度地利用每个车轮的最大附着力进行制动,而且每个车轮都具有较高的抵抗外界横向力作用的能力。当汽车左右两侧车轮的附着力相近时,两侧车轮所产生的制动力几乎相等,而且接近于附着力的极限。因此,汽车不仅具有良好的方向稳定性和转向操纵能力,而且能够获得最短的制动距离。但是,如果两侧车轮的附着力相差较大(如汽车行驶在附着系数分离的路面或两侧车轮的垂直载荷相差较大)时,制动过程中两侧车轮的制动力就相差较大,由此产生的横摆力矩会严重地影响汽车的方向稳定性,所以制动防抱死系统通常不对四个车轮进行独立的制动压力调节。

(二)三通道 ABS

三通道制动防抱死系统都是对两个前轮进行独立控制,对两个后轮按低选原则进行一同控制。各种三通道制动防抱死系统如图 4-9 所示。

汽车在紧急制动时会发生很大的轴荷转移,使前轮的附着力比后轮的大得多,特别是前轮驱动的汽车,通常前轮的附着力占汽车总附着力的 70% ~80%。对前轮进行独立控制,可使两前轮在制动过程中始终保持较大的抵抗外界横向力作用的能力,使汽车保持良好的转向操纵能力,同时充分地利用两前轮很大的附着力产生制动力,这将有助于缩短汽车的制动距离。对两后轮按低选原则进行一同控制时,即使汽车两侧车轮附着力相差较大,两后轮

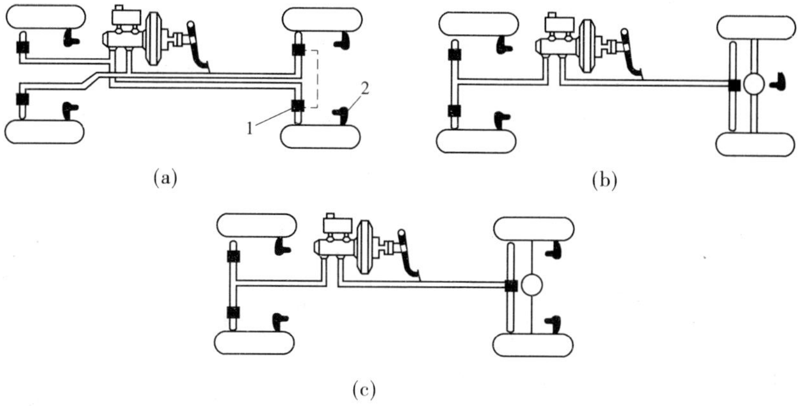

1—制动压力调节装置;2—转速传感器

图 4-9　三通道 ABS

的制动力都将被限制在较小附着力的水平,使两后轮的制动力始终保持平衡,保证汽车在各种条件下进行制动时都具有良好的方向稳定性。当然,两后轮按低选原则一同控制时,可能会使附着力较大的后轮不能产生充分制动,但由于后轮制动力在汽车总制动力中所占的比例本来就较小,所以由此造成的制动力损失并不显著。尽管两前轮独立控制可能会导致两前轮制动力的不平衡,但由于两前轮制动力不平衡对汽车行驶方向稳定性的影响较小,而且还可以通过转向操纵对由此造成的影响进行修正,因此四轮制动防抱死系统大都为三通道系统。

在图 4-9(a)所示按对角布置的双管路制动系统中,虽然在通往四个制动轮缸的制动管路中各设置一制动压力调节装置,但两个后制动轮缸的制动压力调节装置却是由 ECU 按低选原则一同控制的,因此实际上仍然是三通道制动防抱死系统。

由于三通道制动防抱死系统对两后轮进行一同控制,对于后轮驱动的汽车就可以在传动系统中(如主减速器或变速器中)只设置一个转速传感器(见图 4-9(b)),用来感测两后轮的平均转速。对于按前后布置的双管路制动系统,则可以在通往两后制动轮缸的制动总管路中只设置一个制动压力调节装置(见图 4-9(c)),对两后制动轮缸的制动压力一同进行调节。

(三)双通道 ABS

为了减少制动压力调节装置的数量、降低系统的成本,有的采用双通道制动防抱死系统(如本田 4WALB)。各种可能的双通道制动防抱死系统如图 4-10 所示。

图 4-10(a)所示的双通道制动防抱死系统,在按前后布置双管路制动系统的前后制动总管路中各设置一个制动压力调节装置,分别对两前轮和两后轮进行一同控制,其中两前轮可以根据附着条件进行高选和低选转换,两后轮则按低选原则一同控制。对于后轮驱动的汽车,则可以在两个前轮和传动系统中各安置一个转速传感器。在两前轮的附着力相差较大时,两前轮按高选原则一同控制;而在两前轮的附着力相差不大时,两前轮则按低选原则一同控制。

图 4-10(b)所示的双通道制动防抱死系统,在按前后布置双管路制动系统的前后制动总管路中各设置一个制动压力调节装置,在每个车轮上各安置一个转速传感器。对两前轮

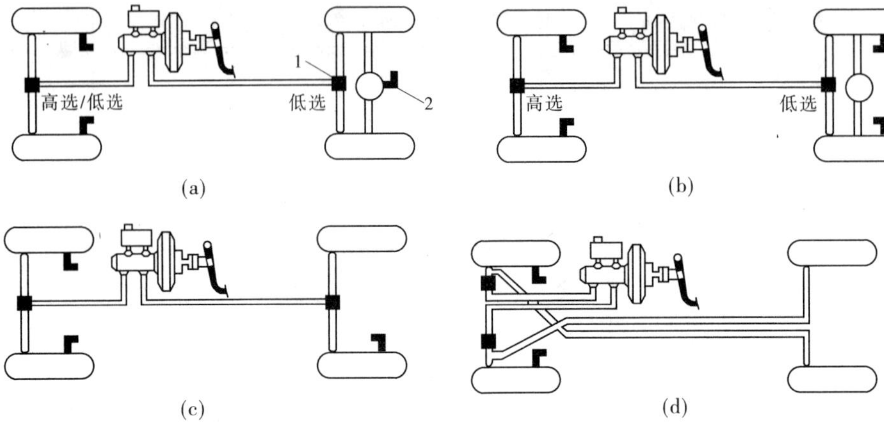

1—制动压力调节装置;2—转速传感器

图 4-10　双通道 ABS

按高选原则一同控制,对两后轮按低选原则一同控制。

图 4-10(c)所示的双通道制动防抱死系统,在前后制动总管路中各设置一个制动压力调节装置,而在右前和左后车轮上各设置一个转速传感器,对两前轮以不使右前轮发生制动抱死为原则进行一同控制,而对两后轮则以不使左后轮发生抱死为原则进行一同控制。

图 4-10(d)所示的双通道制动防抱死系统,在按对角布置的两条制动总管路中各设置一个制动压力调节装置,只在两个前轮上各安置一个转速传感器。左前和右后制动轮缸的制动压力将以不使左前轮发生制动抱死为原则进行一同控制的,而右前和左后制动轮缸的制动压力将以不使右前轮发生制动抱死为原则进行一同控制。为防止后轮在前轮趋于抱死时发生制动抱死,通常在制动管路中都要设置比例阀。

图 4-10(a)、(b)、(c)所示的三种双通道制动防抱死系统,在两侧车轮处于附着系数分离的路面上(其中,图 4-10(c)所示系统的右前轮处于高附着系数一侧路面)进行紧急制动时,三种双通道系统的两前轮都将按高选原则一同控制,此时两前轮的制动力就会相差很大。为了保持汽车的行驶方向,驾驶员会通过转动方向盘使前轮发生偏转,以求用转向车轮产生的横向力与不平衡的制动力相抗衡,保持汽车行驶方向的稳定(见图 4-11(a))。但是,在两前轮从附着系数不均路面驶入附着系数均一路面的瞬间,以前处于低附着系数路面而抱死的前轮的制动力会因附着力突然增大而迅速增大,两前轮的制动力会很快达到平衡。由于驾驶员无法在该瞬间将转向车轮回正,转向车轮上仍然存在的横向力将会使汽车朝着转向车轮偏转的方向行驶(见图 4-11(b)),这在高速行驶时是一种无法控制的危险状态。

图 4-11 中 T_R 是顺时针方向的力矩,T_L 是逆时针方向的力矩。

虽然两前轮独立控制的制动防抱死系统在前后车轮均处于附着系数不均路面上的状态,与上述两前轮按高选原则一同控制的制动防抱死系统在相同路面条件下的状态基本相同,但对于两前轮独立控制的系统,当前轮从附着系数不均路面驶入附着系数均一路面时,以前处于低附着系数路面的前轮的制动力会因制动压力的逐渐增大而增大到一直处于高附着系数路面的前轮的制动力水平。在制动力逐渐增大的过程中,驾驶员有充足的时间将转

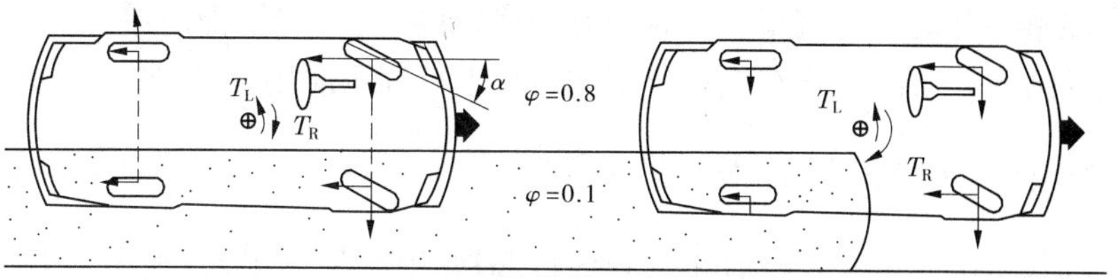

(a)前后车轮均处于附着系数不均路面　(b)前车轮驶入附着系数均一路面的瞬间

图 4-11　前轮按高选原则一同控制时对方向稳定性的影响

向车轮回正，使汽车的行驶方向得到控制。

如图 4-10(d)所示的双通道制动防抱死系统，对于前轮驱动的汽车，如果在紧急制动时离合器没有及时分离，由发动机牵引产生的制动力矩就会作用于前轮。因此，前轮在制动压力较小时就趋于抱死，制动防抱死系统就开始进行防抱死制动压力调节，而后轮此时的制动力还远未达到其附着力的水平。这样，虽然前后车轮都不会发生制动抱死，汽车的方向稳定性和转向操纵性都较好，但汽车的制动力却会显著减小，制动距离会明显增大。对于后轮驱动的汽车，如果将比例阀调整到在正常制动情况下前轮趋于抱死，后轮的制动力接近其附着力，那么在紧急制动时，由于离合器往往难以及时分离，发动机的制动力矩也会作用于后轮，导致后轮发生制动抱死；如果将比例阀调整到即使在离合器没有分离的情况下进行紧急制动，后轮也不发生制动抱死，则在通常的制动情况下，后轮的制动力就会不足，汽车的制动距离会因此而明显增大。

正是由于双通道制动防抱死系统难以在方向稳定性、转向操纵能力和制动距离各方面得到兼顾，所以双通道制动防抱死系统很少被采用。

(四)单通道 ABS

单通道制动防抱死系统是在按前后布置双管路制动系统的后制动总管路中设置一个制动压力调节装置，对于后轮驱动的汽车则只需在传动系统中设置一个转速传感器，如图 4-12所示。

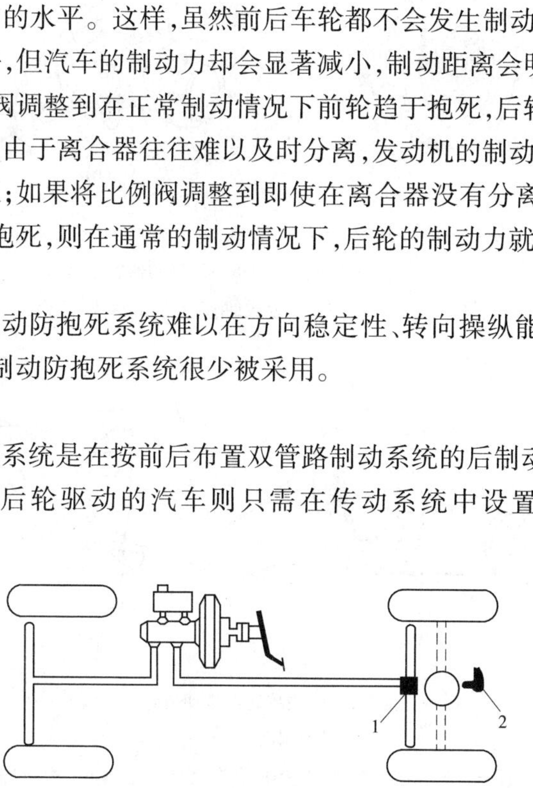

1—制动压力调节装置；2—转速传感器

图 4-12　单通道 ABS

单通道制动防抱死系统一般都是对两后轮按低选原则进行一同控制的，其主要作用是提高汽车的制动方向稳定性。在附着系数分离路面上进行制动时，两后轮的制动力都将被限制在处于低附着系数的路面后轮的附着力水平。由于不能使处于高附着系数的路面后轮的附着力得到充分利用，制动距离会有所增大。由于前制动轮缸的制动压力未被控制，前轮仍然可能发生制动抱死，所以汽车制动时的转向操纵能力得不到保障。但由于单通道制动防抱死系统能够显著地提高汽车制动时的方向稳定性,又具有结构简单、成本低的优点,因此单通道制动防抱死系统目前在轻型货车和轿车上得到了应用。

三、ABS 主要元件的结构及工作原理

制动防抱死系统的主要元件有车轮转速传感器、电子控制单元(ECU)和制动压力调节装置等。在有些类型的制动防抱死系统中应用的是减速度传感器,本书中不再介绍。

(一)车轮转速传感器(简称轮速传感器)

轮速传感器的功用就是检测车轮的旋转速度,并将速度信号输入电子控制单元。目前,常用的轮速传感器主要是电磁式轮速传感器。轮速传感器可以安装在轮毂或轴座上,如图 4-13所示,也可以安装在主减速器或变速器中,如图 4-14 所示。

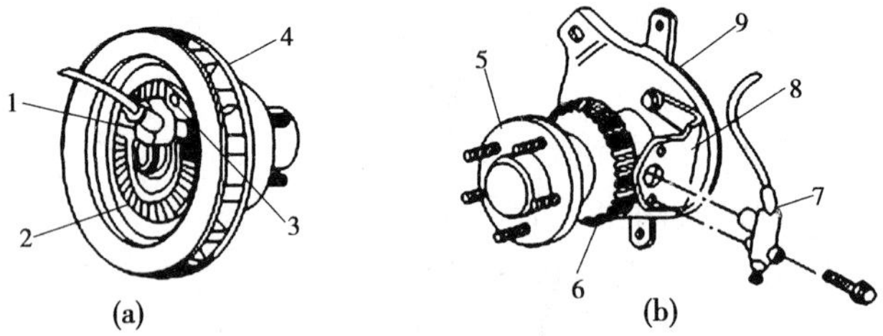

(a)　　(b)

1、7—传感器;2、6—传感器齿圈;3—定位螺钉;4—轮毂和组件;

5—半轴;8—传感器支架;9—后制动器连接装置

图 4-13　安装在轮毂或轴座上的轮速传感器

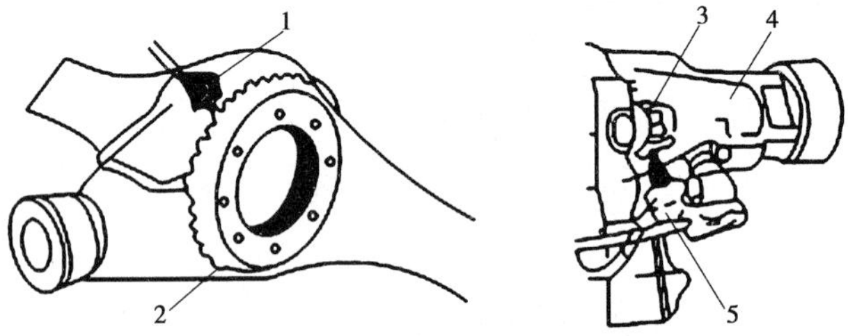

(a)　　(b)

1—传感器头;2—主减速器从动齿轮;3—齿圈;

4—变速器输出部位;5—传感器头

图 4-14　安装在主减速器或变速器中的轮速传感器

电磁式轮速传感器由永久磁铁、磁极、线圈和齿圈组成,实物如图 4-15 所示。齿圈一般安装在轮毂或轴座上。对于后轮驱动且后轮采用同时控制的汽车,齿圈也可以安装在差速器或传动轴上。齿圈随车轮或传动轴一起转动,通常用磁阻很小的铁磁材料制成。传感器头通常由永久磁铁、电磁线圈和磁极等组成,如图 4-16 所示。它对应安装在靠近齿圈且不随齿圈转动的部件上,如转向节、制动底板、驱动轴套管或差速器、变速器壳体等固定件上。传感器头与齿圈的端面有一空气间隙,此间隙一般为 1 mm,通常可移动传感器头的位置来调整间隙。

图 4-15　电磁式轮速传感器实物

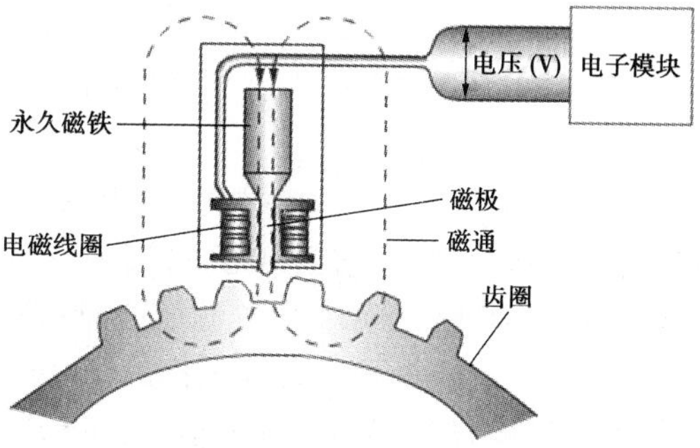

图 4-16　电磁式轮速传感器头

电磁式轮速传感器的工作原理如图 4-17 所示。齿圈随车轮旋转的同时，齿圈齿顶和电极之间的间隙以一定的速度变化，当传感器头的极轴与齿顶相对时，磁通最大，磁阻最小；相反，当传感器头的极轴与齿隙相对时，磁通最小，磁阻最大。

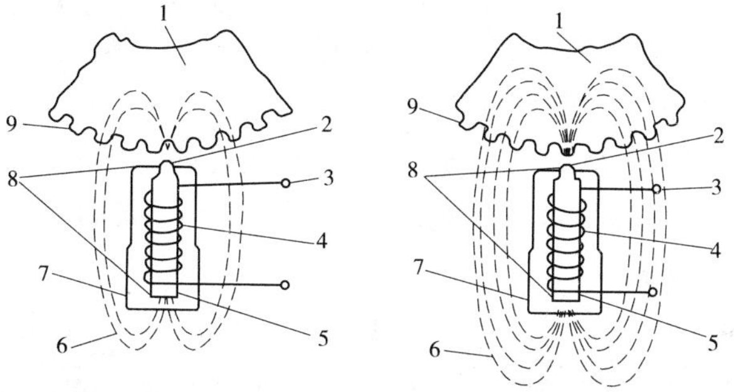

(a)齿隙与磁芯端部相对时　(b)齿顶与磁芯端部相对时

1—齿圈；2—极轴；3—电磁线圈引线；4—电磁线圈；5—永久磁体；6—磁力线；7—电磁式传感器；8—磁极；9—齿圈齿顶

图 4-17　电磁式轮速传感器的工作原理

当磁路中的磁阻发生变化时，磁通量周期性地增减，在线圈的两端产生正比于磁通量增减速度的感应电压，交变电压信号的频率与齿圈的齿数和转速成正比。因齿圈的齿数是一定的，因此轮速传感器输出的交流电压信号的频率只与相应的车轮转速成正比。

轮速传感器由电磁线圈引出两根导线，将其速度变化产生的交变电压信号送至 ECU。为防止外部电磁波干扰速度信号，传感器的引出线采用屏蔽线，以保证反映车轮速度变化的交变电压信号准确地送至 ABS 的电子控制单元。传感器输出电压信号如图 4-18 所示。

（二）电子控制单元（ECU）

电子控制单元是 ABS 的控制中心，它实际上是一个微型计算机，所以又常称为 ABS 电脑（ECU）。ABS ECU 由输入电路、数字控制器、输出电路和警告电路组成。其主要任务是连续监测、接收轮速传感器送来的脉冲信号，并进行测量比较、分析放大和判别处理，计算出车轮转速、车轮减速度以及制动滑移率，再进行逻辑比较、分析 4 个车轮的制动情况。一旦

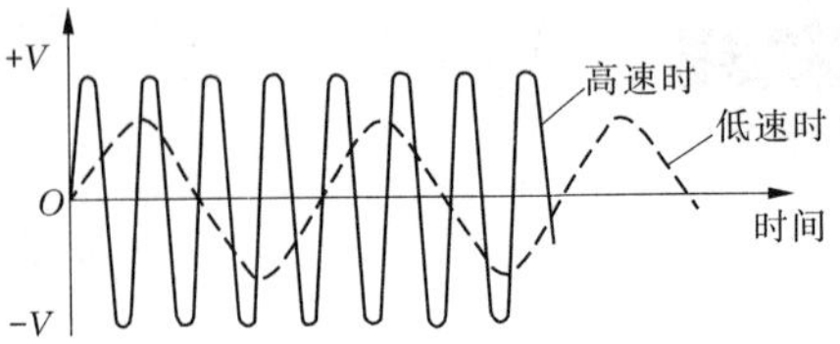

图 4-18　电磁式轮速传感器输出电压信号

判断出车轮将要抱死，它立刻进入防抱死控制状态，通过电子控制单元向液压单元发出指令，以控制制动分泵油路上电磁阀的通断和液压泵的工作来调节制动压力，防止车轮抱死。

ABS ECU 还不断地对自身工作进行监控。由于 ABS ECU 中有两个完全相同的微处理器，它们按照同样的程序对输入信号进行处理，并将其产生的中间结果与最终结果进行比较，一旦发现结果不一致，即判定自身存在故障，它会自动关闭 ABS。此外，ABS ECU 还不断监视 ABS 中其他部件的工作情况，一旦 ABS 出现故障，如车轮速度信号消失、液压压力降低等，ABS ECU 会发出指令而关闭 ABS，并使常规制动系统工作，同时将故障信息存储、记忆，并将仪表板上的 ABS 故障灯点亮，向驾驶员发出警示信号。此时，应及时检查修理。

当点火开关接通时，ABS ECU 就开始进行自检程序，对系统进行自检，此时 ABS 故障灯点亮。如果自检以后发现 ABS 存在影响其正常工作的故障，它将关闭 ABS，恢复常规制动系统，一直将仪表板上 ABS 故障灯点亮，警告驾驶员 ABS 存在故障。自检结束后，ABS 故障灯就熄灭，表明系统工作正常。由于自检过程大约需要 2 s，因此在正常情况下，当点火开关接通时，ABS 故障灯点亮 2 s，然后再自动熄灭，这是正常的。反之，如果点火开关接通时，ABS 故障灯不亮，说明 ABS 故障灯或其线路存在故障，应对其进行检修。

（三）制动压力调节装置

制动压力调节装置的主要作用是用来调节制动轮缸中制动液的压力，是制动防抱死装置的执行器。根据用于不同制动系统的 ABS，制动压力调节器主要有液压式、气压式和空气液压加力式等。现代轿车制动系统主要有液压式，以下我们主要介绍液压式制动压力调节装置。

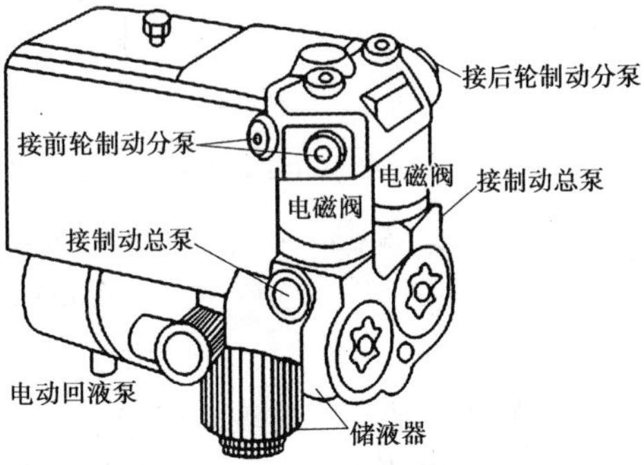

图 4-19　制动压力调节装置

制动压力调节装置主要由电磁阀、储液器、液压泵和电动机总成等组成，如图 4-19 所示。制动压力调节装置串联在制动总泵（制动主缸）和制动分泵（制动轮缸）之间，通过电磁阀直接或间接地控制轮缸的制动压力。根据压力调节装置的调压方式，可分为循环式和可变容积式两种。循环式制动压力调节装置是通过电磁阀直接控制轮缸的制动压力，而可变容积式制动压力调节装置是通过电磁阀间接改变轮缸的制动压力。

1. 循环式制动压力调节装置

循环式制动压力调节装置由电磁阀、储液器、液压泵和电动机等部件组成，其外形与结构如图 4-20 所示。循环式制动压力调节装置直接装在汽车原有的制动管路中，通过串联在制动主缸和制动轮缸之间的三位三通电磁阀直接控制轮缸的压力，可以使轮缸处于常规工作状态、增压状态、减压状态或保压状态。循环式制动压力调节装置因结构简单、控制方便，所以被广泛采用。

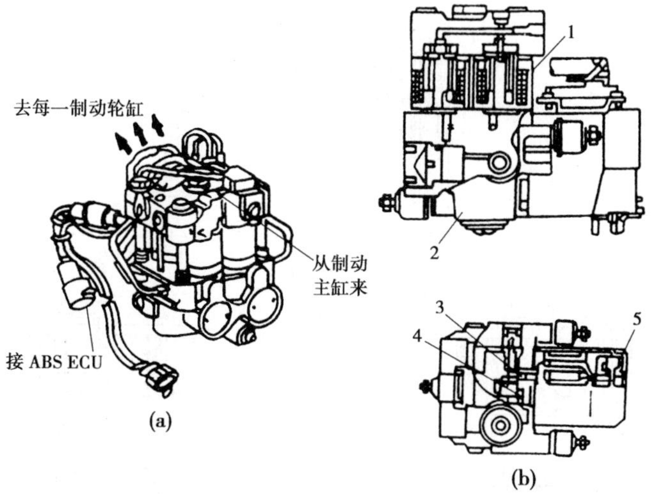

1—三位三通电磁阀;2—储液器;3—柱塞;4—凸轮轴;5—液压泵和电动机总成

图 4-20　制动防抱死系统执行器外形与结构

1)电磁阀

循环式制动压力调节装置的电磁阀多采用三位三通电磁阀(由博世公司生产,应用于博世 ABS 中),阀芯由衔铁充当,它有上、中、下三个工作位置;阀体上有制动主缸接口、主油路接口和车轮制动轮缸接口三个接口;其阀芯(衔铁)上下移动所需的外力,除受主回位弹簧和副回位弹簧的弹力的控制外,还受线圈产生的电磁力的控制,如图 4-21 所示。在四通道制动防抱死系统中,每个轮缸都有一个三位三通电磁阀;在三通道制动控制系统中,每个前轮有一个三位三通电磁阀,两后轮共享一个三位三通电磁阀。

三位三通电磁阀由进液阀、回液阀、主回位弹簧、副回位弹簧、固定铁芯及衔铁套筒等组成,电磁线圈受 ECU 控制。阀上有三个孔,分别通制动主缸、制动轮缸和储液器。三位是指电磁阀有三个不同位置,使阀处于增压、保压、减压三种位置,如图 4-21(a)、(b)、(c)所示。其工作过程如下所述:

电磁线圈未通电时,在主回位弹簧张力作用下,进液阀打开,回液阀关闭,进液口与出液口保持畅通——增压。

电磁线圈通入较小电流(2 A)时,产生的电磁吸力小,吸动衔铁上移量小,但能适当压缩主回位弹簧,使进液阀关闭,放松副回位弹簧,回液阀并不打开——保压。

电磁线圈通入较大电流(5 A)时,产生的电磁吸力大,吸动衔铁上移量大,同时压缩主、副回位弹簧,使进液阀仍保持关闭,回液阀打开——减压。

2)回油泵和储能器

储能器根据储存制动液压力的不同,分为储液器和蓄能器,分别配置在不同形式的制动压力调节系统中。

a. 储液器与回油泵

在电磁阀的减压过程中,从轮缸流出的制动液由储液器暂时储存,然后由回油泵泵回主缸,同时还对回流制动液的压力波动具有一定的衰减作用。回油泵和储液器的结构如图 4-22 所示。

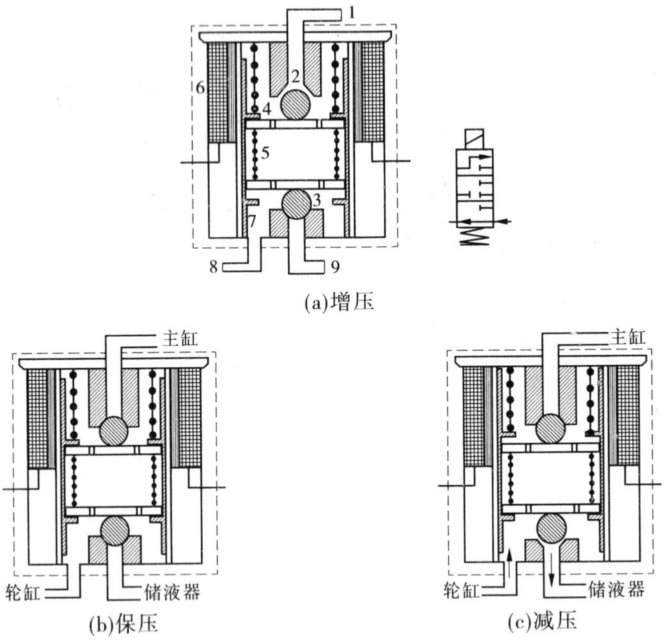

1—通制动主缸;2—进液阀;3—回液阀;4、5—回位弹簧;6—电磁线圈;
7—出液阀;8—通制动轮缸;9—通储液器

图 4-21　三位三通电磁阀

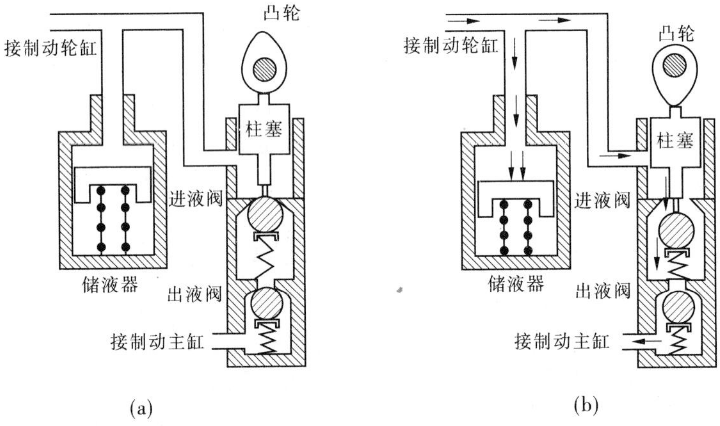

图 4-22　回油泵和储液器

储液器内有一活塞和弹簧。减压时,回流的制动液压缩活塞,克服弹簧张力下移,使容积增大,暂时存储制动液。

电动回油泵由直流电动机和柱塞泵组成。柱塞泵由柱塞,进、出液阀及弹簧组成。当 ABS 工作(减压)时,根据 ECU 输出的指令,直流电动机带动凸轮转动,凸轮将驱动柱塞在泵筒内移动。柱塞上行时,储液器与制动轮缸内具有一定压力的制动液进入柱塞泵筒。柱塞下行时,压开进液阀及泵筒底部的出液阀,将制动液泵回到制动主缸出液口。

b. 蓄能器

蓄能器的功用是向车轮制动轮缸、制动助力装置供给高压制动液,作为制动能源。

蓄能器下端设有两个控制开关。压力控制开关:监测蓄能器下腔制动液压力,压力低于 15 MPa 时,开关闭合,增压泵工作;压力达到 18 MPa 时,开关断开,增压泵停止工作。如图 4-23 所示为气囊式蓄能器,其内部用隔膜分成上下腔室,上腔室充满氮气,下腔室与柱塞泵出液口相通,柱塞泵将制动液泵入蓄能器下腔室,使隔膜上移。

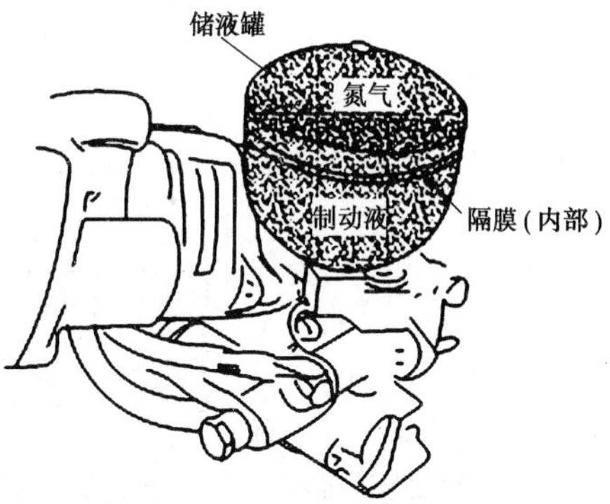

图 4-23　气囊式蓄能器

蓄能器上腔室的氮气被压缩后产生压力,与下腔室的制动液液压保持平衡,使下腔室制动液压力始终保持 14 000 ~ 18 000 kPa。在常规制动和防抱死制动系统工作时,蓄能器均可提供较大压力的制动液。注意:蓄能器中的氮气在平时有较大的压力(8 MPa 左右),因此禁止拆卸和分解。

3) 循环式制动压力调节装置的工作过程

汽车在制动过程中,ECU 控制流经制动压力调节装置电磁线圈的电流大小,使 ABS 处于增压、保压和减压三种状态。

a. 增压(常规制动)

踏下制动踏板,由于电磁阀的进液阀开启,回液阀关闭,各电磁阀将制动主缸与各制动轮缸之间的管路接通,制动主缸中的制动液将通过各电磁阀的进、出液口进入各制动轮缸,各制动轮缸的制动液压力将随着制动主缸输出的制动液压力的升高而升高——增压。与常规制动相同,其升压过程如图 4-24 所示。

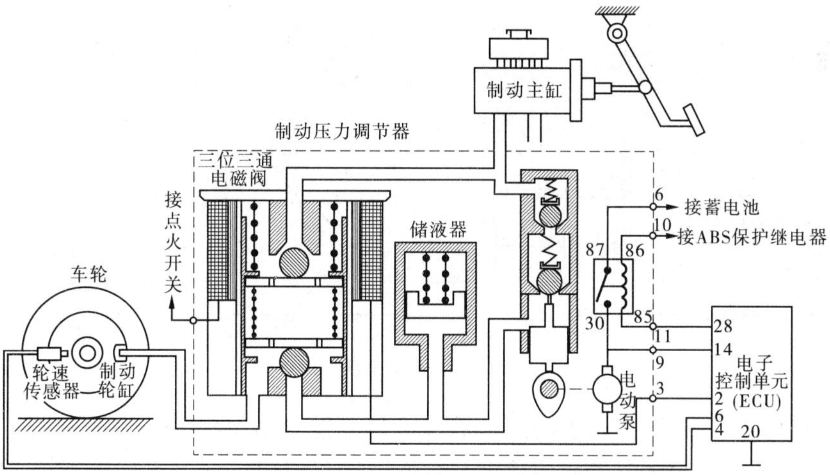

图 4-24　增压(常规制动)过程

b. 保压

当某车轮制动,滑移率接近 20% 时,ECU 输出指令,控制电磁线圈通过较小电流(约 2 A),使电磁阀的进液阀关闭(回液阀仍关闭),保证该控制通道中的制动轮缸制动压力保持不变——保压。其保压过程如图 4-25 所示。

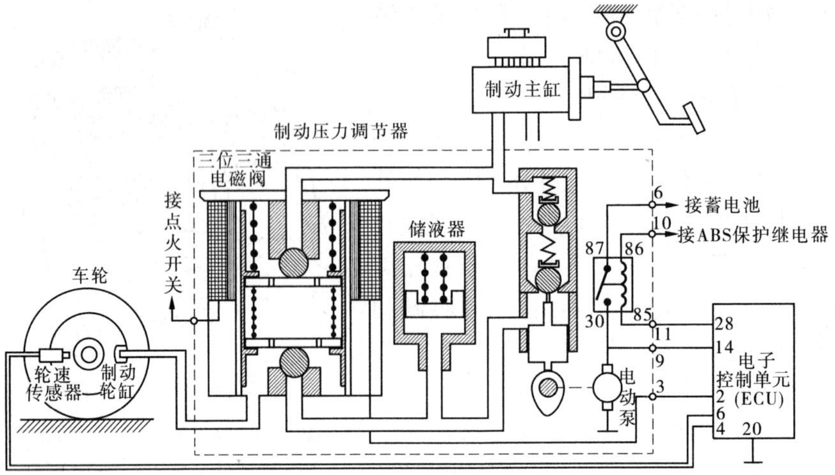

图 4-25 保压过程

c. 减压

当某车轮制动,滑移率大于 20% 时,ECU 输出指令,控制电磁阀线圈通过较大电流(约 5 A),使电磁阀的进液阀关闭,回液阀开启,制动轮缸中的制动液将通过回液阀流入储液器,使制动压力减小——减压。其减压过程如图 4-26 所示。

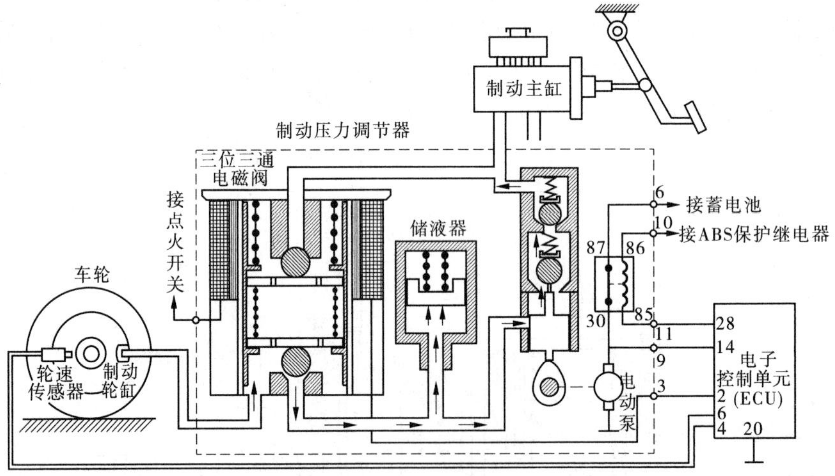

图 4-26 减压过程

与此同时,ECU 控制电动泵通电运转,将流入储液器的制动液泵回到制动主缸出液口。

循环式制动压力调节装置的增压速度和减压速度可以直接通过电磁阀的进、出油口来控制,且结构简单、灵敏性好。

2. 可变容积式制动压力调节装置

可变容积式制动压力调节装置是在汽车原有制动系统管路中增加一套液压控制装置,用于改变制动管路容积,实现“增压—保压—减压”的循环调节。这种制动压力调节系统的控制液压油路和 ABS 控制的制动液油路是相互隔开的。

可变容积式制动压力调节装置主要由电磁阀、控制活塞、蓄能器、液压泵和电动机等组成，是在原液压制动系统中增设一套液压控制装置，通过控制制动管路中容积的增减，来控制制动压力的变化。可变容积式制动压力调节装置有4种不同工作状态：常规制动状态、轮缸减压状态、轮缸保压状态和轮缸增压状态。

1）常规制动

常规制动如图4-27所示。常规制动时，电磁线圈内无电流流过，电磁阀将控制活塞工作腔与回油管路接通，控制活塞在强力弹簧的作用下，推至最左端。活塞顶端推杆将单向阀打开，使制动主缸与制动轮缸的制动管路接通，制动主缸的制动液直接进入制动轮缸，制动轮缸压力随制动主缸压力的变化而变化，且控制活塞左侧的制动液经电磁阀流回储液器。此种工作状态是ABS工作之前或之后的常规制动工况。

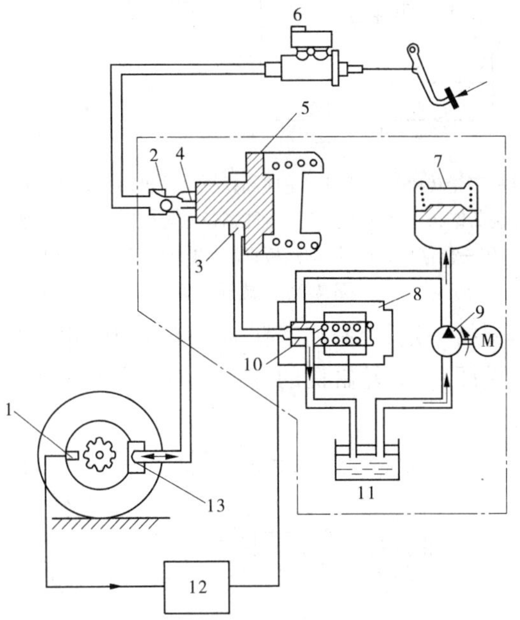

1—车轮转速传感器；2—单向阀；3—控制活塞工作腔；4—控制活塞左腔；
5—控制活塞；6—制动主缸；7—蓄能器；8—电磁阀；9—电动液压泵；
10—柱塞；11—储液器；12—电子控制单元（ECU）；13—制动轮缸

图4-27　可变容积式制动压力调节装置的常规制动

2）减压

减压过程如图4-28所示。减压时，ECU向电磁线圈通入较大的电流，电磁阀内的柱塞在电磁力的作用下，克服弹簧弹力移到右边，将蓄能器与控制活塞工作腔管路接通。蓄能器（液压泵）的压力油进入控制活塞工作腔，推动活塞右移，单向阀关闭，制动主缸与制动轮缸之间的通路被切断。同时，由于控制活塞的右移，制动轮缸侧容积增大，制动压力减小。

3）保压

保压过程如图4-29所示。ECU向电磁线圈通入较小的电流，由于电磁线圈的电磁力减小，柱塞在弹簧作用下左移至将蓄能器、回油管及控制活塞工作腔管路相互关闭的位置。此

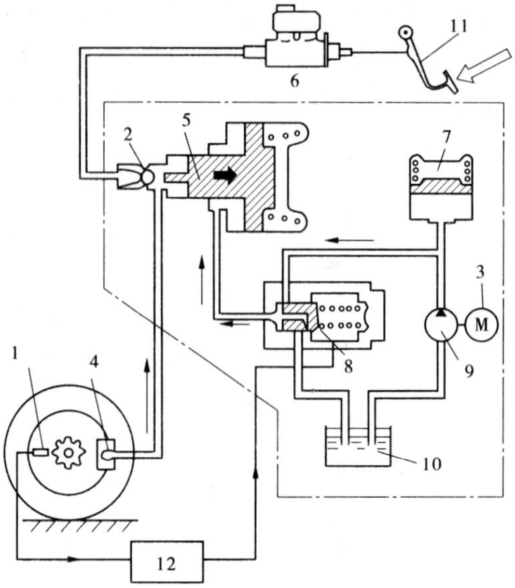

1—车轮转速传感器;2—单向阀;3—电动机;4—制动轮缸;
5—控制活塞;6—制动主缸;7—蓄能器;8—电磁阀;9—电动液压泵;
10—储液器;11—制动踏板;12—电子控制单元(ECU)

图 4-28 减压过程

时,控制活塞左侧的油压保持一定,控制活塞在油压和强力弹簧的共同作用下保持在一定位置,而此时单向阀仍处于关闭状态,轮缸侧的容积也不发生变化,制动压力保持不变。

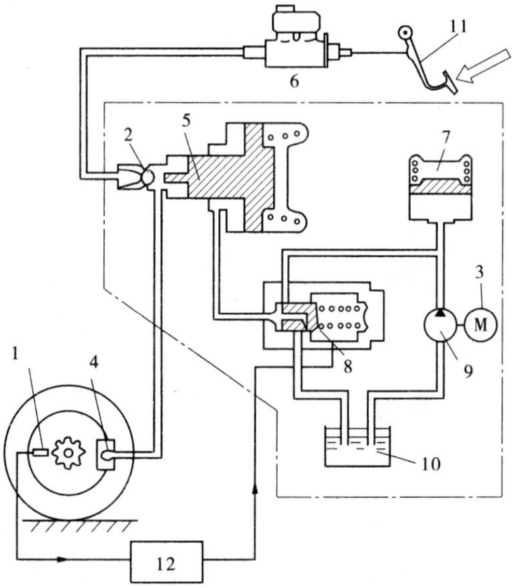

1—车轮转速传感器;2—单向阀;3—电动机;4—制动轮缸;
5—控制活塞;6—制动主缸;7—蓄能器;8—电磁阀;9—电动液压泵;
10—储液器;11—制动踏板;12—电子控制单元(ECU)

图 4-29 保压过程

4)增压

增压过程如图 4-30 所示。需要增压时,ECU 切断电磁线圈中的电流,柱塞回到左端的初始位置,控制活塞工作腔与回油管路接通,控制活塞左侧油压解除,制动液流回储液器。控制活塞在强力弹簧的作用下左移,制动轮缸侧容积变小,压力升高至初始值。当控制活塞左移至最左端时,单向阀被打开,制动轮缸压力将随制动主缸的压力增大而增大。

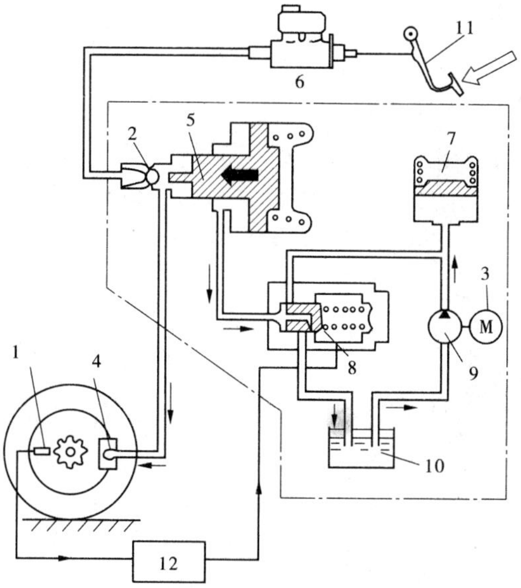

1—车轮转速传感器;2—单向阀;3—电动机;4—制动轮缸;
5—控制活塞;6—制动主缸;7—蓄能器;8—电磁阀;9—电动液压泵;
10—储液器;11—制动踏板;12—电子控制单元(ECU)

图 4-30 增压过程

四、应用举例

MK20-I 型 ABS 是由德国戴维斯公司研制的。我国上海汽车制动系统有限公司已于 1997 年正式与德国戴维斯公司合资生产 MK20-I 型 ABS。该系统在上海桑塔纳 2000GSI、一汽大众的捷达等汽车上安装应用。

(一)结构

MK20-I 型 ABS 的制动压力调节装置采用的是循环式调压方式,各部件在车上的安装位置如图 4-31 所示。它与 ABS ECU 组成一体后安装在制动主缸与制动轮缸之间,其外形如图 4-32 所示。

低压储液罐与电动液压泵合为一体装于液压控制单元上。低压储液罐的作用是暂时存储从轮缸中流出的制动液,以缓和制动液从制动轮缸中流出时产生的脉动。电动液压泵的作用是将在减小制动压力阶段流入低压储液罐中的制动液及时送至制动主缸,同时在施加压力阶段,从低压储液罐中吸取剩余制动力,泵入制动循环系统,给液压系统以压力支持,增加制动效能。电动液压泵的运转是由电子控制单元控制的。

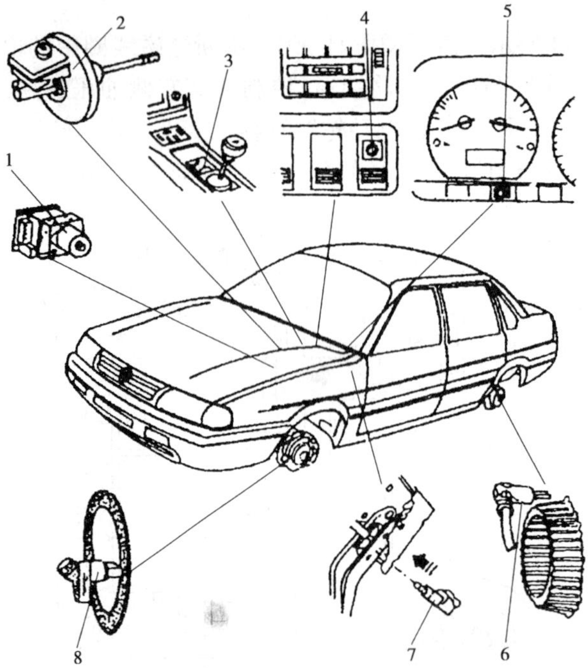

1—ABS 控制器;2—制动主缸和真空助力器;3—自诊断插口;
4—ABS 警告灯(K47);5—制动装置警告灯(K118);6—后轮转速传感器(G44/G46);
7—制动灯开关(F);8—前轮转速传感器(G45/G47)

图 4-31 ABS 组件在车上的安装位置

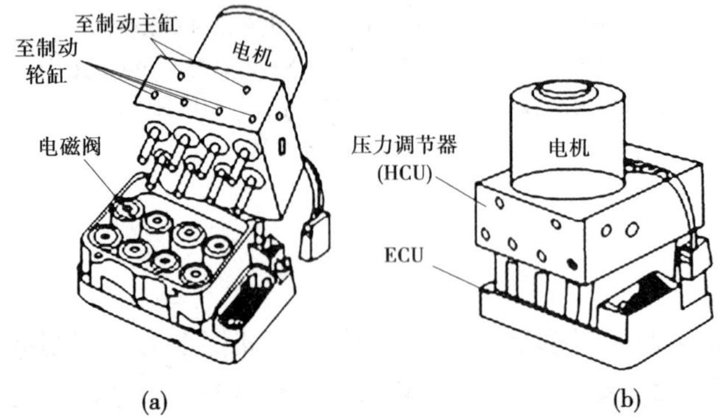

图 4-32 液压控制单元结构外形

液压控制单元(N55)的阀体内包括 8 个电磁阀,每个回路各一对,其中一个是常开进油阀,一个是常闭出油阀。它在制动主缸、制动轮缸和回油路之间建立联系,实现压力升高、压力保持和压力降低的功能,防止车轮抱死。

(二)工作原理

1. 开始制动阶段(系统油压建立)

开始制动时,驾驶员踩下制动踏板,制动压力由制动主缸产生,常开的不带电压的进油阀作用到车轮制动轮缸上,不带电压的出油阀依然关闭,ABS 没有参与控制,整个过程和常规液压制动系统相同,制动压力不断上升,如图 4-33 所示。

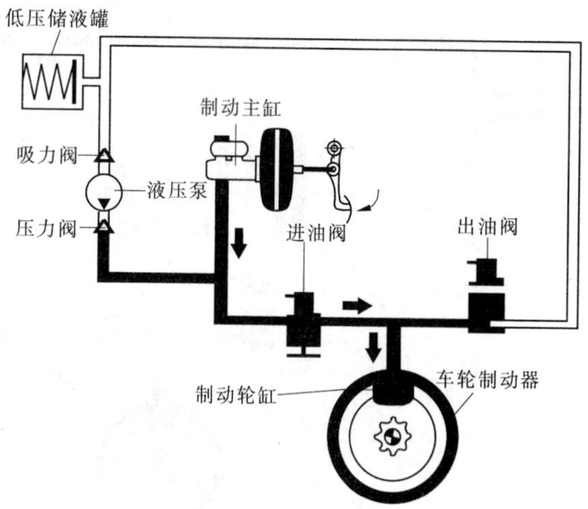

图 4-33　常规制动过程

2. 油压保持

当驾驶员继续踩制动踏板,油压继续升高到车轮出现抱死趋势时,ABS 电子控制单元发出指令,使进油阀通电,并关闭阀门,出油阀依然不带电压,仍保持关闭,系统油压保持不变,如图 4-34 所示。

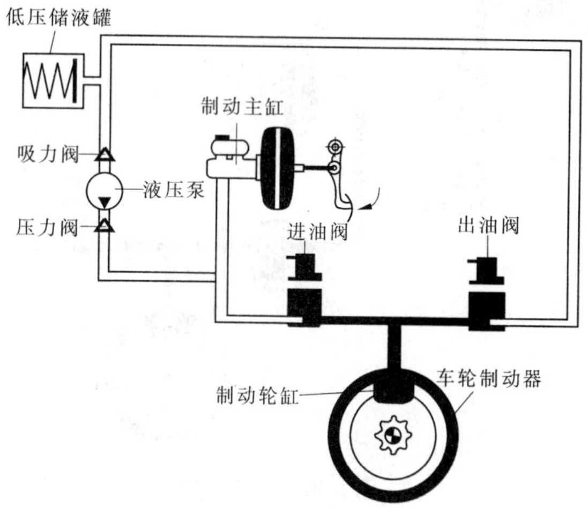

图 4-34　油压保持

3. 油压降低

若制动压力保持不变,车轮有抱死趋势,ABS ECU 给出油阀通电,打开出油阀,系统油压通过低压储液罐降低油压,进油阀继续通电,保持关闭状态,有抱死趋势的车轮被释放,车轮转速开始上升。与此同时,电动液压泵开始启动,将制动液由低压储液罐送至制动主缸,如图 4-35 所示。

4. 油压增加

为了使制动最优化,当车轮转速增加到一定值后,电子控制单元将出油阀断电,关闭此阀门,进油阀同样也不带电而打开,电动液压泵继续工作,将低压储液罐中的制动液泵入液压制动系统,如图 4-36 所示。随着制动压力的增加,车轮转速又降低。这样反复循环地控

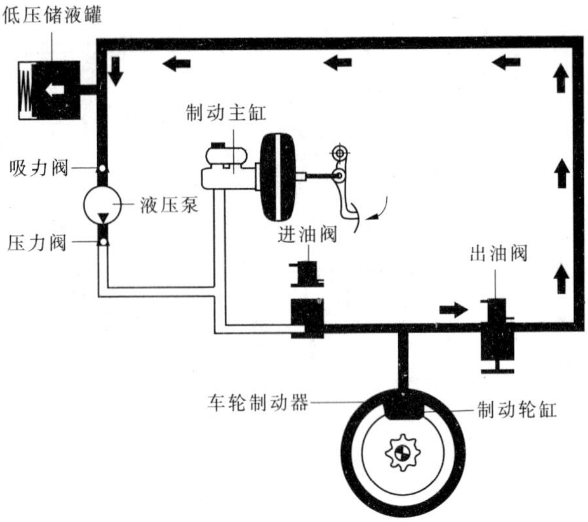

图 4-35　油压降低

制(工作频率为 5 ~ 6 次/s),将车轮的滑移率始终控制在 20% 左右。

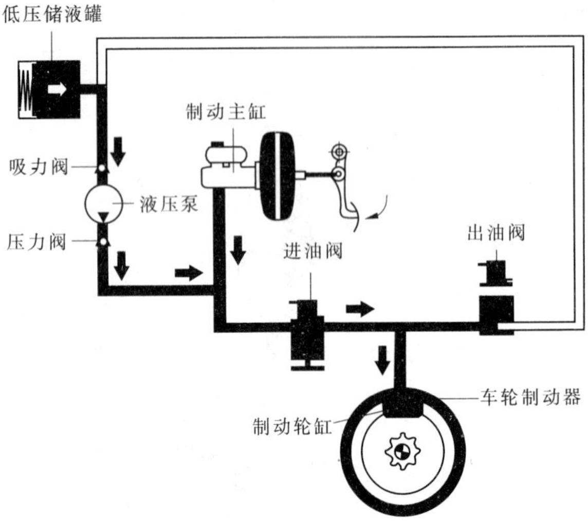

图 4-36　油压增加

如果 ABS 出现故障,进油阀始终常开,出油阀始终常闭,使常规液压制动系统继续工作而 ABS 不工作,直到 ABS 故障排除。

提示:此处可结合实物进行讲解。

(三)故障警告灯

ABS 在仪表板及仪表板附加部件上装有两个故障警告灯,一个是 ABS 警告灯(K47),另一个是制动装置警告灯(K118)。

两个故障警告灯正常点亮的情况是:当点火开关打开时启动,至自检结束(大约 2 s);在拉紧驻车制动装置时,警告灯(K118)点亮。如果上述情况下灯不亮,说明故障警告灯本身或线路有故障。

如果 ABS 警告灯常亮,说明 ABS 出现故障;如果制动装置警告灯常亮,说明制动液缺乏。

第三节　ABS 的使用与检修

一、使用装备 ABS 的车辆时的注意事项

(1)要保持足够的制动距离。

(2)切忌反复踩制动踏板。踩下制动踏板时,应使施加在制动踏板上的力持续且稳定。

(3)ABS 在正常工作时,会产生液压工作噪声和制动踏板震颤,这属于正常现象。在紧急制动时,应直接将加速踏板踩到底,且不放松。

(4)不要忘记控制方向盘。

(5)在行车中,应留意仪表板上 ABS 警告灯的情况,如发现闪烁或长亮,说明已不具备 ABS 功能,但常规制动系统仍起作用,应尽快到修理厂检修。

(6)要保持轮速传感器探头及齿圈的清洁。

(7)严格按规定的轮胎气压标准加气,同时要保持同轴轮胎气压的均衡,严禁使用不同规格的轮胎。

(8)ABS 对制动液的要求非常高。

因为 ABS 要以 7 ~8 次的频率进行减压、保压、增压的循环工作,所以对制动液的要求如下:

①沸点高,保证制动时不会产生“气阻”。

②运动黏度要低,以保证制动时反应及时。

③对金属橡胶无腐蚀性。

④能长期保存,性能稳定。

添加或更换制动液时,应严格按照车辆使用说明书上的要求,禁止掺杂不同型号的制动液。一定严格按厂家规定的型号更换制动液,用错制动液会造成制动元件过度磨损和其他情况。

二、ABS 检修的注意事项

目前,大多数 ABS 都具有很高的工作可靠性,通常无须对其进行定期的特别维护,但在使用、维护和检修过程中,应特别注意以下几个方面:

(1)制动系统发生故障由 ABS 警告灯和制动装置警告灯指示。有时,ABS 警告灯和制动装置警告灯不亮,但制动效果仍不理想,则可能是系统放气不干净或常规制动系统中存在故障。

(2)制动不良时,应先区分是机械故障还是 ABS 故障。

鉴别方法:让汽车以常规制动方式工作,如制动不良故障消失,则说明故障在 ABS,如制动不良故障依然存在,则为机械故障。

操作方法:拆下 ABS 继电器线束插接器或 ABS 制动压力调节器电磁阀线束插接器,使 ABS 制动压力调节器电磁阀不能通电工作。

(3)确定为 ABS 故障后,应首先对 ABS 的外观进行检查,检查制动油路、泵及阀有无泄

漏,导线的接头和插接器有无松脱,蓄电池电压是否亏电。在检查线路故障时,不应漏检保险器。

(4)若外观检查正常,应用故障诊断仪或人工调取的方式查询故障代码,检查故障所在。

提示:不要轻易拆检 ECU 和液压控制器件,如果怀疑其有问题,可用替换法检查。

(5)在蓄电池电压低时,系统将不能进入工作状态,因此要注意对蓄电池的电压进行检查,特别是当汽车长时间停驶后初次启动时更要注意。

(6)不要使车轮转速传感器和传感器齿圈沾染油污或其他脏物,否则,车轮转速传感器产生的车轮转速信号就可能不够准确,从而影响系统控制精度,甚至使系统无法正常工作。另外,不要敲击转速传感器,否则,很容易导致传感器发生消磁现象,从而影响系统的正常工作。

(7)由于在很多具有防抱死制动功能的制动系统中都有供给防抱死制动压力调节所需能量的蓄能器。所以,在对这类制动系统的液压系统进行维修作业时,应首先使蓄能器中的高压制动液完全释放,以免高压制动液喷出伤人。在释放蓄能器中的高压制动液时,先将点火开关断开,然后反复地踩下和放松制动踏板,直到制动踏板难以踩下。另外,在制动液压系统完全装好以前,不能接通点火开关,以免电动机通电运转。

(8)大多数制动防抱死系统中的车轮转速传感器、电子控制装置和制动压力调节装置都是不可修复的,如果发生损坏,应该进行整体更换。

(9)在对制动液压系统进行维修以后,或者在使用过程中发觉制动踏板特别容易踩下时,应按照要求的方法和顺序对制动系统进行空气排除。

排气顺序为右后轮—左后轮—右前轮—左前轮。

(10)应尽量选用汽车生产厂推荐的轮胎,如要使用其他型号的轮胎,应该选用与原车所用轮胎的外径、附着性能和转动惯量相近的轮胎,但不能混用不同规格的轮胎,因为这样会影响制动防抱死系统的控制效果。

(11)在警告灯持续点亮的情况下进行制动时,应注意控制制动强度,以免因制动防抱死系统失效而使车轮过早发生制动抱死。

三、制动液的选用、更换及补充

具有防抱死制动功能的制动系统所选用的制动液必须具有恰当的黏度、较高的沸点、更强的抗氧化性能、不能对橡胶件产生较强的膨胀作用、对金属的腐蚀性较弱等特点,以免因制动液发生汽化使制动系统产生“气阻”等。

根据以上特点,对于具有防抱死制动功能的制动系统都推荐选用 DOT3 或 DOT4 制动液。尽管 DOT5 制动液具有更高的沸点,但是由于 DOT5 是硅基制动液,会对橡胶件产生较强的损害。因此,在具有防抱死制动功能的制动系统中,一般不推荐选用 DOT5 制动液。

由于 DOT3 和 DOT4 是醇基制动液,具有较强的吸湿性,随着使用时间的延长,其中的含水量会不断增多。当制动液中含有较多的水分时,不仅会使制动压力调节装置中的精密零件发生锈蚀,还使制动液的黏度变大,影响其在制动系统中的流动,特别是在寒冷的气候条件下迟缓,导致制动距离的延长。另外,制动液中的含水量会对制动液的沸点产生非常明显的影响。所以,随着制动液中含水量的增大,制动系统就很容易发生“气阻”现象。DOT3和 DOT4 制动液一般经过 12 个月的使用以后,其中的含水量平均可达 3%。因此,建议对具有防抱死制动功能的制动系统每隔 12 个月更换一次制动液。在对具有液压动力或助力的制动系统进行制动液更换或补充时,由于储液器中可能储存有制动液,因此在更换或补充制动液时,应按以下步骤进行:

(1)将新制动液加到储液器的最高液位标记处;

(2)如果需要对制动系统中的空气进行排除,应按规定的程序进行;

(3)将点火开关置于点火位置,反复地踩下和放松制动踏板,直到电动泵开始运转;

(4)待电动泵停止运转后,对储液器中的液位进行检查;

(5)如储液器中的制动液液位在最高液位标记以上,先不要泄放过多的制动液,而应重复上述的第(3)、(4)步骤;如储液器中的制动液液位在最高液位标记以下,应向储液器再次补充新的制动液,使储液器中的制动液位达到最高标记处,但切不可将制动液加注到超过储液器的最高液位标记,否则,当蓄能器的制动液排出时,制动液可能会溢出储液器。

在具有防抱死制动功能的制动系统中,制动防抱死系统的电子控制装置通常根据液位开关输入的信号对储液器的制动液液位进行监测。当制动液液位过低时,制动防抱死系统将会自动关闭。因此,应定期对储液器中的制动液液位进行检查,并及时补充制动液。压力警示开关如图 4-37 所示。

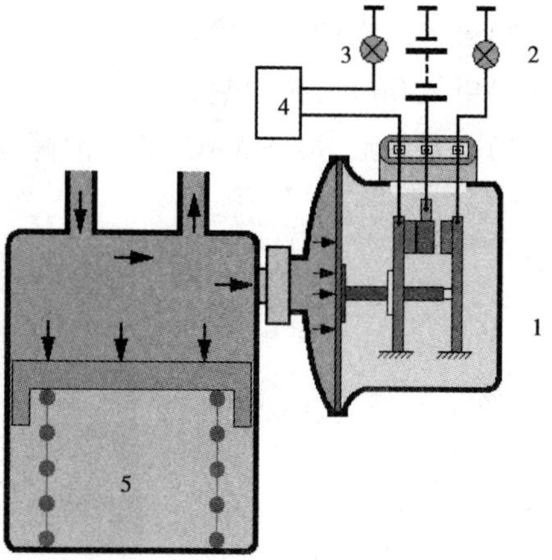

1—压力警示开关;2—制动装置警告灯;
3—ABS 警告灯;4—ECU;5—蓄能器

图 4-37　压力警示开关

四、ABS 的故障自诊断

(一)ABS 的自检

点火开关一接通,ECU 就立即对其外部电路进行自检。两个故障警告灯正常点亮的情况是:当点火开关打开时启动,至自检结束(大约 2 s);在拉紧驻车制动装置时,REAK 警告灯点亮,ABS 警告灯亮后,又熄灭。如果上述情况下灯不亮,说明故障警告灯本身线路有故障;如果 ABS 故障灯常亮,说明 ABS 出现故障;如果制动装置警告灯常亮,说明制动液缺乏。

发动机启动后,车速第一次达到 60 km/h 时,ABS 完成自检。

在自检过程中发现异常或在工作中 ABS 工作失常,ECU 就停止使用 ABS,同时制动警告灯亮起,并储存故障代码。

(二)故障代码调取与清除

不种车型,故障代码显示方式不尽相同,大致有以下三种:

(1)仪表板上的警告灯闪烁,或 ECU 盒上的发光二极管闪烁,直接显示故障代码。

(2)将检查插接器或 ECU 机盒上的有关插孔跨接,使仪表板上的 ABS 灯闪烁,显示故障代码。

(3)使用专用故障检测仪器读取故障代码。

目前,常用的检修仪器主要有大众公司的 VAG 1552 专用诊断仪,大众公司的 VAS 5052 专用诊断仪,丰田车系专用诊断测试仪,修车王电脑诊断仪,金德 K80、K81 多功能诊断仪,金奔腾中文 1552 诊断仪,数字电流表等。

1.仪器解码

以使用 VAG 1552 故障诊断仪检修桑塔纳 2000GSI ABS 为例,来说明仪器解码的操作方法。

1)VAG 1552 故障诊断仪的操作方法

(1)在断电情况下,将 VAG 1552 故障诊断仪与诊断插座连接后,打开点火开关。

(2)键入 03 后,按 Q 键,即进入 ABS 工作环境。

(3)键入所需的功能代码。

(4)键入 06 后,按 Q 键,退出。

(5)在断电后,拆下 VAG 1552 故障诊断仪。

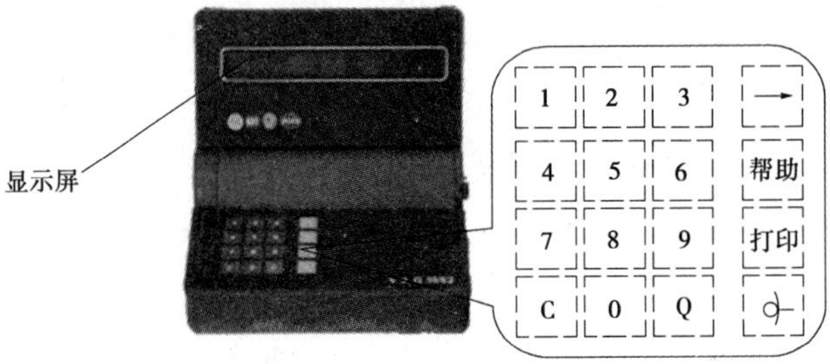

图 4-38 大众 VAG 1552 故障诊断仪

2)功能简介

功能 01——状态信息显示;功能 02——故障查询;功能 03——液压控制单元诊断;功能 04——加液排气;功能 05——清除故障代码;功能 06——结束,退出;功能 07——控制器编码;功能 08——测量数据显示(如轮速信号等)。

3)功能键

C 键——取消,更改输入数据及当前菜单;Q 键——确认输入;→键——下一步;帮助键——帮助信息。

4)查询和清除故障代码

在功能选择处输入 02,按 Q 键将显示故障数量。之后按→键,将依次显示每一故障的故障代码和内容。

在功能选择处输入 05,按 Q 键即可清除故障代码。如果故障代码无法清除,表示这个故障代码代表的故障一直存在。如果存储的故障可以消除,表示这是一个偶发性故障,须在实车行驶时才能重新检测到。

故障代码的显示方式如表 4-1 所示。

表 4-1　故障代码显示方式

系统问题		显示代码
目前没有问题 （ABS 警告灯不亮）	以前不曾发生	无故障代码
	以前曾发生	偶发性故障代码
故障仍存在 （ABS 警告灯亮）		非偶发性故障代码
		偶发性故障代码和非偶发性故障代码

查询故障代码的具体操作步骤如下所述：

（1）将 VAG 1552 故障诊断仪与诊断接口相连接（见图 4-39），如果屏幕上无显示，则应检查自诊断的插口，打开点火开关，屏幕显示：

图 4-39　VAG 1552 故障诊断仪与诊断接口的连接

Test of vehicle systems Insert address word XX	HELP
汽车系统测试 输入地址指令 XX	帮助

（2）输入地址码 03（制动电子系统）。屏幕显示：

Test of vehicle systems 03—Brake electronics	Q
汽车系统测试 03——制动电子系统	确认

（3）按 Q 键确认。屏幕显示：

3A0 907 379 ABS ITT AE 20 GI VOD	
Coding 04505	WCS XXXXX
3A0 907 379 ABS ITT AE 20 GI VOD	
编码 04505	WCS XXXXX

其中:3A0 907 379 ABS 为控制单元零件号;ITT AE 20 GI 为公司 ABS 产品型号;VOD 为软件版本;Coding 04505 为控制单元编码号;WCS XXXXX 为维修站代码。

(4)按→键,屏幕显示:

Test of vehicle systems	HELP
Select function XX	
汽车系统测试	帮助
选择功能 XX	

(5)输入地址码 02(查询故障代码)。屏幕显示:

Test of vehicle systems	Q
02—Interrogate fault memory	
汽车系统测试	确认
02——查询故障代码	

(6)按 Q 键确认。然后,在显示器上出现所存储的故障数量,或者“未发现故障”字样。

X faults recognized
发现 X 个故障

No faults recognized
未发现故障

(7)按→键,所显示的故障依次显示出来。故障显示完毕后,按→键返回初始位置。

清除故障代码和结束输出的具体操作步骤如下所述:

(1)查询故障代码后,屏幕显示:

Test of vehicle systems	HELP
Select function XX	
汽车系统测试	帮助
选择功能 XX	

(2)输入地址码 05(清除故障代码)。屏幕显示:

Test of vehicle systems 05—Erase fault memory	Q
汽车系统测试 05——清除故障代码	确认

(3)按 Q 键确认,屏幕显示:

Test of vehicle systems Fault memory is erased!	HELP
汽车系统测试 故障存储已被清除!	帮助

(4)按→键,如果在屏幕上出现显示"Attention! Fault memory has not been interrogated"(注意!故障存储未被查询),则检测过程有缺陷,应遵循正确的检测过程,即先查询,再清除故障代码。屏幕显示:

Test of vehicle systems Select function XX	HELP
汽车系统测试 选择功能 XX	帮助

(5)输入地址码 06(结束输出)。屏幕显示:

Test of vehicle systems 06—end output	Q
汽车系统测试 06——结束输出	确认

(6)按 Q 键确认。屏幕显示:

Test of vehicle systems Enter address XX	HELP
汽车系统测试 输入地址指令 XX	帮助

(7)输入地址码 02(查询故障代码)。关闭点火开关,拔下 VAG 1552 故障诊断仪的插头。打开点火开关后,ABS 的警告灯(K47)和制动系警告灯(K118)亮约 2 s 后必须熄灭。

故障代码调取后,按 Esc 键回到主菜单。关闭 VAG 1552 故障诊断仪开关,关闭点火开关。桑塔纳 2000GSI 轿车 ABS 故障代码的调取与清除工作结束后,将进行具体的故障排除工作。

MK20－Ⅰ型ABS的故障代码、故障原因及故障排除方法如表4-2所示。

表4-2　MK20－Ⅰ型ABS的故障代码、故障原因及故障排除方法

故障代码	故障原因	故障排除方法
无故障	如果在维修完毕后,用VAG 1552故障诊断仪查询故障后未发现故障,自诊断结束。 如果屏幕中显示出“未发现故障”字样,但ABS不能正常工作,则按以下步骤操作: (1)以大于20 km/h的车速,进行紧急制动试车; (2)重新用VAG 1552故障诊断仪查询故障,仍无故障显示; (3)在无自诊断的情况下,着手寻找故障,全面进行电气检查	
65535	电子控制单元故障	更换电子控制单元
01276	ABS液压泵(V64)与ABS连接线路对正极、对地短路及开路或液压泵马达故障	检查线路 03功能(最终控制诊断)
00283	左前轮转速传感器(G47)触点开路或松动; 左前轮转速传感器电路短路; 转速传感器和齿圈的间隙超差(信号不正常)	检查转速传感器与控制单元的线路和连接插头; 检查转速传感器和齿圈的安装间隙; 08功能(读取测量数据块)
00285	右前轮转速传感器(G45)触点开路或松动; 左前轮转速传感器电路短路; 转速传感器和齿圈的间隙超差(信号不正常)	检查转速传感器与控制单元的线路和连接插头; 检查转速传感器和齿圈的安装间隙; 08功能(读取测量数据块)
00290	左后轮转速传感器触点开路或松动; 左前轮转速传感器电路短路; 转速传感器和齿圈的间隙超差(信号不正常)	检查转速传感器与控制单元的线路和连接插头; 检查转速传感器和齿圈的安装间隙; 08功能(读取测量数据块)
00287	右后轮转速传感器触点开路或松动; 左前轮转速传感器电路短路; 转速传感器和齿圈的间隙超差(信号不正常)	检查转速传感器与控制单元的线路和连接插头; 检查转速传感器和齿圈的安装间隙; 08功能(读取测量数据块)
01044	ABS编码错误(ABS 25针插头触点6和22)	检查插头线束的线路
00668	供电端子30号线路、连接插头、保险丝故障	检查控制单元供电线路、保险丝和连接插头
01130	ABS工作信号超差,可能有外界干涉信号源的电气干涉(高频发射,例如非绝缘的点火电缆线)	步骤:检查所有线路连接对正极或对地的短路;清除故障代码;车速大于20 km/h的紧急制动试车;再次查询故障代码

2. 人工解码

1)故障代码的调取

(1)将点火开关置于OFF位置,打开发动机盖,找到ABS制动系统故障诊断座连接器的WA和WB端子,抽出短接插销,如图4-40所示。

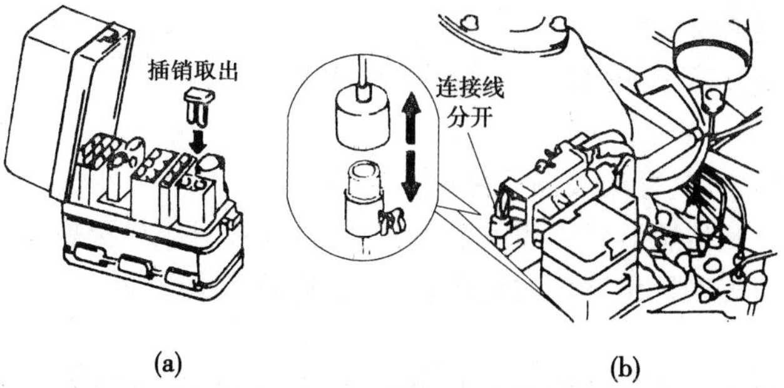

图 4-40 维修插接器插头

(2)用专用跨接线跨接诊断座中的 TC 和 EI 端子,如果 ABS 有故障,ABS 警告灯在 4 s 后闪烁故障代码。

(3)将点火开关置于点火位置(ON),以正确的方法取读警告灯或发光二极管的闪烁次数,读出故障代码。

故障代码为两位数,第一次闪烁的为故障代码的十位数,停顿 1.5 s 后闪烁的为个位数。如果 ABS 有多个故障,系统会停顿 2.5 s 后继续闪烁第二个故障代码,所有故障代码完全显示以后,系统停顿 4 s,将从第一个故障代码开始重复显示,如图 4-41 所示。

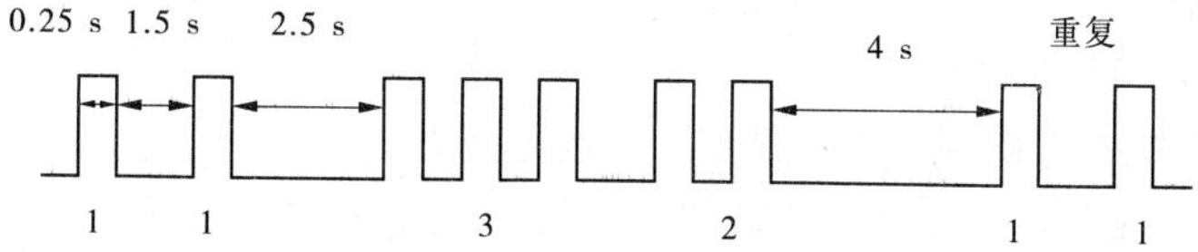

图 4-41 故障代码输出波形

如果 ABS 正常,ABS 警告灯会以每隔 0.25 s 的频率闪烁。ABS 正常时输出波形如图 4-42 所示。

2)清除故障代码的方法

(1)汽车停稳;

(2)诊断座 TC 与 EI 端子跨接;

(3)维修连接器接头分开或 WA 与 WB 之间的短接插销拔出;

(4)点火开关接通。

在以上条件下,3 s 内连续踩制动踏板 8 次,即可消除故障代码。

故障代码消除后,将 TC 与 EI 端子跨接线拆去,将维修连接器接头插好或 WA 与 WB 之间的短接插销插好。

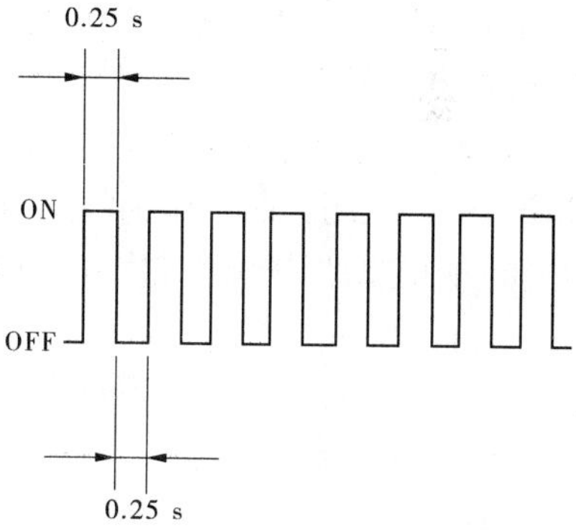

图 4-42 ABS 正常时输出波形

五、ABS 故障的一般检查方法

(一)轮速传感器故障的检查

1. 常见故障

(1)感应线圈短路、断路或接触不良。

(2)齿圈有缺损或脏物。

(3)探头部分安装不牢或磁极与齿圈之间有脏物。

2. 检查方法

(1)直观检查传感器、导线及插接件有无松动。

(2)用电阻表检测传感器感应线圈电阻,电阻过大或过小应更换。

(3)用交流电压表测量传感器的输出信号电压,车轮转动时,应为 2 V 以上,随转速的增大而升高。

(4)用示波器检测传感器的输出信号电压波形,正常的波形应是均匀稳定的正弦电压波形。

(二)ECU 的检查

(1)检查 ECU 线束插接器、连接导线有无松动。

(2)检查 ECU 线束插接器各端子的电压值、波形或电阻,如与标准值不符,且与之相连的部件和线路正常,应更换 ECU 后再试。

(3)直接采用替换法检验,即在检查其他部件无故障时,可用新的 ECU 代替,如故障消失,则为 ECU 故障。

(三)压力调节器的检查

常见故障:电磁线圈不良,阀有泄漏。

故障检查方法如下所述:

(1)用电阻表检查电磁线圈的电阻,若电阻无穷大或过小,则电磁阀有故障。

(2)加电压试验,将电磁阀加上其工作电压,如不能正常动作,则应更换。

(3)解体后检查。

(四)ABS 控制继电器的检查

常见故障:触点接触不良,继电器线圈不良。

检查方法如下所述:

(1)对继电器施加正常工作电压,若能正常动作,则测继电器触点间的电压和电阻。正常情况下,触点闭合时电压为零。电压大于 0.5 V,则说明触点接触不良。

(2)继电器线圈电阻应在正常范围内。

思考练习题

一、选择题

1. 为保证传感器无错误信号输出,安装轮速传感器时,应保证其传感器头与齿圈间留有一定的空气隙,约为(　　)。

A. 5 mm　　B. 1 mm　　C. 0.01 mm　　D. 1 μm

2. 下列叙述不正确的是(　　)。

A. 制动时,转动方向盘,则会感到转向盘有轻微的振动

B. 制动时,制动踏板会有轻微下沉

C. 制动时,ABS 继电器不断动作,这也是 ABS 起作用的正常现象

D. 装有 ABS 的汽车，在制动后期不会出现车轮抱死现象

3. 当滑移率为 100% 时，横向附着系数降为(　　)。

A. 100%　　B. 50%　　C. 0　　D. 以上答案均不正确

4. 循环式制动压力调节器是在制动主缸与制动轮缸之间(　　)一个电磁阀，直接控制轮缸的制动压力。

A. 串联　　B. 并联　　C. 都可以　　D. 以上答案均不正确

5. 循环式制动压力调节器在减压过程中，电磁阀处于“减压”位置，此时电磁线圈的通入电流为(　　)。

A. 0　　B. 较小电流　　C. 最大电流　　D. 以上答案均不正确

二、判断题

1. 纵向附着系数在滑移率为 50% 左右时最大。(　　)

2. 地面制动力的最大值等于制动器制动力。(　　)

3. 汽车前轮上的传感器一般固定在车轮转向架上，转子安装在车轮轮毂上，与车轮同步转动。(　　)

4. 在可变容积式压力调节器中，常规制动时，电磁线圈无电流通过。(　　)

5. 在可变容积式压力调节器中，减压时，电磁线圈无电流通过。(　　)

6. 制动压力调节器的功用是接收 ECU 的指令，通过电磁阀的动作来实现车轮制动器制动压力的自动调节。(　　)

7. 评价制动性能的指标主要有制动效能和制动稳定性。(　　)

8. 四传感器四通道/四轮独立控制的 ABS 的制动距离最适合，但操纵性不好。(　　)

三、问答题

1. 按不同的分类方式，可将 ABS 分为哪些种类？

2. 如何调取与清除丰田车系的故障代码？

3. 故障代码的显示方式有哪几种？

第五章 电控驱动防滑/牵引力控制系统(ASR/TRC)

【学习目标】

掌握驱动防滑控制系统的基本原理;掌握驱动防滑控制系统的基本组成及各部件的结构和功能;掌握驱动防滑控制系统与制动防抱死系统的异同。

【导入】

案例一:

一场大雪过后,马路上结了一层薄冰,一辆后轮驱动的豪华车起步时左右摇摆,先后“抽”了旁边的车“几记耳光”之后,横着停在了路边。

案例二:

大雪过后,车主开着奥迪 A6 还像平时一样加速、制动,但和平时不同的是,车主感到油门不像以往那样灵敏,有时还有点车子加不上油的感觉。偶尔地,车主还觉得前轮在不停地自动点刹车。同时,仪表板上的黄色警告灯在闪烁。

案例分析:

案例一中的豪华车没有配备驱动防滑控制系统(ASR),案例二中的奥迪 A6 配备了驱动防滑控制系统,而车主在雪后驾驶感觉不同于平时正是 ASR 起作用的表现。

思考:

驱动防滑控制系统是如何起防滑作用的?驱动防滑控制系统起作用时,为什么会有车子加不上油和制动系统点刹的现象?

第一节 概 述

一、ASR 的理论基础

汽车驱动防滑控制系统简称 ASR,是继制动防抱死系统之后应用于车轮防滑的电子控制系统。ASR 的基本功能是防止汽车在加速过程中打滑,特别是防止汽车在非对称路面或在转弯时驱动轮的空转,以保持汽车行驶方向的稳定性、操纵性和维持汽车的最佳动力,提高汽车的平顺性。

所谓汽车打滑,有两种情况,一是汽车制动时车轮的滑移,二是汽车驱动时车轮的滑转。ABS 是防止制动时车轮抱死而滑移,ASR(TRC)则是防止驱动车轮原地不动而不停地滑转。用 S 表示驱动时的滑转率,可用下面的公式来表达:

$$S = \frac{V_c - V}{V_c} \times 100\%$$

式中 V——车身瞬时速度;

V_c——车轮圆周速度。

从式中可以看出，当 V 为 0（即汽车原地不动），V_c 不为 0 时，则汽车处于完全滑转状态。图 5-1 所示为滑转率与附着系数之间的关系，由图中可以看出：

（1）附着系数随路面的不同而有大幅度的变化。

（2）在各种路面上，当滑转率为 20% 左右时，附着系数达到峰值。

（3）上述趋势，无论是在制动还是在驱动时都几乎一样。

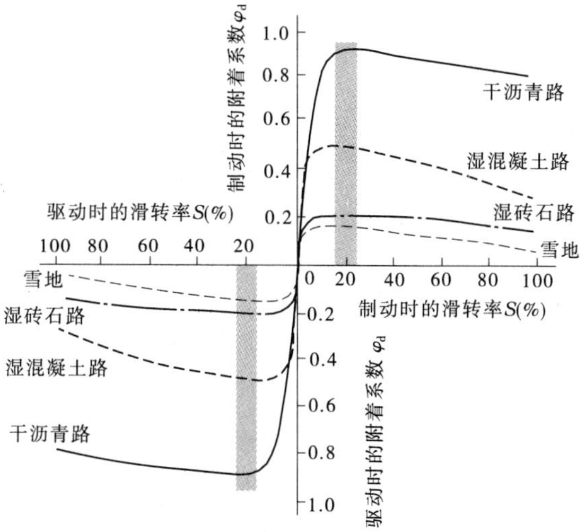

图 5-1　滑转率与附着系数之间的关系

二、ASR 与 ABS 的比较

ASR 和 ABS 都是控制车轮和路面的滑移率，以使车轮与地面的附着力不降低，因此两系统采用的是相同的技术，它们密切相关，常结合在一起使用，共享许多电子组件和共同的系统部件来控制车轮的运动，构成行驶安全系统。

ASR 与 ABS 的不同主要有以下几点：

（1）ABS 用于防止制动时车轮抱死滑移，提高制动效果，确保制动安全；ASR（TRC）则用于防止驱动车轮原地不动而不停的滑转，提高汽车起步、加速及在滑溜路面行驶时的牵引力，确保行驶稳定性。

（2）ABS 对所有车轮起作用，控制其滑移率；而 ASR 只对驱动车轮起制动控制作用。

（3）ABS 是在制动时，车轮出现抱死情况下起控制作用，在车速很低（小于 8 km/h）时不起作用；而 ASR 则是在整个行驶过程中都工作，在车轮出现滑转时起作用，当车速很高（80 ~ 120 km/h）时不起作用。

第二节　ASR 的结构与工作原理

一、ASR 的控制方式

ASR 和 ABS 都是通过控制滑转率 S，并将其控制在理想范围内，达到控制目标的。虽然控制参数相同,但控制方式却各有不同。常见 ASR 的控制形式主要有以下几种。

(一)发动机输出功率控制

在汽车起步、加速时,若加速踏板踩得过猛,会因驱动力过大而出现两边的驱动车轮都出现滑转的情况。这时,ASR 控制器输出控制信号,控制发动机输出功率,以抑制驱动轮滑转。常用的方法有辅助节气门控制、燃油喷射量控制和延迟点火控制。

(二)驱动轮制动力控制

这种控制方式是直接对发生空转的驱动轮加以制动,反应时间最短。为使制动过程平稳,应缓慢升高制动力。

采用这种控制方式的 ASR 液压系统可分为两大类。一类是 ASR 与 ABS 的组合结构。在 ABS 中增加电磁阀和调节器,从而增加了驱动控制功能。另一类是在 ABS 的液压装置和轮缸之间增加一个单独的 ASR 液压装置。从发展趋势上看,ASR 与 ABS 组合的液压控制系统将被普遍采用。

(三)同时控制发动机输出功率和驱动轮制动力

控制信号同时启动 ASR 制动压力调节器和辅助节气门调节器,在对驱动车轮施加制动力的同时,减小发动机的输出功率,以达到理想的控制效果。

(四)防滑差速锁(LSD,Limited Slip Differential)控制

LSD 能对差速器锁止装置进行控制,使锁止范围在 0% ~100%。当驱动轮单边滑转时,控制器输出控制信号,使差速锁和制动压力调节器动作,控制车轮的滑转率。这时,非滑转车轮还有正常的驱动力,从而提高了汽车在滑溜路面的起步、加速能力及行驶方向的稳定性。

在差速器向驱动轮输出驱动力的输出端,设置一个离合器,通过调节作用在离合器片上的液压压力,便可调节差速器的锁止程度。防滑差速锁如图 5-2 所示。

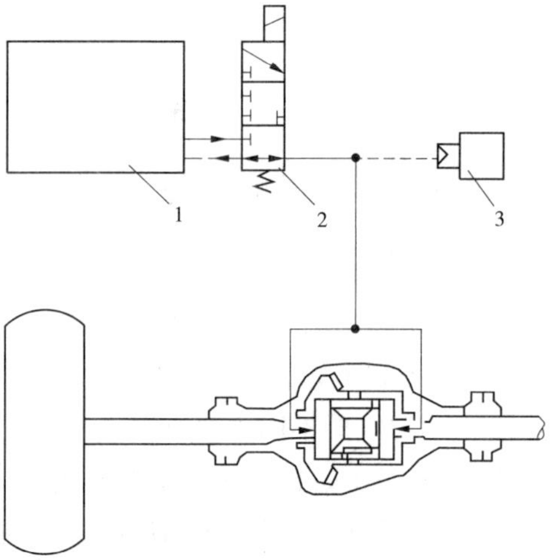

1—压力调节器;2—电磁阀;3—压力传感器

图 5-2　防滑差速锁

(五)差速锁与发动机输出功率综合控制

差速锁制动控制与发动机输出功率综合控制相结合的控制系统,可根据发动机的状况和车轮滑转的实际情况,采取相应的控制,达到最理想的控制效果。

二、ASR 的基本组成及原理

(一)ASR 的基本组成

ASR 的基本组成如图 5-3 所示,包括传感器、ECU 和执行机构等。

图 5-4 所示为一典型的具有制动防抱死和驱动防滑功能的系统。其中,ASR 与 ABS 共用车轮转速传感器和电子控制单元,只是在通往驱动车轮制动轮缸的制动管路中增设了一个防滑制动压力调节器,在加速踏板控制的主节气门上方增设了一个由步进电机控制的副节气门,并在主、副节气门处各设置一个节气门开度传感器。

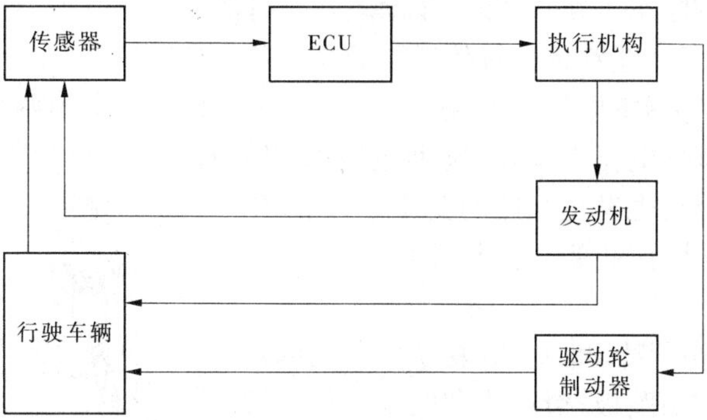

图 5-3　ASR 的基本组成

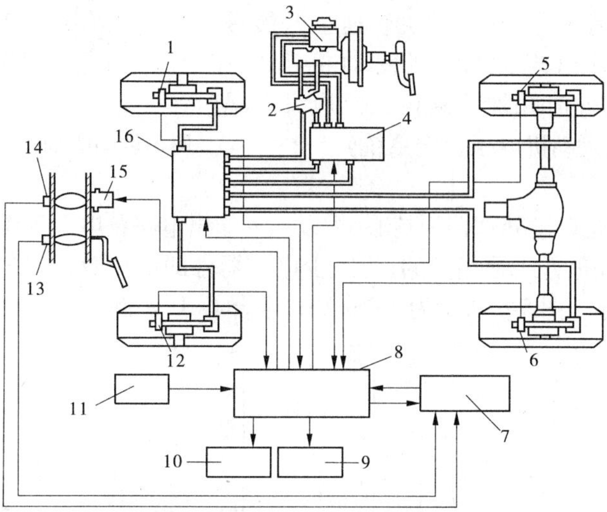

1—右前车轮转速传感器;2—比例阀和差压阀;3—制动主缸;4—ASR 制动压力调节器;
5—右后车轮转速传感器;6—左后车轮转速传感器;7—发动机/变速器电子控制单元;
8—ABS/ASR 电子控制单元;9—ASR 关闭指示灯;10—ASR 工作指示灯;11—ASR 选择开关;
12—左前车轮转速传感器;13—主节气门开度传感器;14—副节气门开度传感器;
15—副节气门驱动步进电机;16—ABS 制动压力调节器

图 5-4　典型 ABS/ASR 的组成

1. ASR 的传感器

ASR 的传感器主要有轮速传感器和节气门开度传感器。轮速传感器与 ABS 共享,而节气门开度传感器则与发动机电子控制系统共享。除上述传感器外,ASR 还有专用的信号输入装置,即 ASR 选择开关,将 ASR 选择开关关闭,ASR 就不起作用。比如,在需要将汽车驱动车轮悬空转动,来检查汽车传动系统或其他系统故障时,ASR 有可能对驱动车轮施以制动,影响故障的检查。这时,关闭 ASR 开关,中止 ASR 的作用,就可避免这种影响。

在电控油门控制装置中,从油门踏板到汽油机节气门之间的机械连接被电控油门所取代,由油门踏板位置传感器监测油门踏板位置信息,送给发动机 ECU,发动机 ECU 和 ASR ECU 互相通信,从而进行喷油量控制和滑移率控制。所以,在 ASR 系统中,油门踏板位置传感器与发动机电子控制系统共享。ASR 方向盘转角传感器与电动助力转向系统共享,配合轮速传感器使用，以判断车子在转弯时，驱动轮是否打滑。

这里详细介绍一下加速踏板位置传感器的结构及工作原理。

加速踏板位置传感器主要用于电控节气门装置中。该传感器由两个无触点线性电位器传感器组成，在同一基准电压下工作，基准电压由 ECU 提供(一般为 5 V)。随着加速踏板位置的改变，电位器阻值也发生线性的变化，由此产生反映加速踏板下踏量大小和变化速率的电压信号，并输入 ECU。

如图 5-5 所示为帕萨特 B5 1.8T 发动机所用的加速踏板位置传感器，它由踏板、滑动片和两个踏板位置传感器组成。如果一个传感器信号失真或中断，而另一个传感器处于怠速位置，则发动机进入怠速工况；若另一个传感器是负荷工况，则发动机转速上升缓慢。若两个传感器同时出现故障，则发动机高怠速(1 500 r/min)运转，此时踩加速踏板无反应，EPC 灯亮(EPC 为大众车的发动机电子稳定系统)。

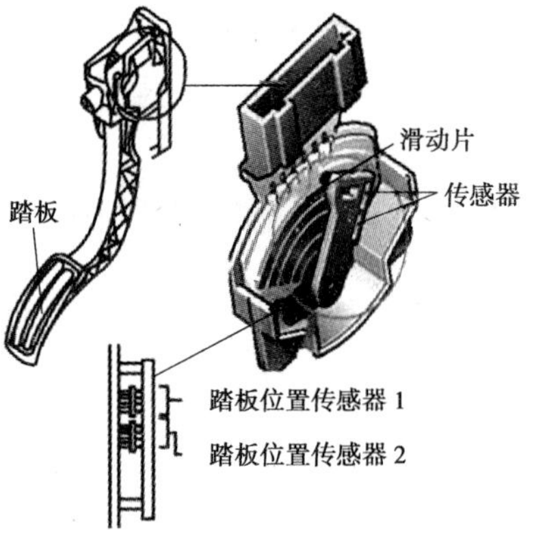

图 5-5　帕萨特 B5 加速踏板位置传感器

2. ASR 的 ECU

ASR 的 ECU 也是以微处理器为核心，配以输入输出电路及电源等组成的。ASR 与 ABS 的一些信号输入和处理方式是相同的，为减少电子器件的应用数量，ASR 控制器与 ABS 电控单元常组合在一起。图 5-6 所示为 ABS/ASR 组合 ECU 实例。

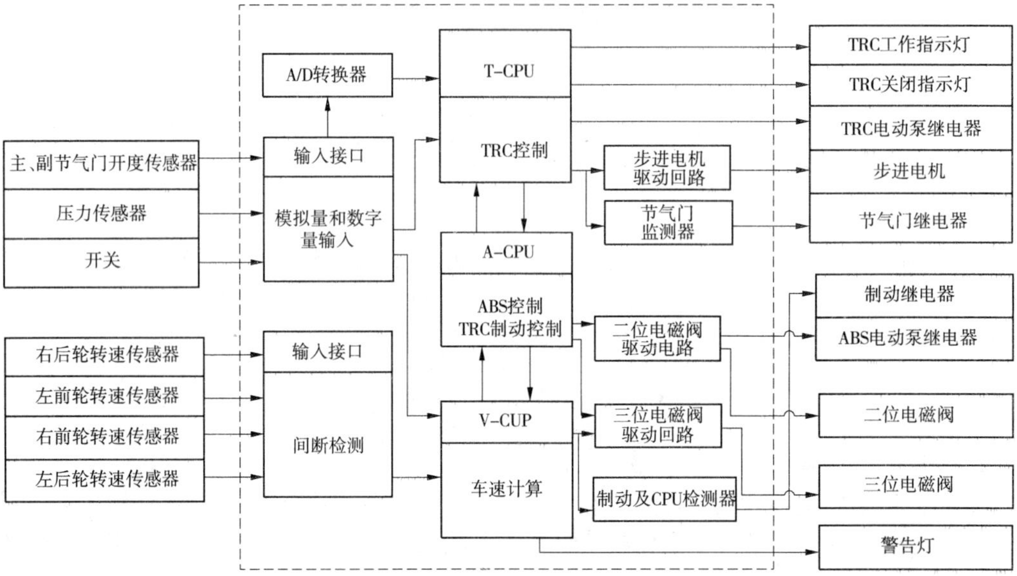

图 5-6　ABS/ASR 组合电子控制单元(ECU)

3. ASR 的执行机构

因 ASR 系统的控制对象主要有两个：一个是对驱动轮施加制动；另一个控制的是节气门开度。所以，ASR 的执行机构主要是制动压力调节器和节气门驱动装置。

1)制动压力调节器

ASR 制动压力调节器执行 ASR ECU 的指令，对滑转车轮施加制动力和控制制动力的大小，以使滑转车轮的滑转率控制在目标范围之内。ASR 制动压力源是蓄能器，通过电磁阀来调节驱动车轮制动压力的大小。ASR 制动压力调节器的结构形式有单独式和组合式两种。

a. 单独式的 ASR 制动压力调节器

所谓单独式是指 ASR 制动压力调节器和 ABS 制动压力调节器在结构上各自分开。如图 5-7 所示，它包含两个调压缸、两个三位三通电磁阀、高压蓄能器、增压泵、压力控制开关和储液器等。ASR ECU 通过控制电磁阀实现对驱动轮制动力的控制。以下是其工作原理：

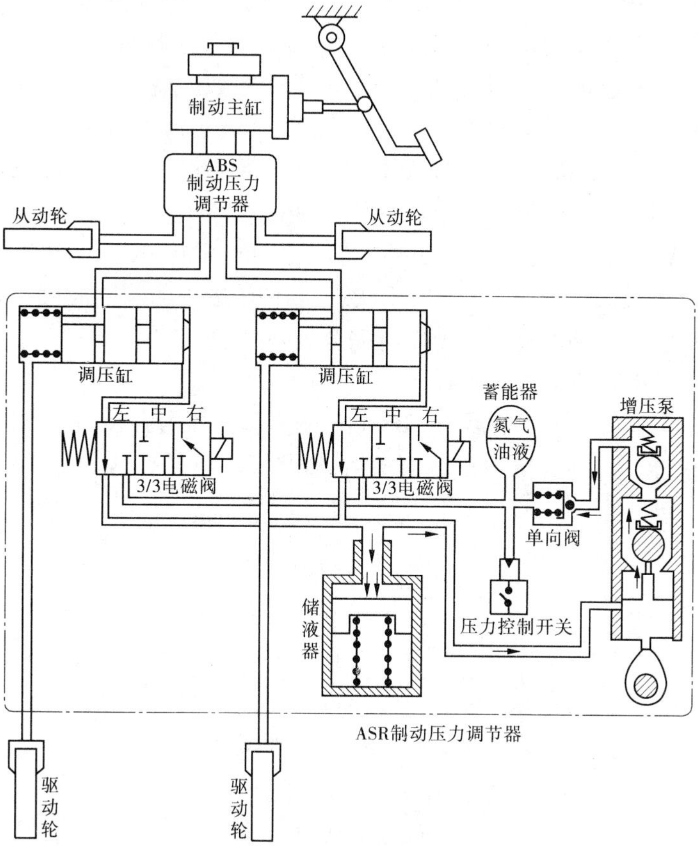

图 5-7　单独式的 ASR 制动压力调节器

（1）正常制动时，ASR 不起作用，此时电磁阀不通电，阀在弹簧作用下处于左位，接通调压缸右腔与储液器的泄压油路，在回位弹簧的作用下，调压缸右腔泄压，而使其移至右极限位置。制动液在刹车踏板力的作用下，从 ABS 制动压力调节器出来，经过调压缸活塞左边的油孔直接通向驱动轮的制动器，ABS 不受 ASR 的影响，正常工作。

（2）起步或加速工况下，若 ASR ECU 判定驱动轮出现滑转，需要对其施加制动，ASR ECU 使电磁阀通电，阀移至右位，接通蓄能器至调压缸右腔的增压油路，在增压泵及蓄能器中压缩氮气的作用下，制动液推动调压缸活塞左移，当活塞刚好堵住进油口时，左腔制动液被封死，此时，驱动轮的制动器没有制动力。当增压泵继续增压，推动活塞继续左移时，活塞左腔的制动液即被压出至轮缸，使驱动轮制动器的制动力逐渐增加，驱动轮的轮速逐渐降低。此阶段为增压阶段。

(3)当 ASR ECU 判定需要保持两驱动轮的制动力矩时,就使电磁阀通过较小的电流,此时阀在中位,调压缸右腔与通向储液器的泄压油路和通向蓄能器的增压油路都隔断,于是活塞保持原位不动,制动压力保持不变。此阶段为保压阶段。

(4)当 ASR ECU 判定需要减小两驱动轮的制动力矩时,将电磁阀断电,阀回左位,使调压缸右腔与通向蓄能器的增压油路隔断而与通向储液器的泄压油路相通,于是调压缸右腔压力下降,回位弹簧将其活塞往右推,左腔体积逐渐增大,使轮缸的压力逐渐降低,制动压力下降,驱动轮转速上升。此阶段为减压阶段。

综上所述,在 ASR 制动压力调节过程中,ASR 电子控制装置根据车轮转速传感器输入的车轮转速信号,对驱动轮的运动状态进行连续监测,通过控制两个三位三通电磁阀的通电情况,使驱动轮制动轮缸的制动压力循环往复地进行"增压、保压、减压"过程,结合电磁阀的位置和制动压力变化可总结为"右增、中保、左减"。当遇到非对称路面或转弯时,要对两驱动轮的制动力矩进行不同控制,此时 ASR 电子控制装置就对两个三位三通电磁阀分别进行控制,对两后轮制动轮缸的制动压力进行各自独立的调节。

当 ASR 电子控制装置判定无需对驱动轮实施驱动防滑控制时,ASR ECU 使各个电磁阀均不再通电,各电磁阀恢复到图 5-7 中所示状态,制动轮缸中的制动液可经调压缸活塞左边的油孔流回制动主缸,驱动轮的制动力矩将完全消除。

b. 组合式的 ASR 制动压力调节器

组合式的 ASR 制动压力调节器与 ABS 制动压力调节器组合在同一结构中,它包含三位三通电磁阀、蓄能器、增压泵、压力控制开关等,如图 5-8 所示。这种组合式的 ASR 制动压

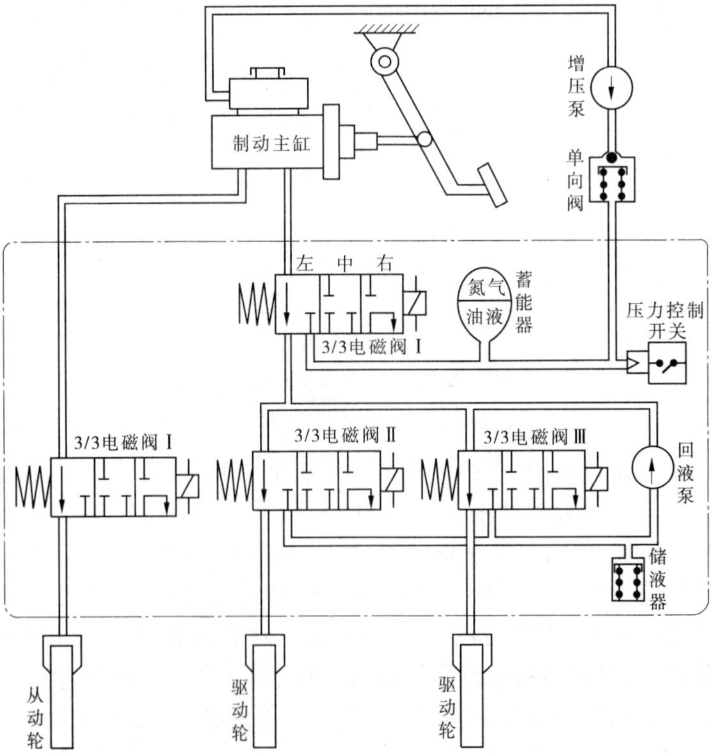

图 5-8 组合式的 ABS/ASR 制动压力调节器

力调节器的工作过程如下：

（1）正常制动时，ASR 不起作用。电磁阀Ⅰ不通电，在弹簧的作用下，始终保持在左位，接通制动主缸与电磁阀Ⅱ、Ⅲ的油路。此时，ABS 起制动作用，并通过电磁阀Ⅱ和电磁阀Ⅲ来调节制动压力。

（2）驱动轮滑转时，ASR 控制器使电磁阀Ⅰ通电，阀移至右位，电磁阀Ⅱ和电磁阀Ⅲ不通电，阀仍在左位，于是，蓄能器的压力油流入驱动轮轮缸，制动压力增大，轮速下降。

（3）需要保持驱动轮制动压力时，ASR 控制器使电磁阀Ⅰ通较小的电流，阀至中位，隔断通向蓄能器的增压油路及通向制动主缸的泄压通路，驱动轮制动轮缸的压力保持不变。

（4）需要减小驱动轮制动压力时，ASR 控制器使电磁阀Ⅱ和电磁阀Ⅲ通电，阀移至右位，接通驱动车轮制动轮缸与储液器的泄压通道，制动压力下降，轮速上升。

由上述可见，组合式的 ABS/ASR 制动压力调节器相比单独式的 ASR 制动压力调节器使用零配件更少，结构更简单，占用空间更小，控制更灵活精准。因此，组合式的 ABS/ASR 制动压力调节器得到更广泛的应用。

2）节气门驱动装置

ASR 通过改变发动机辅助节气门的开度来控制发动机的输出功率。在 ASR 不起作用时，辅助节气门处于全开的位置。当需要减小发动机的驱动力来控制车轮滑转时，ASR 控制器就输出控制信号，使辅助节气门驱动装置工作，改变辅助节气门的开度，从而达到控制发动机的输出功率、抑制驱动车轮滑转的目的，如图 5-9 所示。

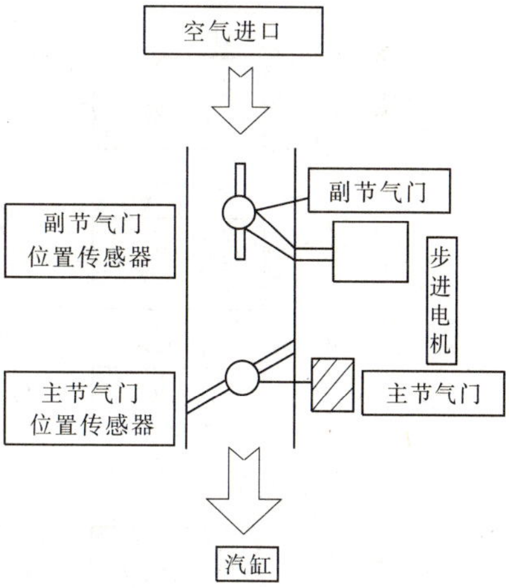

图 5-9　辅助(副)节气门进行防滑控制的示意图

节气门驱动装置一般由步进电机和传动机构组成。步进电机根据 ASR 控制器输出的控制脉冲转动规定的角度，通过传动机构带动辅助节气门转动。

目前，在各种车型上装备的 ASR 的具体结构和工作过程不尽相同，但在以下几个方面却是相同的：

（1）ASR 可以由驾驶员通过 ASR 选择开关对其是否进入工作状态进行选择。在 ASR 进行防滑调节时，ASR 工作指示灯会自动点亮。如果通过 ASR 选择开关将 ASR 关闭，ASR 关闭指示灯会自动点亮。

（2）如采用副节气门调节装置（丰田车系），ASR 处于关闭状态时，副节气门将自动处于全开位置。ASR 制动压力调节装置也不会影响制动系统的正常工作。

（3）如果在 ASR 处于防滑调节过程中驾驶员踩下制动踏板进行制动，ASR 将会自动退出防滑调节过程，而不影响制动过程的进行。

（4）ASR 通常只在一定的车速范围内才进行防滑调节，而当车速达到一定的值（80 ~ 120 km/h）后，ASR 将会自动退出防滑调节过程。

（5）ASR 在其工作车速范围内，通常具有不同的优先选择性。在车速较低时，以提高牵引力作为优先选择。此时，对两驱动轮施加的制动力矩可以不同，即对两驱动轮制动轮缸的制动压力进行独立调节。而在车速较高时，则以提高行驶方向稳定性为优先选择，此时，对两驱动轮施加的制动力矩将是相同的，即对两驱动轮制动轮缸的制动压力进行同一调节。

（6）ASR 都具有自诊断功能。一旦发现存在影响系统正常工作的故障，ASR 将会自动关闭，并向驾驶员发出警示信号。

（二）ASR 的基本原理

轮速传感器将行驶车辆的驱动车轮转速及非驱动车轮转速转变为电信号，输送给电控单元 ECU。ECU 根据轮速传感器的信号，计算驱动车轮的滑转率，若滑转率超限，控制器再综合考虑节气门开度信号、发动机转速信号、转向信号等因素确定控制方式，输出控制信号，使相应的执行机构动作，将驱动车轮的滑转率控制在目标范围内。ASR 的基本原理框图如图 5-10 所示。

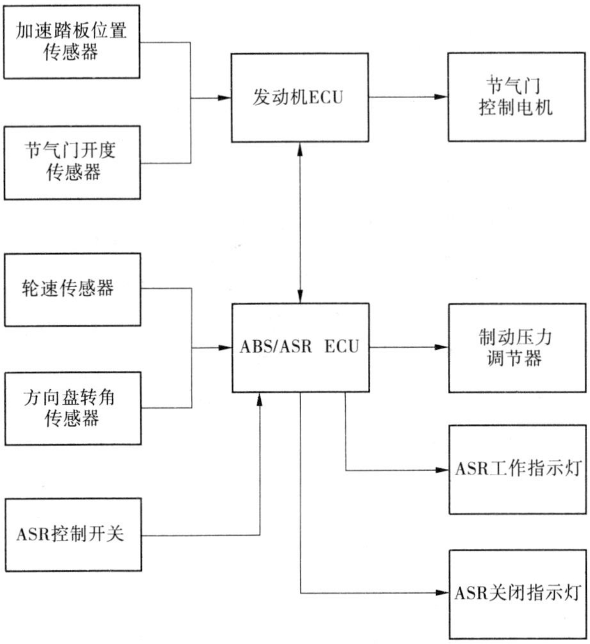

图 5-10　ASR 的基本原理框图

第三节　ASR/TRC 的使用与检修

一、典型的 ASR——丰田车系 ABS/TRC

丰田公司把 ASR 称作牵引力或驱动力控制系统，常用 TRC 表示。它是由 ECU（与 ABS 共用）、轮速传感器（与 ABS 共用）、ASR 制动压力调节器（单独式）、副节气门（步进电机驱动）和节气门开度传感器（主、副节气门各一个）等组成的。它的特点在于：有两个节气门，主节气门是传统的拉索式节气门，由加速踏板通过拉索直接控制，副节气门是电子节气门，由 ECU 控制，并通过步进电机驱动，如图 5-11 所示。

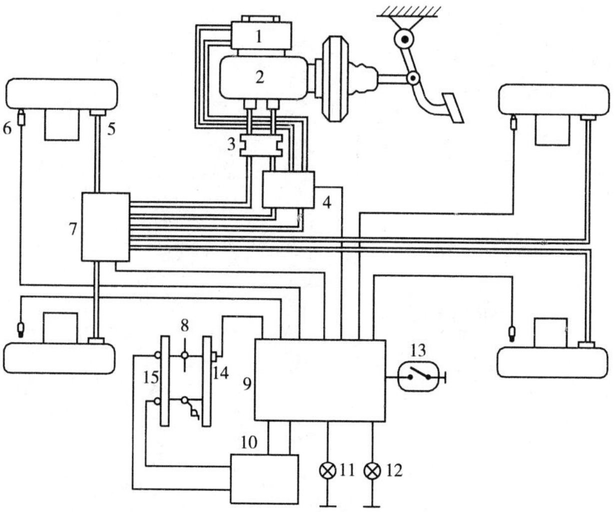

1—储液罐;2—制动主缸;3—比例阀;4—ASR 制动压力调节器;5—制动轮缸;
6—轮速传感器;7—ABS 制动压力调节器;8—主、副节气门;9—ABS/TRC ECU;
10—发动机 ECU;11—ASR 工作指示灯;12—ASR 关闭指示灯;
13—ASR 控制开关;14—步进电机;15—节气门开度传感器

图 5-11 丰田车系 ABS/TRC 系统

ECU 根据各轮速传感器的信号,确定驱动轮的滑转率和汽车的参考速度。当 ECU 判定驱动轮的滑转率超过设定的门限值时,就使驱动副节气门的步进电机转动,减小节气门的开度。此时,即使主节气门的开度不变(即油门踏板位置不变),发动机的进气量也会减少,使输出功率减小,驱动轮上的驱动力矩就会随之减小。如果驱动轮的滑转率仍未降低到设定的控制范围内,ECU 将会控制 TRC 制动压力调节装置和 ABS 制动调节压力装置,对驱动轮施加一定的制动压力,使制动力矩作用于驱动轮,从而实现驱动防滑的控制。

(一)ABS/TRC 液压系统的基本组成

ABS/TRC 液压系统的基本组成如图 5-12 所示。可将它的工作情况简单地归纳如下(图 5-12 中电磁阀均为不通电状态):

(1)当需要对驱动轮施加制动力矩时,TRC 的 3 个电磁阀都通电。

(2)当需要对驱动轮保持制动力矩时,ABS 的 2 个电磁阀通较小电流。

(3)当需要对驱动轮减小制动力矩时,ABS 的 2 个电磁阀通较大电流。

(4)当无需对驱动轮施加制动力矩时,各个电磁阀都不通电,且 ECU 控制步进电机转动,使副节气门保持全开。

(二)TRC 系统执行器

1. TRC 液压制动执行器

TRC 液压制动执行器主要包括制动供能总成和电磁控制阀总成两部分,其构造如图 5-13、图 5-14 所示。

TRC 制动供能总成通过管路与制动主缸储液罐和 TRC 电磁控制阀总成相连。TRC 制动供能总成主要由电动供液泵和蓄压器组成,电动供液泵将制动液自储液罐泵入蓄能器中,使蓄能器中制动液的压力保持在一定范围之内,作为驱动防滑制动介入时的制动能源。

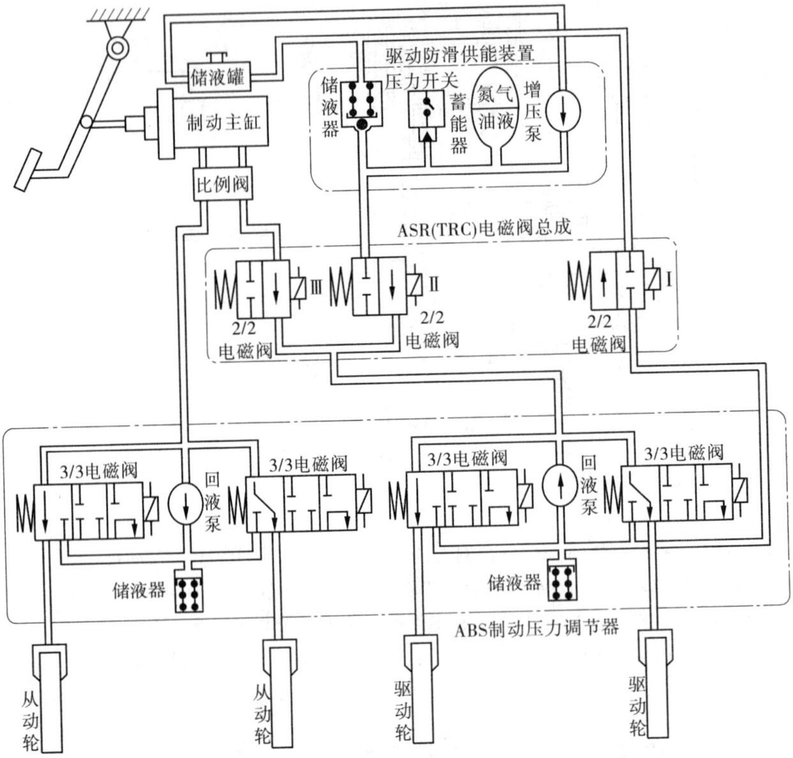

图 5-12　丰田车系 ABS/TRC 液压系统的基本组成

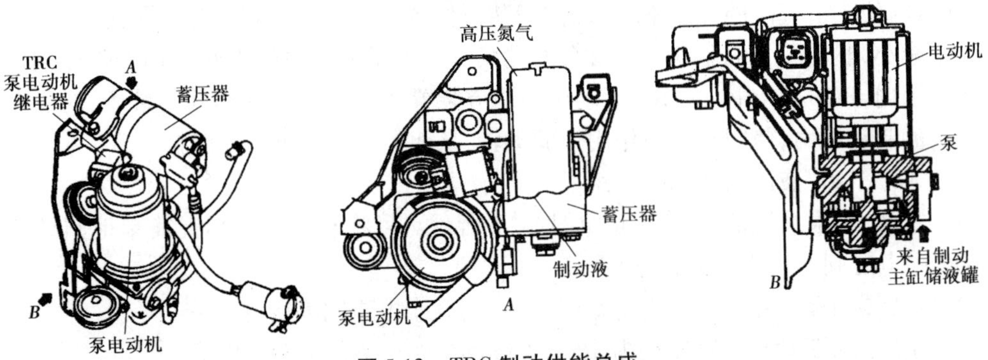

图 5-13　TRC 制动供能总成

TRC 电磁控制阀总成通过管路与制动主缸、ABS 制动压力调节装置和 TRC 制动供能总成相连。TRC 电磁控制阀总成主要由制动储液罐切断电磁阀、蓄压器切断电磁阀和制动主缸切断电磁阀组成，在未进行驱动防滑制动介入时，3 个切断电磁阀均不通电，制动主缸切断电磁阀处于流通状态，将制动主缸至制动压力调节装置中后调压电磁阀的制动液通路导通，蓄压器切断电磁阀处于断流状态，将 TRC 制动供能总成至制动压力调节装置中后调压电磁阀的制动液通路封闭，储液罐切断电磁阀也处于断流状态，将制动压力调节装置中后调压电磁阀至储液罐的制动液通路封闭。

2. 副节气门及其驱动机构

副节气门执行器依据 ECU 的信号控制副节气门的开闭角度，从而控制进入发动机的空

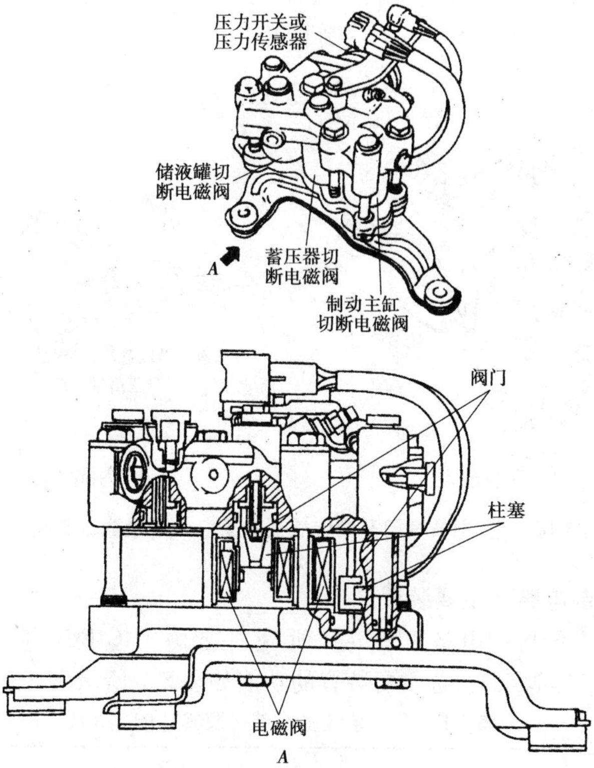

图 5-14　TRC 电磁控制阀总成

气量，达到控制发动机输出功率的目的。其工作情况如图 5-15 所示。在步进电机未通电时，副节气门将处于全开位置，此时，发动机的进气量由驾驶员通过加速踏板操纵拉索式主节气门进行控制。在节气门壳体上设置两个分别监测主、副节气门开度的传感器（见图 5-16），

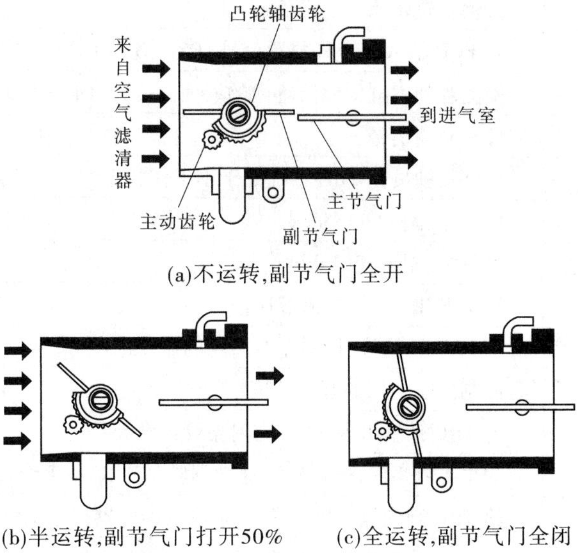

图 5-15　TRC 系统工作时副节气门运转状况

将其检测的信号输入到发动机和变速器电子控制装置，发动机和变速器电子控制装置又将节气门的开度信号输入到ABS/TRC电子控制装置。

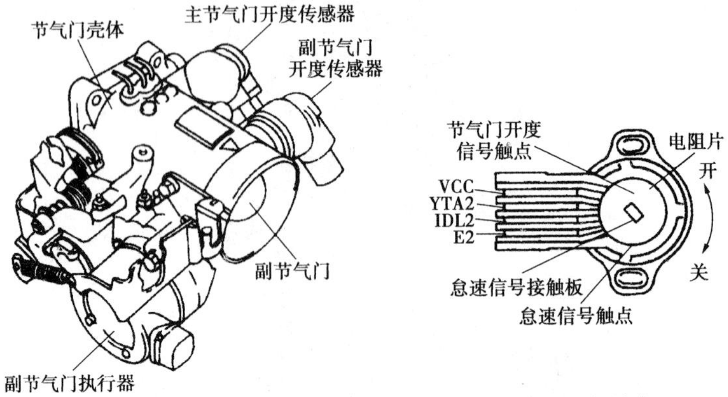

(a) 安装位置　　(b) 内部结构

图5-16　主、副节气门开度传感器的安装位置及内部结构

(三)TRC系统控制电路及主要装置

丰田公司的TRC系统控制电路如图5-17所示，主要由TRC ECU、制动执行器、继电器、传感器及副节气门执行器等组成，各主要装置的功能如表5-1所示。

表5-1　TRC系统主要装置及其功能

主要装置	功能
ECU	1)根据各轮速传感器信号、节气门开度信号，判断汽车行驶条件，然后向副节气门执行器及TRC制动执行器传送控制信号； 2)若TRC系统出现故障，该装置就打开TRC警告灯，提醒驾驶员； 3)当记录故障代码后，它通过代码来显示各种故障
前后传感器	检测车轮转速
空挡启动开关	向ECU输入变速杆位置信号(P位、N位)
制动液面指示灯	检测制动主缸中储液罐内的液面高度，并向ECU输送该信号
制动灯开关	检测制动信号
TRC切断开关	允许驾驶员让TRC系统处于不工作状态
发动机ECU	接收主、副节气门信号
主、副节气门开度传感器	检测主、副节气门开度信号
TRC制动执行器	根据ECU信号，提供液压信号
ABS执行器	根据ECU信号，控制左右后轮的制动液压
副节气门执行器	控制副节气门的开启角度
TRC警告灯	若TRC系统出现故障，则闪亮警告驾驶员
TRC关闭指示灯	如果控制系统出现故障，通知驾驶员TRC不工作
TRC制动主继电器	给TRC制动执行器及TRC泵电机继电器提供电流
TRC泵电机继电器	给TRC泵电机提供电流
TRC节气门继电器	通过控制单元给副节气门执行器提供电流

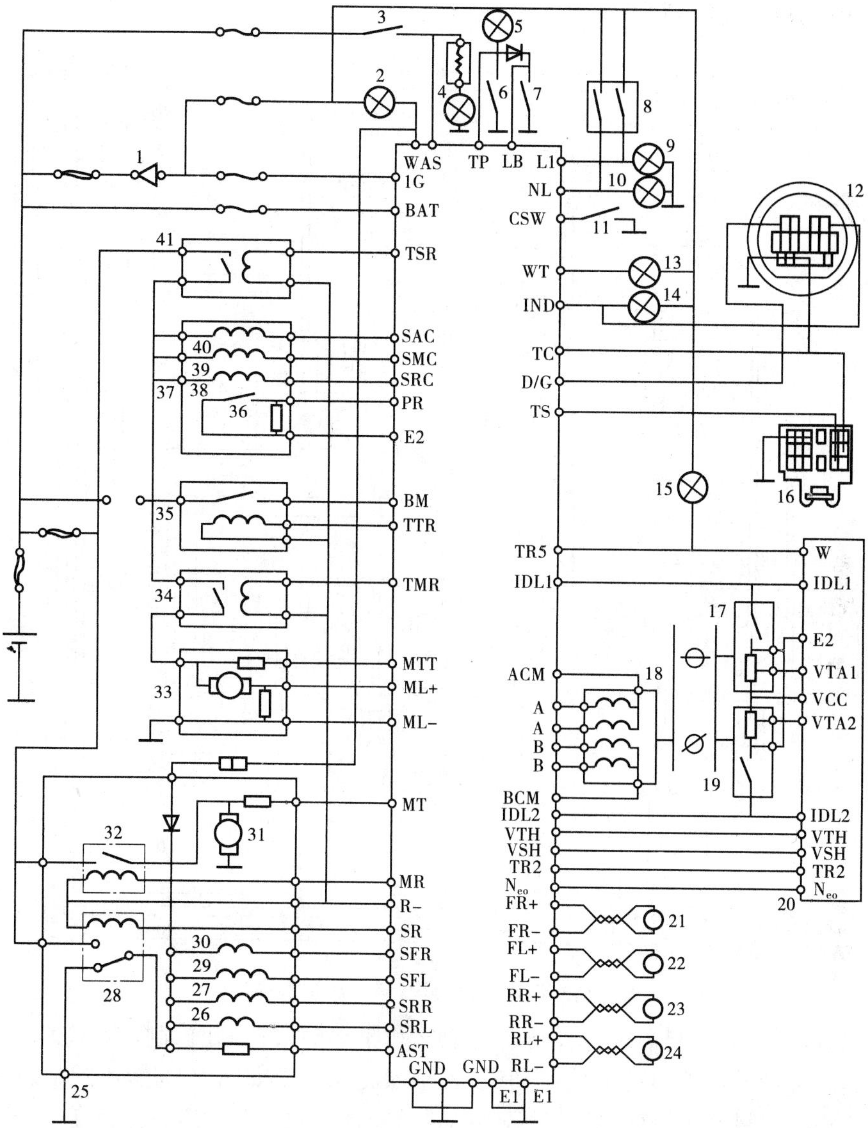

1—点火开关；2—ABS 警告灯；3—制动灯开关；4—制动灯；5—制动警告灯；6—驻车制动开关；
7—储液罐液位开关；8—空挡启动开关；9—P 位指示灯；10—N 位指示灯；11—TRC 关闭开关；
12—诊断插头Ⅰ；13—TRC 关闭指示灯；14—TRC 工作指示灯；15—发动机警告灯；
16—诊断插头Ⅱ；17—主节气门开度传感器；18—副节气门控制电动机；19—副节气门开度传感器；
20—发动机和变速器电子控制单元；21—右前轮转速传感器；22—左前轮转速传感器；
23—右后轮转速传感器；24—左后轮转速传感器；25—制动压力调节装置；26—左后调压电磁阀；
27—右后调压电磁阀；28—调压电磁阀继电器；29—左前调压电磁阀；30—右前调压电磁阀；
31—电动回液泵；32—电动回液泵继电器；33—TRC 电动供液泵；34—TRC 电动供液泵继电器；
35—副节气门控制步进电机继电器；36—压力开关；37—TRC 隔离电磁阀总成；38—储液罐隔离电磁阀；
39—制动主缸隔离电磁阀；40—蓄能器隔离电磁阀；41—TRC 制动主继电器

图 5-17　丰田 ABS/TRC 系统控制电路

(四)丰田 ABS/TRC 系统的工作过程

丰田 ABS/TRC 防滑控制系统如图 5-18 所示。

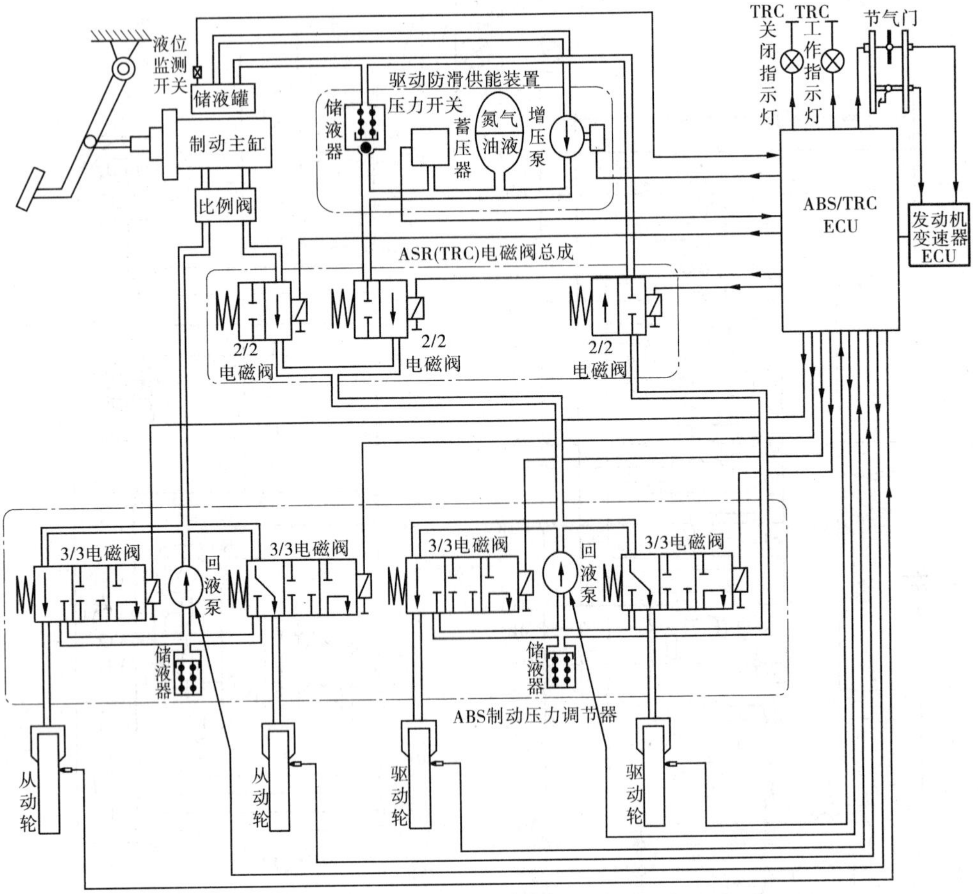

图 5-18　丰田 ABS/TRC 防滑控制系统

在 ABS/TRC 防滑控制系统进行制动防抱死和驱动防滑控制时,制动压力调节装置和 TRC 电磁阀总成中的各个电磁阀均不通电,各个电磁阀处于如图 5-18 所示的状态:制动主缸至各制动轮缸的制动液通路都处于畅通状态;蓄压器中制动液的压力保持在一定范围内,副节气门控制步进电机不通电,副节气门保持在全开位置。

在踩下制动踏板进行制动时,制动主缸输出的制动液将通过各调压电磁阀进入各制动轮缸,各制动轮缸的制动压力随制动主缸的输出压力而变化。在制动过程中,ABS/TRC 电子控制装置根据车轮转速传感器输入的车轮转速信号,判定有车轮趋于制动抱死时,ABS/TRC 防滑控制系统就进入制动防抱死控制过程。当 ABS/TRC 电子控制装置判定需要减小某一制动轮缸的制动压力时,该制动轮缸的调压电磁阀通过较大的电流,使制动主缸至该轮缸中的部分制动液流入相应的储液器中,该制动轮缸的制动压力将随之减小。与此同时,ABS/TRC 电子控制装置使电动回液泵通电运转,将流入储液器的制动液泵回制动主缸。当 ABS/TRC 电子控制装置判定需要保持某一制动轮缸的制动压力时,将该制动轮缸的调压电磁阀通过较小的电流,使调压电磁阀将该制动轮缸至制动主缸和相应储液器的制动液通路封闭，该制动轮缸的制动压力保持一定。当 ABS/TRC 电子控制装置判定需要增大某一制动轮缸的制动压力时，将该制动轮缸至相应储液器的制动液通路封闭，制动主缸输出的制动液就会进入该制动轮缸，该制动轮缸的制动压力随之增大。

在驱动过程中，ABS/TRC 电子控制装置根据车轮转速传感器输入的车轮转速信号，判定驱动车轮的滑转率超过控制门限时，ABS/TRC 防滑控制系统就进入驱动防滑控制过程，ABS/TRC 电子控制装置将使副节气门控制步进电机通电转动，将副节气门的开度减小，减少发动机的进气量，使发动机的输出转矩减小。当 ABS/TRC 电子控制装置判定制动主缸切断电磁阀处于断流状态，而使蓄压器切断电磁阀和储液罐切断电磁阀处于流通状态时，蓄压器中具有压力的制动液就会进入驱动轮制动轮缸，驱动轮制动轮缸的制动压力随之增大。在驱动防滑制动介入过程中，ABS/TRC 电子控制装置可以像制动防抱死控制一样，通过独立地控制两个后调压电磁阀的通过电流，对两个驱动轮制动轮缸的制动压力进行增大、保持和减小调节。

二、典型的 ASR——戴维斯 MK4 防滑控制系统

戴维斯 MK4 防滑控制系统具有制动防抱死和驱动防滑两种功能。戴维斯 MK4 在美国通用、福特和克莱斯勒三大汽车公司的轿车上都有应用，欧洲、日本汽车也有采用。

戴维斯 MK4 主要由车轮转速传感器、ECU、制动压力调节装置、制动防滑系统开关、制动开关、制动踏板行程传感器、主继电器、电动泵继电器等组成。戴维斯 MK4 在 4 个车轮上各安装一个电磁感应式车轮转速传感器，各车轮的转速信号由传感器输入到 ECU。

制动防滑系统开关装在仪表板上，驾驶员可以通过制动防滑系统开关向 ECU 输入使驱动防滑系统工作或关闭的选择信号。制动开关固定在制动踏板上，踩下制动踏板时，制动开关闭合，ECU 将使驱动防滑系统退出驱动防滑过程。在制动过程中，ECU 通过制动踏板行程传感器对制动踏板的行程进行监测。当制动踏板的行程达到一定位置时，ECU 使制动压力调节装置中的电动泵通电运转，将制动液自储液器泵入制动主缸，使制动踏板回升到正常高度。

当点火开关接通时，如果制动防抱死系统处于正常状态，主继电器将处于激励状态，将蓄电池电压加在 ECU 的工作电压输入端子、制动压力调节装置中各个电磁阀电磁线圈的一端和电动泵继电器电磁线圈的一端上；如果系统因故障退出工作状态，主继电器将处于非激励状态，不再将蓄电池电压供给系统，并使制动防抱死系统警告灯的一端接地，将制动防抱死系统警告灯点亮。电动泵继电器由 ECU 控制，向电动泵供给蓄电池电压。

ECU 通过“55”脚插头与相关的电气元件相连，通过对 4 个车轮转速传感器输入的车轮转速信号进行处理，对汽车运动状态进行监测，必要时通过对制动压力调节装置中相应的电磁阀进行控制，实现制动防抱死或驱动防滑的制动压力调节。ECU 还对系统的状态进行监测，保证系统的正常工作。当系统存在影响其正常工作的故障时，ECU 将会关闭系统，并使制动防抱死系统警告灯点亮。ECU 中有两个完全相同的微处理器，对相同的输入信号进行相同的处理，通过比较处理结果，判断处理结果是否正确。如果两个微处理器的处理结果不相同，ECU 就将系统关闭。

制动压力调节装置主要由 8 个二位二通调压电磁阀、2 个二位二通隔离电磁阀、电动柱塞泵、储液器、液位开关和电动泵运转传感器等组成，电动泵运转传感器产生的信号输入到 ECU，供 ECU 监测电动泵的运转情况。制动压力调节装置组成一个整体，通过制动管路与

制动主缸的各制动轮缸连接，制动液压系统如图 5-19 所示。

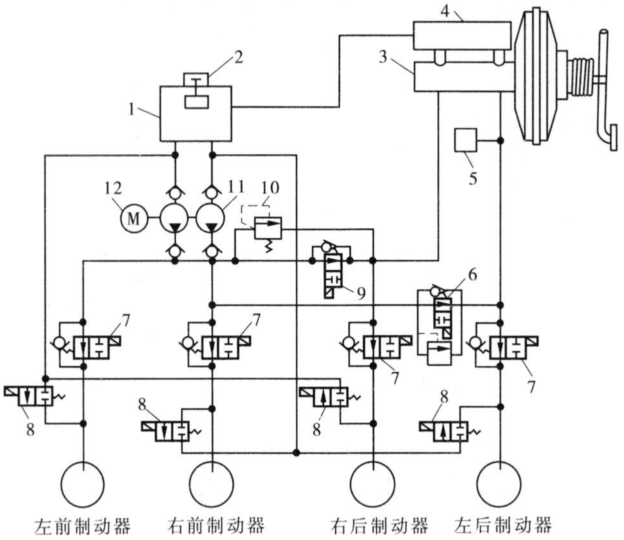

1—储液器；2—液位开关；3—制动主缸；4—储液室；5—压力开关；

6—第一隔离电磁阀（常开）；7—进液电磁阀（常开）；8—出液电磁阀（常闭）；

9—第二隔离电磁阀（常开）；10—限压阀；11—柱塞泵；12—电动机

图 5-19　制动液压系统

在未进行制动防抱死和驱动防滑制动力调节时，制动压力调节装置中的各个二位二通电磁阀均不通电，两个隔离电磁阀均处于通流状态，4 个进液电磁阀也都处于通流状态，4 个出液电磁阀则处于断流状态，同时，电动供液泵也不通电。制动压力调节装置处于这种状态，踩下制动踏板进行制动时，从制动主缸输出的制动液就会通过隔离电磁阀和进液电磁阀进入各制动轮缸，各制动轮缸的制动压力将随制动主缸的输出压力而变化。而在防抱死制动压力调节过程中，当 ECU 判定需要减小某一制动轮缸的制动压力时，ECU 将使该制动轮缸的进液电磁阀和出液电磁阀都通电，使进液电磁阀处于断流状态，而使出液电磁阀处于通流状态，该制动轮缸中的部分制动液就会通过出液电磁阀流入储液器中，该制动轮缸中的制动压力随之减小；当 ECU 判定需要保持某一制动轮缸的制动压力时，ECU 将使该制动轮缸的进液电磁阀通电，并处于断流状态，而使该制动轮缸的出液电磁阀断电，也处于断流状态，该制动轮缸的制动压力因其中的制动液被封闭而保持一定；当 ECU 判定需要增大某一制动轮缸的制动压力时，ECU 将使该制动轮缸的进液电磁阀和出液电磁阀都断电，使进液电磁阀处于通流状态，而使出液电磁阀处于断流状态，制动主缸输出的制动液就会通过进液电磁阀进入该制动轮缸，该制动轮缸的制动压力随之增大。在防抱死制动压力调节期间，ECU 根据 4 个车轮转速传感器反馈的车轮转速信号，独立地对 4 个制动轮缸的制动压力进行减小、保持和增大调节，保证 4 个车轮不发生制动抱死。

在刚踩下制动踏板进行制动的过程中，ECU 使两个隔离电磁阀始终不通电，都处于通流状态。当制动踏板的行程达到一定位置时，ECU 就使电动泵继电器处于激励状态，向电动机供给电压，使电动机驱动柱塞泵运转，将制动液自储液器泵入制动主缸，直到制动踏板抬升到下沉的高度后，ECU 才使电动泵继电器处于非激励状态，使电动泵断电停转。在制动过程中，制动踏板始终保持有一定的剩余行程，使制动主缸保持提供补偿防抱死制动过程中制动压力消耗的能力。

戴维斯 MK4 的驱动防滑控制功能仅在汽车速度低于 40 km/h 时,才会进行驱动防滑控制,以增大汽车的驱动力,提高汽车的起步加速性能。当汽车的速度低于 40 km/h 时,ECU 通过比较驱动车轮与非驱动车轮的转速,确定驱动车轮的滑转率。当驱动车轮的滑转率超过设定的控制极限值时,ECU 首先使制动压力调节装置中的两个隔离电磁阀通电,并处于断流状态,将两个前制动轮缸与制动主缸和两个后制动轮缸隔离,同时,ECU 使电动泵继电器处于激励状态,使电动泵通电运转,将制动液自储液器泵入前制动轮缸,将作为驱动车轮的前轮进行制动,ECU 还通过独立控制两个前制动轮缸的进液电磁阀和出液电磁阀,分别对两个前制动轮缸的制动压力进行调节,将两个驱动车轮的滑转率控制在设定的范围之内。

在进行驱动防滑控制时,仪表板上的驱动防滑系统警告灯将会点亮,直至驱动防滑控制过程结束,驱动防滑系统警告灯才会熄灭。在驱动防滑控制过程中,如果汽车的速度已经达到 40 km/h,驱动防滑系统会自动退出控制过程,驱动防滑系统警告灯随之熄灭。另外,如果驱动防滑控制过程的时间超过了设定的时间限值,ECU 将暂时中止驱动防滑控制过程,以防制动器过热。此时,驱动防滑系统警告灯也会暂时熄灭,经过预定时间使制动器进行冷却以后,驱动防滑控制过程仍会继续进行。

在点火开关开始置于"ON"位置的几秒内,制动防抱死系统警告灯和驱动防滑系统报警灯都会点亮,以检查各警告灯是否完好,同时,ECU 对系统进行自检。此时,制动压力调节装置中的各个电磁阀都会短暂通电,以检查各电磁阀是否正常。经过系统自检,如果未发现系统中存在故障,制动防抱死系统警告灯和驱动防滑系统警告灯将会熄灭,系统将处于等待工作状态。此后,当汽车速度达到 9 ~ 16 km/h 时,ECU 还会使电动泵短暂通电运转,以检查电动泵是否正常。

三、TRC 检修

当 TRC 出现问题时,发动机功率就会下降或汽车制动发生阻滞,但是由于 TRC 的失效保护功能,如果发现 TRC 不正常,ABS/TRC 电子控制单元就会发出指令使系统停止工作,汽车仍可以像没有装备 TRC 一样正常行驶。ABS/TRC 电子控制单元还有自我诊断功能,它能点亮 TRC 警告灯,来通知驾驶员 TRC 出现了故障。

在实际使用中,驾驶员可以通过观察 TRC 警告灯和 TRC 关闭指示灯的闪烁规律,来对 TRC 发生的故障进行简易判断。表 5-2 为日本丰田车系列的 TRC 故障表。表 5-3 为凌志 LS400 ABS/ASR 电子控制单元端子排列及名称。

表 5-2　丰田车系 TRC 故障表

问题	可能原因	
	故障部位	故障类型
点火开关接通后,TRC 警告灯亮了不到 3 s	TRC 警告灯或电路	短路或断路
TRC 关闭指示灯不停地闪烁	TRC 关闭开关或电路	短路或断路
点火开关接通后,TRC 关闭指示灯亮了不到 3 s	TRC 关闭指示灯或电路	短路或断路
发动机空转,变速杆在"P"或"N"位置时,TRC 仍在工作	空挡启动开关或电路	短路或断路

表 5-3 凌志 LS400 ABS/ASR 电子控制单元端子排列及名称

端子编号	符号	端子名称	端子编号	符号	端子名称
A18－1	SMC	M/C 关断线圈	A19－7	TR2	发动机通信
A18－2	SRC	储油箱关断线圈	A19－8	WT	ASR OFF 指示器
A18－3	R－	继电器地线	A19－9	TR5	发动机检查警告灯
A18－4	TSR	ASR 线圈继电器	A19－10		
A18－5	MR	ABS 马达继电器	A19－11	LBL1	制动油位警告灯
A18－6	SR	ABS 电磁继电器	A19－12	CSW	ASR 关断开关
A18－7	TMR	ASR 马达继电器	A19－13	VSH	辅助节气门位置传感器
A18－8	TTR	ASR 节气门继电器	A19－14	D/C	诊断
A18－9	A	步进马达	A19－15		
A18－10	A	步进马达	A19－16	IND	ASR 指示灯
A18－11	BM	步进马达	A20－1	SFR	前右线圈
A18－12	ACM	步进马达	A20－2	GND	搭铁
A18－13	SFL	前左线圈	A20－3	RL＋	后左车轮转速传感器
A18－14	SVC	ACC 关断线圈	A20－4	FR－	前右车轮转速传感器
A18－15	VC	ACC 压力开关(传感器)	A20－5	RR＋	后右车轮转速传感器
A18－16	AST	ABS 电磁继电器监控器	A20－6	FL－	前左车轮转速传感器
A18－17	NL	空挡开关	A20－7	E1	搭铁
A18－18	IDL1	主节气门怠速开关	A20－8	MT	ABS 马达继电器
A18－19	PL	空挡开关	A20－9	ML－	ASR 马达闭锁继电器
A18－20	IDL2	辅助节气门怠速开关	A20－10	PR	ACC 压力开关(传感器)
A18－21	MTT	ASR 泵马达继电器监控器	A20－11	IG	电源
A18－22	B	步进马达	A20－12	SRL	后左线圈
A18－23	B	步进马达	A20－13	GND	搭铁
A18－24	BCM	步进马达	A20－14	RL－	后左车轮转速传感器
A18－25	GND	搭铁	A20－15	FR＋	前右车轮转速传感器
A18－26	SRR	后右线圈	A20－16	RR－	后右车轮转速传感器
A19－1	BAT	备用电源	A20－17	FL＋	前左车轮转速传感器
A19－2	PKB	驻车制动器开关	A20－18	E2	搭铁
A19－3	TC	诊断	A20－19	E1	搭铁
A19－4	Neo	Ne 信号	A20－20	TS	传感器检查用
A19－5	VTH	主节气门位置传感器	A20－21	ML＋	ASR 马达闭锁传感器
A19－6	WA	ABS 警告灯	A20－22	STP	停车灯开关

(一)ASR 系统的故障自诊断

1. 系统的自检

当点火开关接通时,仪表板上的 ASR 警告灯会亮起,3 s 后熄灭。如果点火开关接通,ASR 警告灯不亮或 3 s 后不熄灭,为不正常现象,需进行检查。

2. 故障代码的读取

(1)接通点火开关;

(2)将 ASR 或 ABS 诊断端子中的 TC 和 EI 用短导线连接起来;

(3)根据仪表板上 ASR 警告灯的闪烁情况读取故障代码。故障代码的闪烁方式与 ABS 的故障代码的读取方式相似。凌志 LS400 汽车 ASR 的故障代码如表 5-4 所示。

表 5-4　凌志 LS400 汽车 ASR 的故障代码

故障代码	故障原因	检测部位
11	ASR 制动主继电器电路断路	主继电器触点不能闭合或接触不良;主继电器与控制器间、主继电器与制动压力调节器间、主继电器与蓄电池间的线路或接线端子接触不良或松脱;电子控制器有故障
12	ASR 制动主继电器电路短路	主继电器触点不能张开或线圈与电源短路;主继电器与制动压力调节器间的线路或接线端子与电源短路;电子控制器故障
13	ASR 节气门继电器电路断路	节气门继电器触点不能闭合或接触不良;节气门继电器与控制器间、节气门继电器与蓄电池间的线路或接线端子接触不良或松脱;电子控制器故障
14	ASR 节气门继电器电路短路	节气门继电器触点不能张开或线圈与电源短路;节气门继电器与控制线路或接线端子与电源短路;电子控制器故障
15	因漏油,ASR 电动机工作时间过长	压力开关或压力传感器故障;制动压力调节器与控制器间线路或接线端子故障;电子控制器故障
16	压力开关断路或压力传感器短路	
17	压力开关(传感器)一直关断	
19	ASR 电动机开关动作过于频繁	
21	主缸关断电磁阀电路断路或短路	制动压力调节器故障;调节器与控制器间的线路或接线端子、调节器与主继电器间的线路或接线端子故障;电子控制器故障
22	蓄压器关断电磁阀电路断路或短路	
23	储液器关断电磁阀电路断路或短路	
24	辅助节气门执行器电路断路或短路	辅助节气门驱动器故障;节气门体卡住;辅助节气门传感器故障;电子控制器故障
25	步进电机达不到控制器预定的位置	
26	控制器指令辅助节气门全开,但是辅助节气门不动	
27	步机电机断电时,辅助节气门仍未达到全开的位置	

续表 5-4

故障代码	故障原因	检测部位
44	ASR 工作时,滑转信号未送入控制器	发动机控制器故障;电子控制器与发动机控制器线路或接线端子故障;电子控制器故障
45	当怠速开关断开时,主节气门位置传感器信号≥1.5 V	主节气门位置传感器故障;电子控制器与发动机控制器间的线路或接线端子故障;电子控制器故障
46	当怠速开关接通时,主节气门位置传感器信号≥4.3 V 或≤0.2 V	
47	当怠速开关断开时,辅助节气门位置传感器信号≥1.45 V	辅助节气门位置传感器故障;电子控制器与发动机控制器间的线路或接线端子故障;电子控制器故障
48	当怠速开关接通时,辅助节气门位置传感器信号≥4.3 V 或≤0.2 V	
49	与发动机控制器信息交换电路断路或短路	电子控制器与发动机控制器间的线路或接线端子故障;电子控制器或发动机控制器故障
51	发动机控制系统有故障	
52	制动液面过低报警开关接通	制动液泄漏;制动液液面过低报警开关故障;制动液液面过低报警开关与电子控制器间线路接线端子故障;电子控制器故障
54	ASR 电动机继电器电路断路	电动液压泵继电器故障;电动液压泵及继电器与控制器间线路或接线端子故障;电子控制器故障
55	ASR 电动机继电器短路	
56	ASR 电动液压泵不能转动	电动液压泵电动机故障;液压泵电动机与搭铁间、控制器间线路或接线端子故障;电子控制器故障
57	ASR 警告灯常亮	电子控制器故障

3. 故障代码的清除

(1)按照故障代码的提示,检查排除故障后,应清除电子控制单元内存的故障代码,其方法是用故障诊断专用检查线连接诊断插座中的 TC 和 EI 两端子。

(2)将点火开关置于点火位置,在 3 s 内踩动制动踏板 8 次以上,即可清除故障代码。

(3)检查 ASR 警告灯是否显示正常,确认正常后,从诊断插座上取下诊断专用检查线。

(二)ASR/ABS 电子控制单元插接器各接线端子与地之间电压

1. 电源电压

在点火开关断开和接通时,BAT 端子上的电压均应为 10 ~ 14 V。在点火开关断开时,IG 端子上的电压应为 0 V,点火开关接通时,该端子电压应为 10 ~ 14 V。

2. 空挡启动开关两端子 PL、NL 上的电压

PL、NL 两端子上的电压在点火开关断开时,均为 0 V,当点火开关接通、变速操纵杆在 P 或 N 时,均为 10 ~ 14 V,其他位置时为 0 V。

3. 制动灯开关 STP 端子上的电压

在制动灯开关接通时，STP 端子上的电压应为 10 ~ 14 V；制动灯开关断开时，应为 0 V。

4. 制动液液面高度警告开关 LBL1 端子上的电压

在点火开关接通和制动液液面高度警告开关断开时，LBL1 端子上的电压值应为 10 ~ 14 V；液位开关接通时，应小于 1 V。

5. ASR 切断开关 CSW 端子上的电压

在点火开关接通时，按下 ASR 切断开关，其端子电压为 0 V；放开 ASR 切断开关，则应约为 5 V。

6. ASR 制动主继电器 TSR 端子上的电压

点火开关接通时，TSR 端子上的电压应为 10 ~ 14 V。

7. ASR 节气门继电器 BTH 和 TTR 两端子上的电压

在点火开关接通时，BTH、TTR 两端子上的电压均应为 10 ~ 14 V；点火开关断开时，其电压均为 0 V。

8. ASR 制动压力调节器各端子上的电压

在点火开关接通时，SMC、SAC、SRC 三端子上的电压均应为 10 ~ 14 V；PR、VC 两端子上的电压均应约为 5 V。

9. 与发动机和自动变速器电子控制单元相关的端子电压

（1）IDL1 和 IDL2 两端子上的电压。在点火开关接通、节气门关闭时，电压应为 0 V；节气门开启时，电压应为 5 V。

（2）VTH 和 VSH 两端子上的电压。在点火开关接通、节气门关闭时，电压约为 0.6 V；节气门开启时，电压约为 3.8 V。

（3）TR2 端子上的电压。在点火开关接通时，其电压约为 5 V。

（4）TR5 端子上的电压。在点火开关接通和发动机检查灯打开时，其电压约为 1.2 V；发动机运转且发动机检查灯关闭时，为 10 ~ 14 V。

（5）Neo 端子上的电压。在点火开关接通，且发动机停转时，其电压约为 5 V；怠速时其电压约为 2.5 V。

10. ASR 关闭指示灯 WT 端子上的电压

在点火开关接通时，若指示灯断开，电压应为 10 ~ 14 V；若指示灯接通，电压应为 0 V。

11. 故障诊断插座 TC、TS 和 D/G 端子上的电压

（1）TC 端子上的电压。在点火开关接通时，其电压应为 10 ~ 14 V。

（2）TS 端子上的电压。在点火开关接通时，其电压应为 10 V。

（3）D/G 端子上的电压。在点火开关接通时，其电压应为 10 ~ 14 V。

思考练习题

一、选择题

1. 在下列防滑控制方式中，反应时间最短的是（　　）。

A. 发动机输出功率控制　　　　B. 驱动轮制动力控制

C. 防滑差速锁控制　　　　　　　　D. 差速锁与发动机输出功率综合控制

2. 带有单独式 ASR 制动压力调节器的制动系统中，正常制动时，ASR 不起作用，电磁阀(　　)，阀在左位，调压缸的活塞被回位弹簧推至右边极限位置。

A. 不通电　　　　B. 半通电　　　　C. A、B 都不正确　　　　D. A、B 都正确

3. 对于带有单独式 ASR 制动压力调节器的制动系统，在压力保持过程中，电磁阀(　　)，阀在中位，调压缸与储液器和蓄压器都隔断，于是活塞保持原位不动，制动压力保持不变。

A. 不通电　　　　B. 半通电　　　　C. A、B 都不正确　　　　D. A、B 都正确

4. 对于带有单独式 ASR 制动压力调节器的制动系统，在压力降低过程中，电磁阀(　　)，阀回左位，调压缸右腔与蓄压器隔断而与储液器接通，于是调压缸右腔压力下降，制动压力下降。

A. 断电　　　　B. 半通电　　　　C. A、B 都不正确　　　　D. A、B 都正确

5. 以下关于 ASR 说法正确的是(　　)。

A. ASR 指的是制动防抱死系统

B. 只对驱动轮实施制动控制

C. ASR 在汽车制动后车轮出现抱死时起作用

D. 以上答案均不正确

二、判断题

1. ASR 专用的信号输入装置是将 ASR 选择开关关闭，ASR 就不起作用。　(　　)

2. 发动机输出功率控制常用方法有辅助节气门控制、燃油喷射量控制和延迟点火控制。　(　　)

3. 所谓的单独式是指 ASR 制动压力调节器和 ABS 制动压力调节器在结构上是一体的。　(　　)

4. ASR 控制系统通过改变发动机辅助节气门的开度来控制发动机的输出功率。　(　　)

5. 丰田车系防抱死制动与驱动防滑系统(ABS/TRC)工作时，当无需对驱动轮施加制动力矩时，各个电磁阀都通电，且 ECU 控制步进电机转动，使副节气门保持开启。　(　　)

三、问答题

1. 防滑控制的方式有哪几种？

2. 简述 ASR 和 ABS 的异同。

3. 简述 ASR 的工作原理。

第六章　车辆稳定控制系统(ESP)

【学习目标】

掌握 ESP 的功能作用、基本原理和组成结构;掌握 ESP 的日常维护、保养;掌握 ESP 的检修注意事项;掌握 ESP 的维修与故障诊断的步骤;根据维修手册,能够对 ESP 的常见故障进行正确的诊断排除。

【导入】

ESP 在不同的车型中具有不同的名称,如奔驰、奥迪称其为 ESP,宝马称其为 DSC;丰田、雷克萨斯称其为 VSC,三菱称其为 ASC/AYC,本田称其为 VSA,而 Volvo 汽车称其为 DSTC。但其原理和作用基本相同。

第一节　概　述

ESP(Electronic Stability Program)包含 ABS 及 ASR,是这两种系统在功能上的延伸,是为了能够更加稳定驾驶的产物。因此,ESP 称得上是当前汽车防滑装置的最高级形式。ESP 由控制单元及转向传感器(监测方向盘的转向角度)、轮速传感器(监测各个车轮的转动速度)、侧滑传感器(监测车体绕垂直轴线转动的状态)、横向加速度传感器(监测汽车转弯时的离心力)等组成。控制单元通过这些传感器的信号对车辆的运行状态进行判断,进而发出控制指令。有 ESP 的汽车与只有 ABS 及 ASR 的汽车,它们之间的差别在于 ABS 及 ASR 只能被动地作出反应,而 ESP 则能够探测和分析车况,并纠正驾驶的错误,防患于未然。ESP 对过度转向或不足转向特别敏感,例如汽车在路滑时左拐过度转向(转弯太急)时,会产生向右侧甩尾,传感器感觉到滑动就会迅速制动右前轮使其恢复附着力,产生一种相反的转矩而使汽车保持在原来的车道上。

ESP 时刻监测车辆的运行状态,例如在转弯时,如果 ESP 监测到后轴向外滑动太多,便会发出信号请求减小发动机扭矩输出、减小驱动力来保持车辆的稳定状态,如果通过干涉发动机扭矩输出仍然无效,ESP 将会向前轴外侧车轮施加制动力来产生反向制动力矩来稳定车辆;反之,如果是前轴滑动过大,则会向后轴内侧车轮施加制动力来稳定车辆,如图 6-1、图 6-2 所示。

一、ESP 的作用

ESP 的作用是保持车辆在各种情况下的行驶稳定性,防止车辆行驶在不同的道路上时因不同的附着力而产生车轮的打滑。

ESP 的 ECU 通过传感器时刻监测车辆的行驶状态,并通过计算分析判定车辆行驶方向是否偏离驾驶员的操作意图。当识别出危险状况时,可及时作出干预措施,使车辆恢复到稳定行驶状态。ECU 控制车辆运动的手段有两个:第一个是控制节气门收油,衰减汽车动力,让速度降下来;第二个手段就是对某些车轮进行制动,让汽车的速度能够减小到极限值以

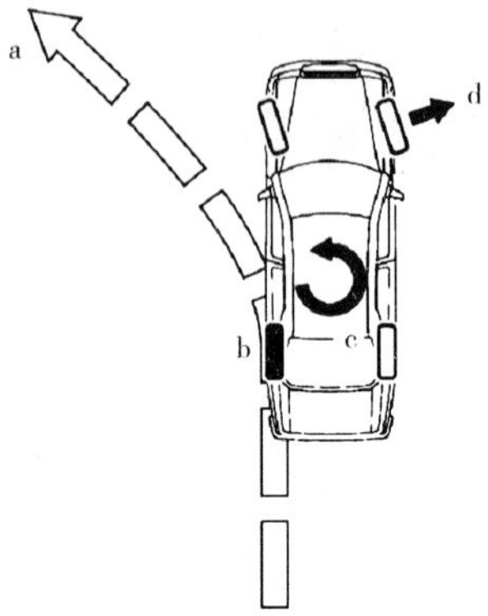

图 6-1 转向不足

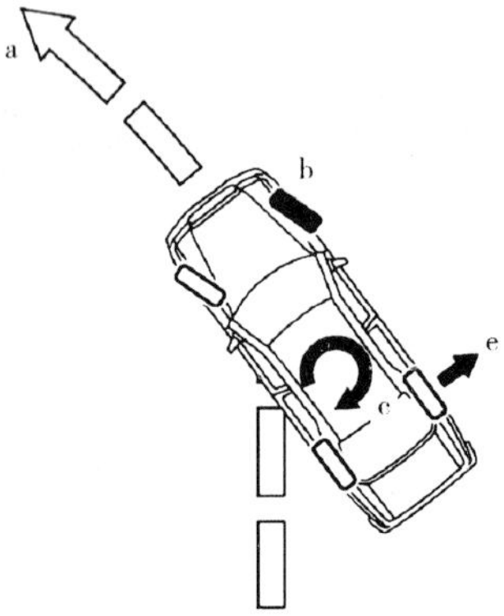

图 6-2 转向过度

内。那么,ECU 是怎么识别车辆的运动状况是否接近危险状况的呢?这就需要两套传感器为 ECU 搜集行车信息:一套是方向盘转向角度传感器(方向盘转角传感器),一套是车轮转速传感器(简称轮速传感器,每个车轮上都装有一个)。前者用来收集驾驶者的转向意图,后者用来监测车辆的运动状况。当方向盘转向角度传感器检测到驾驶员的转向角度以后,就会通知 ESP 的 ECU。与此同时,各个车轮转速传感器测得的车轮转速信息也会传递到 ESP 的 ECU。ECU 可以根据各个车轮的转速计算出车辆的实际运动轨迹。如果实际运动轨迹跟理论运动轨迹有区别,或者检测出某个车轮打滑,ECU 就会首先控制节气门,减小开度,然后控制制动系统对某个车轮进行制动,来修正运动轨迹。当实际运动轨迹与理论运动轨迹(驾驶员意图)相一致时,ESP 自动解除控制。

二、ESP 的特点

ESP 有以下三大特点。

(一)实时监控

ESP 能够实时监控驾驶者的操控动作、路面反应、汽车运动状态,并不断向发动机和制动系统发出指令。

(二)主动干预

ABS 等安全技术主要是对驾驶者的动作起干预作用,但不能调控发动机。ESP 则可以通过主动调控发动机的转速,并调整每个轮子的驱动力和制动力,来修正汽车的过度转向和转向不足。

(三)事先提醒

当驾驶者操作不当或路面异常时,ESP 会以警告灯的形式警示驾驶者。

三、ESP 的分类

目前,ESP 主要有三种类型:能向四个车轮独立施加制动力的四通道或四轮系统;能对两个前轮独立施加制动力的双通道系统;能对两个前轮独立施加制动力和对后轮同时施加制动力的三通道系统。

四、DSC和VSC

(一)DSC

由于ESP名称已经被德国博世公司注册,故其他公司开发的电子稳定系统只能使用其他名称,如宝马的DSC。DSC的性能类似于德国博世公司的ESP,它可以确保车辆行驶的稳定性,并在启动或加速时保证所有车轮的牵引力。当探测到过度转向或不足转向的最初迹象时,DSC将做出动作,防止车辆发生甩尾现象。

(二)VSC

VSC的全称为Vehicle Stability Control,是丰田公司研发的车身稳定控制系统。VSC作为车辆的辅助控制系统,可以对因猛打方向盘或者路面湿滑而引起的侧滑现象进行控制。当传感器检测出车辆侧滑时,系统能自动对各车轮的制动以及发动机的动力进行控制。

VSC可在车辆行驶时随时监测由各传感器所提供的车辆动态信息,以了解车辆目前的状况。当车身打滑时,各传感器信息与平稳行驶的数据不同,系统据此判断出车辆出现打滑现象,自动介入车辆的操控,以油门及制动控制器来修正车辆的动态。所有打滑现象均是由部分车轮超过了该车轮所能承载的附着力所造成的,因此针对打滑问题而开发的VSC可提供高标准的主动的安全性能。

当前轮或后轮的抓地力达到极限时,汽车转向的稳定性就会受到极大的影响。车辆转弯行驶时,如前轮首先达到抓地极限,则会引起转向不足,此时驾驶员怎么打方向盘也不能减小转弯半径,从而难以循踪行驶,出现转向失灵。而如果后轮首先达到附着极限,则将造成甩尾现象,车辆本身会变得不稳定。VSC通过对不同车轮独立地实施制动,使车辆产生相应的回转力矩,以避免推头或甩尾的现象发生。

为抑制前轮的侧滑,首先制动后轮,以产生向内旋转的运动,然后对四个车轮制动,使车速降到某一水平,以平衡旋转运动,使转向在转弯力的范围内进行。当出现后轮侧滑时,外前轮被制动,以产生向外旋转的运动,确保汽车的稳定性。

五、典型电控系统介绍

(一)刹车辅助系统

刹车辅助系统会监控驾驶员踩刹车踏板的频率和力量,在紧急的时刻,辅助驾驶员对车辆施加更大的制动力,从而缩短刹车距离,确保车辆安全。

作为辅助制动操作系统,刹车辅助系统可以在紧急情况下提高刹车的制动力。

根据作用于刹车踏板的速度和力量,系统可以判断出该刹车属于哪类的制动。当系统判断为紧急刹车时,即使驾驶员踩刹车踏板的力量很弱,系统也能通过自动控制产生强大的制动力,松开踏板时自动减小制动力,降低刹车时的不适应感。

对于刹车辅助系统,各厂家的叫法不同,最主要的叫法有三种:BA、BAS、EBA。

1. BA

BA机械制动辅助系统,也称为BAS,为EBA电子紧急制动辅助装置的前身,能判断驾驶者的刹车动作,在紧急刹车时,增加刹车力、缩短刹车距离。它根据驾驶员踩下踏板的力度及速度,将制动力适时加大,从而提供一个有效、可靠、安全的制动,对老人和女性(脚力不足者)帮助奇大。

2. BAS

制动力辅助系统(BAS)的英文全称为 Brake Assist System。大多数在开始制动时只施加很小的力,然后根据情况增加或调整对制动踏板施加的制动力。遭遇突发情况,必须突然施加大得多的制动力时,如果驾驶员反应过慢,后果不堪设想。

据统计,在紧急情况下,有 90% 的汽车驾驶员踩刹车时缺乏果断。BAS 可以从驾驶员踩制动踏板的速度中探测到车辆行驶中遇到的情况,当驾驶员在紧急情况下迅速踩制动踏板,但踩踏力又不足时,此系统便会在不到 1 s 的时间内把制动力增至最大,缩短紧急制动情况下的刹车距离。

ABS 能缩短刹车距离,并能防止车辆在刹车时失控,从而减少了事故发生的可能性。但如果采用点刹时刹车不够有力,车轮就不会被抱死,ABS 也没有机会发挥作用,从而达不到预期的效果。为此,汽车工程师们设计了刹车辅助系统 BAS,即让现有的 ABS 具有一定的智能,当踩刹车的动作快、力量大时,BAS 可判断出驾驶者在紧急刹车,并让 ABS 工作,迅速增大制动力。

BAS 分机械式和电子控制式两种。机械式 BAS 实际上是在普通刹车加力器的基础上稍加修改而成的,在刹车力量不大时,它起到加力器的作用,随着刹车力量的增加,加力器压力室的压力增大,启动 ABS。电子控制式 BAS 的刹车加力器上有一个传感器,向 ABS 控制器输送有关踏板行程和移动速度的信息,如果 ABS 控制器判断刹车是紧急刹车,它就将加力器内螺线阀门开启,加大压力室内的气压,以提供足够的助力。

科学测试表明:在突如其来的紧急情况下,大多数驾驶员能很快踩制动踏板,但达不到十分强劲有力,或者在初次碰撞平息时,驾驶员会太早放松制动踏板,这两点正是制动辅助系统要解决的。BAS 可认知紧急制动,在毫秒内建立起最大的制动力,并且保持到驾驶员的脚离开制动踏板。因此,制动距离便明显地缩短了。例如,汽车在 100 km/h 的速度下开始紧急制动,制动距离可缩短 45%,且在该过程中由于 ABS 的存在,没有车轮被抱死的问题。

在日常的驾驶行为中,一般的追尾事故 80% 以上是因为驾驶者在紧急情况下刹车踩不到底,制动力不足,来不及实现紧急刹车制动而造成的。有了 BAS 刹车辅助系统,当电脑侦测到紧急制动状况时,瞬间反应,提供额外的超高辅助制动力,帮助驾驶者实现最短的安全刹车距离,有效地降低追尾事故的发生概率。在日前《中国消费者观察》所做的国内主流中高级车紧急制动测试中,新君威在 3.7 s,49.4 m 的距离内即可实现车速从 103 km/h 到 0 的制动,而雅阁在 4.3 s,60 m 的距离内才能实现制动,凯美瑞在 4.4 s,67 m 的距离内实现制动。而我们都知道,在遇到紧急情况需要紧急制动时,也许 1 m 的距离就能决定生死,更何况是 10 m 甚至 17 m!

3. EBA

EBA——Electronic Brake Assist(电子控制制动辅助),这个系统可以在行车过程中,通过电脑来感应驾驶者对制动踏板踩踏的力度与速度,如果属于非常紧急的制动,EBA 此时就会指示制动系统产生更高的油压使 ABS 发挥作用,而更快速地产生制动力,减少制动距离。

EBA 可以感应驾驶者对制动踏板的需求程度。在一些非常紧急的事件中,驾驶者往往不能迅速地踏制动踏板,EBA 就是为此而设计的。当感应器从制动踏板侦测到刹车动作时,EBA 会判断驾驶者此次刹车的意图。对于正常情况下的刹车,EBA 判断后不会发生作用。当 EBA 发现驾驶者迅速大力地踏制动踏板时，电脑如果认为此是一个突发的紧急事件，便会极快地反应和计算紧急程度，马上自动提供给踏板更大的压力，增大刹车效果。不仅如此，其施压的速度也远远大于驾驶者，这能大大地缩短刹车距离，增强安全性。对于脚力较差的妇女及高龄驾驶者，在闪避紧急危险的刹车时甚有帮助。据悉，EBA 能使车速高达 200 km/h 的汽车完全停下的距离缩短约 21 m，可以避免许多意外，尤其是在高速公路上，EBA 更能有效防止常见的追尾意外。

在正常情况下，大多数驾驶员开始制动时只施加很小的力，然后根据情况调整对制动踏板施加的制动力。如果必须突然施加大得多的制动力，或驾驶员反应过慢，这种方法会阻碍他们及时施加最大的制动力。

许多驾驶员也对需要施加比较大的制动力的情况没有准备，或者他们反应得太晚。EBA 通过驾驶员踩踏制动踏板的速率来理解它的制动行为，如果它察觉到制动踏板的制动压力陡然增加，EBA 会在几毫秒内启动全部制动力，其速度要比大多数驾驶员移动脚的速度快得多。EBA 可显著缩短紧急制动距离，并有助于防止在停停走走的交通中发生追尾事故。

EBA 系统靠时基监控制动踏板的运动。一旦监测到踩踏制动踏板的速度陡增，而且驾驶员继续大力踩踏制动踏板，它就会释放出储存的 180 bar 的液压，施加最大的制动力。驾驶员一旦释放制动踏板，EBA 系统就转入待机模式。

（二）电子感应制动控制系统（SBC）

电子感应制动控制系统最早是由博世公司提出来的，是一种反应速度更快、制动效果更显著的制动系统，也是世界上第一套完全线控的制动系统。

在正常驾驶环境下，制动踏板与轮圈制动器并没有传统机械液压的联系，它的微型计算机能快速地发出指令，自动计算每个车轮需要的制动力度。当车子有打滑的危险时，系统会与电控车辆稳定行驶系统配合，根据需要制动不同的车轮，在湿滑环境下，会自动干燥制动盘，以提高制动性能。

电子感应制动控制系统还支持防抱死制动系统及制动辅助系统的功能，当制动过轻时，会发挥最佳制动力度，更能识别紧急情况，并作出即时反应。注了油的制动器令制动功能在驾驶者突然离开加速器时便轻轻介入，这样，所需的制动距离及时间便可减少。另外，电子感应制动控制系统能在车子完全停住前，将制动力量适当调缓，令制动变得更舒适，当然，在紧急情况下除外。

电子感应制动控制系统的作用有以下几点：

（1）减缓经常制动带来的振动。

（2）通过干燥功能及注了油的制动器令制动表现得更好。

（3）高速下的高减速功能在制动踏板被轻轻一踏后便发挥效用，保证车子在高速行驶时能发挥更好的制动性能。

（4）最佳的制动冷却令制动表现更出色。

（5）配合防抱死制动系统、制动辅助系统、电控车辆稳定行驶系统及加速防滑控制，令驾驶者能在短时间内对不同的驾驶情况作出反应。

（三）电子驻车制动系统（EPB）

现代汽车对于机械控制电子化的运用已经越来越广泛，从基本电子方向助力到复杂主动转向比例控制，这些以往都是采用液压以及机械控制为主的部分，也逐渐向电子化控制靠拢，驾驶者能通过直接机械连接来自主控制的部分已经越来越少了，就连操控发烧友至爱的手刹也逐渐地落入了电子化控制的“魔掌”。

1. 电子驻车制动系统的工作原理

电子手刹也就是电子驻车制动系统。电子驻车制动系统（EPB，Electrical Park Brake）是指将行车过程中的临时性制动和停车后的长时性制动功能整合在一起，并且以电子控制方式实现停车制动的技术。

电子手刹是由电子控制方式实现停车制动的技术。其工作原理与机械式手刹相同，均是通过刹车盘与刹车片产生的摩擦力来达到控制停车制动的，只不过控制方式从之前的机械式手刹拉杆变成了电子按钮。

电子手刹从基本的驻车功能延伸到自动驻车功能（AUTO HOLD）。自动驻车功能技术的运用，使得驾驶者在车辆停下时不需要长时间刹车，以及在启动自动电子驻车制动的情况下，能够避免车辆不必要的滑行，简单地说，就是车辆不会溜后。

2. 电子驻车制动系统的优缺点

1）优点

对于车厂来说，电子手刹的出现可以省去一大堆传统手刹的零部件。虽然电子手刹总成与传统手刹零部件相比，价格上不一定有优势，但省下的空间（通常都是省下前排中间的位置）可以有更大的用处。整个电子手刹工作模块可以应用在大部分车型上，从而降低生产成本。

对于驾驶者来说，电子手刹的出现，特别是 AUTO HOLD 的出现，可以降低右脚和右手在塞车时的负担，杜绝由于力量不够拉不紧手刹而造成的不便。

最重要的一点，传统手刹只会锁紧后轮，除需甩尾外，在行驶中几乎没有拉手刹的需要，而现在行驶过程中，如果需要紧急制动，按下手刹按钮，电子手刹会根据车速选择适当的制动力，保证行驶的安全性，这样就更加提高了主动的安全性能。

2）缺点

没有了手刹，就无法自主控制车尾动态。还有就是电池失灵时，电子手刹的功能也会同样出问题，全车零件电子化带来的方便可能随之变成很大的麻烦。

3. 电子驻车制动系统的优势

传统的手刹在斜坡起步时需要依靠驾驶者通过手动释放手制动或者熟练的油门、离合配合来舒畅起步。而自动驻车功能通过坡度传感器由控制器给出准确的驻车力，在起步时，驻车控制单元根据离合器距离传感器、离合器啮合速度传感器、油门踏板传感器等提供的信息进行计算，当驱动力大于行驶阻力时，自动释放驻车制动，从而使汽车能够平稳起步。

即使在市区时行时停，只要启用 AUTO HOLD 功能，便会启动相应的自动驻车功能。自动驻车功能可使车辆在等红灯或上下坡停车时自动启动四轮制动，即使在 D 挡或是 N 挡，也无需一直脚踩刹车或使用手刹，车子始终处于静止状态。当需要解除静止状态时，也只需轻点油门即可。这一配置对于那些经常在城市里走走停停的车主来说确实实用，同时也减少了由于麻痹大意造成的一些事故。

4. 市面上常见的几款拥有电子手刹功能的车型

1）新君威的电子手刹

市面上常见的拥有电子手刹功能的车型有大众的迈腾、奥迪 A4、A6 以及新君威，等等。

电子手刹的使用方法也是大同小异，都是通过一个按键来启动、关闭手刹功能。电子手刹可以在车辆任何状况下进行启动，即使在行进过程中误按，由于油门还处在工作位置，所以电子手刹功能也会立即关闭。如果在紧急刹车过程中按下，大部分电子手刹系统都会额外提供更强的制动力来辅助，部分车型还具有电子制动力分布以及限速制停的功能。

2）迈腾的电子手刹

当关闭电子手刹时，全部车型均需要在踏下刹车踏板的状态下才能生效，这样对于自动挡车型来说，就能避免在塞车蠕动时由于大意造成的事故。但在手动挡车型上也加入这样的限制似乎就有点多余了，浪费了手刹对于斜坡起步的帮助这一基本功能。例如，在迈腾1.8T手动挡上就发现了这一“鸡肋”。

3）奥迪的电子手刹

在大众和奥迪系列的自动挡车型里，电子手刹系统也加入了上文所说的自动驻车功能。这个功能可能在刚开始用的时候要有一段适应期，特别是起步时，油门踩下去而刹车又未能及时松开的尴尬时间就特别需要适应。不过总的来说，还是利大于弊，解放了的右脚和右手就可以在塞车时做很多其他事情。

（四）主动制动调节系统 ABR

奔驰已经做到通过汽车电脑板，自动记忆前30 s内驾驶者约70项的动作记录，并作为参考标准，当驾驶者驾驶时间超过30 min后，自动启动参考标准，一旦车主猛打方向盘或者大力刹车，则车辆将提前启动pre-safe系统以及刹车盘自动靠近刹车片的功能，缩短刹车时间和刹车距离。此外，针对长时间驾驶，奔驰E级车会启动驾驶提醒功能，提醒驾驶者调整精神状态或者休息一下（在欧洲版车辆中，还增加了方向盘振动功能，以提醒驾驶者）。

第二节　ESP的组成与工作原理

一、ESP的组成

ESP的组成如图6-3所示，包括电子控制单元（ECU）、液压控制装置、轮速传感器、方向盘转角传感器、横向偏摆率传感器、速度传感器信号环及ESP控制开关等，其中电子控制单元与液压调节器是一体的。

二、ESP系统各组成部分的基本作用

（一）电子控制单元（ECU）

电子控制单元将传感器采集到的数据进行计算，算出车身状态，然后跟存储器中预先设定的数据进行对比。当电脑计算出的数据超出存储器预存的数值，即车身临近失控或者已经失控时，则命令执行器工作，以保证车身行驶状态能够尽量满足驾驶员的需求。

1.速腾电子控制单元

速腾的电子控制单元与液压控制装置集成在一起，形成一个总成，如图6-4所示。电子控制单元持续监测并判断的输入信号有蓄电池电压、车轮速度、方向盘转角、横向偏摆率以及点火开关接通、停车灯开关、串行数据通信电路等。根据所接收的输入信号，电子控制单元将向液压控制装置、发动机控制模块、组合仪表和串行数据通信电路等发送控制信号。

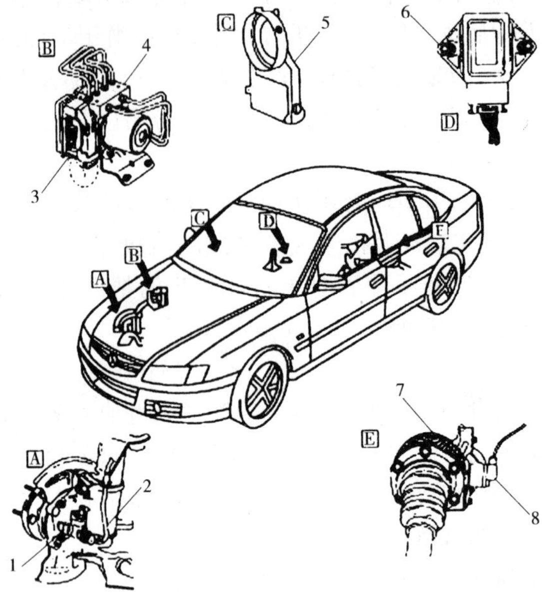

1—前轮速度传感器;2—前轮速度传感器接线;3—电子控制单元(ECU);4 一液压控制装置;
5—方向盘转角传感器;6—横向偏摆率传感器;7—后轮速度传感器信号环;8—后轮速度传感器

图 6-3　ESP 零件位置及其组成

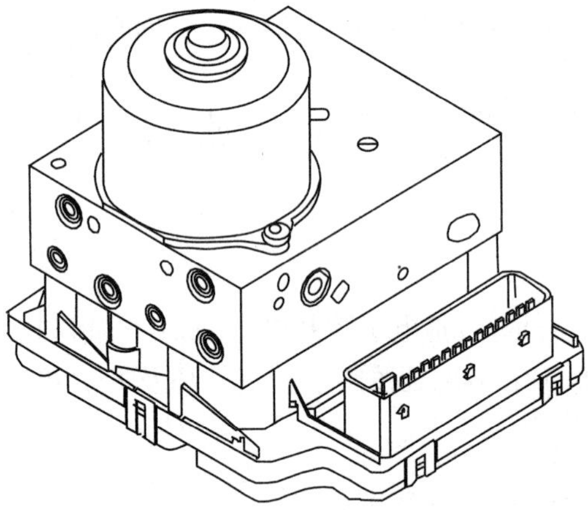

图 6-4　带 EDS/ASR/ESP 的 ABS 控制单元

电子控制单元通过仪表板线束中的正极连接获得供电。ESP 控制单元电路如图 6-5 所示。

速腾的电子控制单元是 ABS/TCS/ESP 的控制中心。当点火开关接通时,电子控制单元会不断进行自检,以检测并查明 ABS/TCS/ESP 的故障。电子控制单元一直都在监控所有电气连接,并定期检查电磁阀的功能。此外,电子控制单元在每个点火循环中都执行自检初始化程序。当车速达到约 15 km/h 时,初始化程序启动。在执行初始化程序时,可能会听到或感觉到程序正在运行,这属于系统的正常操作。在执行初始化程序的过程中,电子控制单元将向液压调节器发送一个控制信号,循环操作各个电磁阀,并运行泵电动机,以检查各部件是否能正常工作。如果泵或任何电磁阀不能正常工作,电子控制单元会设置一个故障

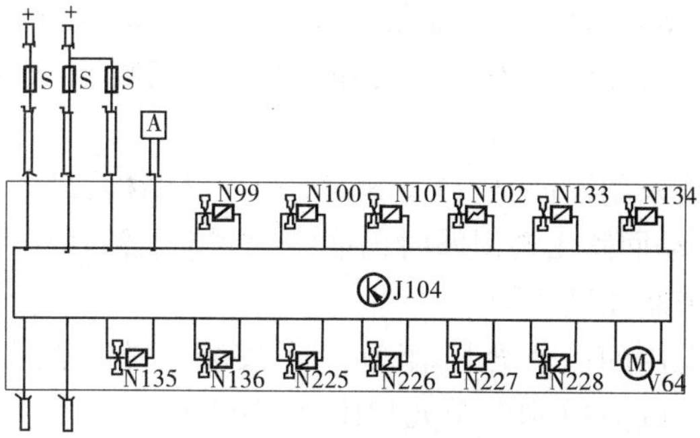

图 6-5　ESP 控制单元电路

诊断码。当车速超过 15 km/h 时，电子控制单元会将输入和输出逻辑序列信号与电子控制单元中所存储的正常工作参数进行比较，以此来不断监测 ABS/TCS/ESP。如果有任何输入或输出信号超出正常工作参数范围，则电子控制单元将设置故障诊断码。

如果电子控制单元失效（一般不太可能），那么制动系统仍可发挥普通制动系统的作用，但 ABS、EDS、EBV、MSR、ASR 及 ESP 不起作用。

2. 奔驰 ESP 系统的控制模式

ESP 控制模块的 C. 30 供电是通过左保险丝和继电器模块（K40/6）来完成的，C. 87 供电是通过右保险丝和继电器盒（F1/1）来完成的。ESP 控制模块通过输入信号电子控制下列几种模式。

1）正常模式

这是一个驾驶条件不要求控制的模式。ESP 液压单元里的所有电磁阀处在初始位置（没通电的位置）。当 ESP、BAS 或 ABS 系统有故障时，此模式仍然存在。驱动扭力控制不能被激活。

2）ABS 控制模式

ESP 控制模块从轮速信号得知需执行 ABS 控制，然后触动液压单元里正确的电磁阀。在 ESP 液压单元里前后桥的电磁阀可单独触发。

3）ASR 控制模式

当轮子开始打滑时，ESP 控制模块触发高压回流泵、后桥切换电磁阀、后桥进入电磁阀和后桥电磁阀。后桥的左右电磁阀可以单独激活。

4）ESP 控制模式

ESP 控制模块接收并处理轮速、方向转角、车辆的偏航率、侧向加速度和前桥刹车压力等信号。计算输出信号后，为了调节各个轮的刹车压力，BAS 电磁阀、进入电磁阀、切换阀、高压回流泵和被要求的电磁阀被触发。

5）ESP OFF 模式

如果驾驶员按下 ESP OFF 开关，则 ESP 的 ASR 功能被关闭。当车辆加速和翻滚时，ESP 的稳定功能被关闭。在刹车时，ESP 的稳定功能仍可以操作。

6）BAS 模式

ESP 控制模块从驾驶员踩刹车的速度可知需要紧急刹车，并进入 BAS 模式。

7）DTR 控制模式

DTR 控制模块发送 ESP 控制模块的 DTR 控制需要的信号。这些要求是比较优先的，并传给发动机控制单元,如果需要,通过触发 BAS 电磁阀来执行刹车。

变速箱的显示和 DTR 的警告功能直接传输给相应的接收器。

(二)液压控制装置

速腾的液压控制装置采用了前、后分离的四通道回路结构,每个车轮的液压制动回路都是隔离的,因此当某个制动回路出现泄漏时仍能继续制动。液压调节器总成根据电子控制单元发送的控制信号调节制动液压力。

该单元装在发动机舱内的一个梁上,车型不同,安装位置也不同。液压单元的两个制动管是按对角线布置的。与以前的 ABS 单元相比,现在的液压单元的每个制动管都有一个转换阀和一个吸液阀。回液泵是自吸式的。

转换阀有行驶动态调节分配阀 1 - N225,行驶动态调节分配阀 2 - N226。

吸液阀有行驶动态调节高压阀 1 - N227,行驶动态调节高压阀 2 - N228。

ESP 在作用过程中有三种状态:建立压力、保持压力和卸压。图 6-6 为其中一条制动管路及一个车轮所包含的 ESP 的液压控制部件。

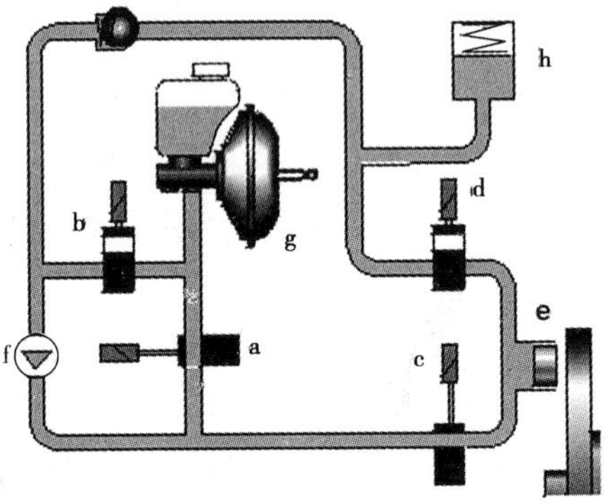

a—分配阀 N225;b—高压阀 N227;c—进液阀; d—出液阀;
e—制动分泵;f—回液泵;g—主动制动助力器;h—低压罐

图 6-6 ESP 的液压控制部件

1. 建立压力

ESP 建立压力时,助力器产生一个预压力,使回液泵吸液。N225 关闭, N227 打开。进液阀保持打开状态,直至车轮得到足够的制动,如图 6-7 所示。

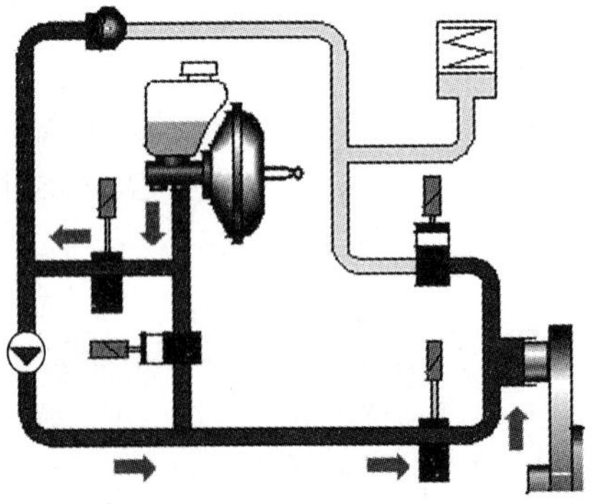

图 6-7 ESP 建立压力示意图

2. 保持压力

ESP 保持压力时,所有的阀都关闭,如图 6-8 所示。

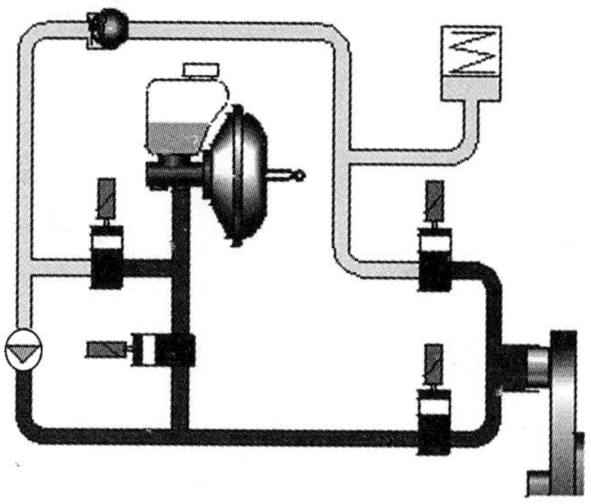

图 6-8　ESP 保持压力示意图

3. 卸压

ESP 卸压时，出液阀打开，N225 根据压力大小打开或关闭，N227 和进液阀关闭，制动液经 N225 和串联总泵（THZ）流入储液罐，如图 6-9 所示。

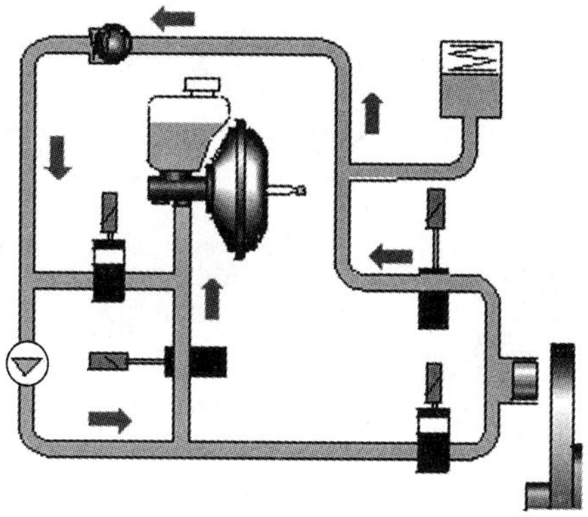

图 6-9　ESP 卸压示意图

如果不能保证这些阀的功能，整个系统就关闭了。所有的阀和泵都始终处于电气监控下，如有电气故障，必须更换电子控制单元。

液压控制装置，正常情况下执行制动助力功能；当车轮在加速或减速过程中出现滑移时，执行 TRC 和 ABC 功能；当汽车出现侧滑时，把受到控制的制动液压加到每个车轮上。

（三）ASR/ESP 开关

该按键一般在组合仪表区域，如图 6-10 所示。车型不同，其 ASR/ESP 开关稍有不同。

驾驶员用该按键可关闭 ASR/ESP 功能，ASR/ESP 指示灯可指示此时的状态。再次按下该键可再次接通 ASR/ESP 功能。如果忘了再次按下该按键，那么当重新启动发动机时，该系统自动被激活。

ESP 在下列情况下应关闭：车在深雪或松软土地上艰难行进时；车带防滑链行驶时；车在功率检测试验台上检测时。

当 ESP 正在工作时是无法关闭 ESP 的。如果该按键损坏，ESP 就无法关闭了。自诊断不能诊断该按键的故障。

（四）方向盘转角传感器

该传感器在转向柱锁开关和方向盘之间的转向柱上，如图 6-11 所示。安全气囊的带滑环的回位环集成在该传感器内，且位于该传感器的下部。该传感器的作用是将方向盘的转角信息传递给带 EDS/ASR/ESP 的 ABS 控制单元。角度的变化范围为 ±720°，也就是说方向盘转四圈。

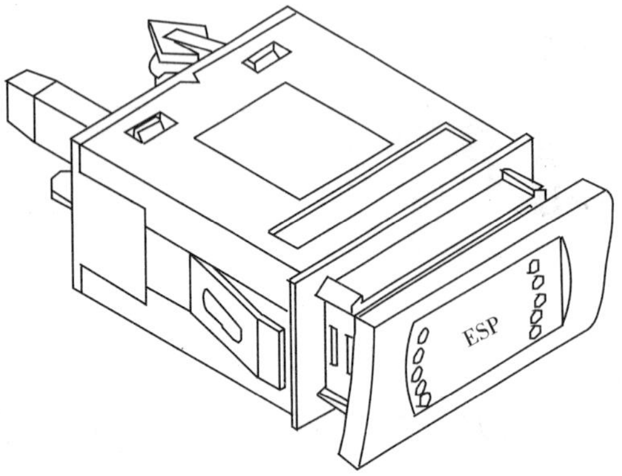

图 6-10 ESP 开关

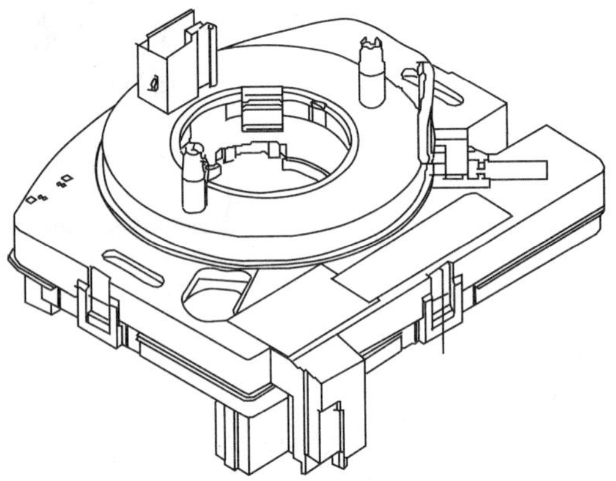

图 6-11 方向盘转角传感器

方向盘转角传感器角度的测量是通过光栅原理来实现的。其基本构件如图 6-12 所示。

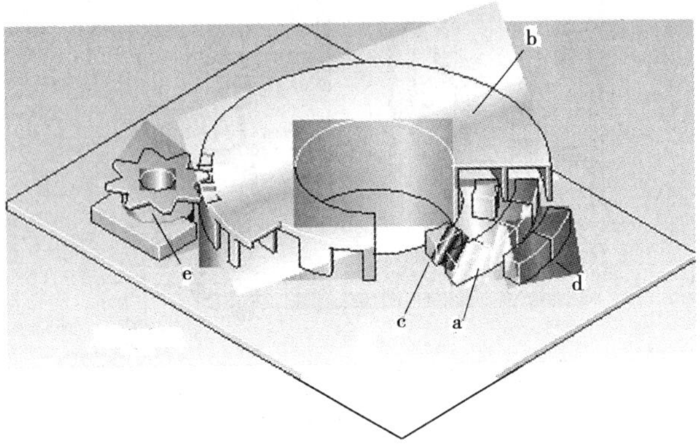

a—光源；b—编码盘；c、d—光学传感器；e—计数器(用于传递转动的圈数)

图 6-12 方向盘转角传感器的基本构件

编码盘由两个环构成，一个是绝对环，另一个是增量环。每个环由两个传感器进行扫描。

(五)偏摆率传感器

由于偏摆率传感器须安装在重心附近，因此该传感器与横向加速度传感器安装在同一个支架上，如图 6-13 所示。

该传感器用于确定车身上是否作用有转矩。根据传感器的安装位置可确定其是绕空间中哪个轴转动的。在 ESP 系统中，该传感器用于确定车辆是否绕垂直轴转动，人们称之为偏转率或转动率。

如果没有偏摆率传感器信号，电子控制单元就无法识别车辆是否有离心趋势，ESP 功能也就失效了。

在诊断过程中，ESP 将确定是否有导线断路及对正极/地短路，还将进一步确定传感器信号是否可靠。

（六）横向加速度传感器

由于物理方面的原因，该传感器应尽量与汽车重心离得近一些。传感器的安装位置不可以改变，它位于转向柱右侧，与偏摆率传感器固定在同一支架上，如图 6-14 所示。

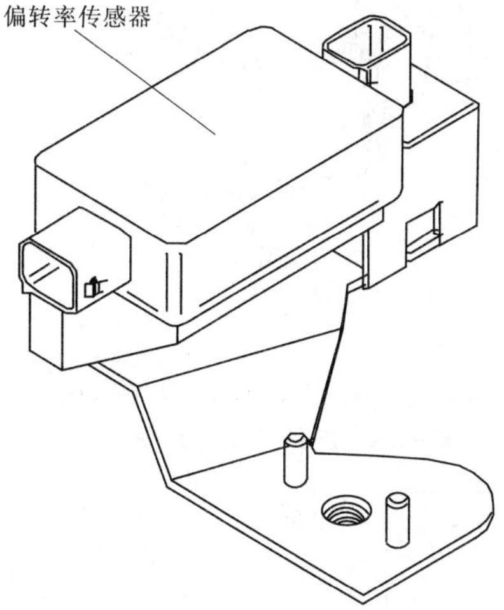

图 6-13　偏摆率传感器

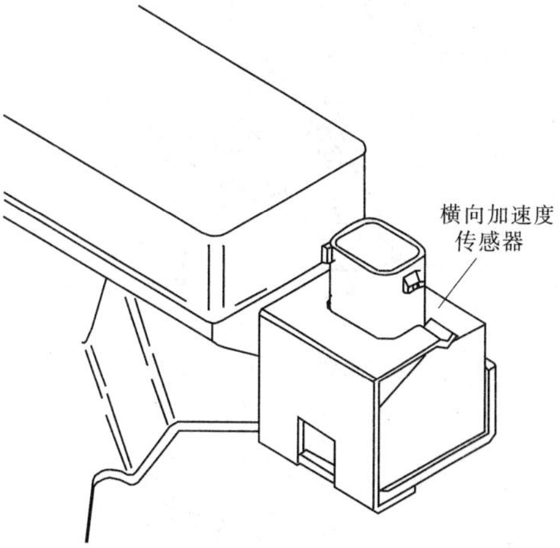

图 6-14　横向加速度传感器

横向加速度传感器用于判断有哪个方向的侧向力，它提供了一个重要的基础信息，该信息用于评估在当前道路上行驶时应保证哪些车辆运动处于稳定状态。

如果缺少横向加速度信息，电子控制单元就无法计算出车辆的实际状态，ESP 也就失效了。

在诊断过程中，ESP 会确定导线是否断路及是否对正极/地短路，还会进一步确定传感器信号是否可靠。

（七）轮速传感器

轮速传感器是一个电磁式传感器，装在每个车轮的相应位置上，用于检测车轮旋转的角速度。

前轮轮速传感器是前轮轮毂总成的一部分。左前和右前轮轮毂各装有一个轮速传感器和一个 48 齿的磁脉冲信号环。

后轮轮速传感器位于主减速器后盖的支架上，左、右各有一个。后轮轮速传感器的信号环是主减速器内车桥法兰的一部分，不能单独维修。前、后轮轮速传感器的安装位置分别如图 6-15、图 6-16 所示。

（八）制动压力传感器

制动压力传感器 1 – G201（左）和制动压力传感器 2 – G214（右）如图 6-17 所示。这两个传感器都装置在串联总泵上。该传感器是双重布置的，以便尽可能保证安全性。这可看成一种超稳定结构。

该传感器向发动机电子控制单元提供制动管路内的实际压力信号。发动机电子控制单元根据这个压力信号，计算出车轮制动力及作用在车上的纵向力。如果需要 ESP 工作，电子控制单元会将此值用于计算侧导向力。

两个传感器同时出现故障是不可能的。如果电子控制单元没有接收到其中任一传感器

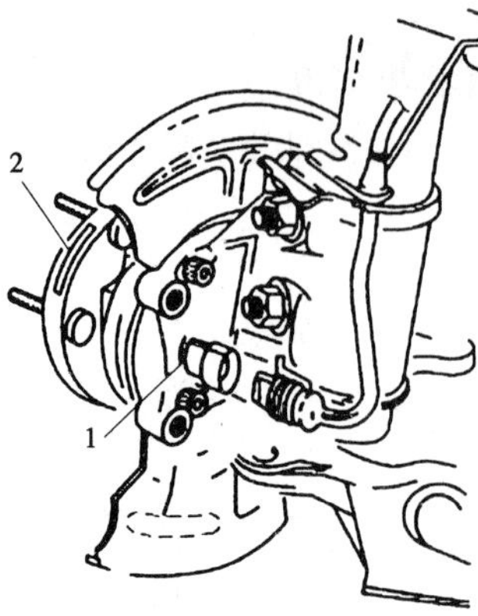

1—前轮轮速传感器；2—前轮毂总成

图 6-15　前轮轮速传感器

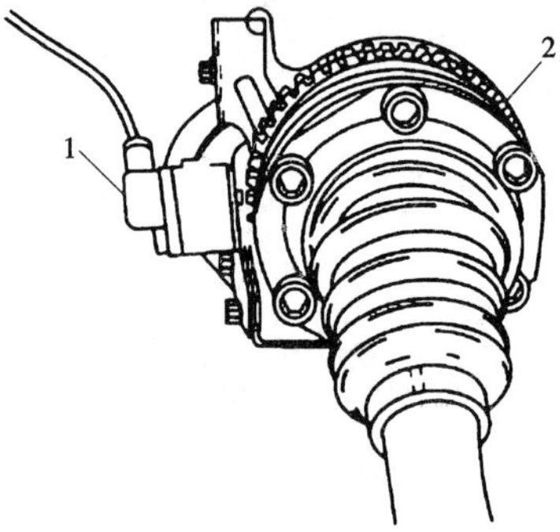

1—后轮轮速传感器；2—传感器信号环

图 6-16　后轮轮速传感器

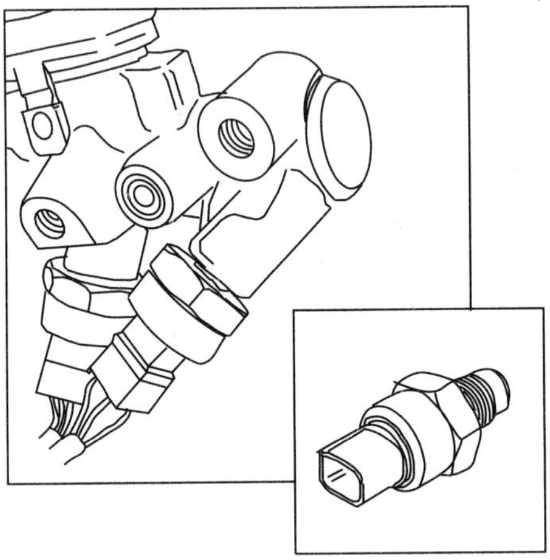

图 6-17　制动压力传感器

的信号，那么 ESP 就停止工作了。

在诊断过程中，ESP 系统将确定导线是否断路及对正极/地短路，还将检查这两个传感器信号是否可靠。

（九）带串联总泵的主动式制动助力器

该制动助力器除完成普通功能外（即借助于进气歧管或真空泵的真空来加大踏板力），它还要为 ESP 建立起预压力。因为回液泵的吸液特性决定了它并不总能产生足够大的压力（原因是低温时制动液的黏度太大），所以建立预压力的工作是很有必要的。带串联总泵的主动式制动助力器如图 6-18 所示。

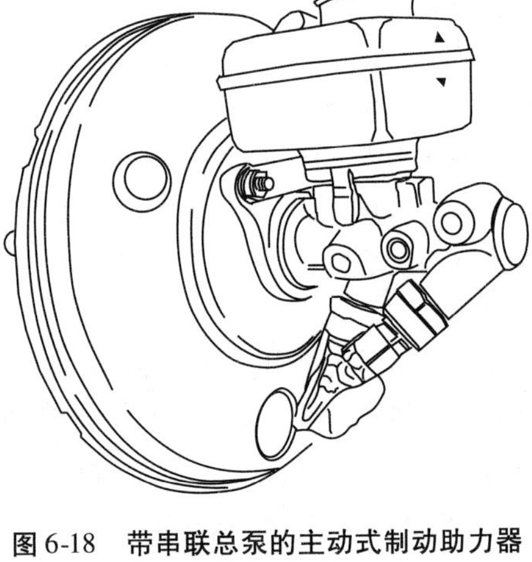

图 6-18　带串联总泵的主动式制动助力器

如果电磁线圈或开关有故障，ESP 功能就失效了。通过系统自诊断，可识别出下列故障：导线断路、对正极/地短路、部件损坏。

该助力器由改进过的串联总泵和制动助力器组成。制动助力器分成真空部分和压力部分两部分，由膜片分开，另外还有一个活塞电磁单元，如图 6-19 所示。

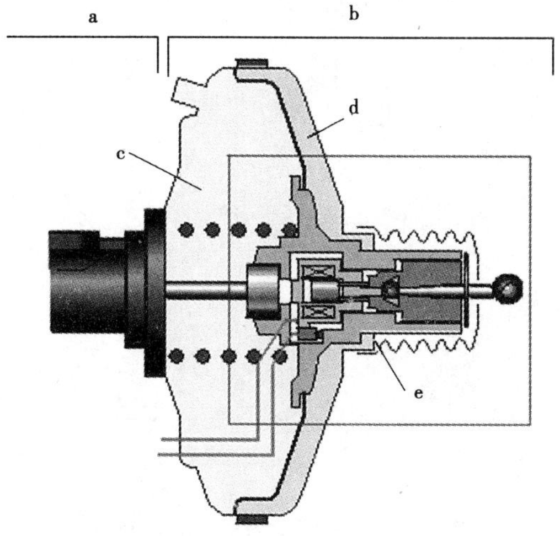

a—串联总泵；b—制动助力器；c—真空部分；d—压力部分；e—活塞电磁单元

图 6-19　带串联总泵的主动式制动助力器组成

活塞电磁单元与 ESP 系统之间有电气连接，它由以下部件构成：ESP 制动识别开关 F83、制动压力电磁线圈 N247 和空气导向阀，如图 6-20 所示。

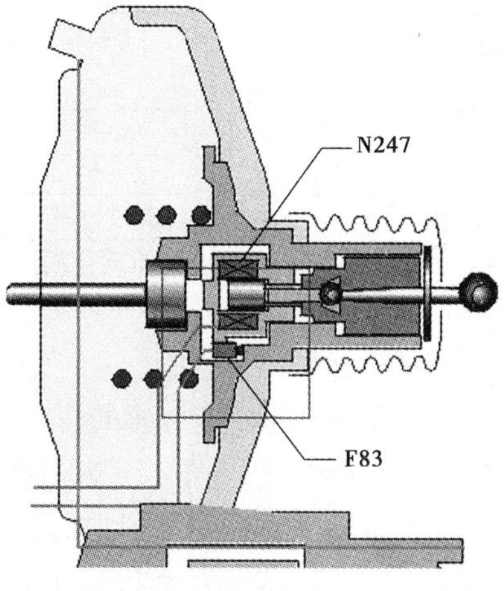

F83—ESP 制动识别开关；N247—制动压力电磁线圈

图 6-20　主动式制动助力器活塞电磁单元示意图

ESP 制动识别开关也叫释放开关，它其实就是一个换向开关。在未踏下制动踏板时，中央触点是与信号触点 1 相连的；踏下制动踏板后，信号触点 2 就合上了，如图 6-21 所示。因为触点接合准确，所以开关的信号也清晰。因此，这个释放开关有很高的安全性。

三、ESP 的工作原理

ESP 控制框图如图 6-22 所示。

汽车在转弯过程中会出现打滑现象，当后轮出现打滑时，产生转向过度；当前轮出现打

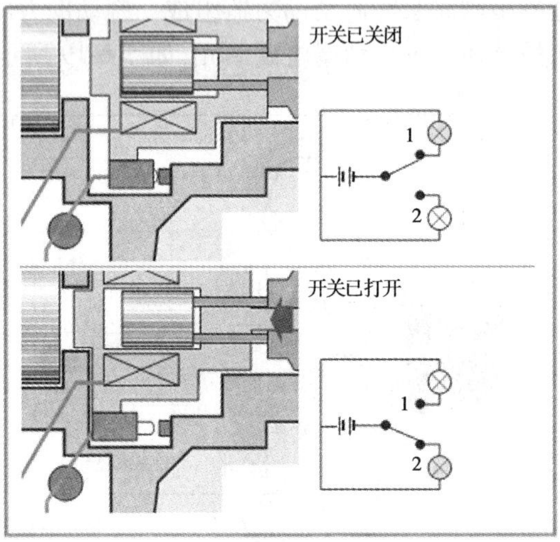

图 6-21 ESP 制动识别开关示意图

滑时,产生转向不足。当出现以上两种情况时,汽车电子稳定系统开始工作。

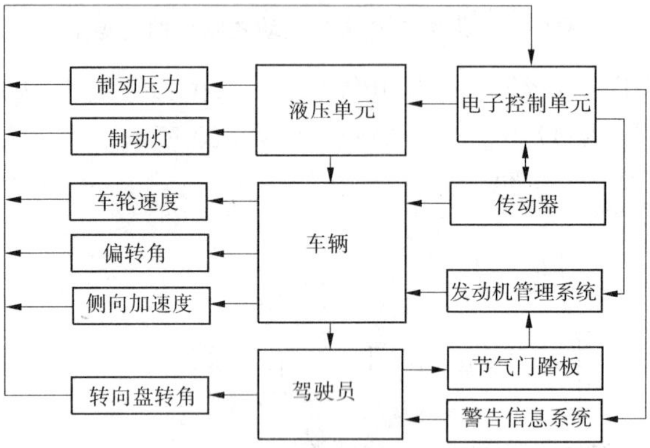

图 6-22 ESP 控制框图

电子控制单元通过方向盘转角传感器确定驾驶员想要的行驶方向,通过轮速传感器和横向偏摆率传感器来计算车辆的实际行驶方向。当电子稳定程序检测到车辆行驶轨迹与驾驶员要求不符时,电子稳定程序将首先利用牵引力控制系统中的发动机扭矩减小功能,向发动机控制模块发送一个串行数据通信信号,请求减小发动机扭矩。如果电子稳定程序仍然检测到车轮侧向滑移,则电子稳定程序将实行主动制动干预。

(一)转向过度

在汽车的行驶过程中,由于意外造成转向过度,而使后轮打滑,车辆抛出转弯曲线,此时 ESP 把制动力加到外侧前轮,使车辆的转弯力量减小,同时使后轮的打滑现象减少,如图 6-23所示。其基本工作过程如下所述:

方向盘转角传感器向电子控制单元发送一个驾驶员想要转向的信号,横向偏摆率传感器检测到车辆开始打转,同时车辆后端开始产生滑移,这说明车辆开始转向过度,电子稳定程序将实行主动制动干预。电子稳定程序利用 ABS – TCS 系统中已有的主动制动控制功能向车辆的一个或两个外侧车轮施加计算得到的制动力,使内侧车轮绕车辆纵轴旋转,以稳定

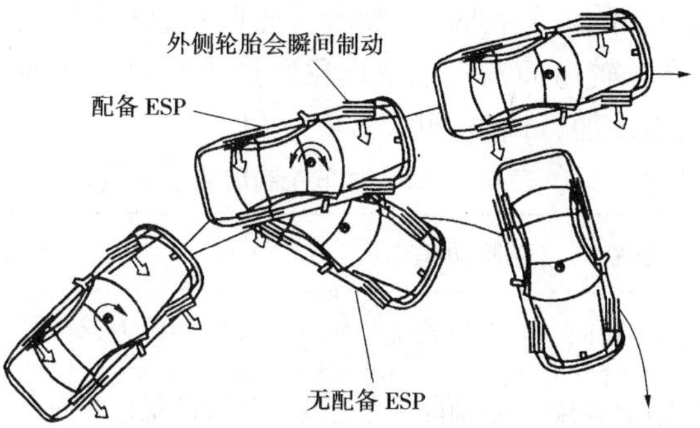

图 6-23　转向过度

车辆,并向驾驶员想要的方向转向。当电子控制单元检测到车辆转向过度时,向液压控制装置发送一个信号,关闭前后隔离阀,以将制动液回路与总泵隔离开来,防止制动液返回总泵;打开前后启动阀,使制动液从制动总泵进入液压泵中;关闭左前进口阀和左后进口阀,以隔离左轮液压回路,从而使液压控制装置只向右轮提供制动液压力;运行液压控制装置泵,将合适的制动液压力施加到右轮制动钳上,以使车辆朝驾驶员想要的方向转向。

(二)转向不足

在汽车的行驶过程中,如果出现前轮打滑,电子控制单元会发出指令,降低发动机转矩,并给内侧前轮施加制动力,使其向内侧移动,以达到驾驶稳定的目的,如图 6-24 所示。其基本工作过程如下所述:

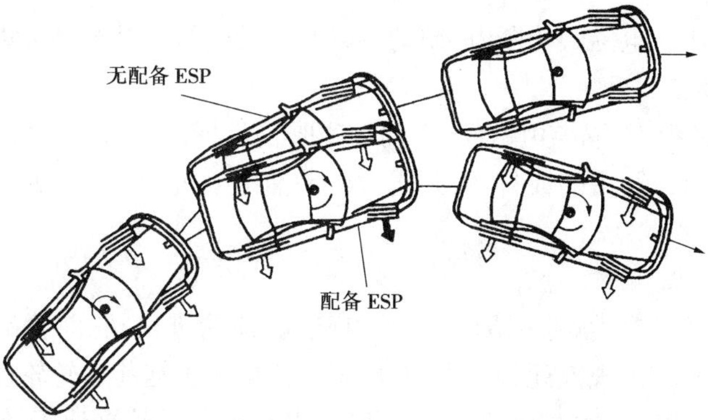

图 6-24　转向不足

方向盘转角传感器向电子控制单元发送一个驾驶员想要转向的信号,横向偏摆率传感器检测到车辆开始打转,同时车辆前端开始产生滑移,这说明车辆出现转向不足,电子稳定程序将实行主动制动干预。电子稳定程序利用 ABS－TCS 系统中已有的主动制动控制功能向车辆的一个或两个内侧车轮施加计算得到的制动力,这将促使车辆绕其纵轴旋转,以稳定车辆,并朝驾驶员想要的方向转向。当电子控制单元检测到车辆转向不足时,电子控制单元将向液压控制装置发送信号,关闭前后隔离阀,以使后轮制动回路与总泵隔离,防止制动液返回总泵;打开前后启动阀,使制动液从制动总泵进入液压泵中;关闭右前进口阀和右后进口阀,以隔离右轮液压回路,从而使液压控制装置只向左轮提供制动液压力;运行液压控制装置泵,将合适的制动液压力施加到左轮制动钳上,以使车辆朝驾驶员想要的方向转向。如果在 ESP 模式下进行人工制动,则退出 ESP 制动干预模式,并允许常规制动。

当车辆躲避突然出现的障碍物时，驾驶者首先向左急打转向盘，紧接着又向右转向。车辆由于驾驶者急打转向盘转弯而出现甩尾现象。由于车辆沿着垂直轴线转动，出现失控状态，ESP 将对各车轮的制动加以调整，见表 6-1。

表 6-1　ESP 对车轮制动调整对照

工作过程	车辆转向	行驶状态	受制动车轮	目的
第一阶段	制动/向左	不足转向	左后轮	前轮保留侧向力，有效保证车辆的转向
第二阶段	向右	不足转向	右前轮	保证后轴的最佳侧向力，后轴车轮自动转动
第三阶段	向左	过度转向	左前轮	为阻止车辆出现甩尾、限制前轴侧向力的建立，在特殊危险情形下，这个车轮将强制制动
第四阶段	中间	稳定	无	在所有不稳定行驶状态被校正后，ESP 结束高速工作

（三）ESP 油路的工作过程

ESP 液压系统的组成及布置如图 6-25 所示，出口阀、隔离电磁阀为常闭型，进口阀、启动电磁阀为常开型。ESP 兼有常规制动、ABS、EBD、EDS、TCS 功能，下面分别作简要介绍。

1. 常规制动过程

常规制动时，所有电磁阀均断电，制动主缸与制动轮缸直接相通，如图 6-25 所示。

2. ABS 工作过程

在 ABS 调节过程中，隔离电磁阀、启动电磁阀仍保持断电，ESP 电控单元根据轮速信号控制各轮进口阀、出口阀关闭或打开，并适时启动油泵电机，调节相应车轮制动轮缸的油压，控制车轮滑移率。

3. EBD 工作过程

在 EBD 调节过程中，隔离电磁阀、启动电磁阀、前轮进口阀、前轮出口阀断电。在制动力增长阶段，车轮没有出现抱死趋势之前，ESP 电控单元根据前后轮轮速信号控制后轮进口阀、出口阀关闭或打开，并适时启动油泵电机，调节后轮制动轮缸油压，使前后轮制动力分配保持在理想状态。

4. TCS/EDS 工作过程

TCS/EDS 调节时，隔离电磁阀通电关闭，启动电磁阀通电打开，非滑转驱动轮的进口阀通电关闭、出口阀断电关闭，滑转驱动轮的进口阀断电打开、出口阀断电关闭，电机带动液压回程泵运转，将制动液压油从制动主缸经启动电磁阀、进口电磁阀压入滑转驱动轮的制动轮缸，实施制动干预，如图 6-26 所示。在制动过程中，ESP 根据滑转情况通过进口阀和出口阀调节制动压力。

5. ESP 工作过程

（1）当 ESP 检测到汽车出现转向不足时，可以对一个或两个内侧车轮施加制动，以保证汽车按照驾驶员想要的转向角度行驶，如图 6-27 所示。

汽车转向不足控制油路如图 6-28 所示。此时，隔离电磁阀通电关闭、启动电磁阀通电

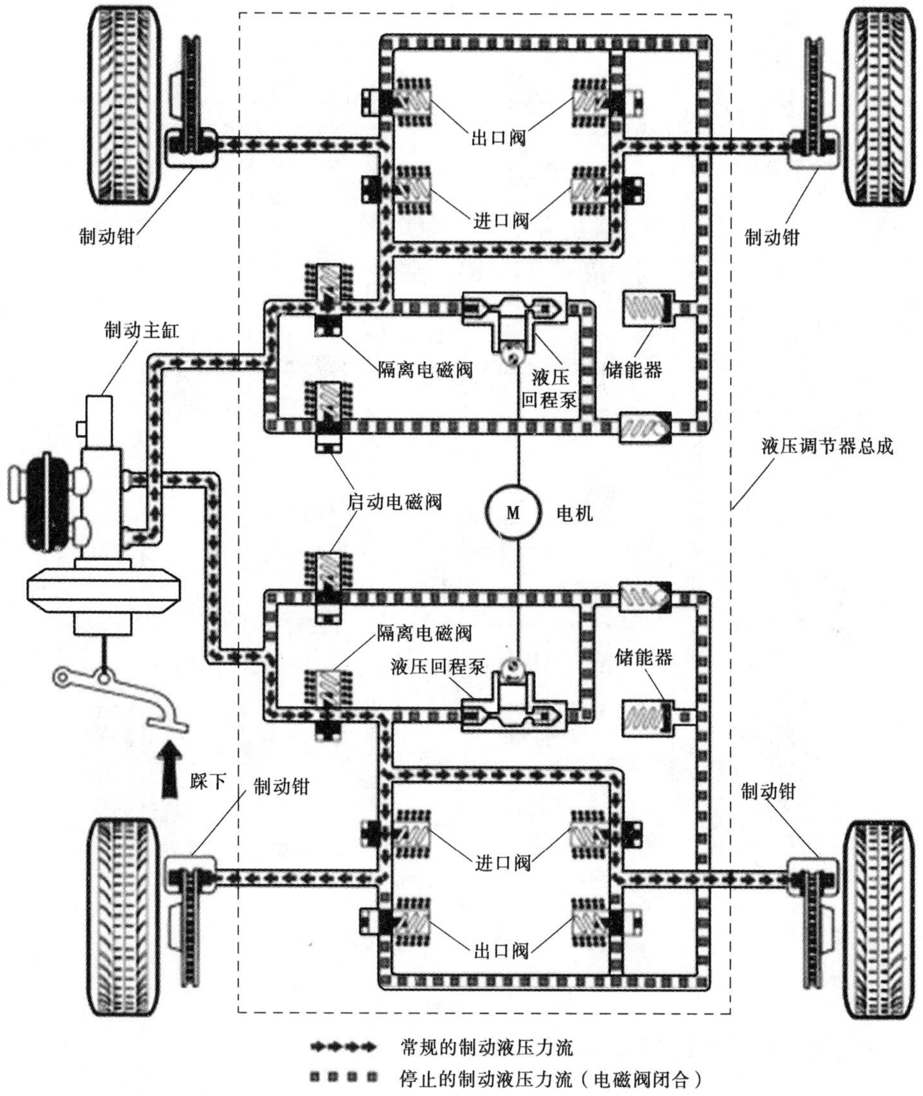

图 6-25　ESP 液压系统(常规制动)组成及布置

打开,内侧车轮的一个或两个进口阀断电打开、出口阀断电关闭,外侧车轮的进口阀通电关闭、出口阀断电关闭,电机带动液压回程泵运转,将制动液压油从制动主缸经启动电磁阀、进口电磁阀压入一个或两个内侧车轮制动轮缸,实施制动干预。在制动过程中,ESP 根据汽车的横向摆转情况通过进口阀和出口阀调节制动压力。

(2)当 ESP 检测到汽车出现转向过度时,可对一个或两个外侧车轮施加制动,以保证汽车按照驾驶员想要的转向角度行驶,如图 6-29 所示。

汽车转向过度控制油路如图 6-30 所示。此时,隔离电磁阀通电关闭、启动电磁阀通电打开,外侧车轮的一个或两个进口阀断电打开、出口阀断电关闭,内侧车轮的进口阀通电关闭、出口阀断电关闭,电机带动液压回程泵运转,将制动液压油从制动主缸经启动电磁阀、进口阀压入一个或两个外侧车轮制动轮缸,实施制动干预。在制动过程中,ESP 根据汽车横向

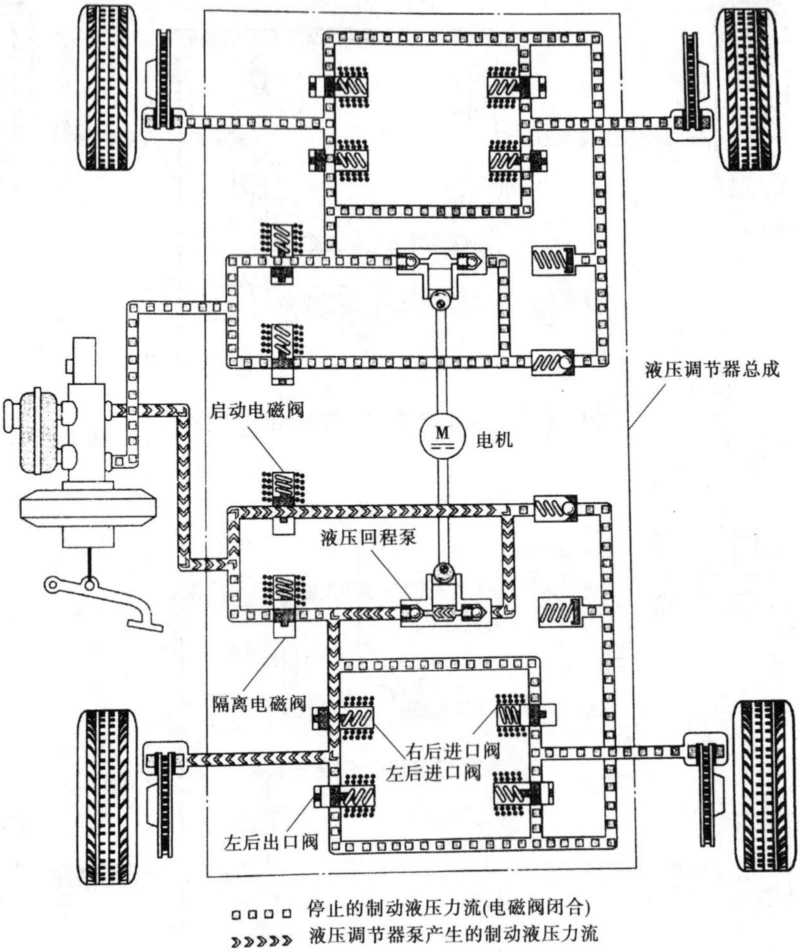

图 6-26　TCS 制动干预油路

摆转情况通过进口阀和出口阀调节制动压力。

四、ESP 系统的关键技术

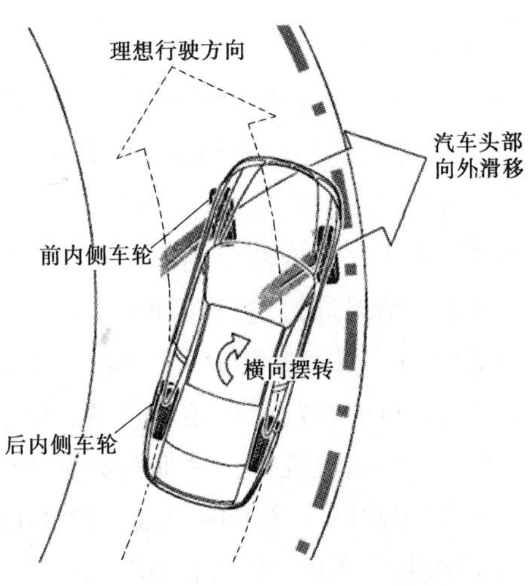

图 6-27　汽车转向不足示意图

现在比较典型的汽车控制系统的结构包括传统制动系统真空助力器、管路和制动器、传感器(4 个轮速传感器、方向盘转角传感器、侧向加速度传感器、横摆角速度传感器、制动主缸压力传感器)、液压调节器、汽车稳定性控制电子控制单元和辅助系统发动机管理系统。所以，ESP 的开发有赖于以下几个关键技术的突破。

(一) 传感技术

在 ESP 中使用的传感器有车辆横摆角速度传感器、横向加速度传感器、方向盘转角传感器、

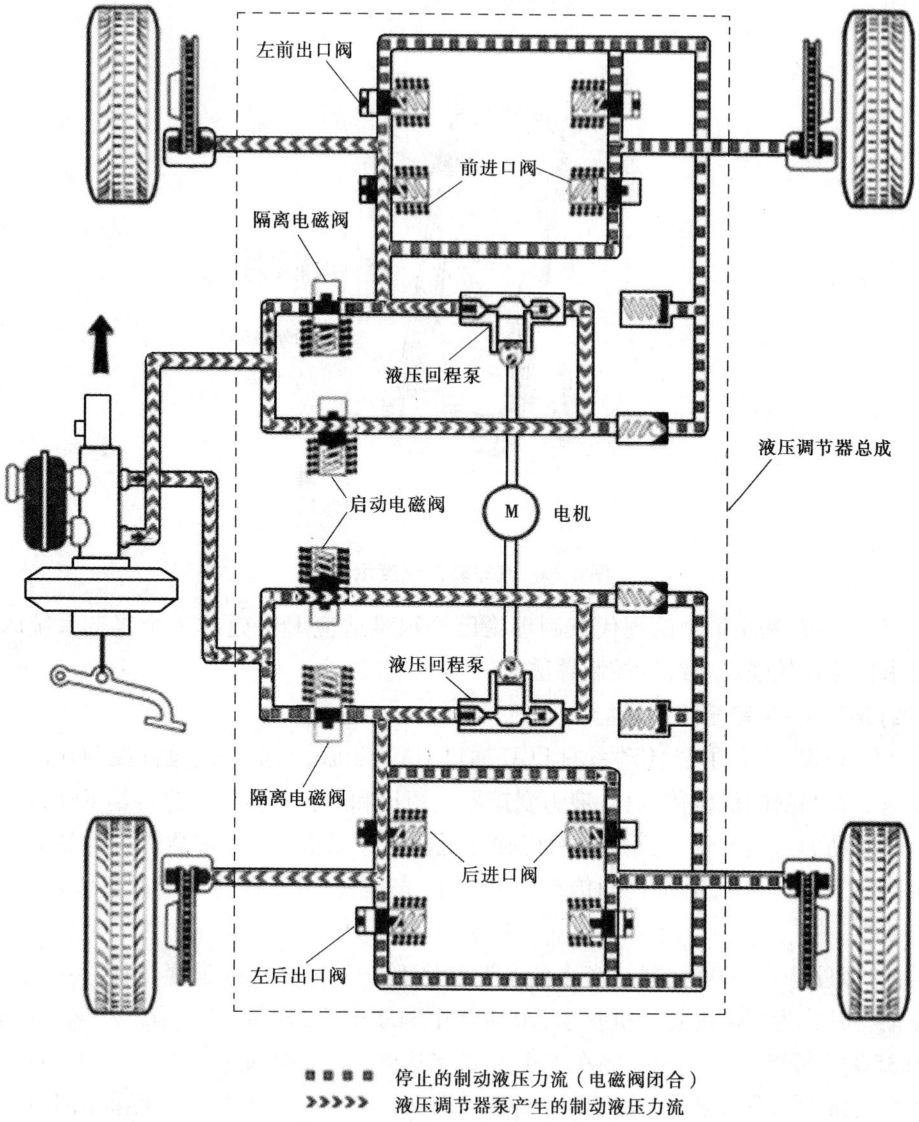

图 6-28　汽车转向不足控制油路

轮速传感器等，它们都是 ESP 中不可缺少的重要部件，提高它们的可靠性并降低成本一直是这方面的开发人员追求的目标。价格低廉的微机械（Micro-Machined）加速度和横摆角速度传感器的出现，为这项技术的广泛应用创造了一定的条件。

（二）体积小、质量轻及成本低的液压制动系统的结构设计

博世公司在 ESP 中采用的结构有一定的代表性，其液压制动系统由预加压泵 PCP（Precharge Pump）、压力产生装置（Pressure Generator Assembly）、液压单元 HU5.0 构成。

（三）ESP 的软硬件设计

由于 ESP 的 ECU 需要估计车辆运行的状态变量和计算相应的运动控制量，所以计算处理能力和容量要比 ABS 大数倍，一般多采用 CPU 结构。而 ECU 软件计算的研究则是研究

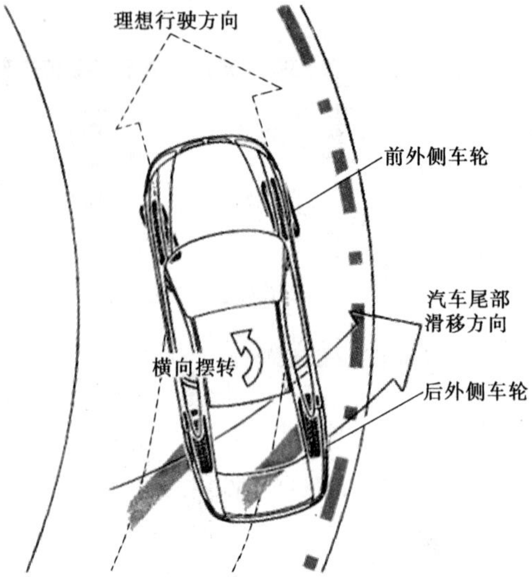

图 6-29　汽车转向过度示意图

工作的重中之重,基于模型的现代控制理论已经很难适应 ESP 这样一个复杂系统的控制,必须寻求鲁棒性较强的非线性控制算法。

(四)通过 CAN 完善控制功能

ESP 的 ECU 与发动机、传动系的 ECU 通过 CAN 互联,能更好地发挥控制功能。例如,自动变速器将当前的机械传动比、液力变矩器变矩比和所在挡位等信息传给 ESP,以估算驱动轮上的驱动力。当 ESP 识别出车辆行驶在低附着系数路面时,它会禁止驾驶员挂低挡,在这种路面上起步时,ESP 会告知传动系 ECU 应先挂入 2 挡,这将显著改善大功率轿车的起步舒适性。

目前,国外特别是欧洲,越来越多的车型已将 ESP 作为其标准配置,国内一些中高档车型也逐渐将其作为标准配置。据报道,2004 年中国新车的 ESP 装备率为 3%,欧洲的新车装备率为 35%。2005 年欧洲出产新车 ESP 装备率达到 40%,中国达到 4%。ESP 正在向一般的商用车及重型卡车普及,多家商用车生产厂商和重型卡车生产厂商正在推出带 ESP 的车型。现在正是欧美汽车工业界推广应用 ESP 的高潮时期,中国也正处于迅速推广普及的阶段。

可以预见,ESP 汽车安全产品不久将成为多款中、高档轿车和其他车型的标准配制。掌握 ESP 技术,就掌握了竞争未来汽车安全技术的主动权。所以,攻克 ESP 设计的理论与关键技术,对提高国产汽车的自主开发能力、缩短与发达国家的差距具有重要的现实意义。它将为我国汽车工业的繁荣发展以及促进其他相关工业的繁荣发展起着重要作用,并能带来巨大的社会效益和经济效益。

世界上最大的汽车原厂配套装备独立供应商——博世于 1995 年成为了第一个把 ESP 技术投入量产的公司,并在接下来的数年中不断优化其设计,截至 2002 年,已经发展到第 8 代。2005 年,适逢博世对汽车产业的重要贡献之一——ESP 电子稳定程序面世 10 周年之际,ESP 8.0 系统这一世界领先的技术在中国苏州实现了国产化。

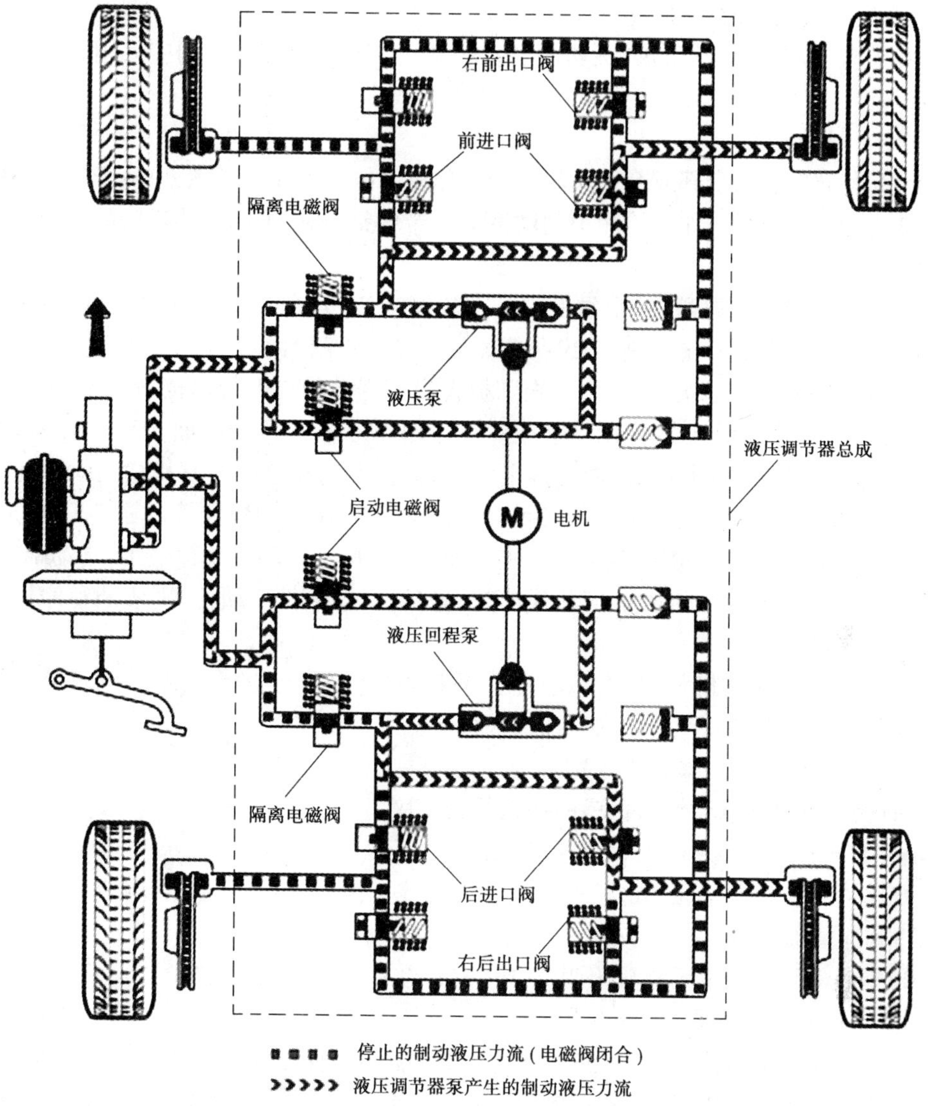

图 6-30　汽车转向过度控制油路

第三节　ESP 的使用与检修

一、ESP 的检修方法

(一)目视检查

最初的目视检查,可以发现比较明显的故障,能够节省时间、提高维修效率。

1. 检查管路

(1)检查储液罐中的制动液,液位应处于"MAX"和"MIN"刻度线之间。

(2)检查整个系统的管路、接头应无凹瘪、严重锈蚀、裂纹现象,连接应可靠,无渗漏。

(3)检查金属管路用的管夹是否牢固可靠,不得与车架及其他部件相碰擦,在行车过程中不得产生较大振幅的振抖。

(4)检查管路软管,应舒展,无折叠、脱皮、老化、膨胀等缺陷,否则应采用相应的措施进行维修。

2. 检查制动器

抬起制动踏板后,全部或个别车轮的制动作用不能立即完全解除,以致影响了车辆重新起步、加速行驶或滑行。如果检测出制动器有拖滞现象,利用下面方法进行故障原因判断及排除:

(1)车辆行驶一段路程后,用手触摸各车轮制动鼓,若全部制动鼓都发热,说明故障发生在制动总缸;若个别车轮发热,则说明故障发生在车轮制动器。

(2)如故障发生在总缸,应首先检查踏板自由行程。若自由行程合乎要求,可将总缸储油室盖打开,并连续踏下和放松制动踏板,看其回油情况。如不能回油,则为回油孔堵塞;如回油缓慢,则是皮碗、皮圈发胀或回位弹簧无力,应拆下制动总缸分解检修。同时还应观察踏板回位情况,如踏板不能迅速回位或回不到原位,说明踏板回位弹簧过软或折断,应更换。

(3)如故障发生在车轮制动器,应先拧松放气螺钉,若制动液急速喷出,制动蹄回位,则为油管堵塞、分缸不能回油所致,应疏通油管。如果制动蹄仍不回位,则应调整摩擦片与制动鼓之间的间隙。

(4)如经上述维修和调整均无效,应拆下制动鼓,检查分缸活塞皮碗与回位弹簧的状况,以及制动蹄片销的活动情况,必要时,进行修复或更换。

3. 检查所有继电器、熔丝

检查所有继电器、熔丝是否完好,插接是否牢固。

4. 检查电子控制单元和液压调节器总成

(1)检查电子控制单元和液压调节器总成的线束插头,应无松动,接触良好。管脚应无腐蚀,否则应清除干净。

(2)检查电子控制单元和液压调节器总成的输入电源及搭铁情况。

5. 检查传感器及线路

(1)检查轮速传感器安装固定有无松动,传感器和齿圈是否有磁性物质和污垢,传感器导线是否破损、老化,插接器是否连接牢固和接触良好,如有锈蚀、脏污,应清除,并涂少量防护剂,然后重新将导线插入插接器。

(2)检查转向盘转角传感器安装固定有无松动,传感器导线是否破损、老化,插接器是否连接牢固和接触良好,如有锈蚀、脏污,应清除,并涂少量防护剂,然后重新将导线插入插接器。

(3)检查横向偏摆率传感器安装固定有无松动,传感器导线是否破损、老化,插接器是否连接牢固和接触良好,如有锈蚀、脏污,应清除,并涂少量防护剂,然后重新将导线插入插接器。

6. 检查蓄电池电压

检查蓄电池电压是否在规定范围内。

(二)自诊断

电子控制系统出现故障后,电子控制单元可记忆相应的故障代码。用大众公司故障诊断仪 VAS 5051 可以读取、清除故障代码,还可以阅读数据流,并进行液压控制单元电磁阀测试、电子稳定控制系统液压回路测试、系统排气测试等。在对 ABS/TCS/ESP 进行检修之前,应先排除常规制动系统故障。

(三)制动器排气

ABS/TCS/ESP 系统制动器排气程序的具体步骤如下:

(1)连接 VAS 5051,启动发动机并怠速运行。

(2)执行 VAS 5051 制动器排气程序中所列的指示。

提示:在执行该程序期间,确保制动总缸中的制动液液位不低于最低液位。

(3)关闭点火开关,并从诊断座(DLC)上断开 VAS 5051。

(4)用规定的制动液加注制动总缸储液罐至最高液位。

(5)执行上面的常规制动系统制动器的排气操作。

(6)关闭点火开关,踩下制动踏板 3 ~5 次,以耗尽制动助力器的真空储备压力。

(7)缓慢踩下制动踏板,如果感觉制动踏板绵软,重复 ABS/TCS/ESP 系统制动器的排气操作。

(8)重复 ABS/TCS/ESP 系统排气操作后,如果仍然感觉制动踏板绵软,检查制动系统是否存在外部或内部泄漏。

(9)保持发动机熄火,并且不使用驻车制动器,然后接通点火开关,如果驻车制动器/制动器故障指示灯保持明亮,先诊断后排除故障。

(10)路试车辆,执行 ABS/TCS/ESP 系统自检初始化程序,如果感觉制动踏板绵软,重复 ABS/TCS/ESP 系统制动器的排气操作,直到制动踏板感觉坚实。

(11)检查 ABS/TCS/ESP 系统的操作。

应注意:在执行 ABS/TCS/ESP 系统制动器排气之前,必须完成常规制动系统的排气程序。原因是:液压制动系统渗入空气后,随着制动力增加,空气受到压缩,制动力减小,将造成制动失效。液压制动系统修复安装后,应加注制动液,排出制动系统中的空气。具体步骤如下:

将一根软管的一头接在放气螺钉上,另一头插入容器中,如图 6-31 所示。

一人用力迅速踩下并缓慢放松制动踏板,如此反复数次后,踩下制动踏板并一直保持一定高度。

另一人拧松放气螺钉,管路中的空气随着制动液顺着胶管排出制动系统,排出空气后再将放气螺钉拧紧。

重复上述步骤多次,直至容器中的制动液里无气泡,但同时注意主缸储液罐是否有制动液。

在排气过程中,随时检查储油罐内的液面高度,不足时,加注制动液,取下胶管,套上防尘罩,将主缸储液罐内的制动液添加到规定的高度。

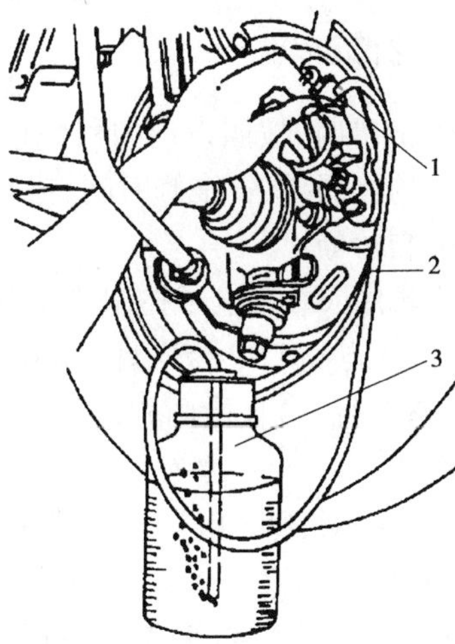

1—放气螺钉;2—放气管;3—透明容器(装 1/2 制动液)

图 6-31　液压制动系统放气

提示:在加注制动液之前,应清洗制动主缸和盖,防止污垢进入制动主缸储液罐。在加注制动液时,应注意,各厂家生产的制动液化学成分不同,不能混合使用。

(四)方向盘转角传感器的校准

电子控制单元监测并判断方向盘转角传感器的输出信号,当车辆沿直线行驶了 15 min 或以上时,电子控制单元会将该行驶方向设定为正前方向。如果电子控制单元检测到方向盘转角传感器角度偏离正前方向,偏离度等于或小于 15°,则电子控制单元自动执行方向盘转角传感器校准。如果偏离度大于 15°,则设置“方向盘转角传感器故障”。方向盘转角传感器可使用 VAS 5051 重新校准,具体操作步骤如下:

(1)路试车辆并记录车辆笔直向前行驶时的方向盘位置。

(2)将 VAS 5051 连接到车辆上,并执行 VAS 5051 方向盘转角传感器校准程序中的指示。

(3)检查 ABS/TCS/ESP 系统的操作。

(五)电子控制单元和液压调节器总成的检查

电子控制单元和液压调节器总成检修是系统维护和故障诊断的主要组成部分,应按技术标准对电子控制单元和液压调节器总成进行检修。电子控制单元出现故障后,制动系统保持常规制动,但 ABS/ASR/ESP 功能均失效。当电磁阀功能出现不可靠故障时,整体系统关闭,ESP 功能失效。

电子控制单元和液压调节器总成集成为一体,如图 6-32 所示,在保修期内,不要拆解电子控制单元和液压调节器总成。

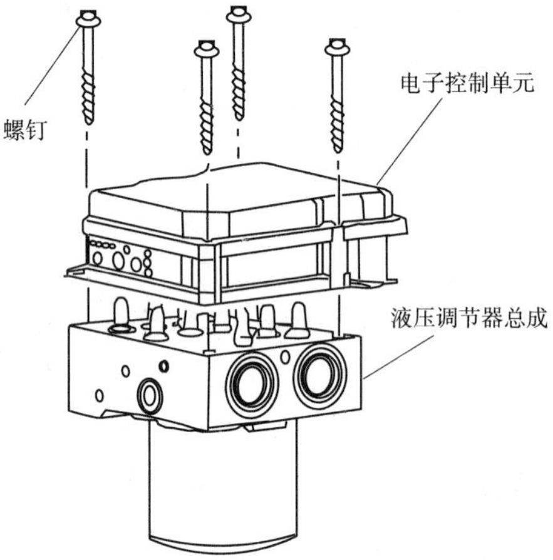

图 6-32　电子控制单元和液压调节器总成

(六)轮速传感器的检查

速腾 4 个轮速传感器均为电磁式传感器,传感器气隙不可调。检查轮速传感器时,可用万用表测量传感器阻值,也可用示波器测量传感器的输出波形。在 20 ℃时,传感器的电阻正常值为 1.3 ~ 1.8 kΩ。

二、ESP 的诊断方法

诊断 ESP 故障时,按照设定的程序和方法读取故障代码。维修人员可根据故障代码的含义确定故障的范围,节省维修时间,提高维修效率。常用的诊断方法有下列几种。

(一)ESP 自诊断

ESP 自诊断是依靠其电子控制单元对系统外部电路进行自检,若发现异常,电脑则将其故障信息储存,并点亮 ESP 警告灯。ESP 的自检又包括静态(点火开关接通,汽车不行驶)自检和动态(汽车行驶)自检两种情况。

1. 静态自检

点火开关一接通,ESP 电子控制单元立即对系统外部电路进行自检,仪表板上的制动警告灯、ABS 警告灯和 ESP 警告灯亮起,若系统正常(放松手制动),警告灯 2 ~ 3 s 内熄灭,自检过程完成;若系统不正常,警告灯将持续亮起,ECU 将故障信息以代码的形式储存,同时关闭 ESP 系统,提示驾驶员应该进行检修。

2. 动态自检

汽车行驶达到规定速度后,ESP 电子控制单元检查系统各个传感器的可靠性(侧向加速度传感器、偏摆率传感器和制动压力传感器、方向盘转角传感器),若发现异常,则点亮 ESP 警告灯,存储故障代码,关闭 ESP。

(二)人工诊断

ESP 系统的人工诊断包含人工读取故障代码(人工调码)和使用常用设备(如万用表)进行故障点的查找两方面的内容。

1. 人工读取故障代码

人工读取故障代码的方式通常有:通过 ABS 警告灯闪烁读取、通过电子控制单元盒上的二极管灯读取、通过自制的发光管灯读取、通过自动空调面板读取等几种。但人工读取故障代码的方式不常使用,故在此不再详细介绍。

2. 使用常用设备进行故障点的查找

当 ESP 警告灯点亮,又无诊断检测设备可帮助诊断故障原因时,可使用常规设备(如万用表)进行故障点的查找和排除。使用这种方法进行 ESP 故障诊断和检修,可借助人工调码及参考维修手册,先明确故障点的位置和原因,再进一步查找;或者在弄清 ESP 的工作原理和电路连接关系后,再使用万用表对其外部电路进行检查,查明故障原因,并给予检修。

ESP 故障排除后,应将电子控制单元所存储的故障代码清除。

(三)仪器诊断

故障代码扫描仪可以从 ESP 的电子控制单元存储器中读取故障代码,同时还具有翻译故障代码、指导检测步骤和提供基本判断参数等功能。

用大众公司故障诊断仪 VAS 5051 可以读取、清除故障代码,还可以阅读数据流,并进行液压控制单元电磁阀测试、电子稳定控制系统液压回路测试、系统排气测试等。因 VAS 5051 为菜单提示操作,这些功能按 VAS 5051 屏幕的提示操作即可完成。在对 ABS/TCS/ESP 进行检修之前,应先排除常规制动系统故障。

三、ESP 检修注意事项

(1)电控单元对过电压、静电非常敏感,如有不慎就会损坏电控单元中的芯片,造成整个电控单元“瘫痪”。因此,点火开关接通时,不要插或拔电控单元上的连接器;在车上进行电焊之前,要戴好防静电装置,拔下电控单元上的连接器后,再进行电焊;给蓄电池进行专门充电时,要将电池从车上拆卸下来或摘下蓄电池电缆后,再进行充电。

(2)维修车轮速度传感器时一定要十分小心。拆卸时,注意不要碰伤传感器头,不要撬传感器齿圈,以免损坏。安装时,应先涂覆防锈油,安装过程中不可敲击或用力过大。一般情况下,传感器气隙是可调的(也有不可调的),调整时应使用非磁性塞卡,如塑料或铜塞卡,当然也可使用纸片。

(3)维修液压控制装置时,切记要首先进行泄压,然后再按规定进行修理。例如,制动主缸和液压调节器设计在一起的整体 ABS,其蓄压器存储了高达 18 000 kPa 的压力,修理前要彻底泄压,以免高压油喷出伤人。

(4)制动液要至少每隔两年更换一次,最好是每年更换一次。这是因为 DOT3 乙二醇型制动液的吸湿性很强,含水分的制动液不仅使制动系统内部产生腐蚀,而且会使制动效果明显下降,影响制动系统的正常工作。注意:不要使用 DOT5 硅酮型制动液,更换和存储制动液的器皿要清洁,不要让污物、灰尘进入液压控制装置,制动液不要沾到电控单元和导线上。

四、ESP的维修与故障诊断步骤

(一)奥迪 A4 车辆 ESP 的维修与故障诊断步骤

1. 方向盘转角传感器 G85 的初始化标定

如果方向盘转角传感器 G85 断电或更换、ESP 电子控制单元 J104 更换或者车辆的电压值不正常,传感器的标定值会丢失,即电子控制单元无法正常识别传感器的数据起始点和变化规律,所以需重新进行初始化标定。初始化标定的方法有路试和使用 VAS 5051 两种。

路试时,通过短距离行驶,传感器 G85 会根据轮速传感器的信息重新初始化。

利用诊断仪器 VAS 5051 进行初始化标定的方法和步骤如下:

(1)连接 VAG 1551 或 VAS 5051 进入 03 地址。

(2)选择登录 11,按 Q 键确认,输入登录密码"40168",再按 Q 键(做多项调整时,只需登录 1 次)。

(3)启动车辆,在平坦路面试车,以不超过 20 km/h 的车速行驶。

(4)如果方向盘是正中位置(若不在正中位置,需调整),停车即可,不要再调整方向盘,不要关闭点火开关。

(5)选择读取数据流功能 08,输入"004"通道,观察第一显示区数值是否在 4.5 ~5。

(6)选择基本设定功能 04,按 Q 键确认,再输入组别号"001", ABS 警告灯闪亮。

(7)选择退出功能 06,按 Q 键确认,ABS 和 ESP 警告灯亮约 2 s,此时即结束初始化标定。

2. ESP 路试和系统测试

ESP 路试的作用是检查 ESP 中各个传感器的可靠性(侧向加速度传感器 G200、偏摆率传感器 G202 和制动压力传感器 G201、方向盘转角传感器 G85)。每次将 ESP 中的电气元件拆下或更换后,必须进行路试。注意:对 ESP 系统的路试一旦开始,就不能中止,必须全部进行完毕。测试过程如下。

(1)连接诊断仪器 VAS 5051,打开点火开关,进入 ABS(03),选择基本设定(04),输入显示组号 03 来激活测试,这时,ABS/ASR/ESP 灯点亮,在故障存储器中会存储"01468"故障代码。

(2)断开诊断仪器 VAS 5051,启动发动机,用力踏下制动踏板(压力大约为 3 500 kPa)直到 ABS/ASR/ESP 警告灯 K86 熄灭,此时标定完成。

(3)进行时间大约 5 s,偏摆率至少 10°/s,车速在 15 ~20 km/h,转弯半径在 10 ~12 m 曲线的路试。此时,ABS、EPS、ASR、ESP 都不工作。

当路试完成后,ABS 和 ESP 灯熄灭,表明系统正常;如果两者没有熄灭,应读取故障代码并存储,并排除故障,然后再进行路试;如果路试中止,则 ABS 和 ESP 警告灯依然点亮。

3. 侧向加速度传感器 G200 零点平衡

(1)将车停在水平面上,连接 VAG 1551 或 VAS 5051 进入 03 地址。

(2)选择登录 11,按 Q 键确认,输入登录密码"40168",再按 Q 键确认。

(3)选择基本设定功能 04,按 Q 键确认,输入组别号"063",再按 Q 键确认,ABS 警告灯闪亮。

(4)选择退出功能 06,按 Q 键确认,ABS 和 ESP 警告灯亮约 2 s。

(5)结束。

若显示该功能不能执行,说明登录有误。若显示基本设定关闭,说明超出零点平衡允许公差。读取 08 数据流(004 通道第二显示区静止时为 -1.5^1.5;方向盘至止点,以 20 km/h 的车速左/右转弯时,测量值应均匀上升)及故障记忆,然后重新进行。

4. 制动压力传感器 G201 零点平衡

操作方法及步骤如下:

(1)不要踩制动踏板,连接 VAG 1551 或 VAS 5051 进入 03 地址。

(2)选择读取数据流 08 功能,输入"005"通道,观察第一显示区数值是否为 -7 ~7 bar。

(3)选择登录 11,按 Q 键确认,输入登录密码"40168",再按 Q 键确认。

(4)选择基本设定功能 04,按 Q 键确认,输入组别号"066",再按 Q 键确认,ABS 警告灯闪亮。

(5)选择退出功能 06,按 Q 键确认,ABS 和 ESP 警告灯亮约 2 s。

若显示该功能不能执行,说明登录有误。若显示基本设定关闭,说明超出零点平衡允许公差。需读取 08 数据流(005 通道)及故障记忆,然后重新进行设定。

5. 电子控制单元编码

更换 ESP 电子控制单元 J104 或方向盘转角传感器 G85 后,必须对 ESP 重新进行编码。编码的步骤如下:

(1)连接诊断仪器 VAS 5051,打开点火开关,进入 ABS(03),选择登录(11),输入登录密码。

(2)选择电子控制单元编码功能(07),输入电子控制单元编码。

(3)对方向盘转角传感器进行初始化标定,对 ESP 进行路试和系统测试。

6. 读取数据流

用专用诊断仪 VAG 1552 或 VAS 5051 可以读取系统的数据,并可以根据数据判断系统的工作状态和分析各传感器是否正常工作,这时,应进入"03"地址,选择"08"功能,输入相应的通道号即可以读取相应的数据。

(二)轮速传感器及电路连接的故障诊断

轮速传感器及电路检修是系统维护和故障诊断的主要组成部分,应按技术标准对轮速传感器及电路进行检修。轮速传感器的常见故障是无信号电压、信号电压低及变化异常等。具体诊断操作步骤如下。

1. 检测轮速传感器数据流

检测轮速传感器数据流可以确认轮速传感器及其相关电路是否存在故障。

(1)点火开关处于"OFF"挡。

(2)连接诊断仪。

(3)一人驾驶汽车,一人操作诊断仪,在汽车行驶中读取并记录轮速传感器在相应车速下的数据流。

(4)改变车速,分别记录加速、减速工况下数据流的变化。

(5)分析测试结果:①所有车轮的轮速数据应相同;②数据值应与车速一致;③数据值随车速改变而成正比例变化。否则,应进一步检测有关轮速传感器的相关电路故障。

2. 检测轮速传感器

(1)拆下车轮,检查轮速传感器的安装情况,并清洁传感器的感应端子,必要时应进行调整安装。

(2)检查传感器和转子之间的间隙,应为 0.3 ~ 1.1 mm,如图 6-33 所示。

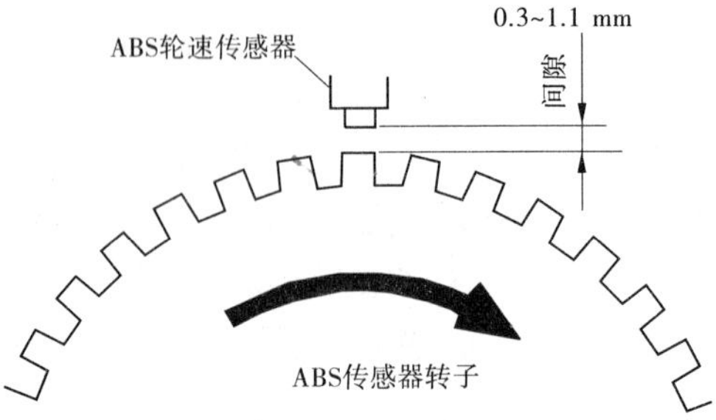

图 6-33　检查传感器和转子之间的间隙

(3)拆下传感器插头,检查传感器电阻。两端子之间的电阻应为 1.3 ~ 1.7 kΩ(20 ℃),任一端子对地电阻应为无穷大。否则,应更换轮速传感器。

(4)检查传感器输出信号。

当采用电压检测法时,举升车轮,使四轮悬空,拆下 ABS 传感器插头。以每秒转一圈的速度转动转子,检查传感器输出信号的电压,应为 0.25 ~ 1.2 V(AC),否则,应更换 ABS 轮速传感器。

当采用波形检测法时,举升车轮,使四轮悬空,拆下 ABS 传感器插头,旋转车轮,用示波器检查传感器输出信号的波形,如图 6-34 所示。若波形与图示不符,则应更换传感器。

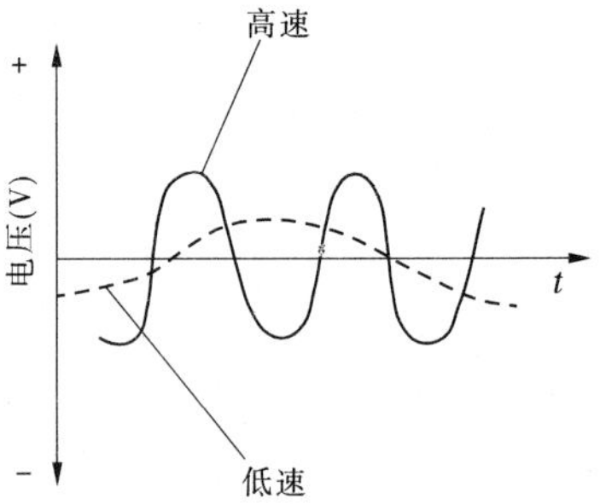

图 6-34　轮速传感器信号波形

3. 检测轮速传感器连接线路

点火开关处于 OFF 挡,脱开传感器及电控单元线束连接器。用万用表检测 3 与 2G2 端子、5 与 2G1 端子之间及对地电阻,检测方法如图 6-35 所示。否则,应进一步检测导线是否有短路、断路或搭铁故障。

4. 检测轮速传感器线束连接器

装回传感器线束连接器,保持电控单元线束连接器脱开。用万用表检测线束端 5 与 3 之间的电阻,如图 6-36 所示。测量值为 1.3 ~ 1.7 kΩ,且与“2. 检测轮速传感器”所测值相差不大于 2 Ω,否则,应进一步检测连接器是否接触不良。

5. 检测轮速传感器电控单元电路

装回电控单元线束连接器,脱开传感器线束连接器。点火开关处于 ON 挡,用万用表检测 2G1 与 2G2 之间的电压,检测方法及结果如图 6-37 所示。否则,应进一步检测电控单元连接器是否接触不良或电控单元是否有故障。

(三)偏摆率传感器及电路连接的故障诊断

偏摆率传感器及电路检修是系统维护和故障诊断的主要组成部分,应按技术标准对偏摆率传感器及电路进行检修。没有偏摆率测量值,电子控制单元就无法确定车辆是否发生

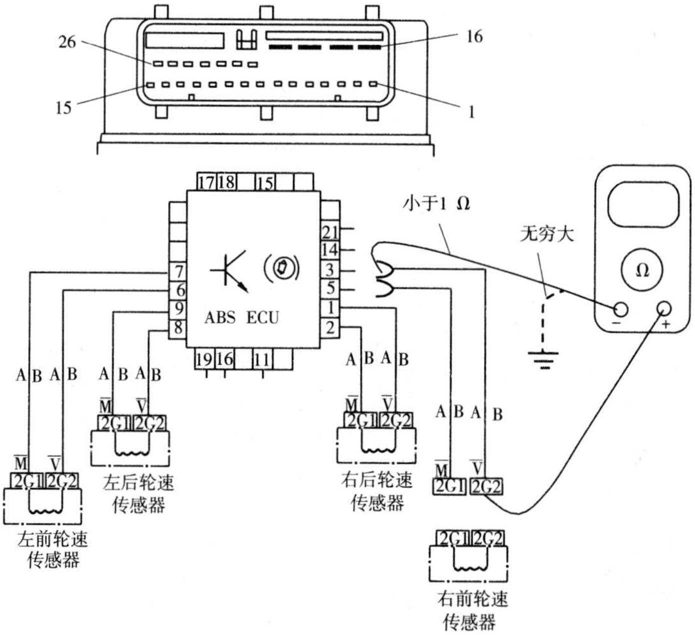

图 6-35　检测轮速传感器连接线路

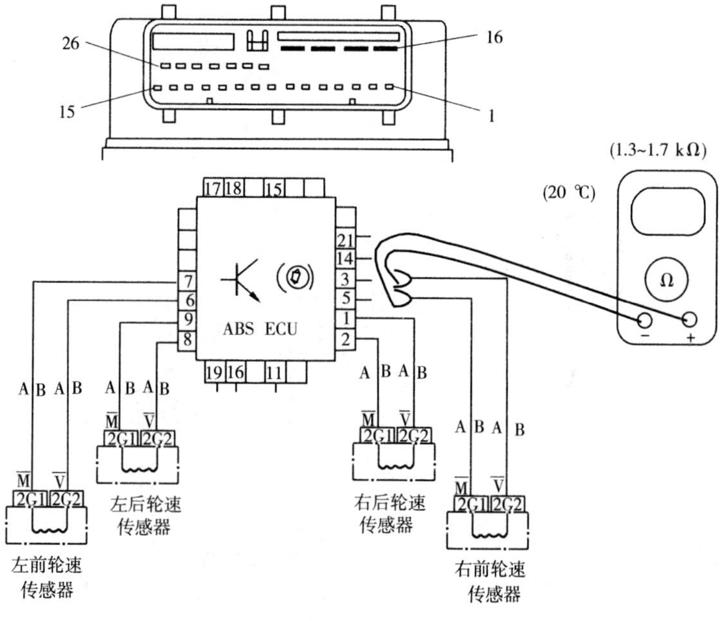

图 6-36　检测轮速传感器线束连接器

转向,ESP 功能失效。偏摆率传感器及电路常见故障有:线路损坏断路、对正极短路、对负极短路、传感器有不可靠信号等。具体操作步骤如下。

1. 识记偏摆率传感器相关电路及电路参数

偏摆率传感器的相关电路如图 6-38 所示。

偏摆率传感器的相关电路参数见表 6-2。

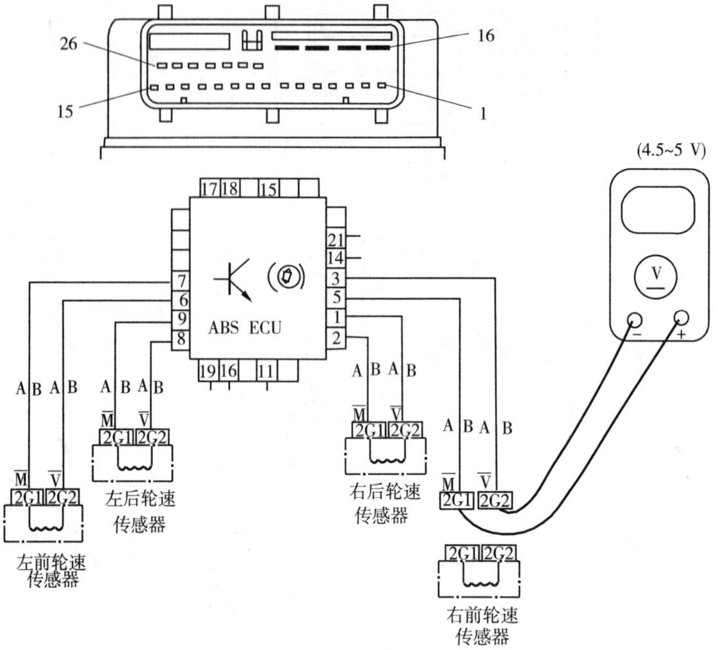

图 6-37　检测轮速传感器电控单元电路

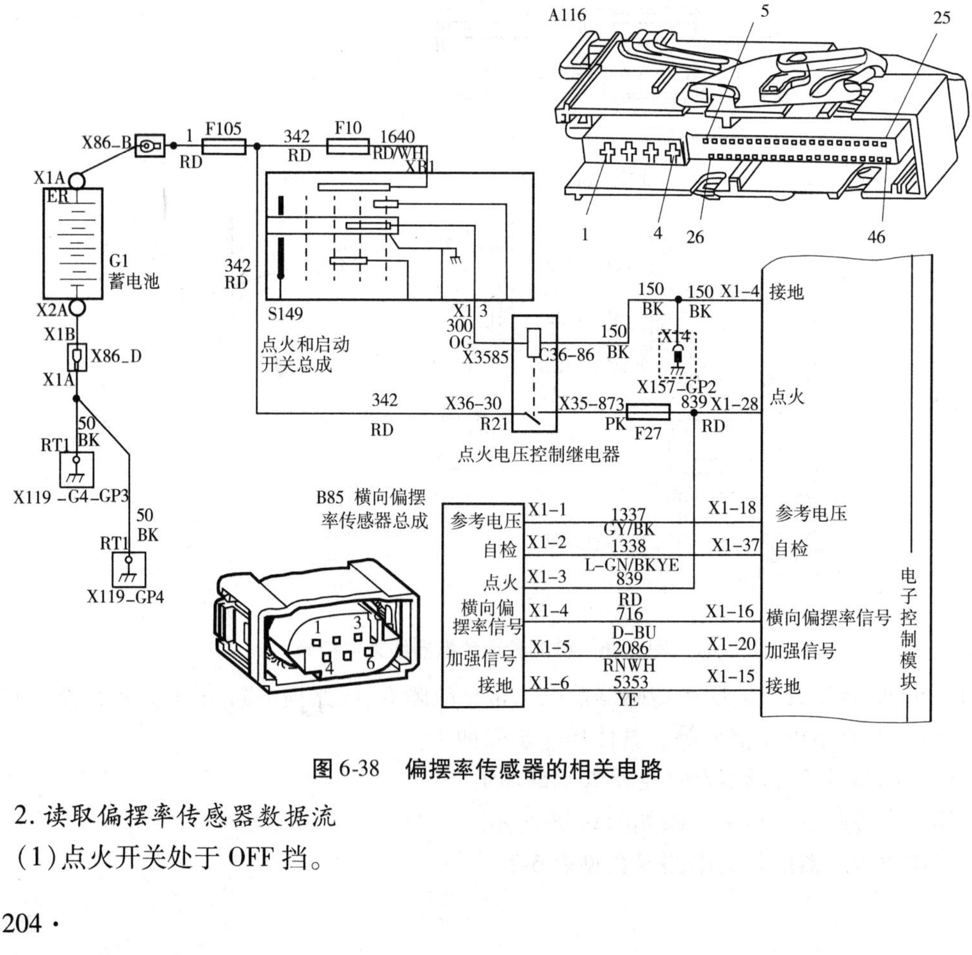

图 6-38　偏摆率传感器的相关电路

2. 读取偏摆率传感器数据流

(1)点火开关处于 OFF 挡。

表 6-2 偏摆率传感器的相关电路参数

端子号	检测条件	检测结果
X1－1——搭铁	点火开关 ON,脱开传感器插接器	5 V
X1－2——X1－37	脱开传感器插接器	<1 Ω
X1－3——搭铁	点火开关 ON,脱开传感器插接器	蓄电池端电压
X1－4——X1－16	脱开传感器插接器	<1 Ω
X1－5——X1－20	脱开传感器插接器	<1 Ω
X1－6——X1－15	脱开传感器插接器	<1 Ω

(2)连接诊断仪。

(3)保持点火开关处于 OFF 挡 10 s 以上。

(4)一人驾驶汽车,一人操作诊断仪,按照诊断仪提示读取并记录横向加速度和偏摆率传感器数据流。

(5)分析测试结果:数据显示应为 0～5 V,且随汽车横摆速度的变化而变化,当汽车处于静止状态时为 2.5 V。否则,应进一步检测相关电路。

3. 检测偏摆率传感器的连接线路

点火开关处于 OFF 挡,脱开偏摆率传感器线束连接器和电控单元线束连接器。用万用表分别检测相应端子 X1－6 与 X1－15、X1－5 与 X1－20、X1－4 与 X1－16、X1－3 与 F27、X1－2 与 X1－37、X1－1 与 X1－18 之间及任一端子对地的电阻,检测方法及结果如图 6-39 所示。否则,应进一步检测有关线路是否短路、断路或搭铁故障。

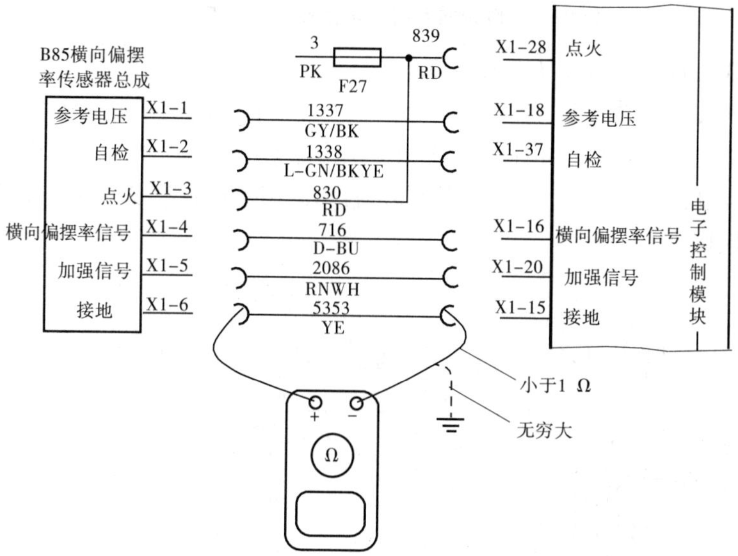

图 6-39 检测横摆率传感器的连接线路

4. 检测偏摆率传感器的供电电路

装回电控单元线束连接器,保持传感器线束连接器脱开,点火开关处于 ON 挡。用万用表分别检测 X1－1 与 X1－6、X1－3 与 X1－6、X1－4 与 X1－6、X1－5 与 X1－6 之间的电压,检测方法及结果如图 6-40 所示。否则,应进一步检测电控单元线束连接器是否接触不良或电控单元有无电压输出或继电器电路有无故障。

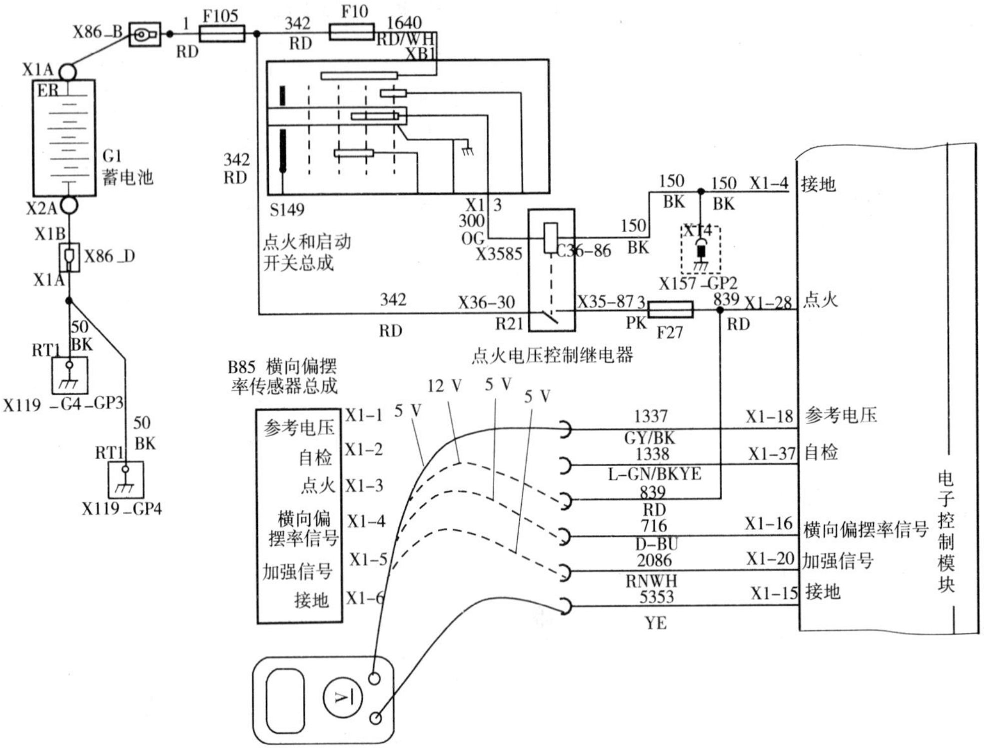

图 6-40　检测横向偏摆率传感器的供电电路

5. 检测偏摆率传感器的输出信号电压

装回偏摆率传感器线束连接器,点火开关处于 ON 挡,用万用表检测 X1 -4 与 X1 -6、X1 -5 与 X1 -6 之间的电压,如图 6-41 所示。当汽车静止时,电压应为 2.5 V;汽车行驶在横摆状态时,电压应在 0 ~5 V 变化。否则,应进一步检测传感器线束连接器是否接触不良或传感器是否损坏。

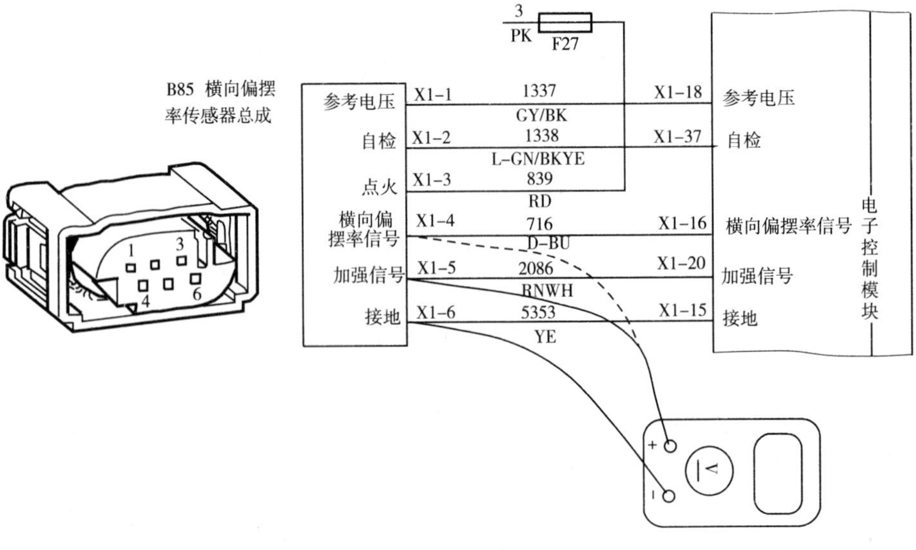

图 6-41　检测横向偏摆率传感器的输出信号电压

（四）方向盘转角传感器及电路连接

方向盘转角传感器及电路检修是系统维护和故障诊断的主要组成部分，应按技术标准对方向盘转角传感器及电路进行检修。传感器发生电路断电（如拔过插头）、更换方向盘转角传感器或者更换 ECU 以后，都需要对该传感器进行初始化设定。

制动控制系统与转向助力电控系统共用一个方向盘转角传感器，其信号通过 CAN 总线传送给制动电控单元。该传感器是 ESP 中唯一一个直接通过 CAN － BUS 线路向控制单元传递信号的传感器。其检测、校准方法如下。

1. 识记方向盘转角传感器的电路及电路参数

方向盘转角传感器的电路如图 6-42 所示，传感器工作电压为 12 V，输出信号为矩形脉冲。

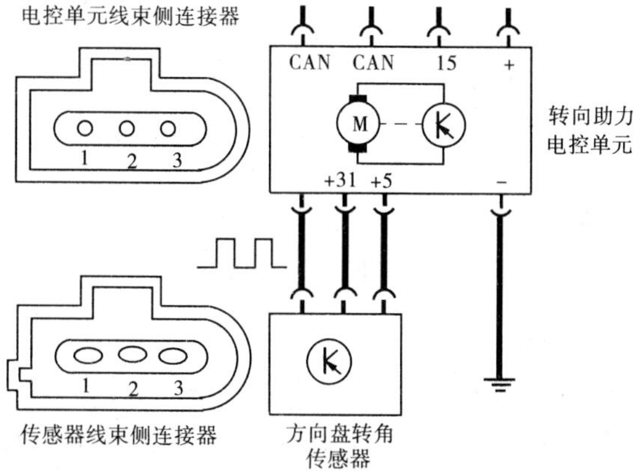

图 6-42　方向盘转角传感器的电路

2. 检测方向盘转角传感器信号波形

点火开关处于 ON 挡，原地左右转动方向盘，用示波器检测电控单元方向盘转角传感器端子 3 的波形，如图 6-43 所示。

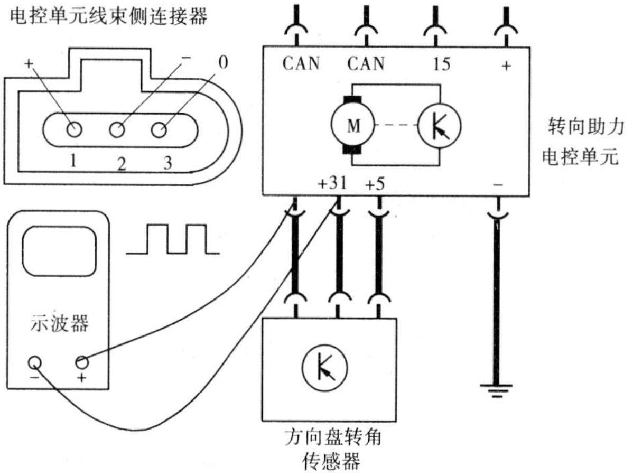

图 6-43　检测方向盘转角传感器端子 3 的信号波形

当方向盘的转动速度改变时，脉冲宽度应随之改变，同时助力油泵电机的转速应随之改变。否则,应进一步检查相关线路。

3. 检测方向盘转角传感器

点火开关处于 OFF 挡,脱开方向盘转角传感器的线束连接器,在传感器 3、2 号端子间施加蓄电池电压(12 V),转动方向盘,用示波器检测 1 号端子的波形应如图 6-44 所示。否则,更换传感器。

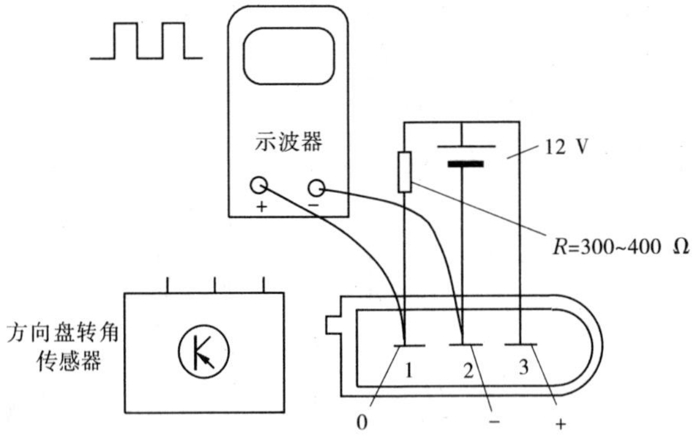

图 6-44　检测方向盘转角传感器

4. 检测方向盘转角传感器连接线路

点火开关处于 OFF 挡,脱开方向盘转角传感器线束两端的连接器,用万用表检测两连接器对应端子 3 与端子 1、端子 3 与端子 2、端子 1 与端子 2 之间的电阻及端子对地电阻,检测结果应如图 6-45 所示。否则,应进一步检测导线有无短路、断路或搭铁故障。

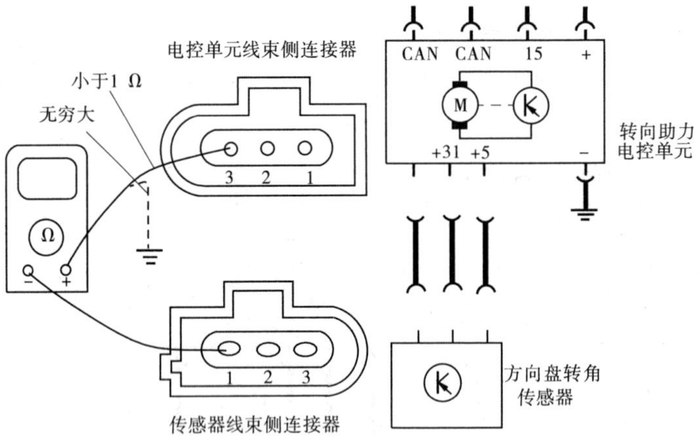

图 6-45　检测方向盘转角传感器连接线路

5. 检测方向盘转角传感器供电电压

装回电控单元线束连接器,点火开关处于 ON 挡,用万用表测量传感器线束连接器相应端子之间的电压,检测结果应如图 6-46 所示。否则,应进一步检测电控单元连接器是否接触不良或电控单元是否工作正常。

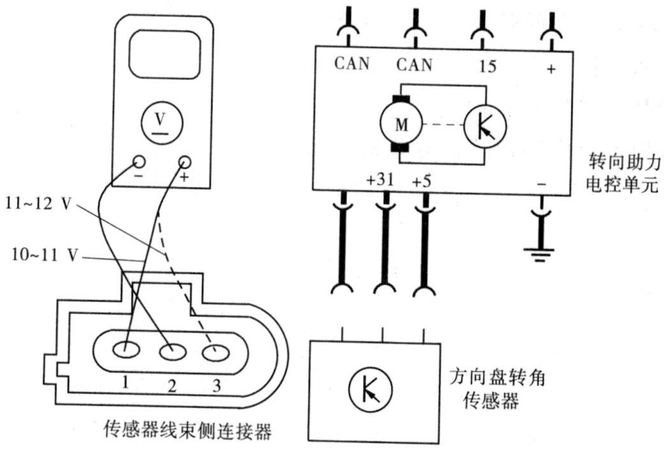

图 6-46 检测方向盘转角传感器供电电压

思考练习题

一、选择题

1. 电子控制单元通过(　　)确定驾驶员想要的行驶方向。

A. 方向盘转角传感器　　B. 轮速传感器

C. 偏摆率传感器　　D. 加速传感器

2. 速腾的(　　)是 ABS/TCS/ESP 系统的控制中心。

A. 液压调节器总成　　B. 电子控制单元

C. 后轮速度传感器信号环　　D. 横向偏摆率传感器

3. (　　)不是人工读取故障代码的方式。

A. 通过 ABS 警告灯闪烁读取　　B. 通过电子控制单元盒上的二极管灯读取

C. 通过自制的发光管灯读取　　D. 解码器读取

二、判断题

1. 不同的车型往往赋予 ESP 不同的名称,如奔驰、奥迪称其为 VSC,宝马称其为 DSC,丰田、雷克萨斯称其为 ESP。(　　)

2. 速腾的电子控制单元与液压控制装置集成在一起组成一个总成。(　　)

3. ESP 则可以通过主动调控发动机的转速,并调整每个轮子的驱动力和制动力,来修正汽车的过度转向和转向不足。(　　)

4. 电子控制单元通过车轮速度传感器和横向偏摆率传感器来计算车辆的实际行驶方向。(　　)

三、问答题

1. 简述速腾轿车 ESP 的组成和作用。

2. 简述速腾轿车 ESP 的结构和基本工作原理。

3. 简述 ESP 的关键技术。

4. 如何对 ESP 进行制动器排气?

5. 简述 ESP 的各传感器的检修方法及技术要点。

第七章 电控悬架系统

[学习目标]

了解汽车悬架的历史及发展,掌握电子控制悬架系统的功能、组成和控制原理,掌握电子控制悬架系统的检修方法。

[导入]

汽车悬架的作用是缓冲和吸收来自车轮的振动,在汽车行驶过程中,还要传递车轮与路面间产生的驱动力和制动力。汽车在转向时,悬架还要承受来自车身的侧向力,并在汽车起步和制动时能够抑制车身的俯仰振动,提高汽车的行驶稳定性和乘坐的舒适性。

传统的悬架系统主要由弹簧、减振器、导向机构和横向稳定器四部分组成。其中,弹簧、减振器和轮胎的综合特性决定了汽车的行驶性、操纵性和乘坐舒适性。尽管多年来对汽车悬架系统作了许多改进,但由于传统悬架系统使用的是定刚度弹簧和定阻尼系数减振器,只能适应特定的道路与行驶条件,无法满足变化的路面状况和汽车行驶状况,而且这种悬架只能被动地承受地面对车身的各种作用力,无法对各种情况进行主动调节使操纵性和乘坐舒适性达到最佳状态,所以一般称传统悬架系统为被动悬架系统。

随着人们对汽车操纵性和舒适性要求的不断提高,以及电子技术的飞速发展,电子控制技术被有效地应用于现代汽车悬架系统。电子控制悬架系统(电控悬架系统)的最大优点就是它能使悬架随不同的路况和行驶状态作出不同的反应,既能使汽车的乘坐舒适性达到令人满意的状态,又能使汽车的操纵稳定性达到最佳状态。

第一节 概 述

一、电控悬架系统的功能

电控悬架系统的基本目的是通过控制、调节悬架的刚度和阻尼力,突破传统被动悬架的局限性,使汽车的悬架特性与道路状况和行驶状态相适应,从而保证汽车的行驶平顺性和操纵稳定性的要求都能得到满足。其基本功能包括以下几点。

(一)车高调整

无论车辆的负载多少,电子控制悬架系统都可以使汽车保持一定高度,车身保持水平,从而使前照灯光束的方向保持不变。当汽车在坏路面上行驶时,电子控制悬架系统可以使车高升高,防止车桥与路面相碰;当汽车高速行驶时,又可以使车高降低,以减小空气阻力,提高操纵稳定性。

(二)减振器阻尼力控制

通过对减振器阻尼系数的调整,可防止汽车急速起步或急加速时车尾下蹲,防止紧急制动时车头下沉,防止汽车急转弯时车身横向摇动,防止汽车换挡时车身纵向摇动等,提高行驶平顺性和操纵稳定性。

（三）弹簧刚度控制

与减振器一样，在各种工况下，通过对弹簧弹性系数的调整，可改善汽车的乘坐舒适性与操纵稳定性。

有些车型只具有其中的一个或两个功能，而有些车型同时具有以上三个功能。

二、电控悬架系统的种类

现代汽车装用的电控悬架系统种类很多。按传力介质的不同，可分为气压式和油压式两种。按控制理论的不同，可分为半主动式和主动式两大类。其中，半主动式又分为有级半主动式（阻尼力有级可调）和无级半主动式（阻尼力连续可调）两种；主动式悬架根据频带和能量消耗的不同，分为全主动式（频带宽大于15 Hz）和慢全主动式（频带宽3 ~6 Hz）。而根据驱动机构和介质的不同，可分为由电磁阀驱动的油气主动式和由步进电机驱动的空气主动式。

无级半主动式悬架可以根据路面状况和车身的响应对悬架阻尼力进行控制，并在几毫秒内由最小变化到最大，使车身的振动响应始终被控制在某个范围内，但在转向、起步、制动等工况时不能对阻尼力实施有效的控制。它比全主动式悬架优越的地方是不需要外加动力源，消耗的能量很小，成本较低。

主动式悬架是一种能供给和控制动力源（油压、空气压）的装置，根据各种传感器检测到的汽车载荷、路面状况、行驶速度、启动、制动、转向等状况的变化，可自动调整悬架的刚度、阻尼力以及车身高度等。它能显著提高汽车的操纵稳定性和乘坐舒适性。

第二节　电控悬架系统的结构与工作原理

一、电控悬架系统的组成与工作原理

虽然现代汽车电控悬架系统的控制功能和控制方法不同，其结构形式也多种多样，但它们的基本组成却是相同的，即由感应汽车运行状况的各种传感器、开关、电子控制单元（ECU）及执行机构等组成。传感器一般有车身高度传感器、车速传感器、加速度传感器、方向盘转角传感器、节气门位置传感器等。开关有模式选择开关、制动灯开关、停车开关和车门开关等。执行机构有可调阻尼力的减振器、可调节弹簧高度和弹性大小的弹性元件等。

电控悬架系统的工作原理是：利用传感器（包括开关）把汽车行驶时路面的状况和车身的状态进行检测，将检测信号输入到ECU进行处理，ECU通过驱动电路控制悬架系统的执行机构动作，完成悬架特性参数的调整。

二、传感器的结构与工作原理

（一）方向盘转角传感器

方向盘转角传感器用于检测方向盘的中间位置、转动方向、转动角度和转动速度。在电子控制悬架系统中，电子控制单元根据车速传感器信号和转角传感器信号，判断汽车转向时侧向力的大小和方向，以控制车身的侧倾。

现代汽车多采用光电式转角传感器，图7-1所示是丰田汽车TEMS（TOYOTA Electronic

Modulated Suspension)上应用的光电式转角传感器的安装位置和结构图。在方向盘的转向轴上装有一个带窄缝的圆盘,传感器的光电元件(发光二极管)和光敏接收元件(光敏晶体管)相对地装在遮光盘两侧形成遮光器。由于圆盘上的窄缝是等距均匀地分布的,当方向盘的转轴带动圆盘偏转时,窄缝圆盘将扫过遮光器中间的空穴,从而在遮光器的输出端,即可进行 ON、OFF 状态转换,形成脉冲信号。

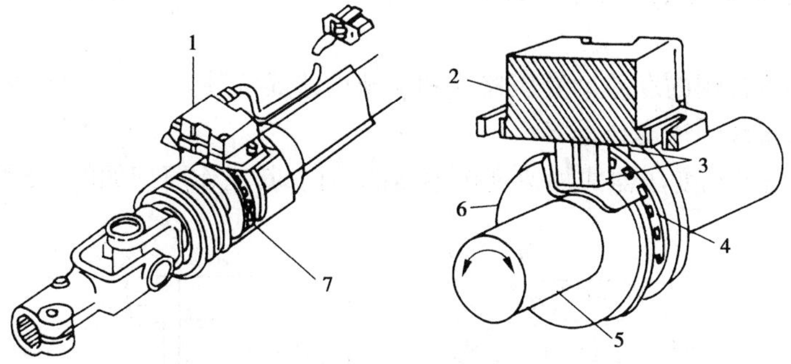

1、2—转角传感器;3—光电元件;4—遮光盘;5—转向轴;6、7—传感器圆盘

图 7-1　光电式转角传感器的安装位置和结构

光电式转角传感器的工作原理如图 7-2 所示,电路原理如图 7-3 所示。

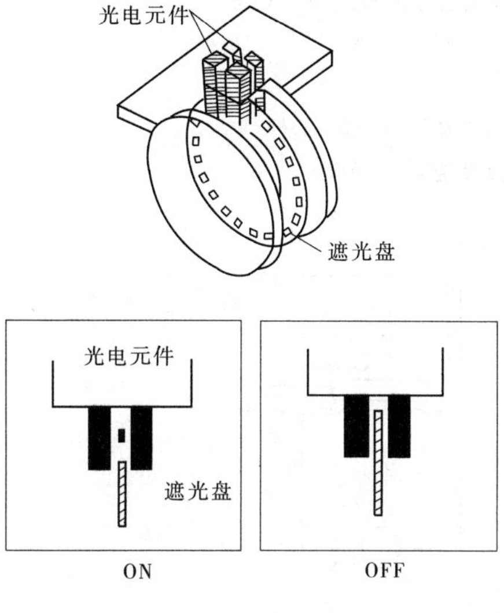

图 7-2　光电式转角传感器的工作原理

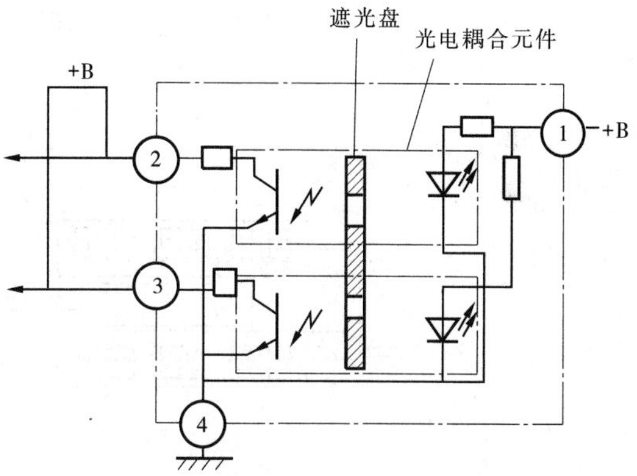

1—发光二极管电源端子;2、3—光电三极管信号输出端子;
4—搭铁端子

图 7-3　光电式转角传感器的电路原理

当转动方向盘时,带窄缝的圆盘使遮光器之间的光束生通/断变化,遮光器的这种反复开/关状态产生一系列与转向轴转角成一定比例的数字信号,系统控制装置可根据此信号的变化来判断方向盘的转角与转速。同时,传感器在结构上采用两组光电耦合器,可根据检测到的脉冲信号的相位差来判断方向盘的偏转方向。这是因为两个遮光器在安装上使它们的 ON、OFF 状态变换的相位错开 90°,通过判断哪个遮光器首先转变为 ON 状态,即可检测出转向轴的偏转方向。例如,向左转时,左侧遮光器总是先于右侧遮光器达到 ON 状态;而向

右转时,右侧遮光器总是先于左侧遮光器达到 ON 状态。

(二)加速度传感器

在车轮打滑时,以转向角和汽车车速不能正确判断出车身侧向力的大小。为了直接测出车身横向加速度和纵向加速度,可以利用加速度传感器。横向加速度传感器主要用于检测汽车转向时汽车因离心力的作用而产生的横向加速度,并将产生的电信号输送给 ECU,使 ECU 能判断悬架系统阻尼力改变的大小及空气弹簧中空气压力的调节情况,以维持车身的最佳姿态。

加速度传感器常用的有差动变压器式和钢球位移式两种。

1. *差动变压器式加速度传感器*

图 7-4 所示是差动变压器式加速度传感器的结构,其工作原理如图 7-5 所示。

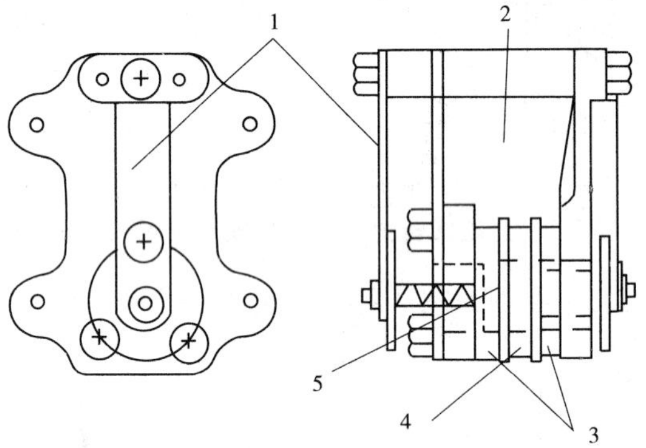

1—弹簧;2—封入硅油;3—检测线圈;4—励磁线圈;5—心杆

图 7-4　差动变压器式加速度传感器的结构

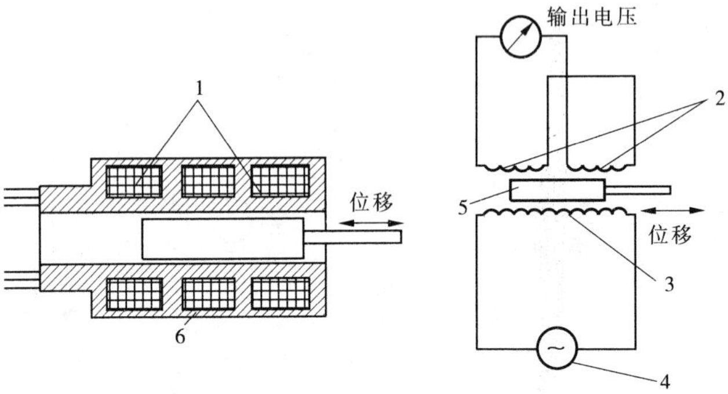

1、2—二次绕组;3、6—一次绕组;4—电源;5—心杆

图 7-5　差动变压器式加速度传感器的工作原理

在励磁线圈(一次绕组)通以交流电的情况下,当汽车转弯(或加、减速)行驶时,心杆在汽车横向力(或纵向力)的作用下产生位移,随着心杆位置的变化,检测线圈(二次绕组)的输出电压发生变化。所以,检测线圈的输出电压与汽车横向力(或纵向力)一一对应,反映了汽车横向力(或纵向力)的大小。悬架系统电子控制装置根据此输入信号即可正确判断汽车横向力(或纵向力)的大小,对车身姿势进行控制。

2. *钢球位移式加速度传感器*

钢球位移式加速度传感器的结构如图 7-6 所示,根据所检测的力(横向力、纵向力或垂直力)不同,加速度传感器的安装方向也不一样。如汽车转弯行驶时,钢球在汽车横向力的作用下产生位移,随着钢球位置的变化,线圈的输出电压发生变化。

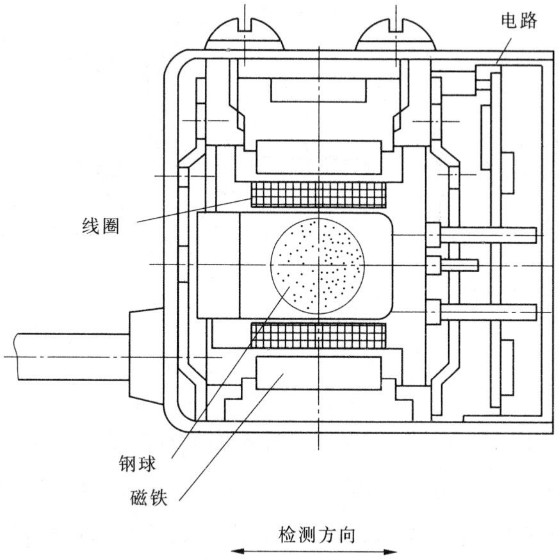

图 7-6 钢球位移式加速度传感器的结构

除此之外,还有半导体加速度传感器,如三菱 GALANT 汽车采用的 G 传感器是一小型半导体加速度计,它安装于汽车前端,用于确定汽车转向时的横向加速度。根据储气筒中空气压力的大小,通过低压开关和高压开关打开或关闭空气压缩机。压力传感器中有一弹性膜片,当空气压力变化时,弹性膜片移动,并通过一个电位计转化为电压信号,输入至 ECU。

(三)节气门位置传感器

悬架控制系统中利用节气门位置传感器信号来判断汽车是否在进行急加速。节气门位置传感器先将信号输入发动机 ECU,然后,发动机 ECU 再将此信号输入悬架 ECU。

(四)车速传感器

车速是汽车悬架系统常用的控制信号,汽车车身的侧倾程度取决于车速和汽车转弯半径的大小。通过对车速的检测,调节电控悬架的阻尼力,从而改善汽车行驶的安全性。

常用的车速传感器的类型有舌簧开关式车速传感器、磁阻元件式车速传感器、磁脉冲式车速传感器和光电式车速传感器。一般情况下,舌簧开关式车速传感器和光电式车速传感器安装在汽车仪表板上,与车速表装在一起,并用软轴与变速器的输出轴相连,而磁阻元件式车速传感器和磁脉冲式车速传感器装在变速器上,通过蜗杆蜗轮机构与变速器的输出轴相连。

(五)车身高度传感器

车身高度传感器的作用是检测汽车行驶时车身高度的变化情况(汽车悬架的位移量),并转换成电信号输入悬架系统的 ECU。车身高度传感器常用的有片簧开关式高度传感器、霍尔集成电路式高度传感器、光电式高度传感器。

1. 片簧开关式高度传感器

片簧开关式高度传感器的结构和工作原理如图 7-7 所示。

片簧开关式高度传感器有四组触点式开关,它们分别与两个晶体管相连,构成四个检测回路。用两个端子作为输出信号与悬架 ECU 连接,两个晶体管均受 ECU 输出端子的控制。

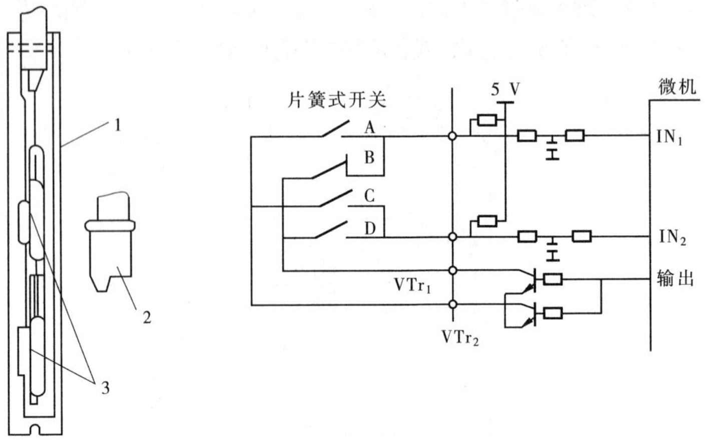

1—车高传感器;2—磁体;3—片簧开关

图 7-7　片簧开关式高度传感器的结构和工作原理

该传感器将车身高度状态组合为四个检测区域,分别是低、正常、高、超高。

当车身高度调定为正常高度时,如果因乘员数量的增加,而使车身高度偏离正常高度,此时,片簧开关式高度传感器的另一对触点闭合,产生电信号输送给 ECU,ECU 随即作出车身高度偏低的判断,从而输出电信号到车身高度控制执行器,促使车身恢复正常高度状态。片簧开关式高度传感器在福特车型上应用较多。

2. 霍尔集成电路式高度传感器

霍尔集成电路式高度传感器的结构和工作原理如图 7-8 所示。霍尔集成电路式高度传感器分别由两个霍尔集成电路、磁体等组成。其基本工作原理:当两个磁体因车身高度的改变而产生相对位移时，将在两个霍尔集成电路上产生不同的霍尔电效应，形成相应的电信

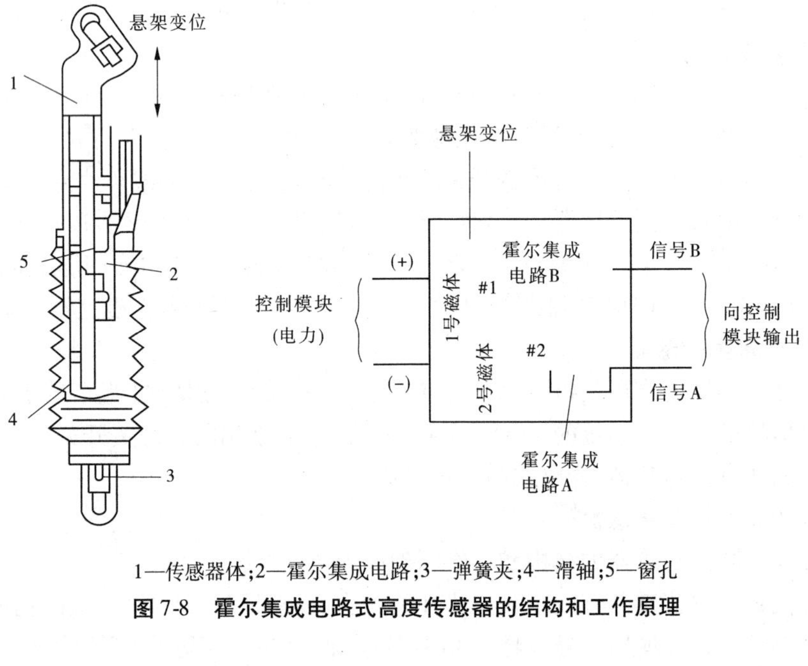

1—传感器体;2—霍尔集成电路;3—弹簧夹;4—滑轴;5—窗孔

图 7-8　霍尔集成电路式高度传感器的结构和工作原理

号,悬架 ECU 根据这些电信号作出车身高度偏离调定高度的判断,从而驱动执行器作出有关调整。由于两个霍尔集成电路和两个磁体安装时它们的位置进行了不同的组合,可以将车身高度状态分为三个检测区域,分别是低、正常、高。

3. 光电式高度传感器

以上介绍的均是接触式车身高度传感器,此类传感器在使用过程中存在磨损而影响检测精度和灵敏度等缺点,其应用受到一定限制。光电式高度传感器属于非接触式高度传感器,它有效地克服了上述缺点,因此现代轿车越来越多地采用了光电式高度传感器。

图 7-9 是光电式高度传感器的结构图。在主动悬架系统中,要对车身高度进行检测与调节,一般只需在悬架上安装三个车身高度传感器即可,位置在左、右前轮和后桥中部。如果传感器多于三个,则会出现调整干涉现象。

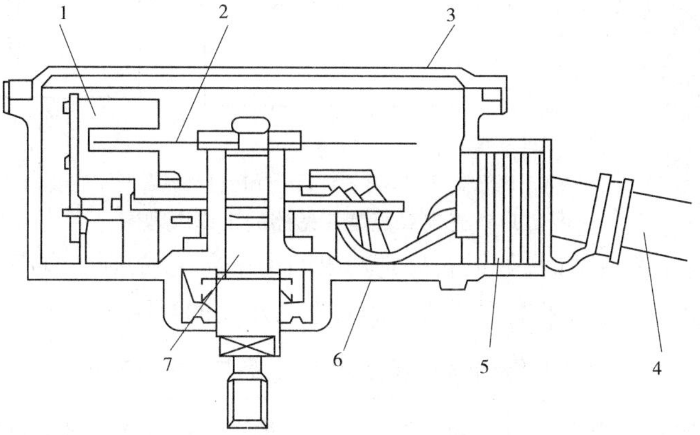

1—遮光器;2—圆盘;3—传感器盖;4—信号线;5—金属油封环;6—传感器壳;7—传感器轴

图 7-9　光电式高度传感器的结构

在传感器上,有一根靠连杆带动转动的转轴,转轴上固定一个开有许多窄槽的圆盘,圆盘两边是由发光二极管和光敏晶体管组成的光电耦合器。每一个光电耦合器由四组发光二极管和光敏晶体管组成。一般情况下,传感器中有两个光电耦合器组。

实际结构中,光电式高度传感器固定在车架上,传感器轴的外端装有导杆,导杆的另一端通过一连杆与独立悬架的下摆臂连接,如图 7-10 所示。

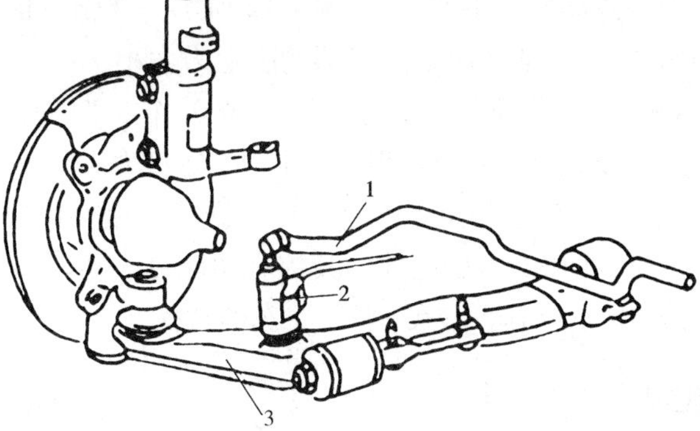

1—导杆;2—传感器;3—下摆臂

图 7-10　光电式高度传感器的安装

图 7-11 是光电式高度传感器的工作原理图。当车身高度发生变化(如汽车载荷发生变化)时,导杆将随悬架下摆臂的上下移动而摆动(见图 7-10),从而通过传感器转轴驱动圆盘转动,使光电耦合器组相对应的发光二极管和光敏晶体管上的光线产生 ON/OFF 的转换。光敏晶体管把接收到的光线 ON/OFF 转换成电信号,并通过导线输送给悬架电子控制单元 ECU。ECU 根据每一个光电耦合器上每组发光二极管和光敏晶体管 ON/OFF 转换的不同组合,判断圆盘转过的角度,从而计算出悬架高度的变化情况。

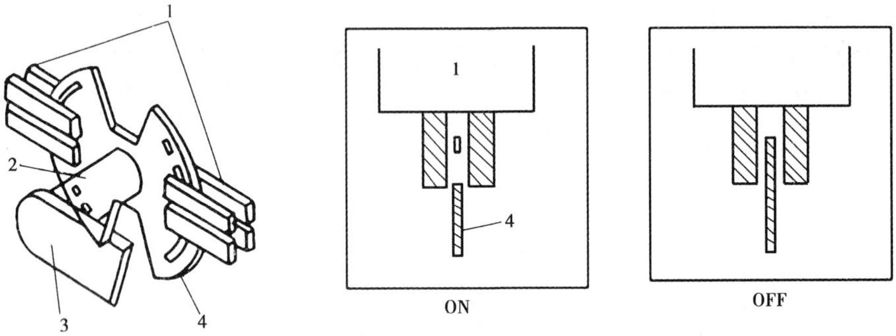

1—遮光器;2—传感器轴;3—导杆;4—圆盘

图 7-11 光电式高度传感器的工作原理图

悬架系统进行车高调节时,如果只需判断出四个车高区域,则车身高度传感器中只需两个光电耦合器组元件。此时光电耦合器组的状态与车高的对照见表 7-1。

表 7-1 两个光电耦合器组的状态与车高的对照

车高检验区域	光电耦合器 A	光电耦合器 B	车高检验区域	光电耦合器 A	光电耦合器 B
过高	OFF	ON	偏低	ON	OFF
偏高	OFF	OFF	过低	ON	ON

如果只需判断三个车高区域,即过高、正常、过低,则只需将表 7-1 中偏高和偏低两种状态均作为正常状态即可。

(六)模式选择开关

模式选择开关位于变速器操纵手柄旁,如图 7-12 所示。驾驶员根据汽车的行驶状况和路面情况选择悬架的运行模式,从而决定减振器的阻尼力大小。

驾驶员通过操纵模式选择开关,可使悬架系统工作在四种运行模式:自动、标准(AUTO、NORM);自动、运动(AUTO、SPORT);手动、标准(MANU、NORM);手动、运动(MANU、SPORT)。当选择自动挡时,悬架系统可以根据汽车行驶状态自动调节减振器的阻尼力,以保证汽车乘坐舒适性和操纵稳定性。其控制功能见表 7-2。当选择手动挡时,悬架系统的阻尼力只有标准(中等)和运动(硬)两种状态的转换。

三、悬架电子控制单元(ECU)

电子控制单元由一个 8 位微型计算机、输入接口电路、输出驱动电路和电源电路等组成,如图 7-13 所示,是悬架控制系统的中枢,其功能主要包括以下几点:

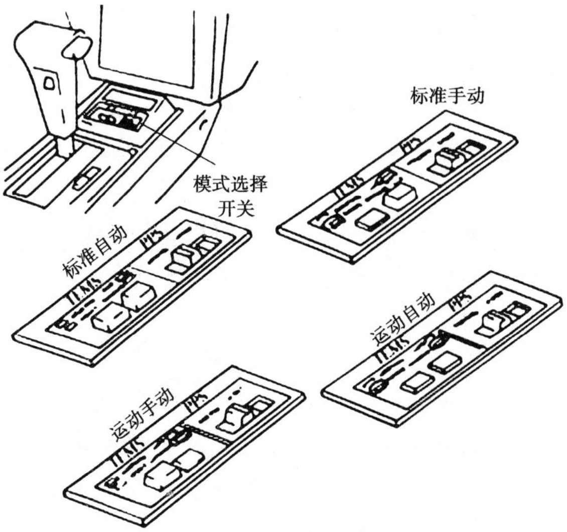

图 7-12　模式选择开关的位置和操作方法

表 7-2　悬架系统控制功能

汽车行驶状态	减振器阻尼力(悬架状态)	
	自动、标准模式	自动、运动模式
一般情况下	软	中等
汽车急加速、急转弯或紧急制动时	硬	硬
高速行驶时	中等	中等

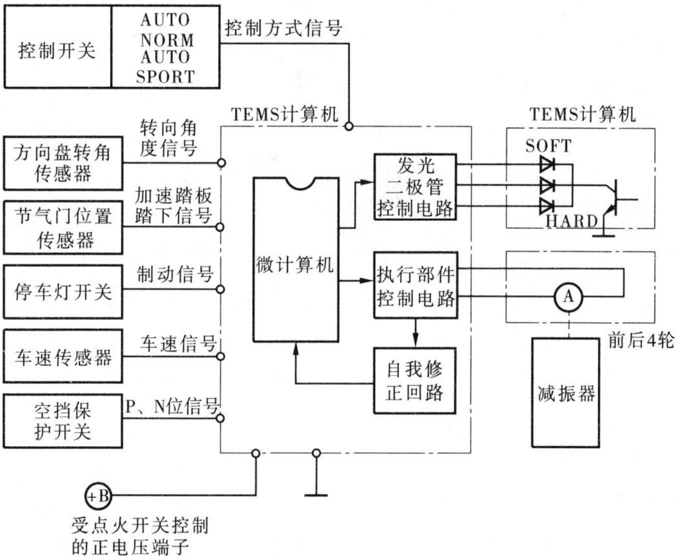

图 7-13　悬架电子控制单元 ECU 电路

(1)提供稳压电源,控制装置内部所用电源和供各种传感器使用的电源。

(2)传感器信号放大。用接口电路除去输入信号中的干扰信号,然后放大、变换极值,比较极值,变换为适合输入控制装置的信号。

(3)输入信号的计算。电子控制装置根据预先写入只读存储器中的程序对各输入信号进行计算,并将计算结果与内存的数据进行比较后,向执行机构发出控制信号。

(4)驱动执行机构。电子控制装置用输出驱动电路将输出驱动信号放大,然后输送到各执行机构。

(5)故障检测。电子控制装置用故障检测电路来检测传感器、执行器、线路等的故障,当发生故障时,将信号送入控制装置,便于悬架系统安全工作,也容易确定故障所在位置。

四、执行机构的结构和工作原理

(一)空气弹簧

电控悬架用空气弹簧代替传统悬架的螺旋弹簧或钢板弹簧,空气弹簧在其气室内装入压缩空气而具有弹性功能,关键是利用 ECU 根据汽车行驶的状态对车身高度、弹簧刚度和阻尼系数进行调节,使车辆的性能得到提高。

空气弹簧由主气室、副气室、弹性刚度执行机构、阻尼转换执行机构和液压减振器等组成,如图 7-14 所示。弹簧刚度执行机构在主气室与副气室之间,在减振器的上部装有阻尼转换执行机构,减振器的内部装有阻尼旋转阀,因此弹簧刚度是通过主气室与副气室进行调节的,阻尼系数是通过减振器进行调节的。

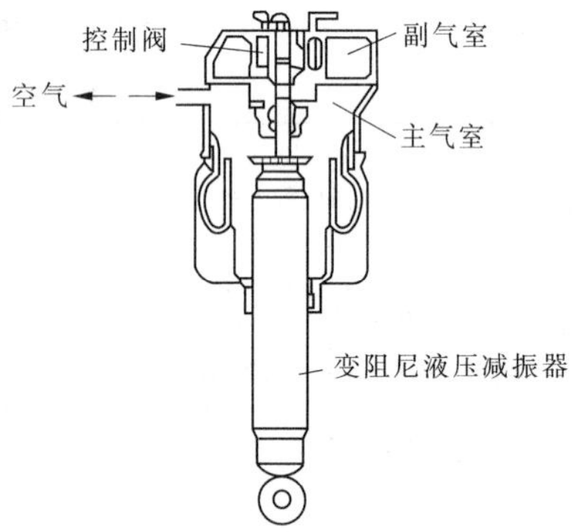

图 7-14　空气弹簧的结构

弹簧刚度的调节:弹簧刚度越小,即弹簧越柔软,振动就越小,乘坐舒适性、平顺性就越好;弹簧坚硬,操纵稳定性得到提高。弹簧刚度的调节通过弹簧刚度执行机构开闭主气室与副气室的隔板,改变气室的容积来实现,增大容积可使刚度变小,减小容积可增加刚度。ECU 根据车辆状态信号及时调节弹簧刚度,高速行驶时转换为大刚度,低速行驶时转换为小刚度。在制动时使前弹簧刚度增加,在加速时使后弹簧刚度增加,而在转弯时使左右弹簧刚度调节,以减小侧倾。例如,有的车辆可以实现弹簧刚度的"软、中、硬"的有级转换控制。在城镇公路或高速公路行驶时,弹簧刚度调节为"软";在高速行驶(速度大于 110 km/h)或在弯曲道路上行驶时,弹簧刚度调节为"中";而在加速、转弯情况时,弹簧刚度调节为"硬",以减少汽车高度的变化、提高操纵稳定性。一般,减小空气弹簧刚度会使汽车增大侧倾、下坐或栽头的可能性,因此弹簧刚度的控制在多数情况下与汽车高度和阻尼系数的调节相结合使用,以便于从总体上改善平顺性。

车身高度控制是指汽车高度可以根据乘员人数、载重质量的变化和汽车的状态自动调节(见图 7-15)。即当乘员人数和载重质量增加或减少时,汽车自动保持一定高度使汽车行驶平稳;当在高低不平的路面上行驶时,为防止发生车架与车身之间的撞击,ECU 将悬架弹簧的行程控制在一定的范围内;当高速行驶时,为减小空气阻力而降低车身高度;而汽车停车后,乘员下车或货物卸完,车身高度会增加,ECU 会控制空气弹簧在几秒钟内将空气少量排出,为保持汽车外形的美观而降低车身高度,保持标准车身高度。因此,车身高度控制可以归纳为如下功能:自动本身高度控制、高速行驶时车身高度控制、驻车时车身高度控制。

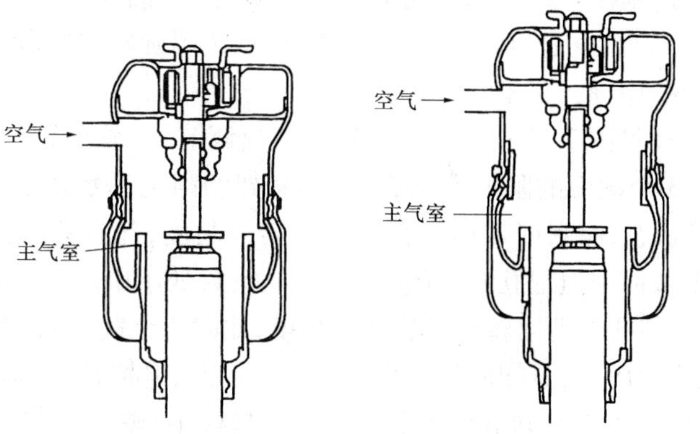

(a)车高为“低”　　(b)车高为“高”

图 7-15　车身高度控制原理

车身高度控制主要是利用空气弹簧主气室中空气量的多少来进行调节的。ECU 接收到车身高度传感器、车速传感器、车门开关等传来的信号，经过处理判断，若是增加车身高度，则控制执行机构向空气弹簧主气室充气，增加空气量，使汽车高度增加；若是降低车身高度，则控制执行机构打开排气装置向外排气，使空气弹簧主气室的空气量减少，而降低汽车高度。

（二）减振器

电控悬架中的减振器改变了传统减振器固定阻尼系数的特点，而分为连续变化阻尼系数和有级变化阻尼系数两种。目前，电控悬架多用后者，又称为半主动阻尼控制。这种阻尼控制是在减振器结构中采用简单的控制阀，通过在最大、中等、最小的通流面积之间的变换，改变减振液的流速快慢，达到阻尼系数的有级调节。减振器的结构原理如图 7-16 所示。在

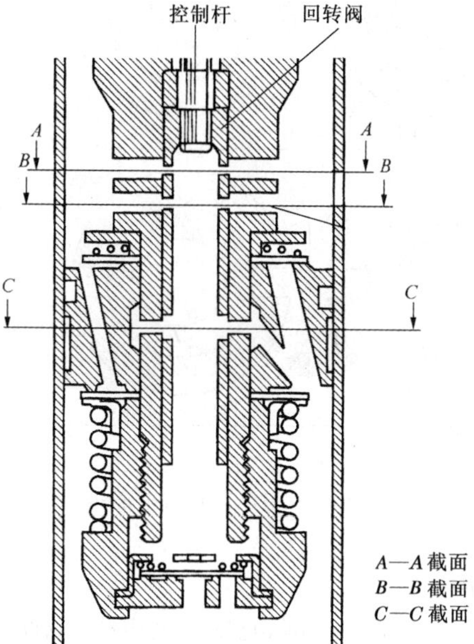

图 7-16　减振器的结构原理

空气悬架的下边，与控制杆连接的回转阀上有 3 个阻尼孔（油孔），回转阀外面的活塞杆上有 2 个阻尼孔（油孔），控制机构可以带动控制杆使回转阀旋转，从而改变阻尼孔的开闭组合，实现阻尼系数“软、中、硬”的有级转换。

具体的调节过程（见图 7-17）：当需要将阻尼系数调节为“软（低）”状态时，控制杆带动回转阀旋转一角度，3 个截面的阻尼孔全部开通，悬架的阻尼系数最小；若需要将阻尼系数调节为“中（运动）”状态，控制杆带动回转阀又旋转一角度，此时只有截面 *B—B* 的小阻尼孔开通，而其他两个截面中阻尼孔被关闭，悬架阻尼系数处于中间；若需要将阻尼系数调节为“硬（高）”状态，控制杆带动回转阀又旋转一角度，此时 3 个截面的阻尼孔全部关闭，仅靠减振器中的单向阀产生阻尼，悬架阻尼系数为最大。因此，电控悬架 ECU 根据转向操作、节气门位置、速度、加速度等信号调节悬架阻尼系数的“软、中、硬”，控制汽车制动、加速、急转弯时汽车姿态，从而提高汽车的平顺性和操纵稳定性。

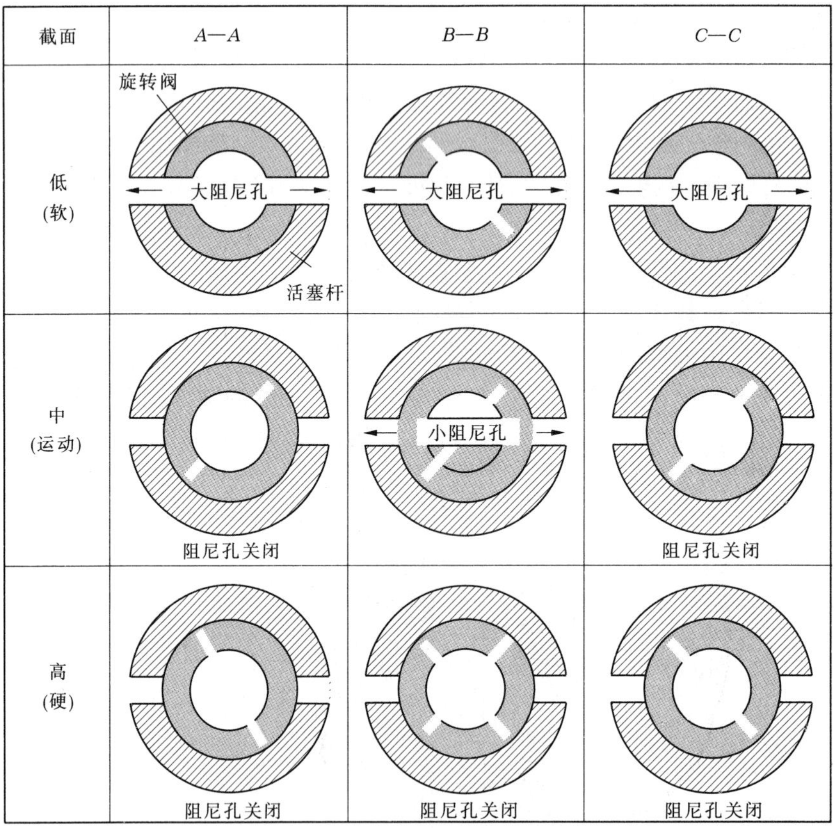

图 7-17　阻尼系数调节原理

（三）阻尼转换执行机构

阻尼转换执行机构装在减振器的上部，它由直流电机、减速齿轮、控制杆、电磁铁和挡块等组成，如图 7-18 所示。电控悬架 ECU 根据接收到的信号，使直流电机驱动扇形的减速齿轮左右转动，通过控制杆带动减振器中的回转阀旋转，有级地改变阻尼孔的开闭，从而改变阻尼系数（即减振阻力）。

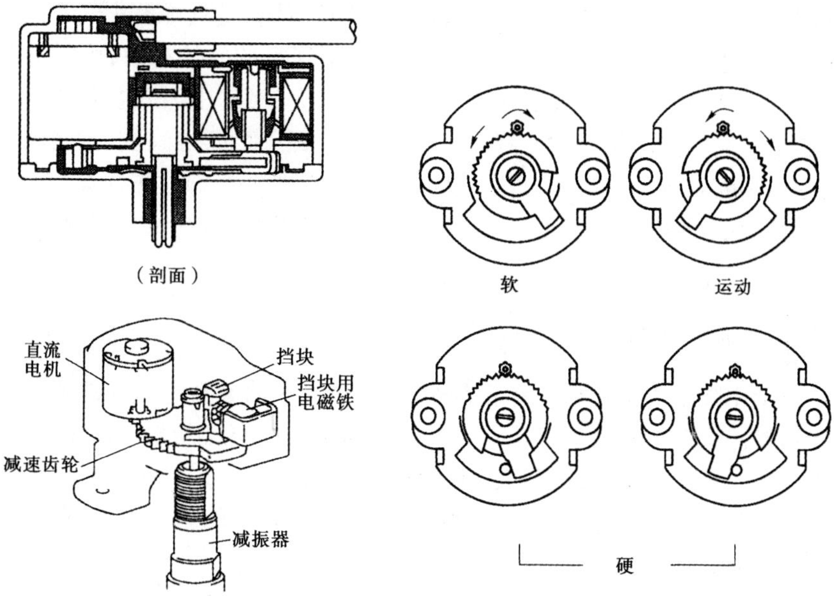

图 7-18　阻尼转换执行机构

(四)弹簧刚度执行机构

弹簧刚度执行机构由刚度控制阀和执行机构等组成,如图 7-19 所示。执行机构位于减振器的顶部,与阻尼系数控制机构组装在一起。刚度控制阀装在空气弹簧副气室的中部,如图 7-20 所示,由空气阀、阀体和刚度控制杆组成,空气阀在截面上有一个空气孔,外部的阀体在截面上有不同大小的空气孔。

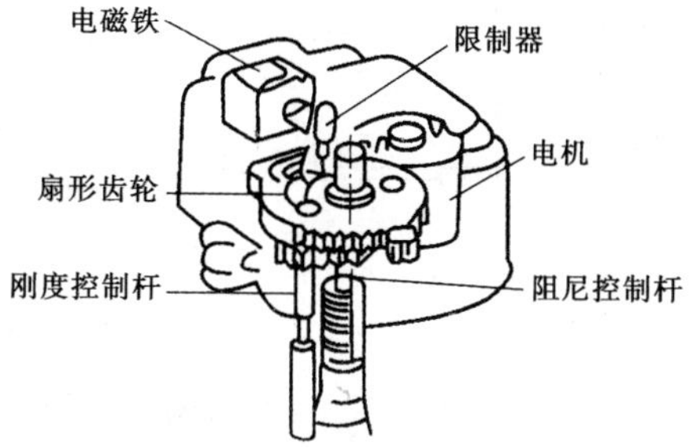

图 7-19　弹簧刚度执行机构

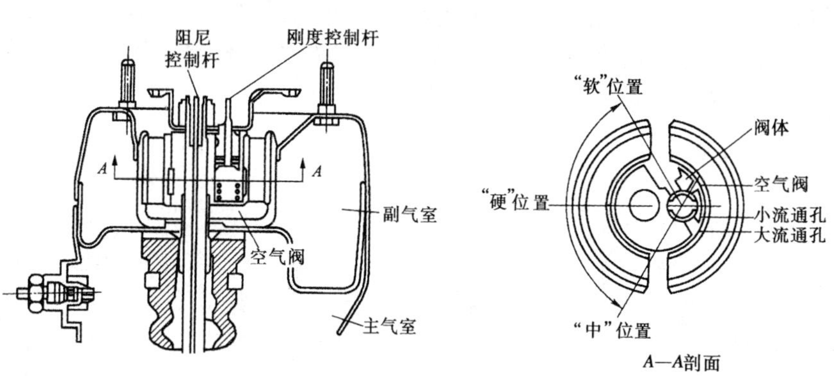

图 7-20　刚度控制阀

当空气阀由电机驱动的控制杆带动旋转到“软”位置时,空气弹簧主气室的气体经过空气阀的中间孔、阀体侧面的大空气孔(大流通孔)与副气室的气体相通,此时参与工作的气体容积最大,因此悬架刚度处于最小状态;当空气阀被旋转到“中”位置时,主气室与副气室的气体,经过空气阀的中间孔与阀体侧面的小空气孔相互流通,主、副气室之间的气体流量较小,因此悬架刚度处于中等状态;当空气阀被旋转到“硬”位置时,主气室与副气室的空气通道被空气阀挡住,此时仅仅靠主气室中的气体承担缓冲任务,因此悬架刚度处于最大状态。

五、空气压缩机和高度控制阀

在电控悬架中除上面讲述的一些装置外,还有空气供给装置空气压缩机与调节高度的高度控制装置等。汽车的高度控制执行机构除上面讲过的空气悬架中的主气室外,还有空气压缩机和空气阀等。空气压缩机(见图 7-21)由驱动电机、排气阀、干燥器等组成。高度控制阀(见图 7-22)是一个二位二通电磁阀,通过向空气弹簧的主气室内进气或排气,从而控制汽车的高度升高或降低。

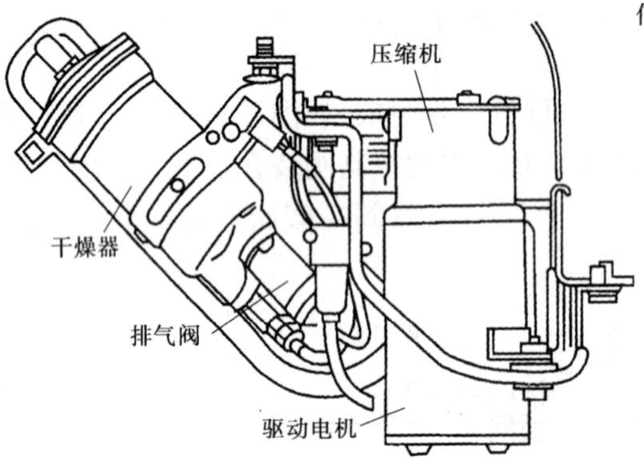

图 7-21　空气压缩机

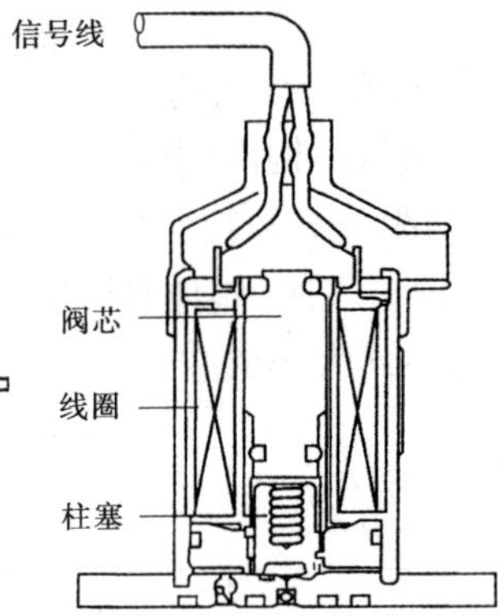

图 7-22　高度控制阀

电控悬架 ECU 根据车身高度传感器送来的信号和控制模式指令,控制高度控制阀开闭。当车身需要升高时,高度控制阀打开,压缩空气进入空气弹簧的主气室,车身升高,高度控制阀关闭后,空气弹簧主气室的空气量保持不变,车身维持一定的高度不变;当车身需要降低时,压缩机停止工作,高度控制阀打开,此时排气阀也打开,悬架的主气室中的空气通过高度控制阀、管路,最后由排气阀排出,车身高度下降。

六、电控悬架的控制逻辑

电控悬架对悬架刚度和阻尼系数均有 2 种或 3 种控制模式,即“标准、运动、高”模式,而每一种模式又可以根据悬架高度和阻尼系数的大小依次有“软(低)、中、硬(高)”三种状态。模式的选择一般根据路面情况通过模式选择开关由驾驶员手动实现。若选择“标准”模式,悬架处于低刚度和阻尼系数的“软”状态;若选择“运动”模式,悬架此时处于中等刚度和阻尼系数的“中”状态。而在某些模式下,状态之间的转换是由 ECU 根据接收的信号自动地调节的,从而使汽车维持最佳状态,提高行驶平顺性和操纵稳定性。

同样,车身高度控制也有“标准、运动、高”三种模式,而且每一种模式又可以根据车速高低分为“低、中(标准)、高”三种状态。如果选择“标准”或“运动”模式,车身高度由 ECU 根据车速在“低”与“中(标准)”之间转换;如果选择“高”模式,车身高度会根据车速和路况在“高”与“中(标准)”之间转换。另外,在一般的情况下,车身高度不受乘员人数和载重质量增加、减少的影响,由 ECU 控制处在所选模式的正常状态。

第三节　丰田 LS400 轿车电控空气悬架系统

一、丰田 LS400 轿车电控空气悬架系统的组成

LS400 轿车电控空气悬架系统由压缩空气系统和电子控制系统两部分组成,通过 ECU 自动控制及手动开关可改变悬架弹簧的弹性系数和减振器的阻尼力。

(一)压缩空气系统的组成

压缩空气系统主要由下列部件组成:4 组气动减振器(气压缸)、供应系统压缩空气的空气压缩机、压缩空气干燥器、高度电磁阀、压缩空气排气阀、压缩空气管等。图 7-23 所示为丰田 LS400 轿车电控空气悬架压缩空气系统示意图。

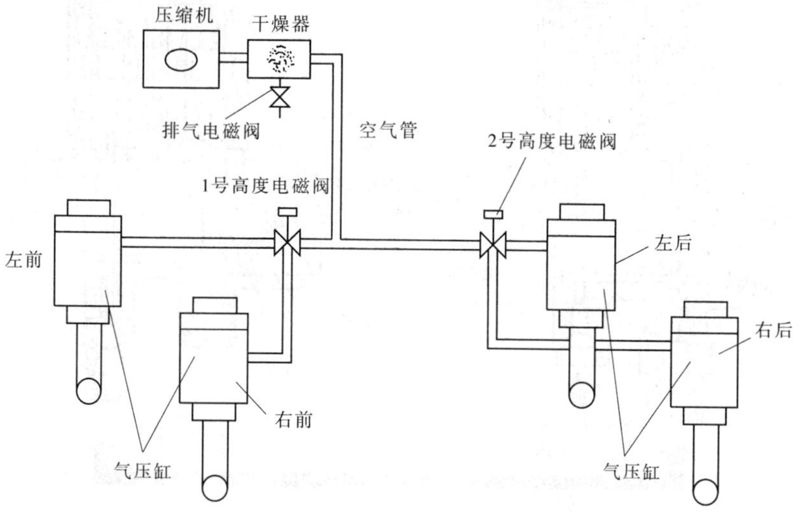

图 7-23　丰田 LS400 轿车电控空气悬架压缩空气系统示意图

1. 空气压缩机

空气压缩机为升高汽车悬架高度提供所需的压缩空气。空气压缩机由直流永磁电动机驱动,具有大扭矩和快速启动等特点。

其工作原理:空气压缩机由 ECU 直接控制。需提高车身高度时,ECU 驱动压缩机电动机工作,压缩机向外排出空气,使车身升高。当车身升高至目标高度时,ECU 停止压缩机电动机的驱动工作,高度调节自动停止。

2. 空气干燥器

空气干燥器用于去除系统内由于空气压缩而产生的水分。为使结构紧凑,排气电磁阀、

空气干燥器装在一起。空气干燥器安装在高度控制阀和排气电磁阀之间，内部充满了硅胶。

其工作原理：在汽车悬架高度需要上升时，压缩空气通过空气干燥器的硅胶吸附其中水分，并排入高度电磁阀。在汽车悬架高度需要下降时，排气电磁阀打开，压缩空气通过空气干燥器排入大气中，排气的同时将硅胶所吸收的水分排入大气中，起“再生”作用。

3. 排气电磁阀

排气电磁阀安装于空气干燥器的末端，当接收到悬架控制 ECU 发出降低悬架高度的指令时，即将系统中的压缩空气排出。

其工作原理：在汽车悬架高度需要下降时，排气电磁阀打开，压缩空气通过空气干燥器，再经过排气电磁阀排入大气中。

4. 高度控制电磁阀

高度控制电磁阀安装于空气干燥器和气动减振器之间，用于控制汽车悬架的高度调节。高度控制电磁阀由电磁阀、阀体等组成。高度控制电磁阀的内部结构如图 7-24 所示。

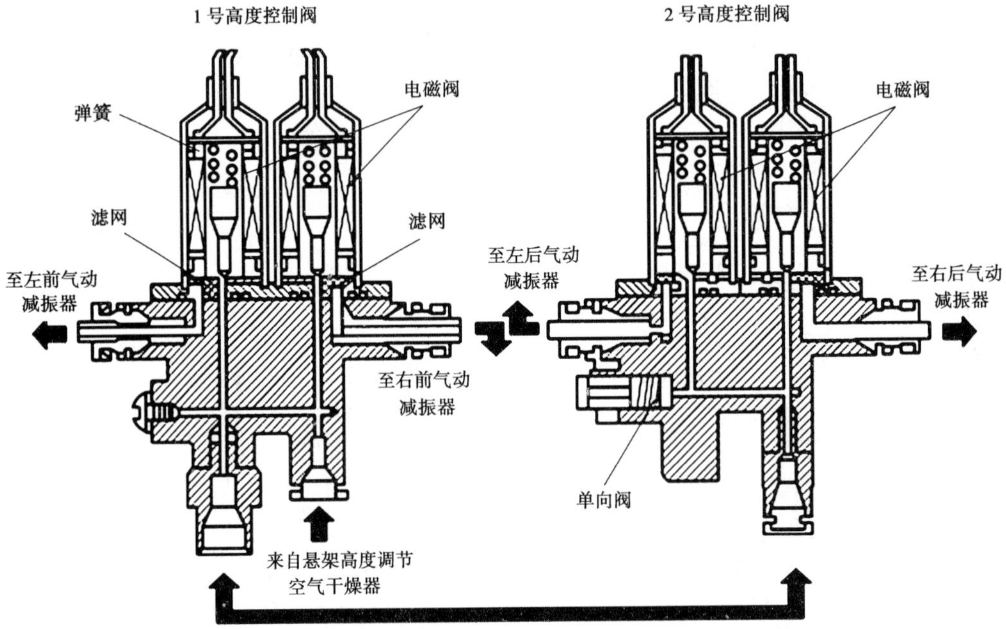

图 7-24 高度控制电磁阀的内部结构

在前轮和后轮的附近设有高度传感器，ECU 根据传感器信号判断出车辆高度，控制压缩机和排气阀，使弹簧压缩或伸长，从而控制车辆高度。高度控制电磁阀可根据 ECU 的指令控制压缩空气充入或排出气动减振器。1 号高度控制阀控制前悬架，由一组电路通过两个电磁阀来分别控制和调节左右侧气动减振器；2 号高度控制阀控制后悬架，由两组电路各控制相应的电磁阀来调节左右侧气动减振器。2 号高度控制阀空气管路中装有一只单向阀来避免由于阀的开闭形成的空气不正常波动。

其工作原理：在汽车悬架高度需要上升时，高度控制电磁阀接通，排气电磁阀关闭，向气动减振器内充入压缩空气，使汽车悬架升高。在汽车悬架高度需要下降时，高度控制电磁阀接通，排气电磁阀打开，压缩空气通过空气干燥器排入大气中。

5. 空气管

空气悬架系统一般采用钢管和尼龙软管作为空气管。钢管用于固定车身上前、后高度控制阀之间的固定管道;尼龙软管用于诸如空气弹簧与高度控制阀之间的有相对运动的管道。尼龙软管采用单触式接头,以方便维修和具有良好的密封性。空气管结构及在车上的分布情况如图 7-25 所示。

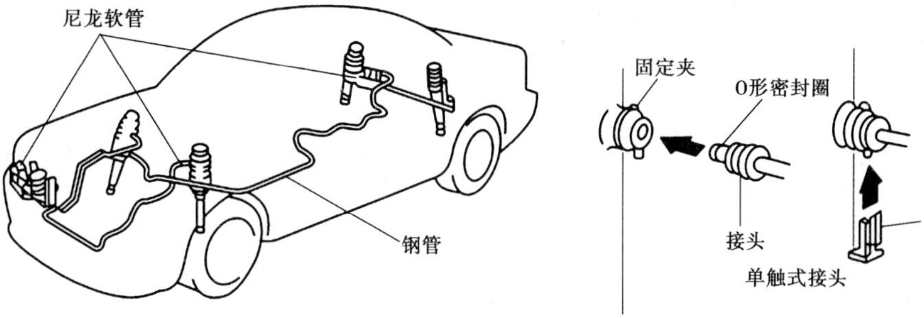

图 7-25　空气管结构及在车上的分布情况

6. 气动减振器

空气悬架系统有 4 个气动减振器,每个气动减振器都包括一个可变阻尼力的减振器和可变弹性系数的空气弹簧。气动减振器的总体结构如图 7-26 所示。

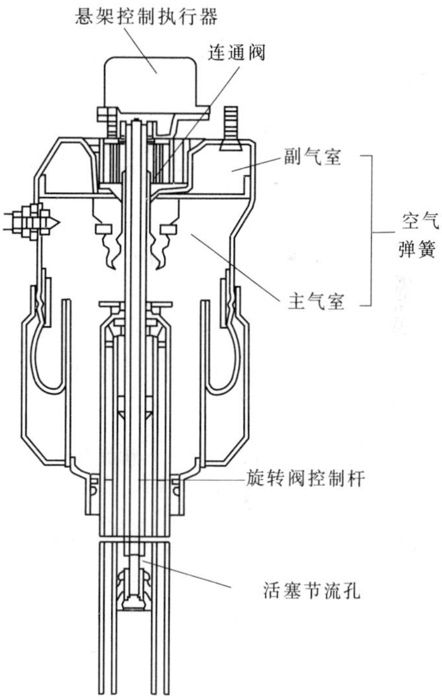

图 7-26　气动减振器的总体结构

1) 空气弹簧

空气弹簧安装于气动减振器的上端,与可变阻尼力的减振器一起构成悬架支柱,其上端与车架相连,其下端安装在悬架摆臂上。空气悬架的空气弹簧由空气室和空气阀两部分组成,空气室分为主气室和副气室。

悬架空气弹簧刚度的改变是根据压缩空气通过空气阀由主气室进入副气室的空气量的改变来调节的,空气弹簧的弹性系数(刚度)可分为“软、硬”两个阶段来调节。

主气室是可变容积的,在它的下部有一个可伸展的隔膜,压缩空气进入主气室可升高悬架高度,反之,使悬架下降。车辆高度则是由 1 号和 2 号高度控制阀及排气阀通过增减主气室内的压缩空气量来调节的。

2)变阻尼减振器

变阻尼减振器安装于空气弹簧的下端,与空气弹簧一起构成悬架支柱。上端与车架相连,下端安装在悬架摆臂上。

变阻尼减振器主要由缸筒、活塞及阻尼调节杆、回转阀等构成。

(二)电子控制系统的组成

丰田 LS400 轿车空气悬架电子控制系统的部件安装位置如图 7-27 所示,由下列部件组成:车辆高度控制阀、悬架高度传感器、汽车转角传感器、压缩空气排气阀、悬架 ECU、悬架控制执行器、各种手动控制开关和汽车仪表板上的各种显示仪表、指示灯等。

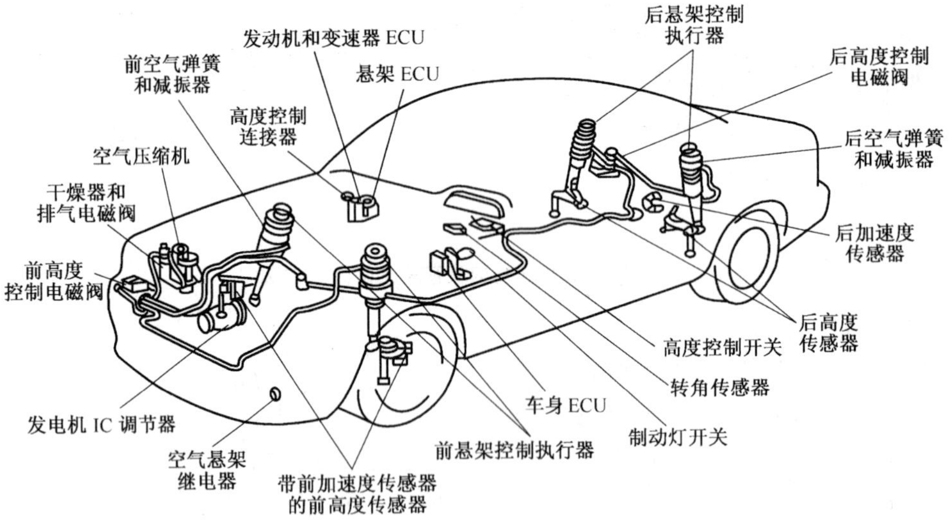

图 7-27　丰田 LS400 轿车空气悬架电子控制系统的部件安装位置

1. 空气悬架系统组成

丰田 LS400 轿车的空气悬架电子控制系统的结构框图如图 7-28 所示。

2. 电子控制系统元器件的作用

电子控制系统元器件的作用如表 7-3 所示。

3. 电子控制系统电路

丰田 LS400 轿车空气悬架电子控制系统电路如图 7-29 所示。空气悬架电子控制系统电路由电源供给电路、输入信号电路、控制器电路、执行器电路四部分组成。

二、电控悬架系统的输入信号

(一)悬架控制开关信号

悬架控制开关由水平调节控制(Level Regulation Control,LRC)开关和高度控制开关组成。LRC 开关用于选择减振器和空气弹簧的工作模式(NORM 或 SPORT);高度控制开关用于选择所希望的车身高度(NORM 或 HIGH)。

当 LRC 开关设在 SPORT 位置时,组合仪表内的 LRC 指示灯亮;当高度控制开关设在 HIGH 位置时,组合仪表内的高度控制指示灯亮。

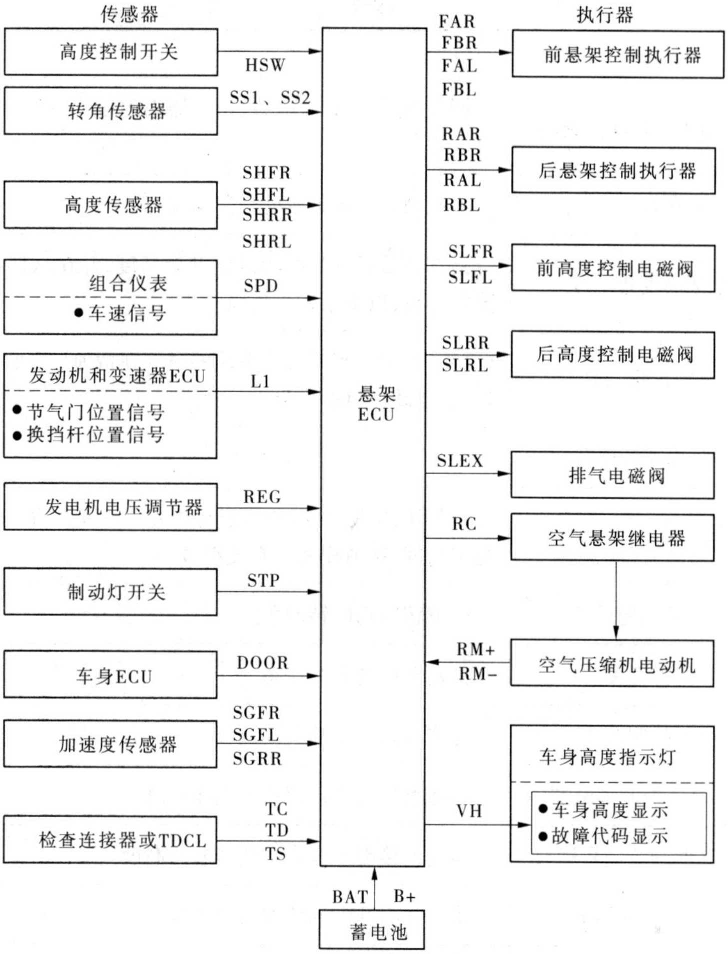

图 7-28　空气悬架电子控制系统的结构框图

表 7-3　电子控制系统元器件的作用

序号	电控元件	作用
1	悬架调节执行器	改变空气悬架弹性系数和减振器阻尼力
2	1 号高度控制继电器	接通空气压缩机的工作电路
3	发电机 IC 调节器	检测发动机是否运行
4	空气压缩机	为升高汽车悬架高度提供所需的压缩空气
5	空气干燥器	干燥系统的压缩空气
6	排气阀	把动力主缸中的压缩空气排入大气，降低汽车悬架高度
7	高度传感器	检测汽车悬架高度和不平路面造成的空气悬架高度变化

续表 7-3

序号	电控元件	作用
8	1 号和 2 号高度控制阀	调节前后左右 4 个气动减振器内的压缩空气量,按 ECU 指令充气或排气
9	停车灯开关	检测制动踏板是否处于制动状态
10	悬架高度指示灯	给驾驶员显示当前的设定悬架高度,并在悬架控制系统发生故障时点亮,以提示发生故障
11	平顺性指示灯	LRC 开关点亮时说明系统的空气弹簧弹性系数和减振阻尼力为运动、自动(SPORT、AUTO)模式
12	1 号车速传感器	测量车辆的行驶速度
13	悬架控制开关	由 LRC 开关、高度调节控制开关和空气弹簧弹性系数以及车辆悬架高度、调节模式等开关组成
14	转角传感器	检测转向轮的转向角度
15	门控开关	检测车门的开关状态
16	高度控制开关	允许或禁止车辆高度调节
17	2 号高度控制继电器	接通悬架高度传感器的工作电路
18	悬架高度调节信号接口	通过连接端子可直接调节悬架高度
19	发动机和变速器 ECU	将节气门开闭的角度信号转换为数字信号传送至悬架系统 ECU
20	悬架系统控制 ECU	根据驾驶者设定的模式,调节弹性系数、阻尼力和车辆高度;在悬架控制系统发生故障时,使指示灯闪烁

(二)高度控制通断开关信号

高度控制通断开关位于行李厢的工具储藏室内。将开关拨至 OFF 位置,悬架控制系统中止车辆高度控制,当车辆被举升、车辆停在不平的路面或车辆被拖曳时,可避免空气弹簧中压缩空气排出,从而可防止车身高度的下降。

当需要顶起车辆进行修理时,应关闭高度控制开关。否则,顶起车辆时,悬架控制系统会控制压缩空气从空气弹簧中排出,当放下车辆时,车身可能会因过低而受损。

(三)制动灯开关信号

制动灯开关位于制动踏板支架上,当踩下制动踏板时,开关接通。悬架 ECU 利用这一信号判断汽车是否处于制动状态。

(四)门控灯开关信号

4 个车门各有一个门控灯开关,这些开关都位于门柱上。悬架 ECU 据此判断车门是否打开。

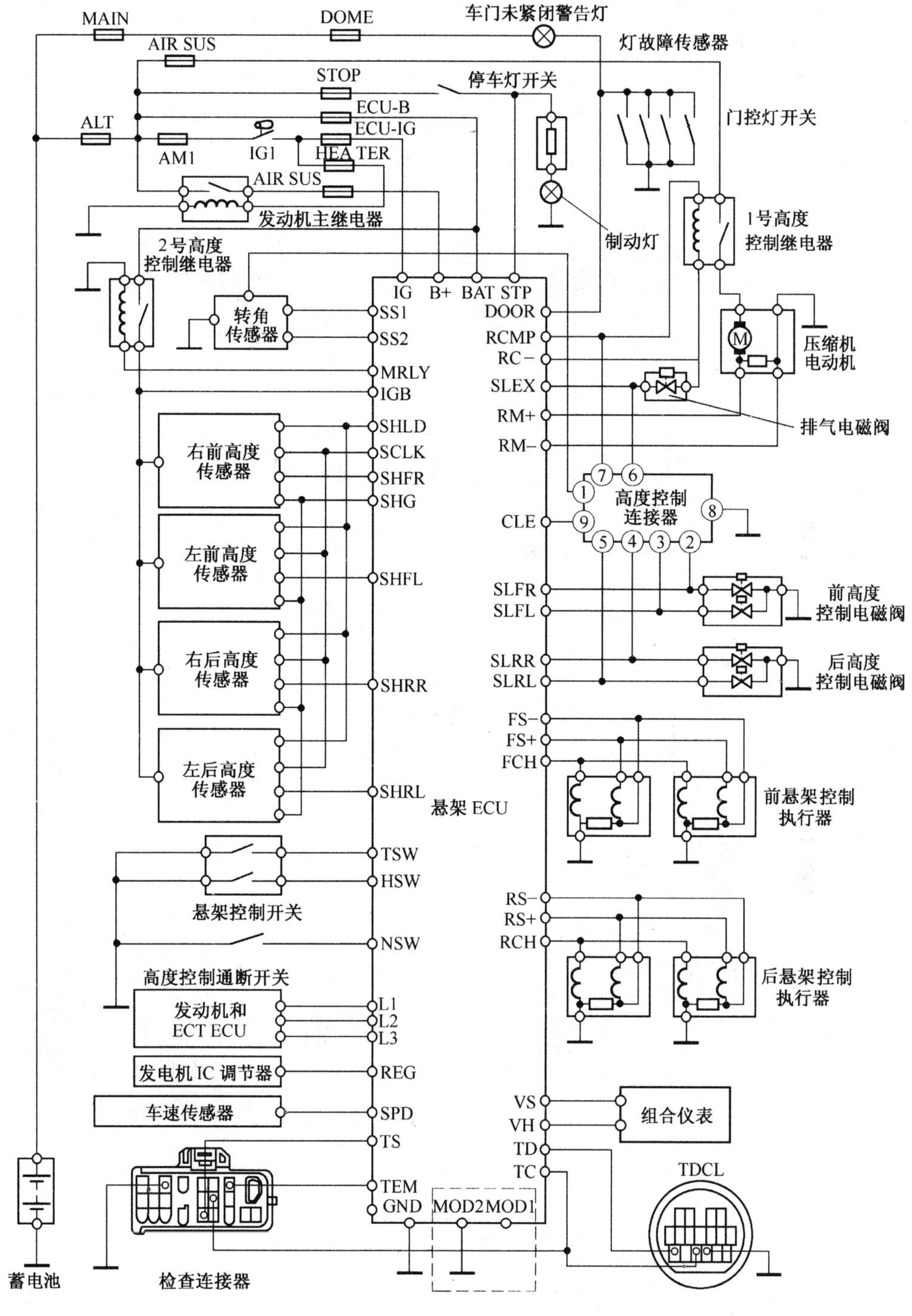

图 7-29　丰田 LS400 轿车空气悬架电子控制系统电路

(五)高度传感器信号

高度传感器的作用是检测车身高度及因路面不平引起的每个悬架的位移量,并将之转换成电信号输入到悬架 ECU。

高度传感器采用光电式传感器,安装在车身上,传感器与控制杆相连。对于前悬架,控制杆的另一端与减振器下支承相连;对于后悬架,控制杆的另一端连接到悬架下摆臂,如图 7-30 所示。

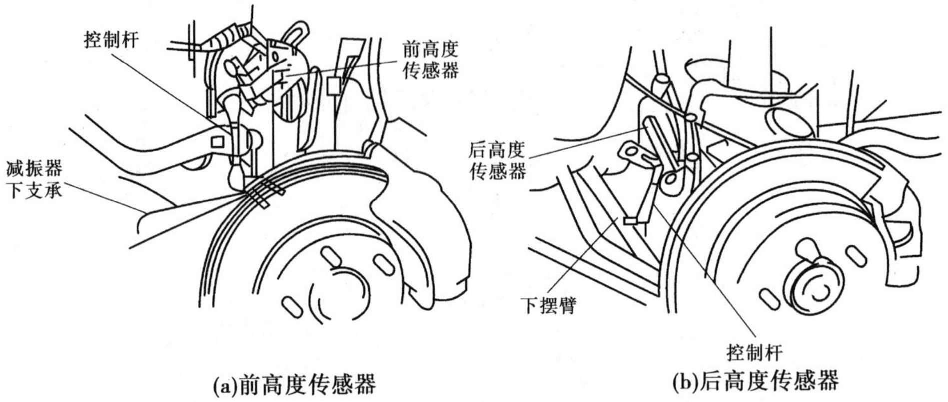

图 7-30　光电式高度传感器的安装位置

(六)加速度传感器信号

加速度传感器用于测量车身的垂直加速度。加速度传感器共有三个,两个前加速度传感器分别装在前左、前右高度传感器内,一个后加速度传感器装在行李厢右侧的下面,如图 7-31 所示。

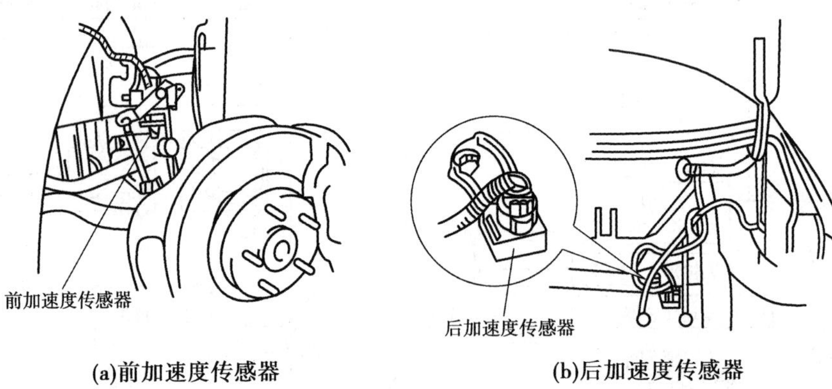

图 7-31　加速度传感器的安装位置

这三个加速度传感器分别用于检测车身的前左、前右和后右位置的垂直加速度。车身后左位置的垂直加速度则是由悬架 ECU 从这三个加速度传感器所获得的数据推导出来的。

(七)车速传感器信号

车速传感器反映汽车行驶的速度。车速传感器位于变速器输出轴上,用来检测变速器输出轴的转速。

(八)节气门位置传感器信号

节气门位置传感器安装在节气门体上,用来检测节气门的开度。

(九)转角传感器信号

转角传感器位于方向盘下面,装在组合开关总成内,用于检测汽车转弯的方向和转弯的角度。

(十)发电机 IC 调节器信号

发电机 IC 调节器位于发动机的交流发电机内。IC 调节器的 L 端子直接与悬架 ECU 连接,悬架 ECU 据此判断发动机是否运转。

三、电控悬架系统的执行器

(一)悬架控制执行器

悬架控制执行器驱动气动减振器的旋转空气阀,以改变减振器的阻尼力和空气弹簧刚度,每个气动减振器顶部均有一个悬架控制执行器。悬架控制执行器的工作原理如图 7-32 所示,在收到悬架 ECU 的信号后,电动机得到电流,从而产生磁场使电动机转动,电动机带动控制杆来改变减振器内转阀的位置,从而改变减振器阻尼的效果和空气弹簧的刚度。

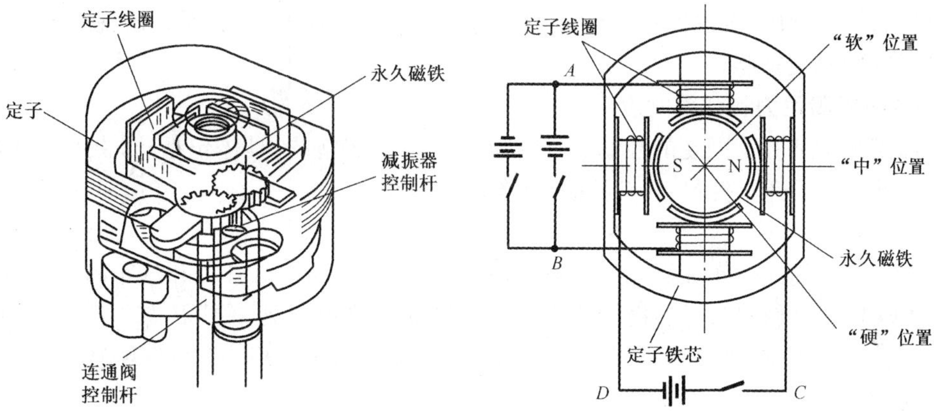

图 7-32　悬架控制执行器的工作原理

(二)空气压缩机

空气压缩机用来产生供车身高度调节所需的压缩空气。空气压缩机采用单缸活塞连杆式结构,由直流电动机驱动。

(三)干燥器和排气电磁阀

干燥器的作用是去除压缩空气中的水分。排气电磁阀的作用是将空气弹簧内的压缩空气排出到大气中,同时还将干燥器中的水分带走。

(四)高度控制电磁阀

高度控制电磁阀的作用是根据悬架 ECU 的控制信号控制空气悬架的充气和排气。

(五)LRC 指示灯

LRC 指示灯位于组合仪表上。当选择 SPORT(运动)模式时,指示灯亮;当选择 NORM(标准)模式时,指示灯灭。

(六)车身高度指示灯

车身高度指示灯位于组合仪表上,用来指示所选择的车身高度。

四、电控悬架系统的控制方式

电控悬架系统的控制单元(ECU)根据传感器信号和实际行车过程,对悬架进行相应的控制。ECU 对悬架的控制项目如图 7-33 所示。

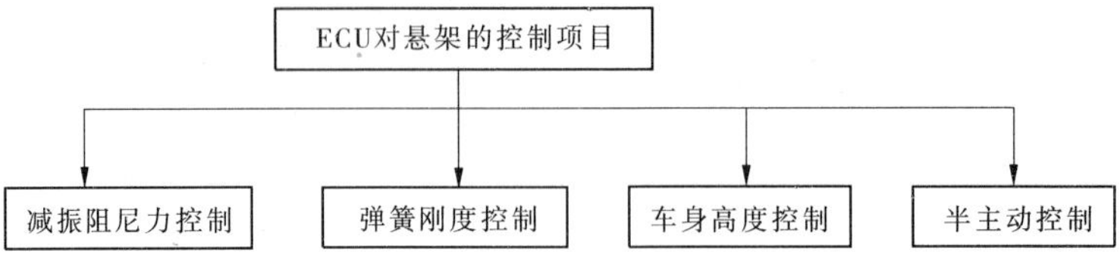

图 7-33　ECU 对悬架的控制项目

悬架 ECU 根据从各个传感器来的信号以及悬架控制开关的选择模式独立地控制 4 个车轮上的减振阻尼力、悬架弹簧刚度和车辆高度。

悬架 ECU 具有自我诊断功能,可对悬架控制系统的故障进行诊断,将故障代码存储在存储器中,并对驾驶员发出警示。悬架 ECU 还具备失效保护功能,在系统出现故障时,可禁止或继续支持悬架控制。

(一)减振阻尼力和弹簧刚度控制

减振阻尼力和弹簧刚度的控制是针对以下情况而实施的,具体包括防“栽头”控制、防“侧倾”控制、防“下坐”控制、坏路控制、高车速控制等。

1. 防“栽头”控制

该控制用于防止汽车在制动时过量的栽头。当车速、制动灯开关和汽车高度发生变化时,悬架 ECU 通过悬架执行器把减振阻尼力和弹簧刚度设置到“硬”状态。在松开制动踏板约 1 s 后,这一控制被取消,悬架执行器恢复至原来的减振阻尼力和弹簧刚度。

2. 防“侧倾”控制

该控制可在转弯时或在 S 形弯路上抑制车辆的侧倾。悬架 ECU 根据车速和转弯角度信号,将悬架执行器设置在“硬”的位置。

当方向盘恢复至正向前方位置约 2 s 后,悬架 ECU 取消这一控制,使执行器恢复至原来的减振阻尼力和弹簧刚度。如果方向盘连续沿左右两个方向来回转动,或转动得比正常转弯大,则这一控制的时间将延长。

3. 防“下坐”控制

该控制可在汽车启动或突然加速时抑制汽车后部的“下坐”。当悬架 ECU 从车速传感器和节气门位置传感器测知汽车在起步或突然加速时,悬架执行器把减振器阻尼力和弹簧刚度设置到“硬”状态。这一控制约在 2 s 后或是车速达到预定值时取消,从而恢复至原来的减振器阻尼力和弹簧刚度。

4. 坏路控制

坏路控制可防止汽车在坎坷不平的道路上行驶时发生碰底、俯仰和跳震,以改善乘坐的舒适性。这一控制可根据汽车前、后高度的变化分别对前轮和后轮单独进行。但当车速低于 10 km/h 时，不再进行坏路控制。

当左前或右前高度传感器检测到路面不平整时，悬架 ECU 将减振器阻尼力设置为“中”，弹簧刚度设置为“硬”；若检测到路面很不平整，悬架 ECU 将减振器阻尼力和弹簧刚度设置为“硬”。后悬架的设置方式与前悬架一样，只是由左后或右后高度传感器来检测路面的平整程度。

5. 高车速控制

该控制可在汽车高速行驶时改善行驶的稳定性和可控制性。当车速较高(140 km/h)时，悬架 ECU 将减振器阻尼力和弹簧刚度分别设置到“中”和“硬”位置，以提高汽车稳定性。当车速降至某一值(120 km/h)时，悬架 ECU 使悬架执行器恢复至原来的设置。

(二)车身高度控制

汽车车身高度控制有自动高度控制、高车速控制和关闭点火开关控制三种。

1. 自动高度控制

不管车内乘员人数和装载质量如何变化，自动高度控制车身高度，避免汽车底盘与不平路面相碰，改善汽车乘坐的舒适性，还能使汽车前大灯光束射程保持恒定，提高汽车行驶的安全性。

2. 高车速控制

当汽车高速行驶时，高车速控制令车身自动降低高度，从而提高汽车高速行驶的稳定性，并减少空气阻力。当车速超过 140 km/h 时，即使高度控制开关设置在 HIGH(高)的位置，车身高度仍会降至 NORM(标准)位置，且仪表板上的 NORM 指示灯点亮。当车速降至 120 km/h 以下时，高车速控制便自动取消，车身恢复至原来高度。

3. 关闭点火开关控制

当汽车停下或乘员需要上、下车时，通过关闭点火开关，可自动降低车身高度，从而改善汽车驻车姿势，方便乘员出入。

关闭点火开关控制在关闭点火开关约 3 min 后才能使用。但如果有任一个车门打开，悬架 ECU 就判断有乘员在下车而中断关闭点火开关控制。在所有车门都关闭后，该控制又重新开始。在关闭点火开关约 30 min 后，关闭点火开关控制被无条件取消。

(三)半主动控制

对于 1994 年 10 月后产的丰田凌志 LS400 轿车的电控空气悬架系统引入了半主动控制，它可独立地把 4 个车轮的悬架减振器阻尼力精确地调节到最佳，以适应路面的不平。

这种悬架同样由弹簧和减振器组成，悬架 ECU 通过加速度传感器和高度传感器检测减振器加速度、车身的垂直高度，然后输出控制信号到悬架控制执行器，以提供最佳的减振阻尼力。

第四节　电控悬架系统的使用与检修

电子控制悬架系统一般都设有自诊断系统，随时监测系统的工作情况。当系统出现故障时，可通过自诊断系统获取故障信息，以帮助维修人员检修。下面以丰田凌志 LS400 轿车的电子控制悬架系统为例，介绍电子控制悬架系统的基本检修方法。

一、检修过程中应注意的事项

在检修汽车电子控制空气悬架时，应注意以下事项：

(1)当用千斤顶将汽车顶起时，应将高度控制开关拨到 OFF 位置。如果在高度控制开关拨到 ON 位置的情况下顶起汽车，则 ECU 中会记录一个故障代码。如果记录了故障代码，务必将其从存储器中清除。

备注：当将高度控制开关拨到 OFF 位置时，会显示故障代码 71。当将开关重新拨到 ON 位置时，该代码即被消除。

(2)在放下千斤顶前，应将汽车下面所有的物体搬走。因为在维修过程中，可能进行了空气悬架的放气、空气管路拆检等操作，此时空气弹簧中的主气室可能无气或存有少量剩余气体，汽车落地后，因自身的重量使车身高度很低，就会将下面的物体压住。

(3)在发动汽车之前，应启动发动机，将汽车的高度调整到正常状态。因为在维修时空气弹簧中的空气被放掉，车身高度变得很低，如果此时汽车起步，势必造成车身与悬架或轮胎相互碰撞。因此，维修后，首先启动发动机，用空气压缩机给空气弹簧气室输送压缩空气，使汽车高度恢复正常，这样汽车便可正常行驶。

(4)前安全气囊碰撞传感器安装在空气压缩机和 1 号车身高度控制阀上面。因此，除非必要，不要触及这个传感器。若要触及，必须按照安全气囊维修中的说明，在维修前拆下前安全气囊碰撞传感器，避免影响安全气囊系统的正常工作。

二、功能检查与调整

(一)汽车高度调整功能的检查

操作高度控制开关检查汽车高度变化情况的步骤如下：

(1)检查轮胎充气是否正确。

(2)检查汽车高度。

(3)启动发动机，将高度控制开关从 NORM 位置切换到 HIGH 位置，如图 7-34 所示。检查完成高度调整所需的时间和汽车高度变化量。调整所需的时间：从操作高度控制开关到压缩机启动约需 2 s，从压缩机启动到完成高度调整需 20 ~ 40 s。汽车高度的变化量为 10 ~ 30 mm。

(4)在汽车处于 HIGH 高度调整状态下，启动发动机并将高度控制开关从 HIGH 位置切换到 NORM 位置。检查完成高度调整所需的时间和汽车高度变化量。调整时间：从操作高度控制开关到开始排气约需 2 s；从开始排气到完成高度调整需 20 ~ 40 s。汽车高度的变化量为 10 ~ 30 mm。

(二)溢流阀的检查

迫使压缩机工作，检查溢流阀动作：

(1)将点火开关转到 ON 位置，并使高度控制插接器的端子 1 与 7 连接以迫使压缩机工作，如图 7-35 所示。

(2)等压缩机工作一段时间后，检查溢流阀是否漏气。

(3)将点火开关转到 OFF 位置。

(4)清除故障代码。

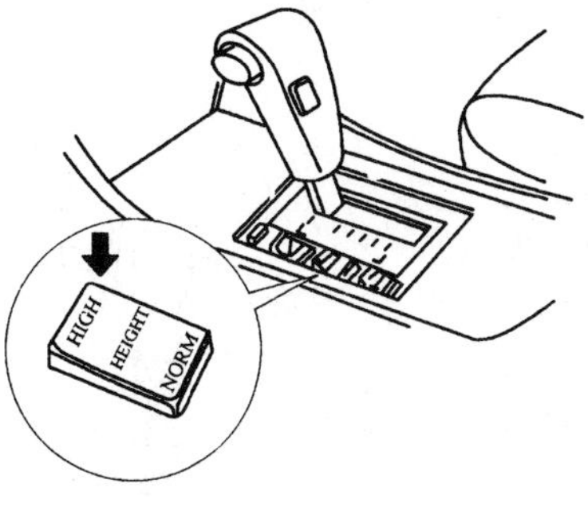

图 7-34　高度控制开关

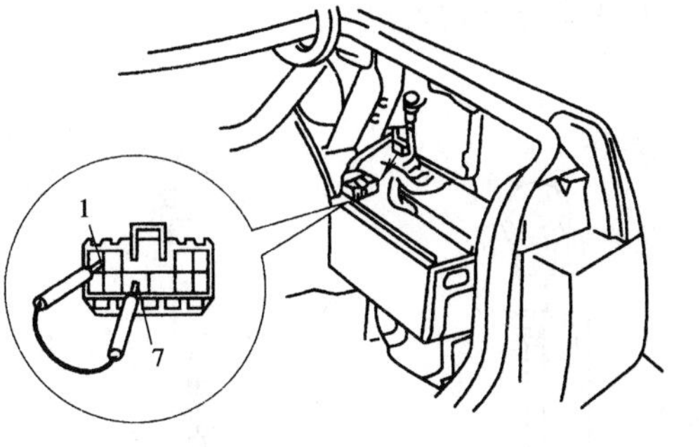

图 7-35　高度控制连接器的 1、7 端子短接

注意：当迫使压缩机工作时，ECU 中会记录一个故障代码。在完成检查后，务必将这个故障码清除。

（三）漏气检查

（1）将高度控制开关置于 HIGH 位置。

（2）使发动机熄火。

（3）在管子的接头处涂抹肥皂水，如图 7-36 所示。

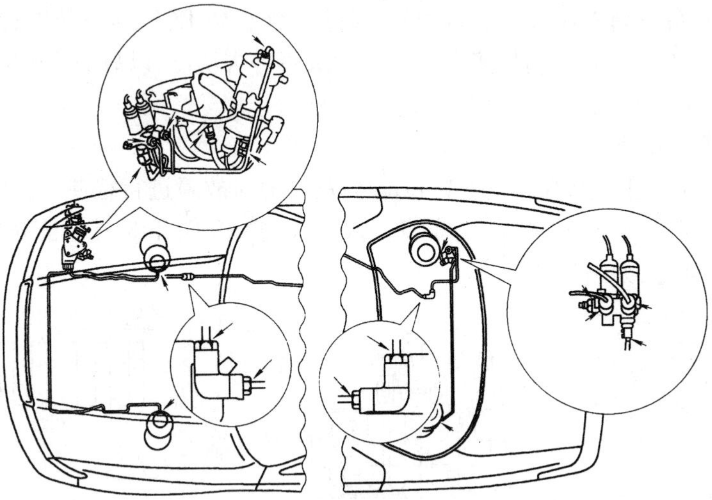

图 7-36　管子的接头涂抹肥皂水

（四）车辆高度调整

将高度控制开关置于 HIGH 位置，车辆置于水平路面。

（1）检查车身高度。

（2）测量高度传感器控制杆的长度，标准值为 59.3 mm（前），35.0 mm（后），如图 7-37（a）所示。如测量值不符，应作调整。

（3）调整车身高度。松开高度传感器连接杆上的两个锁紧螺母，转动该连接杆，调节其长度（螺栓每转一圈，车身高度变化约为 4 mm）。检查车身高度传感器连接杆的尺寸，如图 7-37（b）所示，应小于 10 mm（前），14 mm（后）。调好后，拧紧锁紧螺母，再次检查车身高度。

(4)检查车轮定位。

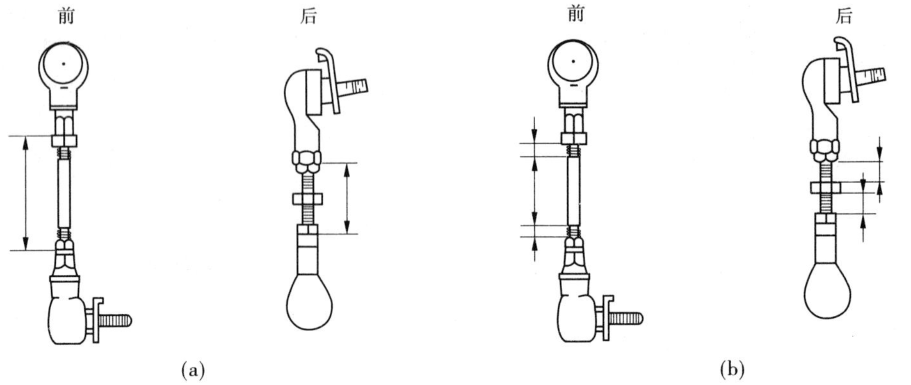

图 7-37　车身高度调整

三、故障自诊断系统

悬架 ECU 具备下列 3 种自我诊断功能:对输入到悬架 ECU 的信号进行检查的输入信号检查功能;对悬架控制系统的故障发出警示的故障警告功能;以故障代码的形式显示故障内容的故障代码显示功能。

(一)故障警告功能

当悬架控制系统出现故障时,悬架 ECU 会及时地对故障进行检测,并通过闪烁故障警告灯来警告驾驶员。故障警告灯就是车身高度指示灯(1992 年 8 月以前是“NORM”,1992 年 8 月以后是“HI”),如图 7-38 所示。

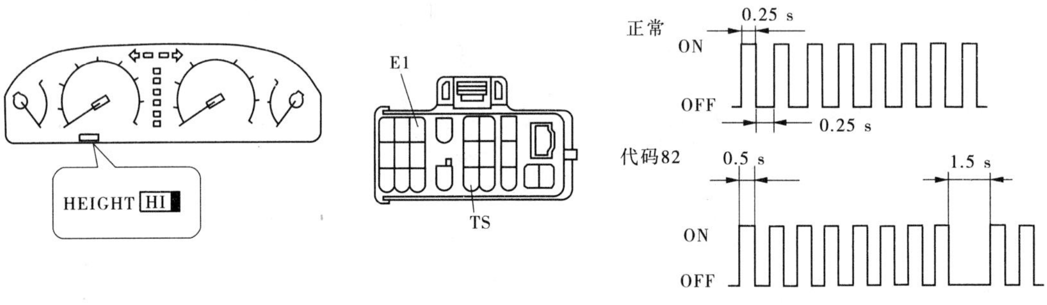

图 7-38　输入信号检查(1992 年 8 月以后)

(二)输入信号检查功能

这一功能可检查来自转角传感器和制动灯开关等元件的信号是否正确地输送到悬架 ECU。连接发动机内的检查插接器的端子 TS 和 E1(见图 7-38),对于 1992 年 8 月以后的雷克萨斯 LS400 轿车,输入信号检查的结果由仪表板上的车辆高度指示灯“HI”直接以故障代码的形式闪烁出来。1994 年 10 月以后的 UCF20 车型输入信号检查故障代码见表 7-4。关闭点火开关,脱开检查插接器的端子 TS 和 E1,即可退出输入信号检查状态。

表 7-4　输入信号检查故障代码一览表(UCF20)

故障代码	电路	诊断原因
81	转向传感器电路	转向角大于 36°的信号不输入
82	制动灯开关电路	制动灯开关信号不改变
83	门控灯开关电路	门控灯开关信号不改变
84	节气门位置信号电路	节气门位置信号未输出
85	车速传感器信号电路	不输入车速 20 km/h 的信号
86	高度控制开关电路	高度控制开关信号不改变
91	右前加速器传感器电路	使车辆保持静止,不产生垂直运动,持续 1 s
92	左前加速器传感器电路	
93	后加速器传感器电路	

(三)故障代码显示功能

当悬架 ECU 检测到故障时,它会把故障以故障代码的形式存储在存储器里。当接通点火开关并连接检查插接器或 TDCL 上的 TC 和 E1 端子时,故障代码就会显示出来。若故障警告灯均匀地每 0.5 s 闪烁一次,则为正常故障代码(正常码),表示系统正常;若故障警告灯闪烁不均匀,则表示有故障。如图 7-39 所示。UCF20 车型故障代码见表 7-4。

1994 年 10 月至 1997 年 7 月,UCF20 车型清除故障代码的方法有两种:关闭点火开关,将位于驾驶室内 1 号接线盒上的 ECU－B 熔丝拆下 30 s 以上(见图 7-40);接通点火开关,连接 TDCL 或检查插接器上的 TC 和 E1 端子,然后在 8 s 内开、关车门 3 次。

1997 年 8 月以后,UCF20 车型清除故障代码的方法只有一种:接通点火开关,连接检查插接器上的 TC 和 E1 端子,然后在 3 s 之内踩制动踏板 8 次或以上。需要注意的是,这种方法会将 ABS、TRC 的故障代码一起清除掉。

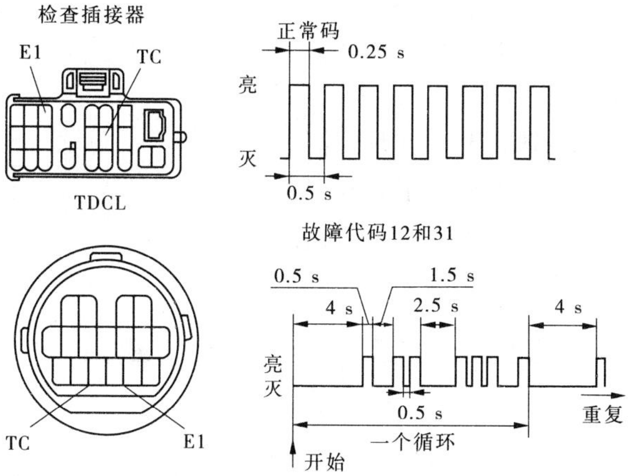

图 7-39　故障代码检查

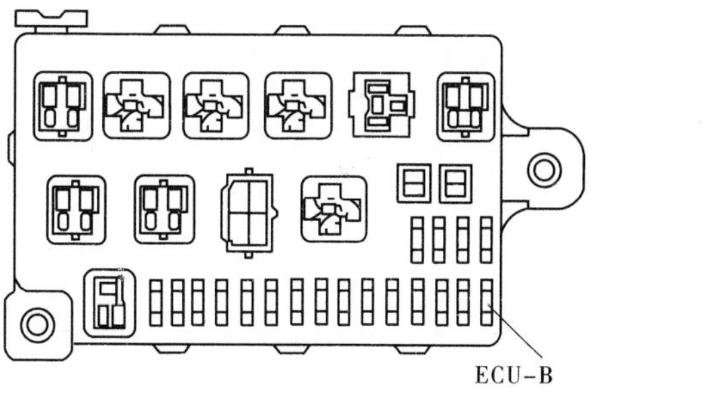

图 7-40　故障代码的清除

如在故障代码校核过程中,显示正常码但故障仍然出现,则应对每个故障现象的电路按表 7-5 中所列的顺序进行检查。

四、悬架控制系统电路检修

（一）车身高度传感器电路检查

当车身高度传感器电路出现故障时，ECU 存储器中存入故障代码 11、12、13 或 14。在车身高度传感器向 ECU 输入正常信号之前，汽车高度控制、减振器阻尼力和弹簧刚度控制被禁止。车身高度传感器电路如图 7-41 所示，其电路检查流程如图 7-42 所示。

表 7-5　TEMS 故障代码一览表（FCF20）

故障代码	故障电路
11	右前高度传感器电路
12	左前高度传感器电路
13	右后高度传感器电路
14	左后高度传感器电路
15	右前加速器传感器电路
16	左前加速器传感器电路
17	后加速器传感器的电路
21	右前悬架控制执行器电路
22	左前悬架控制执行器电路
23	右后悬架控制执行器电路
24	左后悬架控制电磁阀电路
31	右前高度控制电磁阀电路
32	左前高度控制电磁阀电路
33	右后高度控制电磁阀电路
34	左后高度控制电磁阀电路
35	排气电磁阀电路
41	空气悬架继电器电路
42	压缩机电动机电路
51	至空气悬架继电器的持续电流
52	至排气电磁阀的持续电流
73	发电机 IC 调节器电路（发电机电路）
74	电源电路
75	高度传感器电路

（二）悬架控制执行器电路检查

当悬架控制执行器电路出现故障时，ECU 存储器中存入故障代码 21 或 22，此时减振器阻尼力和弹簧刚度控制被禁止。悬架控制执行器电路如图 7-43 所示，其电路检查流程如图 7-44 所示。

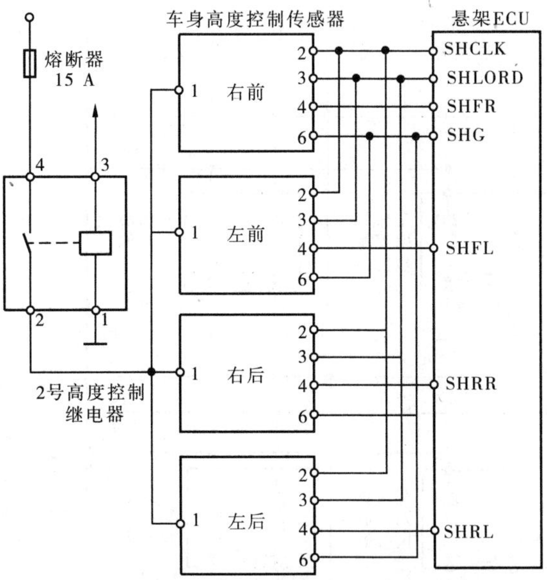

图 7-41　车身高度传感器电路

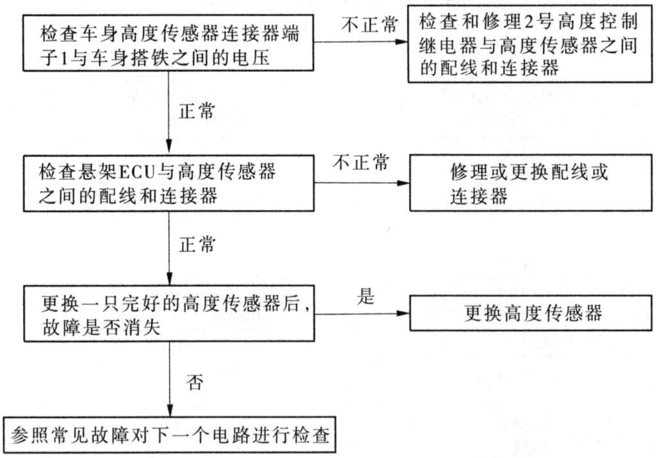

图 7-42　车身高度传感器电路检查流程

(三)高度控制阀、排气阀电路检查

1 号高度控制阀用于前悬架控制，它由两只电磁阀组成，分别控制左、右气压缸。2 号高度控制阀用于后悬架控制，它也由两只电磁阀组成，但这两只电磁阀不单独工作。为了防止空气管路中产生不正常的压力，2 号高度控制阀中有一个溢流阀。1、2 号高度控制阀、排气阀电路如图 7-45 所示，其电路检查流程如图 7-46 所示。

将点火开关置于 ON 位置，当高度控制连接器的端子按表 7-6 所示方式连接时，检查汽车高度的变化（为了保护电路，切勿将端子 1 与 8 连接）。

(四)压缩机电动机电路检查

当压缩机电动机电路出现故障时，ECU 存储器中存入故障代码 42，此时，汽车高度控制及减振器阻尼力和弹簧刚度控制被禁止。压缩机电动机电路如图 7-47 所示，其电路检查流

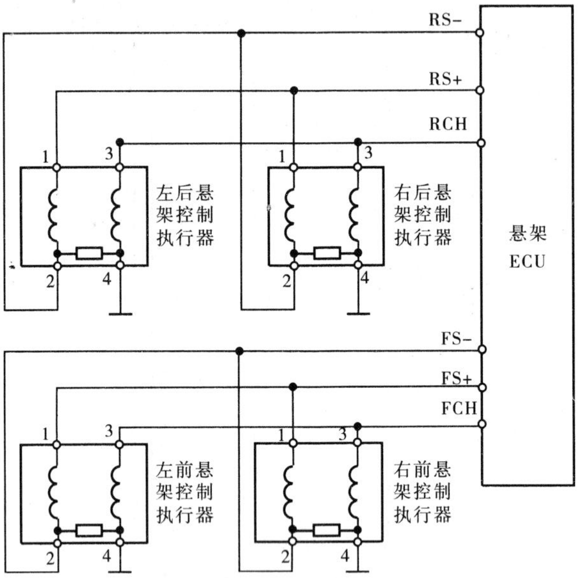

图 7-43　悬架控制执行器电路

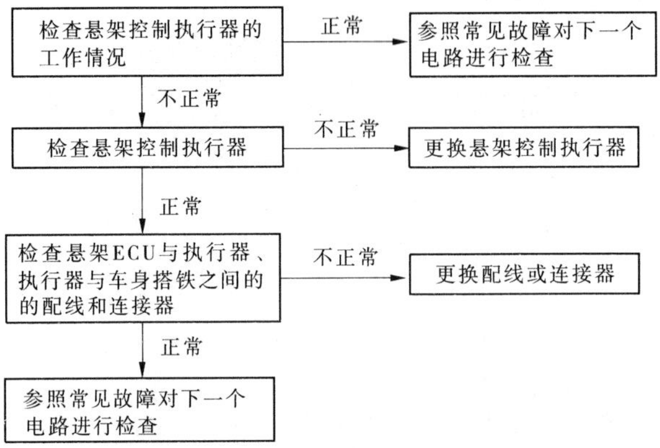

图 7-44　悬架控制执行器电路检查流程

程如图 7-48 所示。

(五)至 1 号高度控制器的持续电流检查

由于压缩机的溢流压力为 980 kPa,如果在陡坡上或在汽车超载时进行汽车高度控制,压缩机电动机就连续运转,以使汽车高度上升,使通过 1 号高度控制继电器的电流保持 8.5 min 以上。此时,可能会输出故障代码 51,并且可能会禁止汽车高度控制及减振器阻尼力和弹簧刚度控制。在这种情况下,如果将点火开关转到 OFF 后约 70 min 再将点火开关转到 ON,汽车高度控制及减振器阻尼力和弹簧刚度控制又能重新恢复。至 1 号高度控制器的持续电流检查流程如图 7-49 所示。

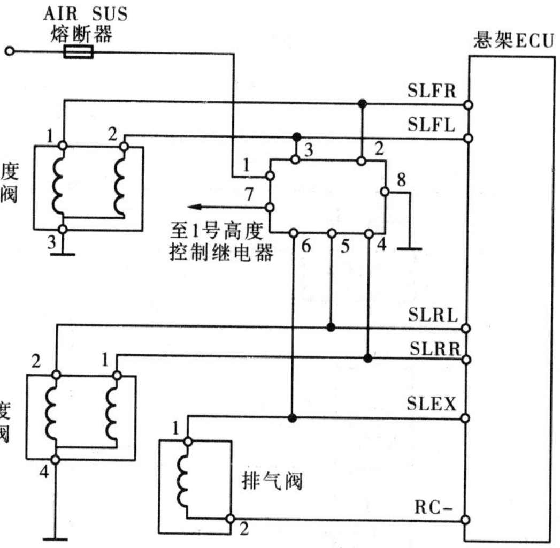

图 7-45 高度控制阀、排气阀电路

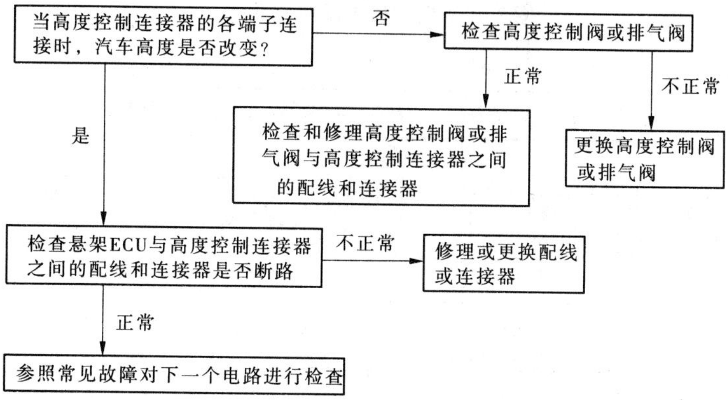

图 7-46 高度控制阀、排气阀电路检查流程

表 7-6 高度控制连接器的端子连接

状态	端子						
	1	2	3	4	5	6	7
右前汽车高度上升	○	○	—	—	—	—	○
左前汽车高度上升	○	—	○	—	—	—	○
右后汽车高度上升	○	—	—	○	—	—	○
左后汽车高度上升	○	—	—	—	○	—	○
右前汽车高度下降	○	○	—	—	—	○	—
左前汽车高度下降	○	—	○	—	—	○	—
右后汽车高度下降	○	—	—	○	—	○	—
左后汽车高度下降	○	—	—	—	○	○	—

注：○表示连接；—表示不连接。

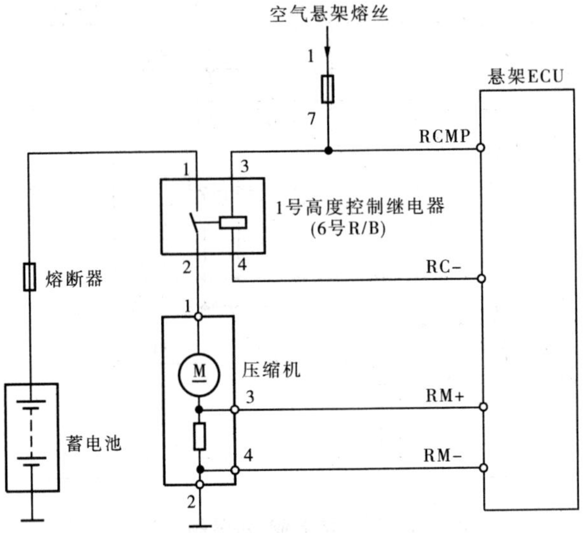

图 7-47　压缩机电动机电路

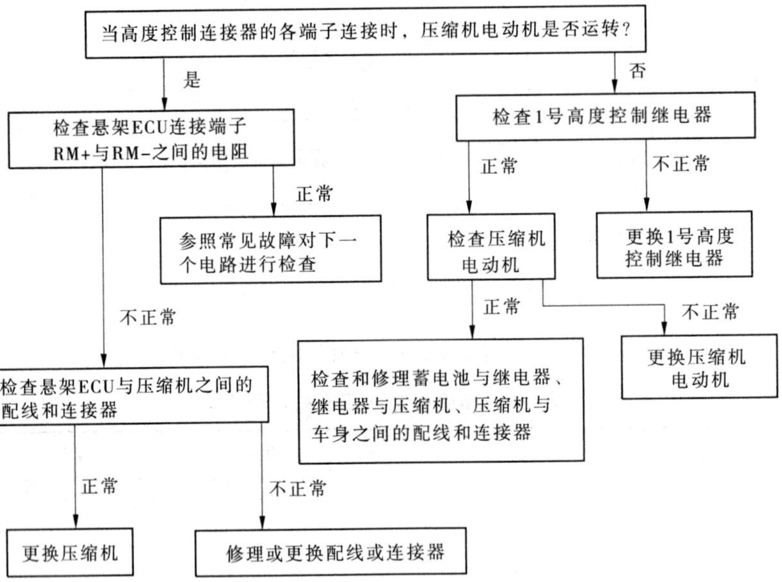

图 7-48　压缩机电动机电路检查流程

(六)至排气阀的持续电流检查

如果在拆卸车轮时或在顶起汽车时汽车高度控制起作用，可能会输出故障代码 52。当输出故障代码 52 时，就禁止汽车高度控制及减振器阻尼力和弹簧刚度控制，但是，如果将点火开关置于 OFF 后再置于 ON，控制又重新恢复。至排气阀的持续电流检查流程如图 7-50 所示。

(七)高度控制开关电路检查

当高度控制开关在 OFF 位置时，该电路接通；当高度控制开关在 ON 位置时，该电路断

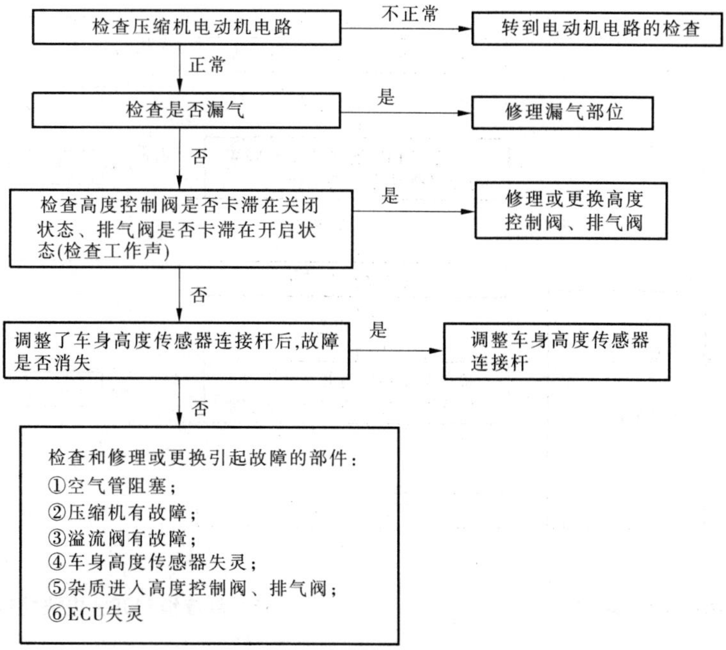

图 7-49　至 1 号高度控制器的持续电流检查流程

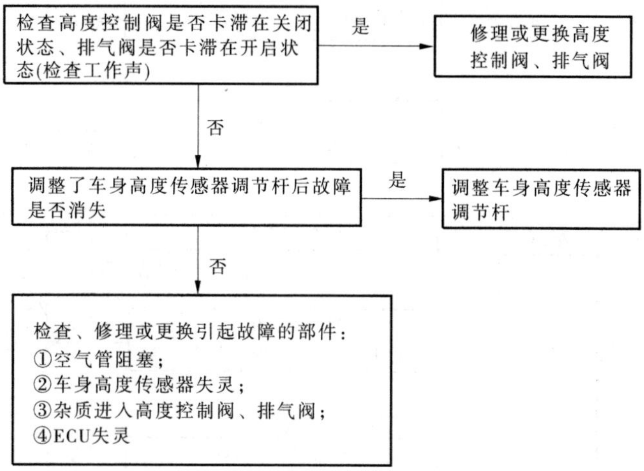

图 7-50　至排气阀的持续电流检查流程

开。当开关在 OFF 位置时,不执行汽车高度控制,则输出故障代码 71。高度控制开关电路如图 7-51 所示,其电路检查流程如图 7-52 所示。

(八)LRC 开关电路检查

LRC 开关在拨到 SPORT 侧时接通,拨到 NORM 侧时断开。ECU 检测到 LRC 开关的状态后,操纵悬架控制执行器,从而改变减振器的阻尼力和空气弹簧的刚度。LRC 开关电路如图 7-53 所示,其电路检查流程如图 7-54 所示。

(九)停车灯开关电路检查

当踩下制动踏板时,停车灯开关接通,蓄电池电压加到 ECU 的 STP 端子上。ECU 利用

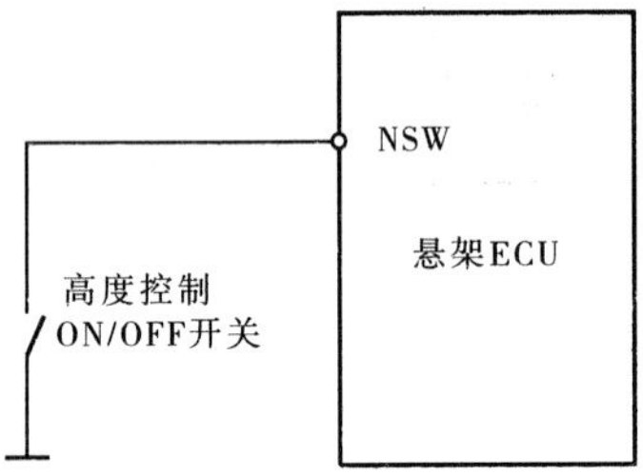

图 7-51　高度控制开关电路

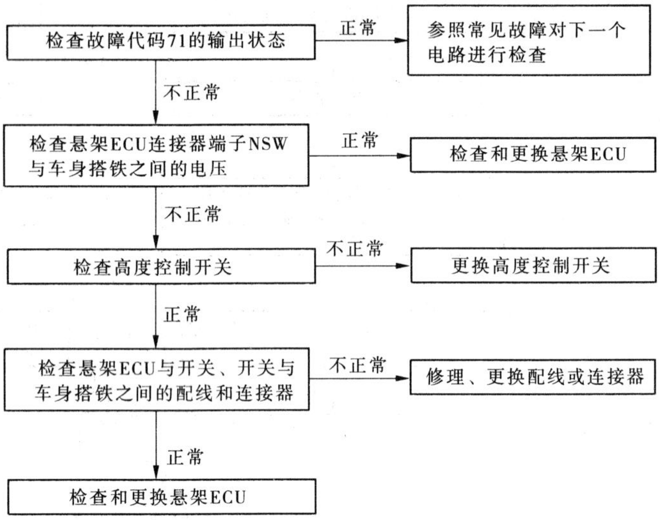

图 7-52　高度控制开关电路检查流程

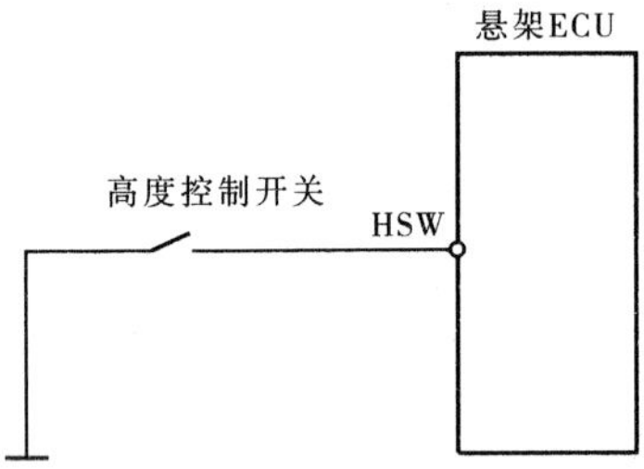

图 7-53　LRC 开关电路

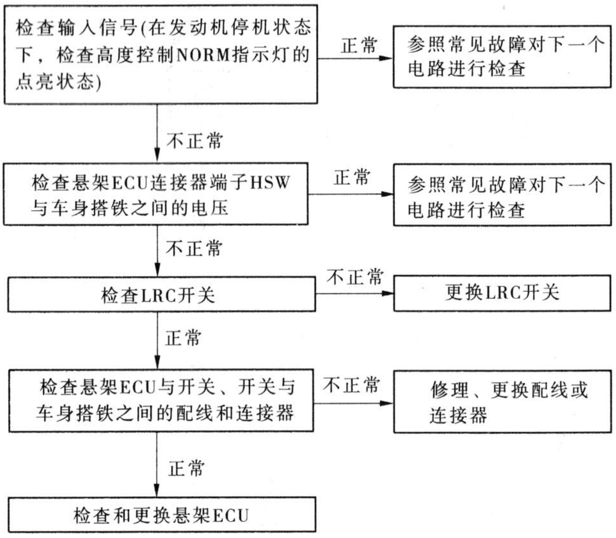

图 7-54　LRC 开关电路检查流程

这个信号作为防栽头控制用的一个起始状态。停车灯开关电路检查流程如图 7-55 所示。

(十)转角传感器电路检查

转角传感器检测方向盘的转动方向和角度,并送至悬架 ECU,当 ECU 判定方向盘的转角和车速大于设定值时,就促使减振器阻尼力和弹簧刚度增加。其电路检查流程如图 7-56 所示。

(十一)节气门开度信号电路检查

悬架 ECU 通过与发动机和 ECT 的 ECU 之间的通信联系,检测节气门的开启角度和开

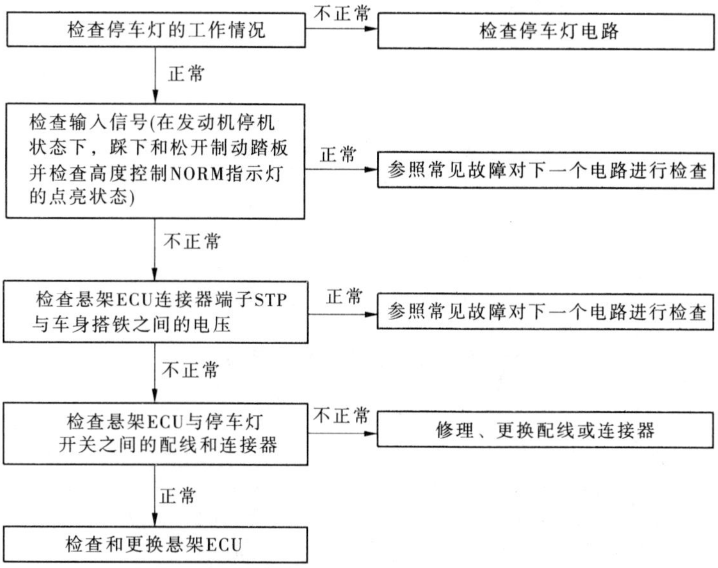

图 7-55　停车灯开关电路检查流程

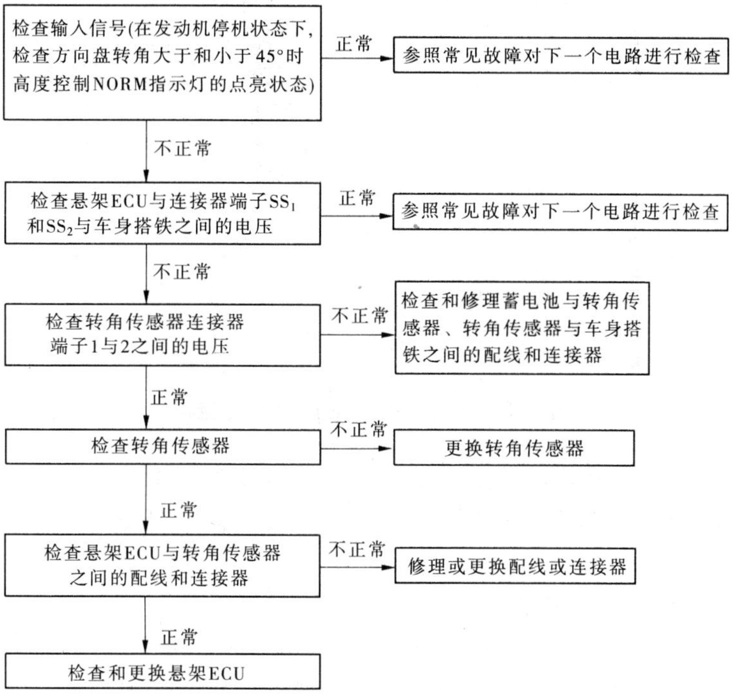

图 7-56　转角传感器电路检查流程

启速度。悬架 ECU 利用这一信号作为防“下坐”控制的一个工作状态。节气门开度信号电路如图 7-57 所示，其电路检查流程如图 7-58 所示。

(十二)车速传感器电路检查

车速传感器由变速器的齿轮通过转子轴驱动，轴每转一圈，车速传感器向仪表发送 20

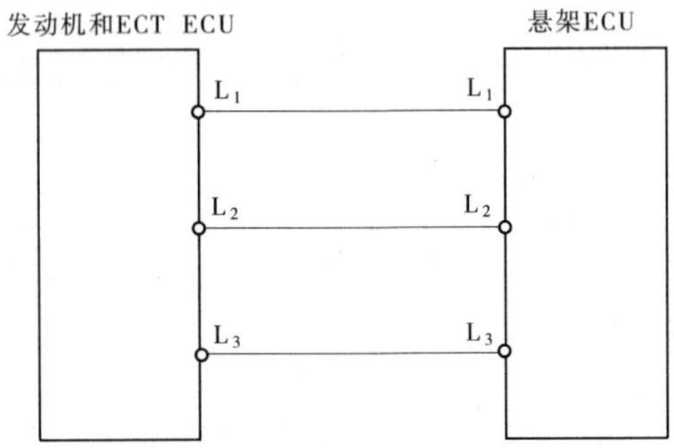

图 7-57　节气门开度信号电路

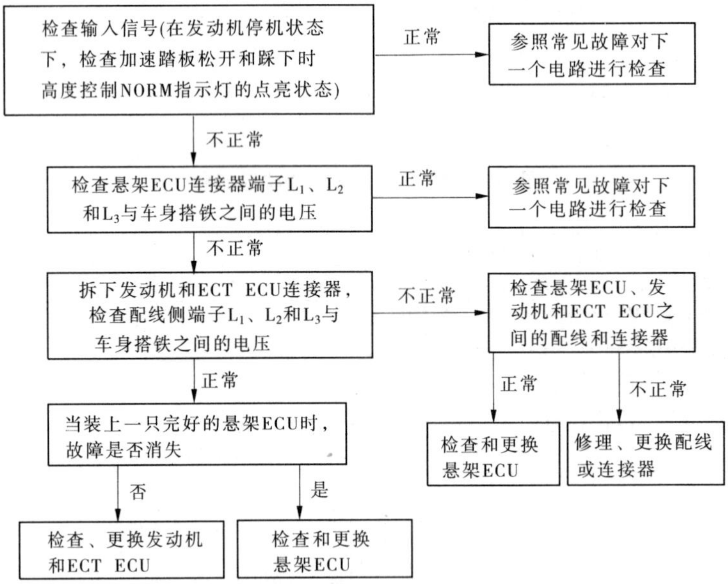

图 7-58　节气门开度信号电路检查流程

个脉冲信号。该信号在仪表内经转换后，以 4 个脉冲信号送至悬架 ECU。ECU 根据该脉冲频率计算出汽车的车速。车速传感器的安装位置及信号如图 7-59 所示，其电路检查流程如图 7-60 所示。

（十三）门控灯开关电路检查

当车门打开时，门控灯开关接通，车门关闭时，门控灯开关断开。因此，当所有车门全部关闭时，蓄电池电压就加到 ECU 的 DOOR 端子上，而只要有一扇车门打开，该端子上的电压即为 0 V。当 ECU 检测到车门打开信号时，它便中止点火开关 OFF 控制。门控灯开关电路检查流程如图 7-61 所示。

（十四）IC 调节器电路（发动机电路）检查

当发动机停机时，发电机不发电，此时，ECU 端子 REG 上的电压很低。当发动机运转时，ECU 端子 REG 上的电压就变高。因此，ECU 据此检测发电机的发电状态，只有在发电机处于发电状态时才能控制汽车高度（除点火开关 OFF 控制外）。IC 调节器电路（发动机

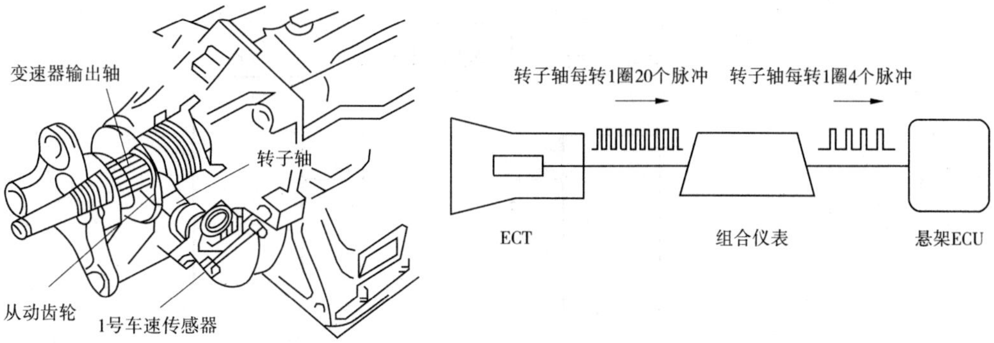

图 7-59　车速传感器的安装位置及信号

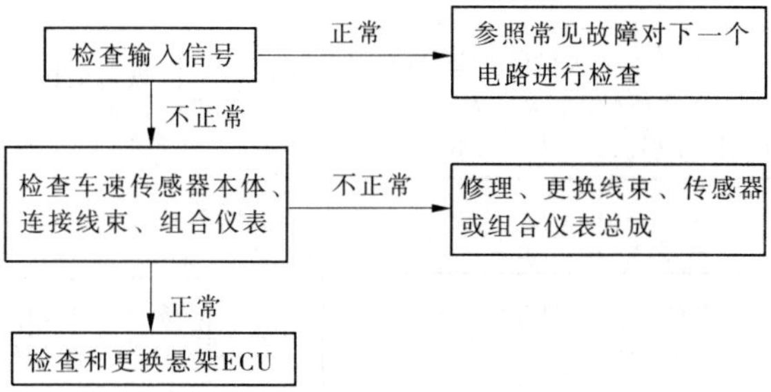

图 7-60　车速传感器电路检查流程

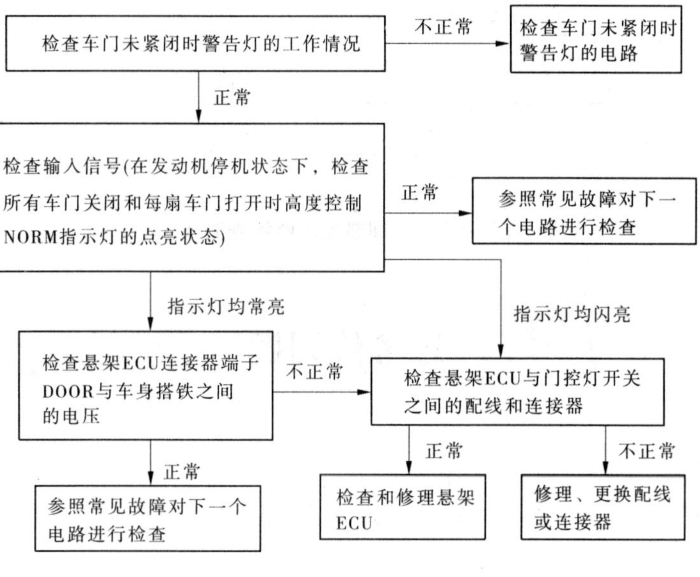

图 7-61　门控灯开关电路检查流程

电路)如图 7-62 所示,其电路检查流程如图 7-63 所示。

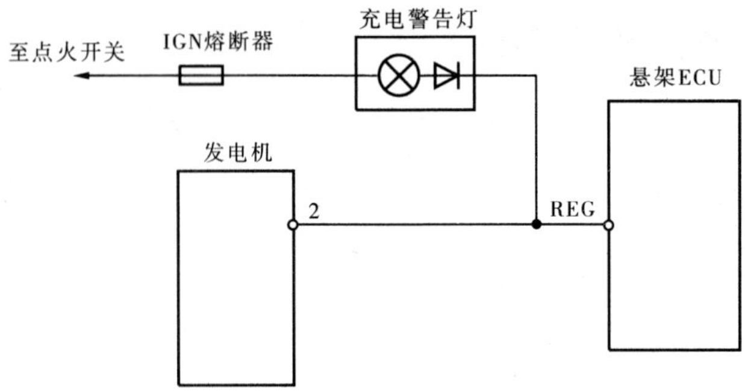

图 7-62　IC 调节器电路

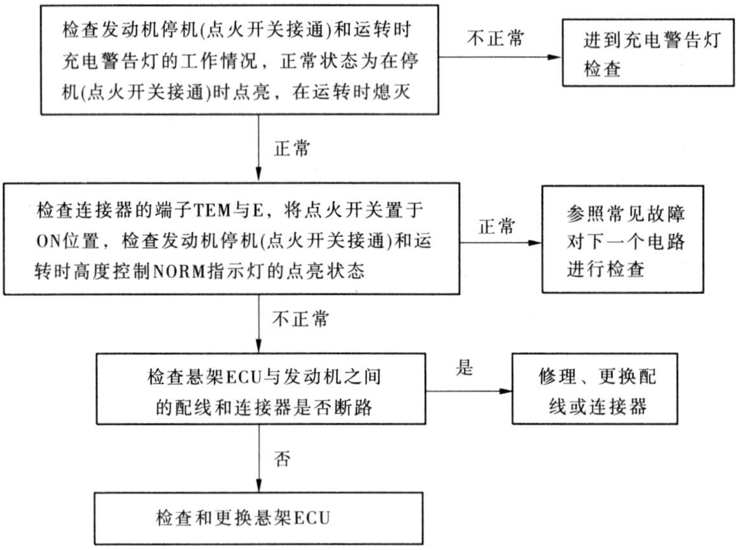

图 7-63　IC 调节器电路检查流程

思考练习题

一、填空题

1. 汽车电子控制悬架系统的功能有________、________、________。

2. 汽车电子控制悬架系统按传力介质不同可分为________和________。

3. 汽车电子控制悬架系统主要由感应汽车运行状况的各种传感器、开关、________、________组成。

4. 汽车电子控制悬架系统应用的传感器有________、________、________、________等。

5. 汽车电子控制悬架系统应用的开关有 ________、________、________、________ 等。

6. 汽车电子控制悬架系统的执行机构有__________、可调节弹簧高度和弹性大小的弹性元件等。

7. 常用的车身高度传感器有 __________、__________、__________。

8. 悬架 ECU 一般由 __________、__________、输出电路和电源电路等组成。

9. 可调阻尼力减振器主要由 __________、__________、__________、__________ 等构成。

二、选择题

1. 一般情况下，安装在汽车仪表盘上，与车速表装在一起，并用软轴与变速器的输出轴相连的传感器是(　　)。

A. 舌簧开关式和光电式车速传感器　　B. 磁阻元件式

C. 磁脉冲式　　D. 以上都正确

2. 一般情况下，装在变速器上通过蜗杆蜗轮机构与变速器的输出轴相连的传感器是(　　)。

A. 舌簧开关式　　B. 光电式车速传感器

C. 磁阻元件式和磁脉冲式　　D. 以上都正确

3. 在模式选择开关中，表示自动、标准运行模式的是(　　)。

A. AUTO、NORM　　B. AUTO、SPORT

C. MANU、NORM　　D. MANU、SPORT

4. 在模式选择开关中，表示自动、运动的运行模式是(　　)

A. AUTO、NORM　　B. AUTO、SPORT

C. MANU、NORM　　D. MANU、SPORT

5. 在模式选择开关中，表示手动、标准运行模式的是(　　)。

A. AUTO、NORM　　B. AUTO、SPORT

C. MANU、NORM　　D. MANU、SPORT

6. 在模式选择开关中，表示手动、运动运行模式的是(　　)。

A. AUTO、NORM　　B. AUTO、SPORT

C. MANU、NORM　　D. MANU、SPORT

三、判断题

1. 装有电子控制悬架系统的汽车无论负载多少，都可以保持汽车高度一定，车身保持水平。(　　)

2. 装有电子控制悬架系统的汽车在高速行驶时，可以使车高降低，以减小空气阻力、提高操纵的稳定性。(　　)

3. 装有电子控制悬架系统的汽车可以防止汽车急转弯时车身横向摇动和换挡时车身纵向摇动。(　　)

4. 半主动悬架可分为有级半主动式和无级半主动式两种。(　　)

5. 方向盘转角传感器用于检测方向盘的中间位置、转动方向、转向角度和转动速度。 （　　）

6. 在电子控制悬架系统中,电子控制单元根据车速传感器和转角传感器的信号,判断汽车转向时侧向力的大小和方向,以控制车身的侧倾。 （　　）

7. 在车轮打滑时,能以转向角和汽车车速正确判断车身侧向力的大小。 （　　）

8. 当选择手动挡时,悬架系统的阻尼力只有标准(中等)和运动(硬)两种状态的转换。 （　　）

9. 为改变汽车的侧倾刚度,可通过改变纵向稳定杆的扭转刚度来实现。 （　　）

10. 在检测汽车电子控制空气悬架时,当用千斤顶将汽车顶起时,应将高度控制开关拨到 ON 位置。 （　　）

11. 在检测汽车电子控制空气悬架时,在发动汽车之前,应启动发动机将汽车的高度调整到正常状态。 （　　）

四、简答题

1. 说明电控悬架系统的功能。

2. 简述汽车电子控制悬架系统的一般工作原理。

3. 气动减振器由空气弹簧和变阻尼减振器组成,分别阐述空气弹簧和变阻尼减振器的功能?

4. 丰田电控悬架系统中的传感器信号有哪些? 分别起到什么作用?

5. 丰田电控悬架系统中通过哪些执行器完成对车身高度的调整? 通过哪些执行器完成对阻尼力的调整? 通过哪些执行器完成对弹簧刚度的调整?

6. 丰田电控悬架系统中,减振器阻尼力和弹簧刚度的控制方式有哪些?

7. 丰田电控悬架系统中,车身高度控制方式有哪些?

第八章　电控动力转向与四轮转向系统

[学习目标]

了解现代汽车转向的基本要求和实现转向控制的基本方式；了解转向助力控制和四轮转向控制的各种类型和特点；掌握各种转向控制的基本原理、使用特性和结构特点；掌握检查与诊断电控动力转向系统的方法。

[导入]

为了解决汽车转向系统在转向轻便性和灵敏性上的矛盾，越来越多的汽车装备了动力转向系统。动力转向系统是兼用体力和发动机动力为能源的转向系统，汽车转向所需能量只有小部分由驾驶者靠体能提供，其余大部分则通过发动机驱动的油泵（或空气压缩机）将发动机部分输出机械能转化为压力能，并在转向盘的控制下，对转向传动装置或执行器中某一传动件施加不同的液压（气压）作用力，以减轻驾驶者长时间驾车的疲劳。

第一节　概　述

使用表明，汽车转向系统除应满足转向轻便和灵敏的要求外，还应该在行车中使驾驶者具有一定的"路感"。一般说来，无论是在低车速、小转向角工况，还是在高车速、小转向角工况中，汽车均应该具有适度的转向盘（方向盘）操作力。随着车速的提高，转向盘操作力不宜过轻，必须维持在一定的数值，这样可以有效地防止高速时转向盘操作力太轻。

上述事实对现代汽车动力转向系统提出了更高的要求，即它除应该具有良好的随动性、高度的转向灵敏度和良好的稳定性外，还应该随车速变化对转向助力做出调整。转向盘高速时的"路感"和低速时的强助力，以及两种状态之间的平稳转换都必须引起重视。

显然，仅依靠简单的液压助力转向方式已难以满足人们日益提高的要求，可变助力动力转向系统便应运而生，它能够根据车速和转向盘转角提供不同的助力水平，如当汽车怠速或低速行驶时，动力转向系统以大助力来帮助车辆方便地实现大转向；由于高速大转向行驶时，过大的助力会削弱路感，因此助力将随着车速成比例地减小；在紧急情况下，如果驾驶员猛拉转向盘，许多系统会恢复到完全助力状态。

可变助力动力转向系统有液压控制和电子控制两种类型，它们在基本动力转向基础上利用液压或电子控制装置，达到改变助力效果的目的。

一、对转向系统的要求

（一）优越的操纵性

当汽车行驶在狭窄弯曲的道路上要转弯时，转向系统必须保证灵活、平顺。

（二）合适的转向力

如没有其他的障碍物，转向力在汽车停止时应较大，随汽车行驶速度的增加而减小。为了有更好的"路感"，要求在低速行驶时应有较小的转向力，而在高速时应加大转向力。

(三)平顺的回转性能

要求在转向结束时,转向盘能自动回正,即车轮回到直线行驶的位置上,当驾驶员放松转向盘后,这个回位动作必须平顺地进行。

(四)要有随动作用

转向车轮的偏转角和驾驶员转动转向盘的转角要保持一定的关系,并能使转向车轮保持在任一偏转角位置上。

(五)减小从道路表面传来的冲击

要求转向装置决不可以因道路表面不平坦而使转向盘失去控制或造成反转。

(六)工作可靠

当动力转向系统发生故障或失效时,应能保证通过人力进行转向操纵。

二、动力转向系统的种类

汽车转向系统按转向的能源不同,可分为机械转向系统和动力转向系统两类。机械转向系统是依靠驾驶员操纵转向盘的转向力来实现车轮转向的;动力转向系统则是在驾驶员的控制下,借助于汽车发动机产生的液体压力或电动机驱动力来实现车轮转向的。所以,动力转向系统也称为转向动力放大装置。

动力转向系统可使转向操纵灵活、轻便,能吸收路面对前轮产生的冲击,在设计汽车时具有转向器的结构形式可灵活选择等优点,因此动力转向系统被很多国家采用。按控制方式的不同,可分为传统动力转向系统和电子控制动力转向系统。

传统动力转向系统在设计时存在着一些矛盾:如果所设计的固定放大倍率是为了减小汽车在停车或低速行驶状态下的转向力,则当汽车以高速行驶时,转动转向盘的力显得太小,不利于对高速行驶的汽车进行方向控制;如果所设计的固定放大倍率是为了增加汽车在高速行驶时的转向力,则当汽车停驶或低速行驶时,转动转向盘就会显得非常吃力。

电子控制动力转向(Electronic Control Power Steering,EPS)系统根据动力源不同,又可分为液压式电子控制动力转向系统(液压式 EPS)和电动式电子控制动力转向系统(电动式 EPS)。液压式 EPS 是在传统的液压动力转向系统的基础上增设了控制液体流量的电磁阀、车速传感器和电子控制单元等,电子控制单元根据检测到的车速信号控制电磁阀,使转向动力放大倍率实现连续可调,从而满足高、低速时的转向助力要求。电动式 EPS 是利用直流电动机作为动力源,电子控制单元根据转向参数和车速等信号,控制电动机转矩的大小和方向。电动机的转矩由电磁离合器通过减速机构减速而增大后加在汽车的转向机构上,使之得到一个与工况相适应的转向作用力。电子控制动力转向系统,可使驾驶员在汽车低速行驶时操纵转向轻便、灵活,而在中、高速行驶时可以增加转向操纵力,使驾驶员的手感增强,从而可获得良好的转向路感和提高转向操纵的稳定。

第二节 液压式电子控制动力转向系统结构与工作原理

电子控制动力转向系统可以在低速时减小转向力,以提高转向系统的操纵性;在高速时则可适当加大转向力,以提高操纵稳定性。液压式电子控制动力转向系统是在传统的液压动力转向系统的基础上增设电子控制装置而构成的。根据控制方式的不同,液压式电子控制动力转向系统又可分为流量控制式、反力控制式和阀灵敏度控制式三种形式。

一、流量控制式 EPS

丰田雷克萨斯 LS400 轿车采用的流量控制式动力转向系统如图 8-1 所示，主要由车速传感器、电磁阀、整体式动力转向控制阀、动力转向油泵和电子控制单元(ECU)等组成。

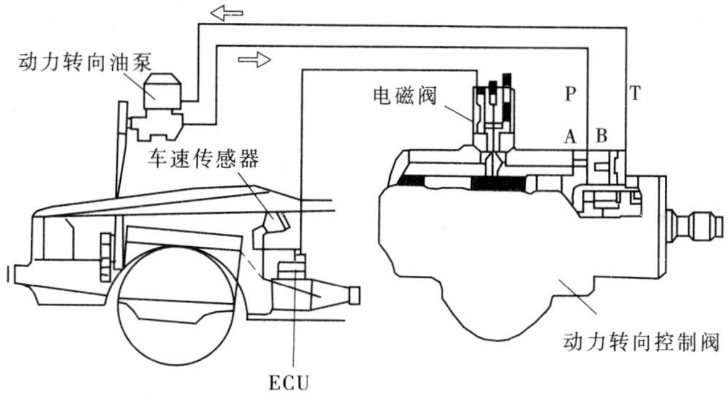

图 8-1　流量控制式动力转向系统(雷克萨斯轿车)

电磁阀安装在通向转向动力缸活塞两侧油室的油道之间，当电磁阀的阀针完全开启时，两油道就被电磁阀旁路，使动力缸活塞两侧压力差减小，助力减小；反之，则助力增大。流量控制式动力转向系统就是根据车速传感器的信号，控制电磁阀阀针的开启程度，从而控制转向动力缸活塞两侧油室的旁路液压油流量，来改变方向盘上的转向力。车速越高，流过电磁阀电磁线圈的平均电流值越大，电磁阀阀针的开启程度越大，旁路液压油流量越大，液压助力作用越小，转动方向盘的力也随之增加。车速较低时，助力作用加大，使转向轻便。这就是流量控制式动力转向系统的工作原理。

图 8-2 所示为电磁阀的结构。图 8-3 所示为电磁阀的驱动信号。由图 8-3 可以看出，驱动电磁阀电磁线圈的脉冲电流信号的频率基本不变，但随着车速增大，脉冲电流信号的占空比将逐渐增大，使流过电磁线圈的平均电流值也随之增大。

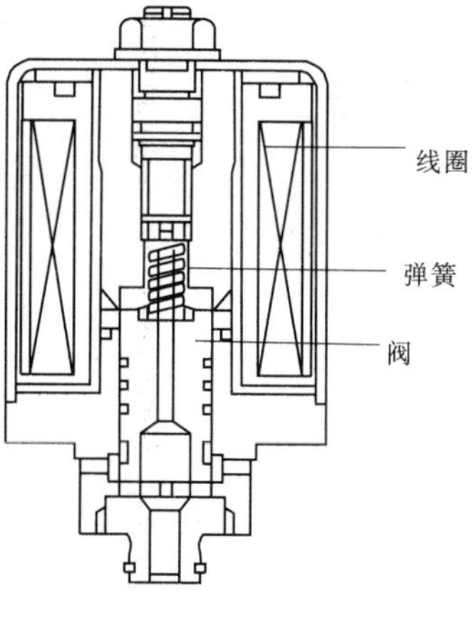

图 8-2　电磁阀的结构

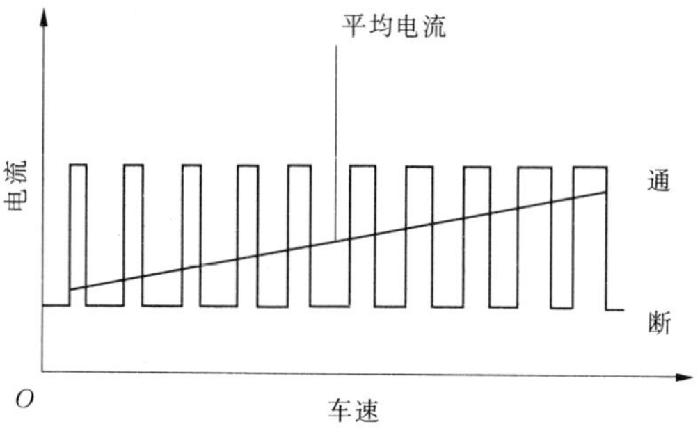

图 8-3　电磁阀的驱动信号

图 8-4 所示为雷克萨斯轿车电子控制动力转向系统的电路。动力转向 ECU 是 EPS 的

核心控制元件。它根据车速传感器提供的车速信号，通过改变旁通电磁阀驱动信号占空比的方式调节转向力。其电路受点火开关控制，由电源电路、车速传感器电路、电磁阀控制电路和搭铁电路组成。

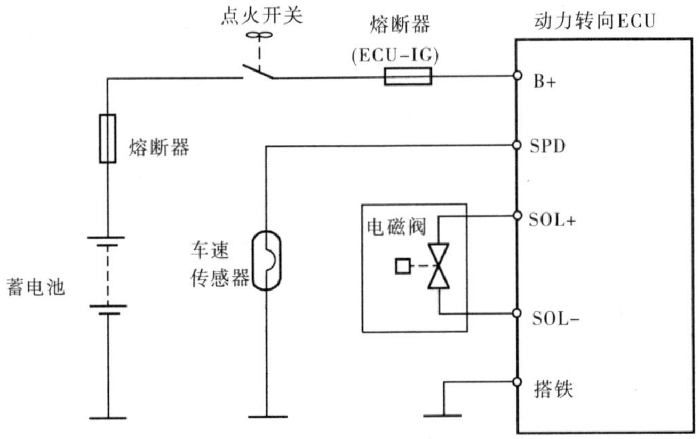

图 8-4　雷克萨斯轿车电子控制动力转向系统的电路

流量控制式动力转向系统就是根据车速传感器的信号，控制电磁阀阀针的开启程度，从而控制转向动力缸活塞两侧油室的旁路液压油流量，来改变方向盘上的转向力。车速越高，流过电磁阀电磁线圈的平均电流值越大，电磁阀阀针的开启程度越大，旁路液压油流量越大，而液压助力作用越小，使转动方向盘的力加大，增加“路感”。同时，根据运行道路的条件，设计了不同的控制模式，可根据 20 s 内的平均车速和平均方向盘转角，判定车辆当前运行道路条件。变换控制模式最多需要 1.1 s，可避免助力的急剧变化。

二、反力控制式 EPS

(一)基本组成

图 8-5 所示为反力控制式动力转向系统的结构。由图可见，该系统主要由转向控制阀、分流阀、电磁阀、转向动力缸、转向油泵、储油罐、车速传感器及电子控制单元(ECU)等组成。

反力控制 EPS 是按照车速的变化，由 ECU 控制油压反力，调整动力转向器，从而使汽车在各种行驶条件下方向盘上所需的转向操纵力达到最佳状态。所以，有时也把这种 EPS 称为渐进型动力转向系统(Progressive Power Steering，PPS)。

在 PPS 的齿轮箱中，除旧式动力转向装置用控制加力的主控制阀外，又增设了反力油压控制阀和油压反力室，结构如图 8-6(*B*—*B* 面)所示，作用于柱塞的背压就是油压反力室的压力。

经反力油压控制阀调整后的油压加到油压反力室内，扭杆与转向轴相连，当 PPS 根据油压反力的大小改变转向扭杆的扭曲量时，就可以控制转向时所要加的力。动力转向 ECU 根据车速传感器的信号控制电磁阀的输入电流，从而改变油压反力的大小。

输入到电磁阀中的信号是通断的脉冲信号，改变导通(ON)时间所占的比例就可以控制电流值的大小。当车速升高时，受输出电流特性的限制，输入到电磁阀中的电流减小，电磁阀的开度也减小，这样，根据车速的高低就可以调整油压反力，从而得到最佳的转向操纵力。

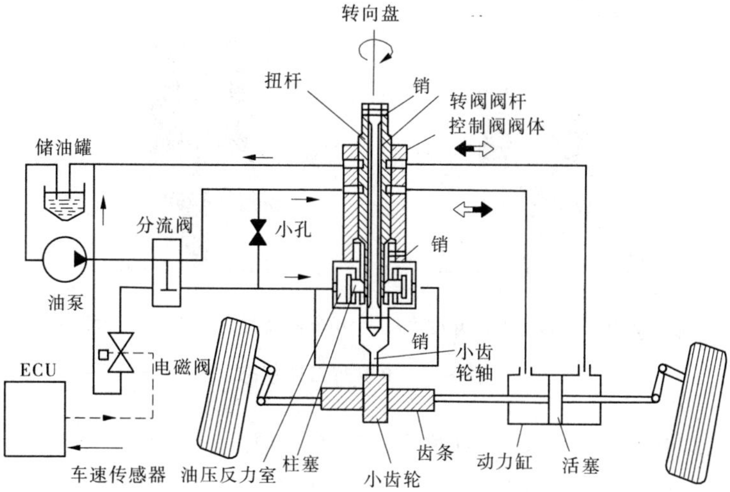

图 8-5　反力控制式动力转向系统的结构

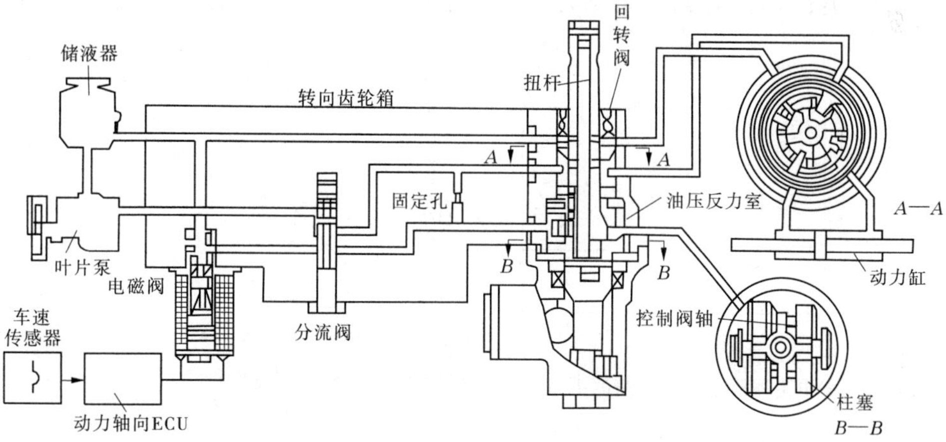

图 8-6　电子控制的整体转阀式液压动力转向系统的结构

1. 车速传感器

车速传感器的主要功用是检测汽车行驶速度，通常安装在变速器的输出轴上。动力转向 PPS 所用的车速传感器多为磁阻元件(Magnetic Resistance Element，MRE)传感器，主要由磁阻元件和磁性转子等组成。

MRE 电阻桥输出信号为正弦波，经信号处理后从比较器输出矩形波(数字信号)，此波形即为车速信号，直接输入到动力转向系统的 ECU 中。

2. 电磁阀

PPS 所用电磁阀一般安装在转向齿轮的箱体上，主要由电磁线圈、铁芯及电磁阀等组成，如图 8-7 所示。

电磁阀的开度由 ECU 的输出电流控制，而该输出电流又取决于车速的高低。通过电磁线圈的电流是模拟信号，通常改变其通电时间所占的比例即可控制此电流值的大小。而电

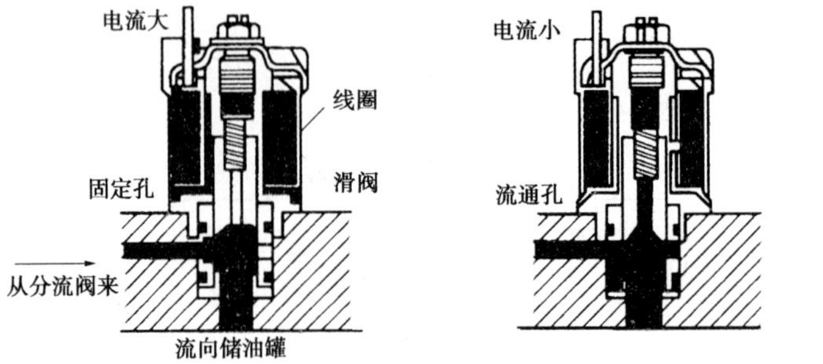

(a)车速低时，电流大，开度大　(b)车速高时，电流小，开度小

图 8-7　电磁阀工作状态

磁阀的开度又可以控制 PPS 齿轮箱中油压反力室的油压。

图 8-8 所示为电磁阀的工作特性曲线。当车速较高时,流入电磁线圈的电流减小,电磁阀的节流面积(开度)变小,返回储油罐的流量减少,而使分流阀分到油压反力室的流量增加,油压增大,使转向“沉重”;当车速较低时,流入电磁线圈的电流增大,电磁阀的节流面积(开度)变大,返回储油罐的流量增加,分到油压反力室的流量减少,油压减小,使转向“轻便”。

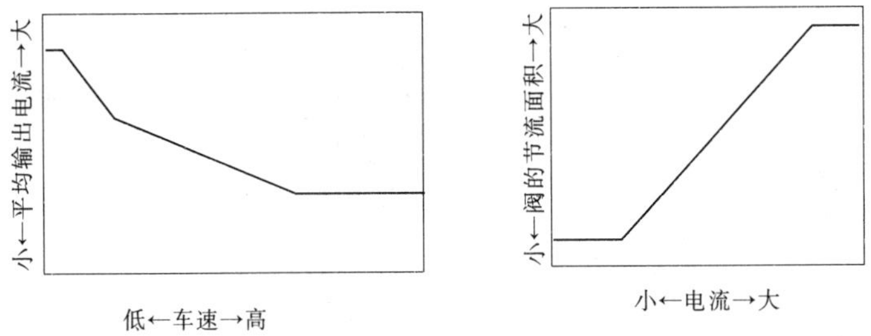

(a)电磁线圈电流与车速的关系　(b)阀的开度(节流面积)与电磁线圈电流的关系

图 8-8　电磁阀的工作特性曲线

3. 分流阀

分流阀的基本结构如图 8-9 所示,主要由阀门、弹簧及进出油口等构成。

分流阀的主要功用是将来自转向油泵的油液分送到转阀、油压反力室和电磁阀。送到电磁阀和油压反力室中的油液的流量是由转阀中的油压来调整的,当转动方向盘时,转阀中的油压增大,此时,分配到电磁阀和油压反力室中的油液的流量随着转阀中的油压增大而增加。当转阀中的油压达到一定值后,转阀中的油压便不再升高,而分配给电磁阀和油压反力室的油液的流量则保持不变。

4. 电子控制器 ECU

动力转向系统中的电子控制单元,有的采用模拟电路,有的采用数字电路。图 8-10 所示为一种由模拟电路构成的动力转向 ECU,主要由频率电压(频压)转换器、120 km/h 检测器、电压放大器、比较器、振荡器等组成。其输入信号为车速传感器提供的车速信号,执行器为比例电磁铁机构;ECU 担负着控制通入比例电磁铁机构的电流的任务。车速提高时,为

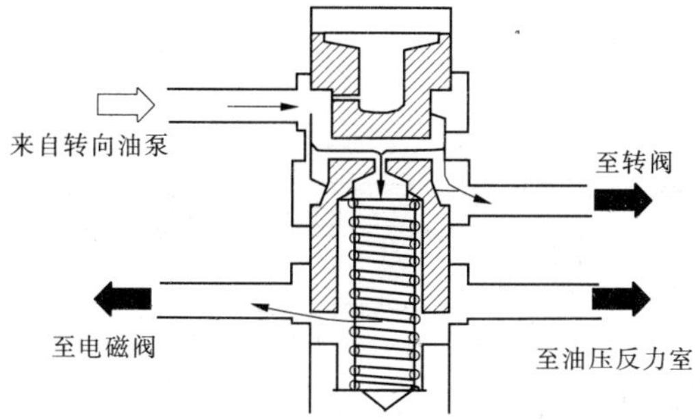

图 8-9　分流阀的基本结构

了增大转向的操纵力，需要加大流入比例电磁铁机构的电流；而当车速超过 120 km/h 时，为了防止电流过大而造成过载，ECU 则控制比例电磁铁机构保持着恒定的电流值。

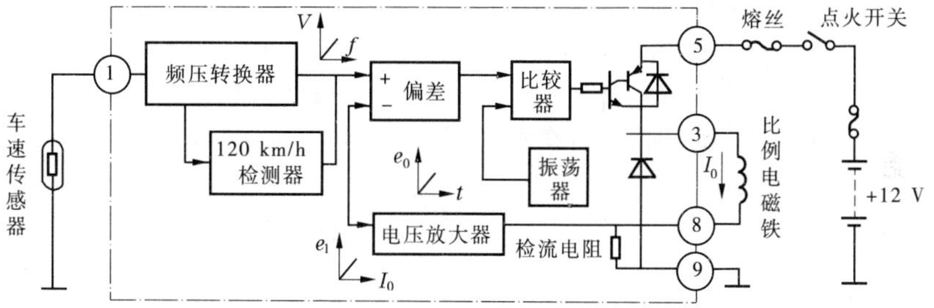

图 8-10　动力转向 ECU 的结构框图（模拟电路）

（二）工作原理

1. 汽车静止或低速行驶时的转向

在此工况下，系统的工作情况如图 8-11 所示，汽车在低速范围内行驶时，ECU 输出一个大的电流，使电磁阀的开度增加，由分流阀分出的经过电磁阀回到储油罐中的油液增加。因此，油压反力室压力减小，于是柱塞推动控制阀杆的力减小。利用方向盘的转向力来增大扭杆的扭力。转阀按照扭杆的扭转角做相对的旋转，使油泵油压作用于转向动力缸的右室，活塞向左运动，从而增强了转向力。此时，驾驶员仅需要提供一个较小的操纵力就可以产生一个较大的阻力，使转向轻便、灵活。

2. 汽车在中、高速行驶时的转向

在此工况下，系统的工作情况如图 8-12 所示。汽车方向盘在中、高速直行微量转动时，控制阀杆根据扭杆的扭转而转动，转阀的开度减小，转阀里面的压力增加，流向电磁阀和油压反力室中的油液的流量增加。当车速增加时，ECU 输出电流减小，电磁阀开度减小，流入油压反力室中的油液的流量增加，反力增大，使得柱塞推动控制阀杆的力变大。油液还从量孔流进油压反力室中，这也增大了油压反力室中的液体压力。故方向盘的转动角度增加时，将要求一个更大的转向操纵力，从而获得了稳定的手感。

三、阀灵敏度控制式 EPS

阀灵敏度控制式 EPS 是根据车速控制电磁阀，直接改变动力转向控制阀的油压增益（阀灵敏度）来控制油压的。这种转向系统结构简单、部件少、价格便宜，而且具有较大的选

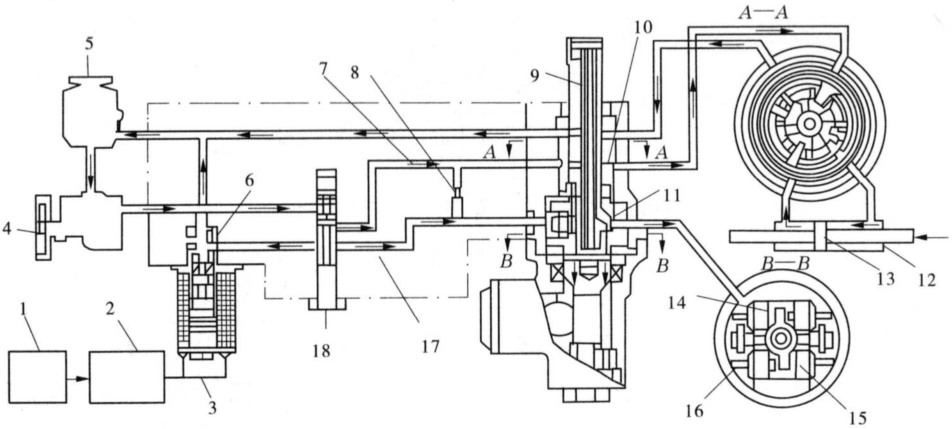

1—车速传感器;2—ECU;3—电磁阀;4—叶片泵;5—储油罐;6—电磁阀开度(大);
7—压力增加;8—量孔;9—扭杆;10—转阀;11—油压反力室;12—动力缸;13 —活塞;
14—阀杆;15—柱塞;16—压力减小;17—至反力室;18—分流阀

图 8-11　PPS 在停车或低速行驶时的工作情况

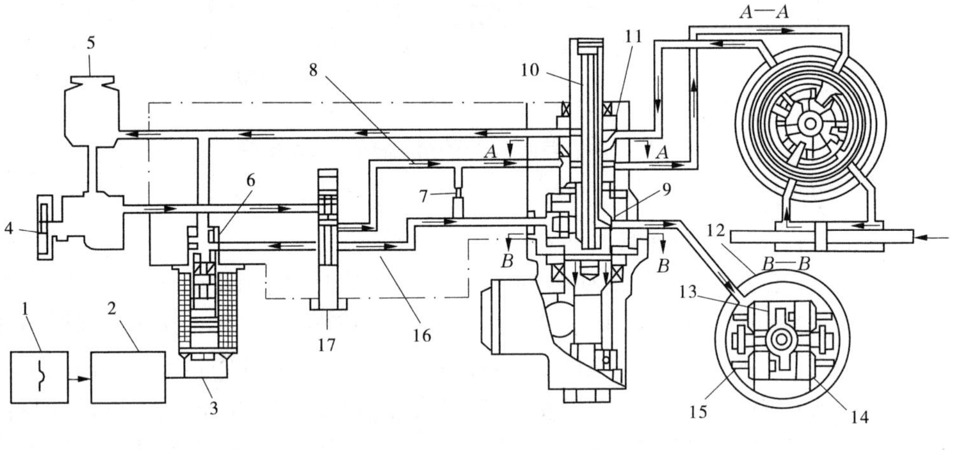

1—车速传感器;2—ECU;3—电磁阀;4—叶片泵;5—储油罐;6—电磁阀开度(小);7—量孔;8、15 —压力增加;
9、12—油压反力室;10—扭杆;11—转阀;13—控制阀杆;14—柱塞;16—流量增加;17—分流阀

图 8-12　PPS 在中、高速行驶时的工作情况

择转向力的自由度,可以获得自然的转向手感和良好的转向特性。

如图 8-13 所示为阀灵敏度控制式动力转向系统。该系统对转向控制阀的转子阀做了局部改进,并增加了电磁阀、车速传感器和电子控制单元等。

(一) 转子阀

转子阀的结构如图 8-14 所示,圆周上有 6 或 8 条沟槽,各沟槽通过阀外体与油泵、动力缸、电磁阀及油箱连接。

如图 8-15 所示,转子阀的可变小孔分为低速专用小孔(1R、1L、2R、2L)和高速专用小孔(3L、3R)两种,在高速专用小孔的下边设有旁通电磁阀回路。其工作过程是:当车辆停止

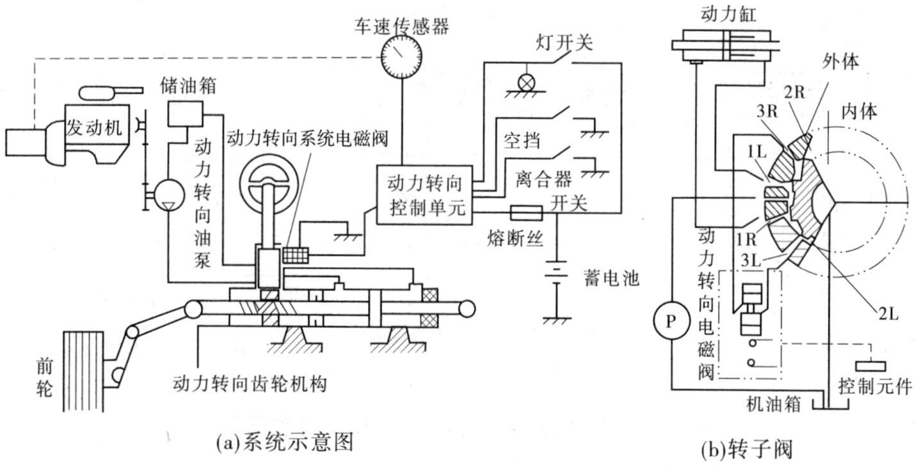

(a)系统示意图 (b)转子阀

图 8-13 阀灵敏度控制式动力转向系统

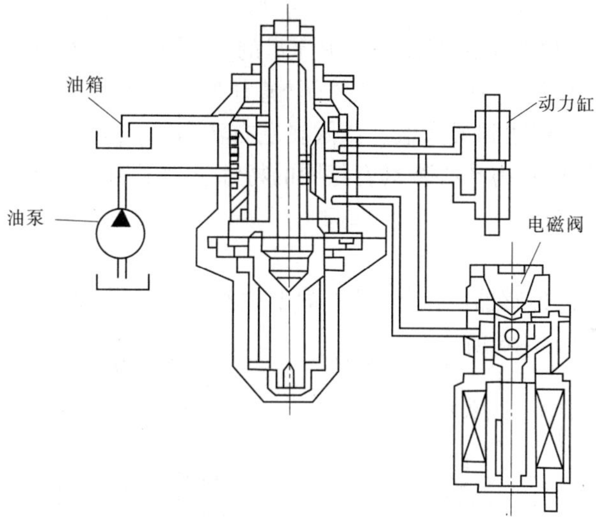

图 8-14 转子阀的结构

时,电磁阀完全关闭,如果此时向右转动方向盘,则高灵敏度低速专用小孔 1R 和 2R 在较小的转向扭矩作用下即可关闭,流向液压泵的高压油经 1L 流向转向动力缸右腔,其左腔的油液经 3L、2L 流回储油箱。所以,此时具有轻便的转向特性。而且施加在方向盘上的转向力矩越大,可变小孔 1L、2L 的开口面积越大,节流作用就越小,转向助力作用越明显。

随着车辆行驶速度的提高,在 ECU 的作用下,电磁阀的开度也线性增加,如果向右转动方向盘,则流向液压泵的高压油经 1L、3R 旁通电磁阀流回储油箱。此时,转向动力缸右腔的转向助力油压就取决于旁通电磁阀和灵敏度低的高速专用小孔 3R 的开度。车速越高,在 ECU 的控制下,电磁阀的开度越大,旁路流量越大,转向助力作用越小。在车速不变的情况下,施加在方向盘上的转向力越小,高速专用小孔 3R 的开度越大,转向助力作用也越小。当施加在方向盘上的转向力增大时,高速专用小孔 3R 的开度减小,转向助力作用也随之增

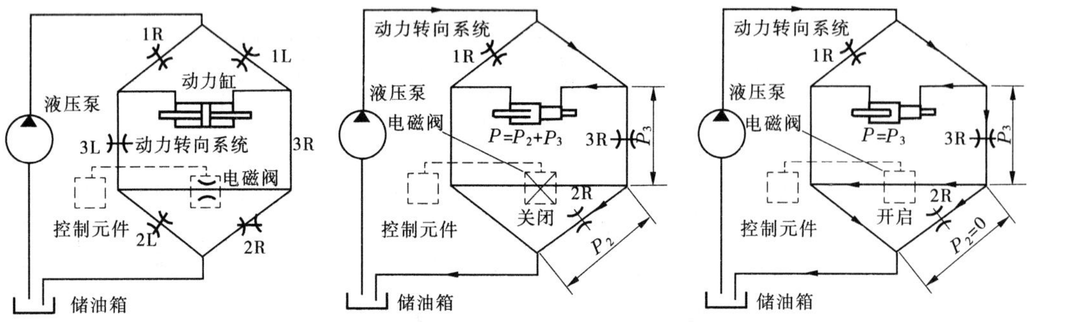

(a)停止时

(b)转向时(可变小孔分为2段，以增大发生压力)

(c)高速时(只使用可变小孔一段)

图 8-15　阀灵敏度控制式 EPS 阀部的等效液压回路

大。由此可见，阀灵敏度控制式 EPS 可使驾驶员获得非常自然的转向手感和良好的速度转向特性。

(二)电磁阀

如图 8-14 所示，电磁阀上设有控制上下流量的旁通油道，是可变的节流阀。在低速时，向电磁线圈通以最大的电流，使可变小孔关闭，随着车速升高，依次减小通电电流，可变小孔开启，在高速时，开启面积达到最大值。该阀在左右转向时，油液流动的方向可以逆转，所以在沿不同方向流动时，可变小孔必须具有相同的特性。为了确保高压时液体有效作用于阀，必须提供稳定的油压控制。

(三)ECU

ECU 接收来自车速传感器的信号，控制向电磁阀和电磁线圈输出电流。阀灵敏度控制式 EPS 系统的电路如图 8-16 所示。

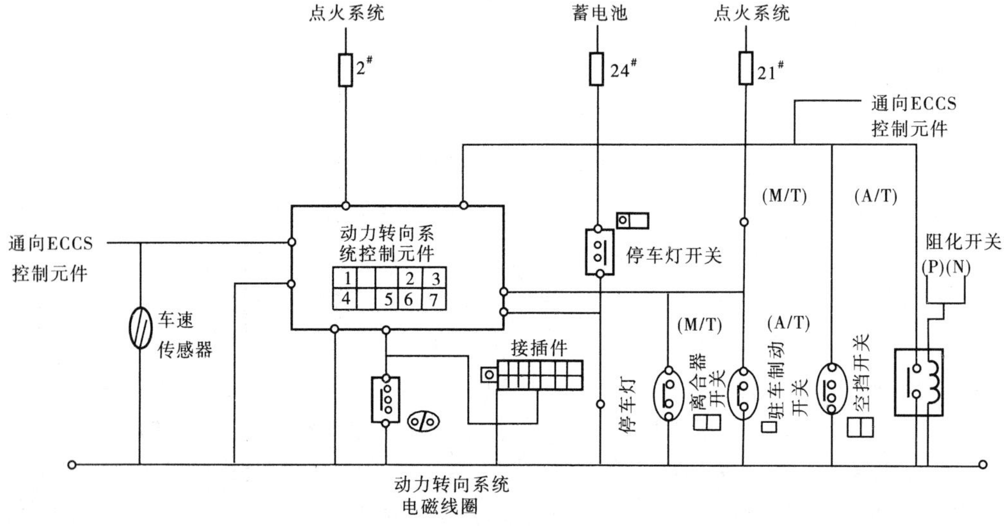

图 8-16　阀灵敏度控制式 EPS 电路

第三节　电动式电子控制动力转向系统的结构与工作原理

一、概述

电动式电子控制动力转向系统，简称电动式 EPS。该系统用电动机代替了液压缸，电动机由汽车电源供电。当驾驶员转动方向盘时，电动式 EPS 中的传感器检测其运动情况，使电动机产生足够的动力带动转向轮作适当的偏转。电动式 EPS 中用电子开关代替了液压式动力转向系统中的液压分配阀。

电动式电子控制动力转向系统能根据不同的情况产生适合各种车速的动力转向，不受发电机停止运转的影响，在停车时，驾驶员也可获得最大的转向动力。在汽车的行驶过程中，电子控制装置可调整电动机的助力，以改善路感。其特点是：零部件少，重量轻，电动式电子控制动力转向系统的质量可比液压式转向系统约小 25%；设计紧凑，所占空间较小；由于该动力转向装置不是由发动机直接驱动的，电动机只是在转向时才接通，故可节省燃油。总之，电动式 EPS 有许多优点，它比液压式动力转向系统更轻便、紧凑、可靠。利用控制计算机编程，可提供不同程度的动力转向，而它能与汽车上其他电气设备相连接，有助于四轮转向的实现，并能促进悬架系统的发展。

由于液压式动力转向系统的工作压力和工作灵敏度较高，外廓尺寸较小，因而获得了广泛的应用。在采用气压制动或空气悬架的大型车辆上，也有采用气压动力转向的。但这类动力转向系统的共同缺点是结构复杂、消耗功率大，容易产生泄漏，转向力不易有效控制等。近年来，随着微机在汽车上的广泛应用，电动式 EPS 的应用越来越广。

二、电动式 EPS 的组成、原理与特点

电动式 EPS 的基本组成见图 8-17，主要由车速传感器、转矩传感器、转向角传感器、ECU、电动机及减速机构等组成。

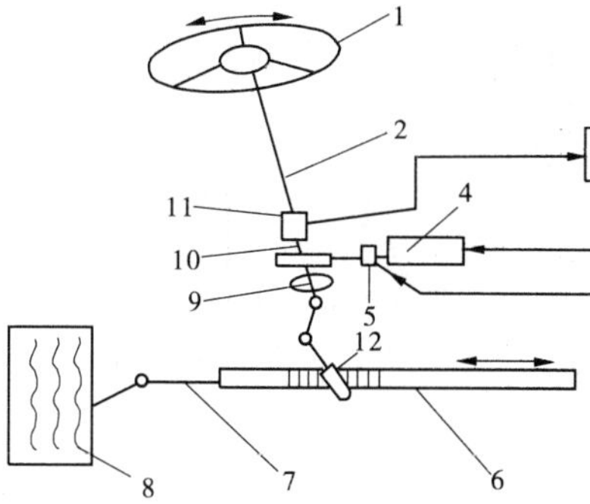

1—方向盘；2—输入轴（转向轴）；3—电子控制单元；4—电动机；
5—电磁离合器；6—转向齿条；7—横拉杆；8—转向轮；9—输出轴；
10—扭力杆；11—转矩传感器；12—转向齿轮

图 8-17　电动式 EPS 的基本组成

根据汽车行驶速度（车速传感器输出信号）、转矩及转向角信号，由 ECU 控制电动机及减速机构产生助力转矩，使汽车在低、中和高速行驶时都能获得最佳的转向效果。

电动机连同离合器和减速齿轮一起，通过一个橡胶底座安装在左车架上。电动机的输出转矩由减速齿轮增大，并通过万向节、转向器中的助力小齿轮送至齿条，然后通过横拉杆将转矩传至转向车轮。

ECU 根据各传感器的输入信号确定助力转矩的幅值和方向，并且直接控制驱动电路驱动电动机。

转矩传感器、转向角传感器和车速传感器为助力转矩的信号源。

电动式 EPS 的基本原理为：当操纵方向盘时，安装在方向盘轴上的转矩传感器不断地测出转向轴上的扭矩信号，该信号与车速信号同时输入到电子控制单元。电控单元根据这些输入信号，确定助力转矩的大小和方向，即选定电动机的电流和转向，调整转向辅助动力的大小。电动机的转矩由电磁离合器通过减速机构减速、增矩后，加在汽车的转向机构上，使之得到一个与汽车工况相适应的转向作用力。

电动式 EPS 有许多液压式动力转向系统所不具备的优点，主要包括以下几点：

（1）将电动机、离合器、减速装置、转向杆等部件装配成一个整体，既无管道也无控制阀，使其结构紧凑、质量减轻。

（2）没有液压式动力转向系统所必需的经常运转的转向油泵，电动机只是在需要转向时才接通电源，所以动力消耗和燃油消耗均可降到最低。

（3）省去了油压系统，所以不需要给转向油泵补充油，也不必担心漏油。

（4）可以比较容易地按照汽车性能的需要设置、修改转向助力特性。

电动式 EPS 还设有安全保护装置，由一个在主电源电路中能切断电动机电源的继电器和一个安装在电动机与减速齿轮之间并能把它们断开的电磁离合器组成。只要系统发生故障，安全保护装置就会开始工作，确保安全。

三、电动式 EPS 主要部件的结构及工作原理

（一）转矩传感器

转矩传感器的作用是检测驾驶员作用在方向盘上的转向力矩、转动方向等参数，并将其转变为电信号输送给 ECU，以作为电动助力的依据之一。

1. 无触点式（电磁感应式）转矩传感器

如图 8-18 所示为无触点式转矩传感器的结构及工作原理。在输出轴的极靴上分别绕有 A、B、C、D 四个线圈，方向盘处于中间位置（直驶）时，扭力杆的纵向对称面正好处于图示输出轴极靴 AC、BD 的对称面上。当在 U、T 两端加上连续的输入脉冲电压信号 U_i 时，由于通过每个极靴的磁通量相等，所以在 V、W 两端检测到的输出电压信号 $U_o=0$。

当右转向时，由于扭力杆和输出轴极靴之间发生相对扭转变形，极靴 A、D 之间的磁阻增加，B、C 之间的磁阻减少，各个极靴的磁通量发生变化，于是在 V、W 之间就出现了电位差。其电位差与扭力杆的扭转角 θ 和输入电压 U_i 成正比。如果比例系数为 K，则有

$$U_o = KU_i\theta$$

所以，通过测量 V、W 两端的电位差就可以测量出扭力杆的扭转角，由此也就知道了方向盘施加的转动扭矩。

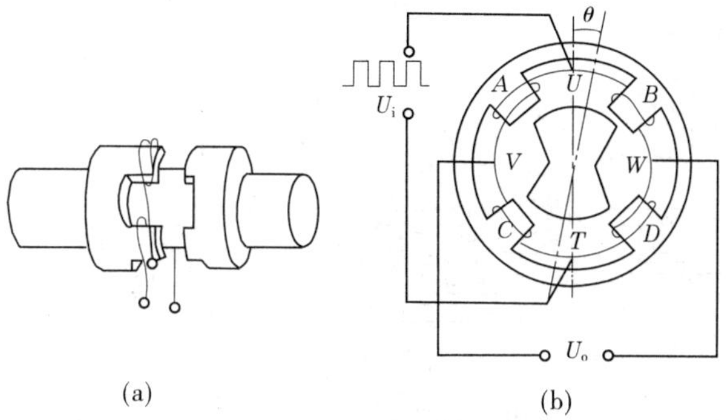

图 8-18　无触点式转矩传感器的结构及工作原理

2. 有刷滑动电阻式转矩传感器

图 8-19 为有刷滑动电阻式转矩传感器，它将负载力矩引起的扭力杆角位移转换为电位器电阻的变化，并经滑环传递出来作为扭矩信号。

有刷滑动电阻式转矩传感器实际上是一个滑动电阻式分压器。其滑动电阻固定在与扭力杆后端相连的支承毂上，而滑动触头则与扭力杆的前端相连，标准的输入参考电压加在滑动电阻片的两端上，在滑动触头处形成分压器的分压点。

方向盘处于直行位置时，从滑动触头接柱输出一标准中性电压信号，电压值一般为标准输入电压的一半；右转向时，触头在滑动电阻片上滑动改变分压比，输出一个较高的电压信号；左转向时，则会输出一个较低的电压信号。

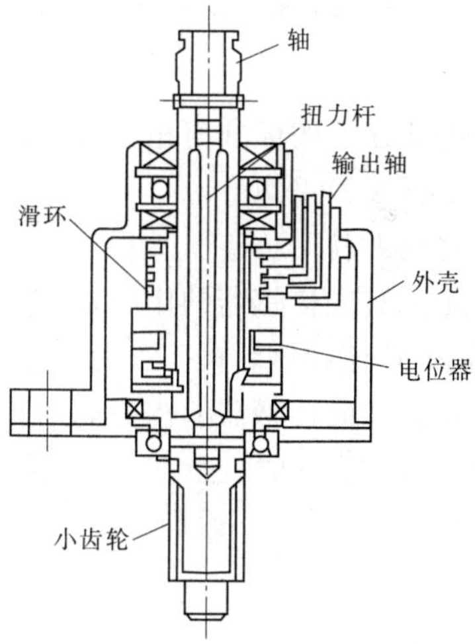

图 8-19　有刷滑动电阻式转矩传感器的结构

传感器的输出电压信号经电刷和信号线束传给 ECU，ECU 可据此信号判定转向力矩的方向和大小，用于控制转向助力电动机的工作。

3. 无刷滑动电阻式转矩传感器

图 8-20 为无刷滑动电阻式转矩传感器的结构。在与扭力杆弹簧前端相连的输出轴 6 的后端有一个带有内螺旋槽的环座 4，而与扭力杆后端相连的输入轴 8 的前端有一个可以沿轴向移动，并带有外螺旋键槽的滑块 3，滑块前端螺旋键槽部分插入环座 4，并通过钢球 5 与钢球槽 12 相啮合。当扭力杆受转矩作用而产生扭转变形时，滑块 3 在螺旋槽的作用下在输入轴 8 上做轴向运动。滑动电位器式转矩传感器 9（实为一分压器）固定在转向器外壳上，其控制臂 10 外端的滑块插入滑块 3 的圆周环槽内。

传感电位器从控制电脑接入 5 V 的标准参考电压。当方向盘上无转向力矩时，传感器滑块处于中间位置，电位器信号端子输出 2.5 V 电压信号；当右转向时，扭力杆受到转向力矩作用产生弹性扭转变形，带动滑块在输入轴上向后（上）做轴向移动，并经环槽带动电位器摇臂轴转动而改变分压比，使电位器的输出端子输出大于 2.5 V 的电压信号。同理，在左转向时，电位器的输出端子输出小于 2.5 V 的电压信号。

电位器的输出电压信号与扭力杆的变形量（转向力矩）成正比，ECU 将电位器的输出电

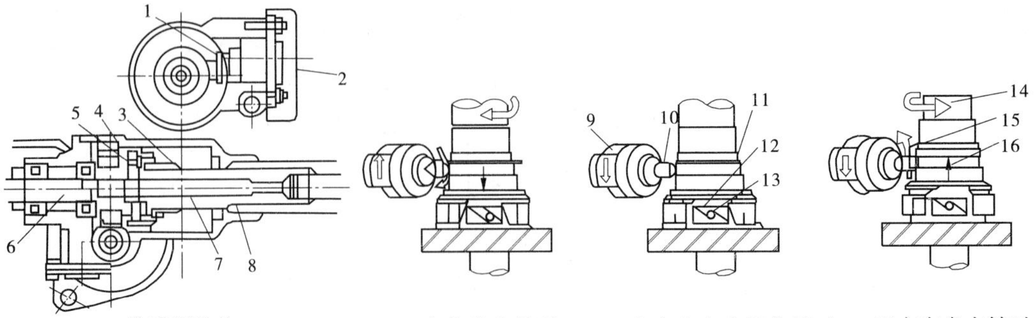

(a)传感器结构　　(b)方向盘左转时　　(c)方向盘在中间位置时　　(d)方向盘右转时

1、10—控制臂;2—电位器;3、11—滑块;4—环座;5、13—钢球;6—输出轴;7—扭力杆;8—输入轴;
9—转矩传感器;12—钢球槽;14—心轴旋转方向;15—控制臂旋转方向;16—滑块滑动方向

图 8-20　无刷滑动电阻式转矩传感器

压信号与 2.5 V 的标准值相比较,即可判断出转向力矩的大小和方向。该转矩传感器的输出特性如图 8-21 所示。

4. 光电式转向传感器

光电式转向传感器的作用是把方向盘的转动方向、转动角度和转动速度转变为电信号送给 ECU,用于控制转向。

光电式转向传感器的构造如图 8-22 所示。在转向轴上装有带等距窄缝的遮光圆盘,两组光电元件装在遮光圆盘的两侧,两组元件间的距离与遮光圆盘窄缝的节距相差 1/4 节距(90°电角度)。其工作原理如图 8-23 所示。

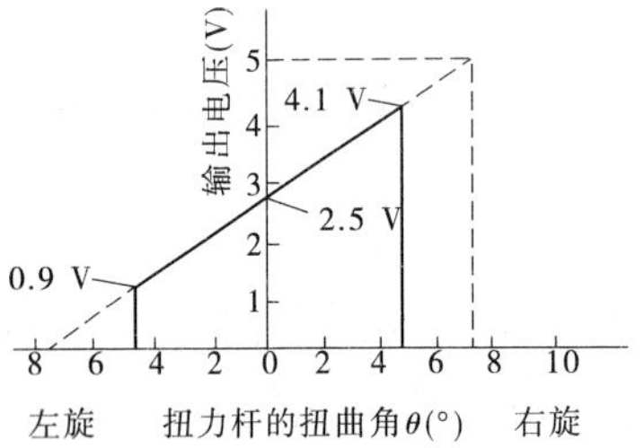

图 8-21　转矩传感器的输出特性

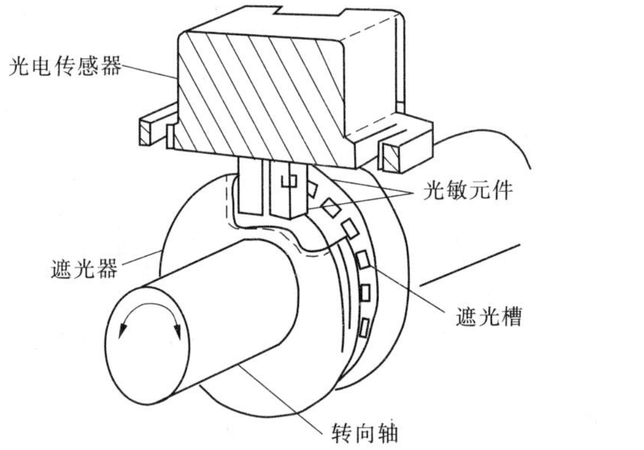

图 8-22　光电式转向传感器的构造

当转向轴带动遮光圆盘转动时,遮光器使照射在光电管上的光束不断地断续变化,从而使与两个光电管相连的信号输出端输出两组相位角相差 90°的电压脉冲信号。电脑在接收到信号后,可以比较两组电压脉冲信号的先后顺序,判断出方向盘转动的方向,通过计算脉冲信号的个数,可以判断出转向角度的大小,再通过检测脉冲信号的频率,可判断出方向盘的转动速度。

(二)电动机

电动式 EPS 用电动机与启动用直流电动机原理上基本相同,但一般采用永磁磁场。其

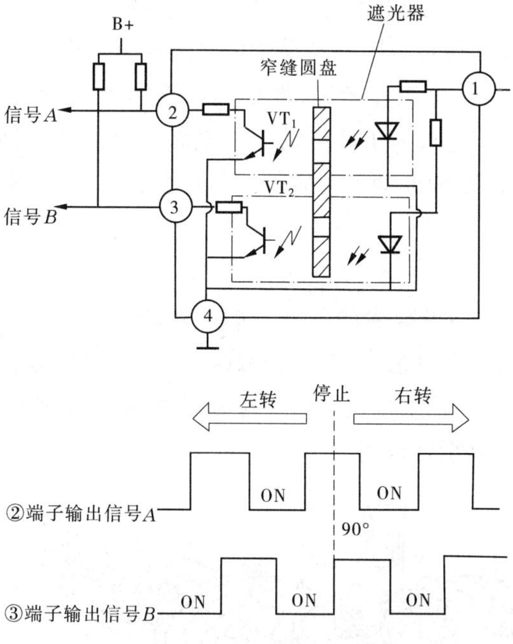

图 8-23　光电式转向传感器的工作原理

最大电流一般为 30 A 左右，电压为 DC 12 V，额定转矩为 10 N · m 左右。

转向助力用直流电动机需要正反转控制，如图 8-24 所示是一种比较简单实用的控制电路。a_1、a_2 为触发信号端。当 a_1 端得到输入信号时，晶体管 VT_3 导通，VT_2 得到基极电流而导通，电流经 VT_2、电动机 M、VT_3、搭铁而构成回路，于是电动机正转；当 a_2 端得到输入信号时，电流则经 VT_1、M、VT_4、搭铁而构成回路，电动机则因电流方向相反而反转。控制触发信号端的电流的大小，就可以控制通过电动机的电流的大小。

（三）电磁离合器

图 8-25 为单片干式电磁离合器的工作原理。当滑动可变电阻式转矩传感器的电流通

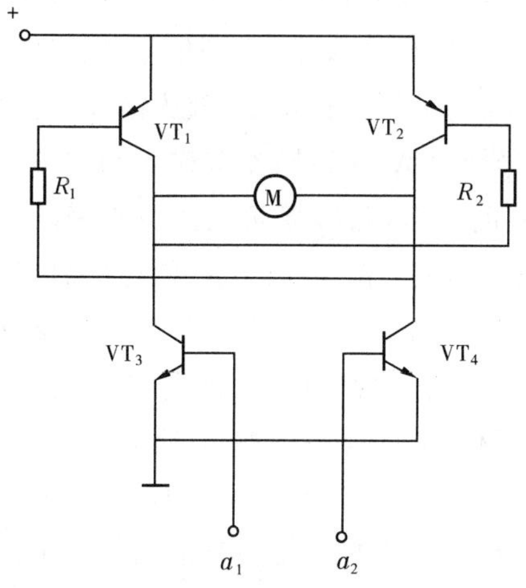

图 8-24　电动机正反转控制电路

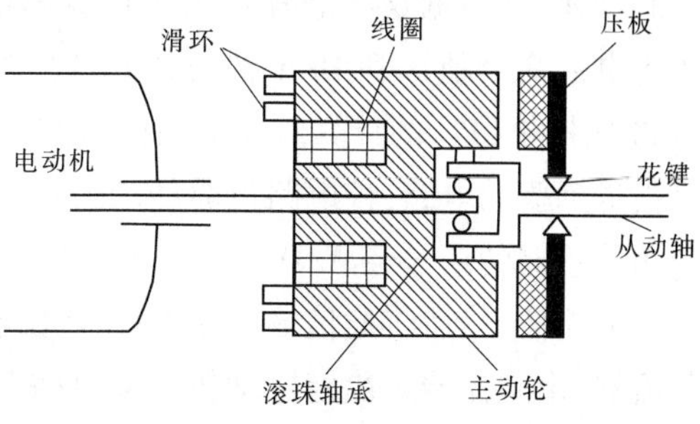

图 8-25　单片干式电磁离合器的工作原理

过滑环进入电磁离合器线圈时,主动轮产生电磁吸力,带花键的压板被吸引与主动轮压紧,于是电动机的动力经主动轮、压板、花键、从动轴传递给执行机构。

电动式 EPS 一般都设定一个工作范围,例如当车速达到 45 km/h 时,就不需要辅助动力转向,这时电动机就停止工作,为了使电动机和电磁离合器的惯性不影响转向系统的工作,离合器应及时分离,以切断辅助动力。另外,当电动机发生故障时,离合器会自动分离,这时仍可手动控制转向。

(四)减速机构

减速机构是电动式 EPS 不可缺少的部件。如图 8-26 所示,电动机内部包含有减速机构。目前,使用的减速机构有多种组合方式,一般采用蜗轮蜗杆与转向轴驱动组合式,也有的采用两级行星齿轮与传动齿轮组合式。为了抑制噪声和提高耐久性,减速机构中有的齿轮采用特殊齿形,有的采用树脂材料制成。

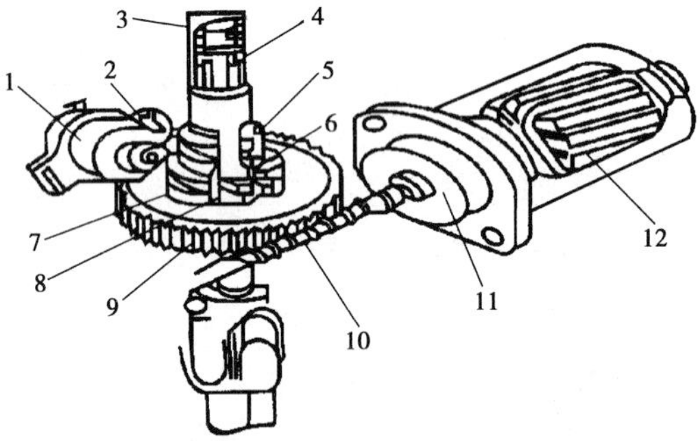

1—转矩传感器;2—控制臂;3—传感器轴;4—扭力杆;5—滑块;6—球槽;
7—连接环;8—钢珠;9—蜗轮;10—蜗杆;11—离合器;12—电动机

图 8-26　电动式 EPS 内部结构

(五)电子控制单元

EPS 电子控制单元的基本组成见图 8-27,其核心是一个具有 256 个字节的 RAM、4 KB 的 ROM、8 位字长的单片微机(微处理器)。外围电路包括 10 位 A/D(模拟信号/数字信号)转换器、8 位 D/A(数学信号/模拟信号)转换器、I/F(电流/频率)转换器、放大电路、动力监测电路、驱动电路等。工作时,转向转矩和转向角信号经过 A/D 转换器被输入到中央处理器(CPU),CPU 根据这些信号和车速计算出最优化的助力转矩,接着将已计算出来的参数值作为电流命令值送到 D/A 转换器并转换为模拟量,再将其输入到电流控制电路;电流控制电路把来自 CPU 的计算值同电动机的实际电流值进行比较,产生一个差值信号。该差值信号被送到驱动电路,该电路可驱动动力装置并向电动机提供控制电流,即当转矩传感器和转向角传感器的信号经 A/D 转换器处理后,微处理器就在其内存中寻找与该信号相匹配的电动机电流值,然后将此值输送给 D/A 转换器进行数字/模拟转换,处理后的模拟信号再送给限流器,由限流器来决定电动机驱动电路电流值的大小。微处理器同时输出另一个信号至电动机驱动电路,即决定电动机的转动方向(左转或右转)。

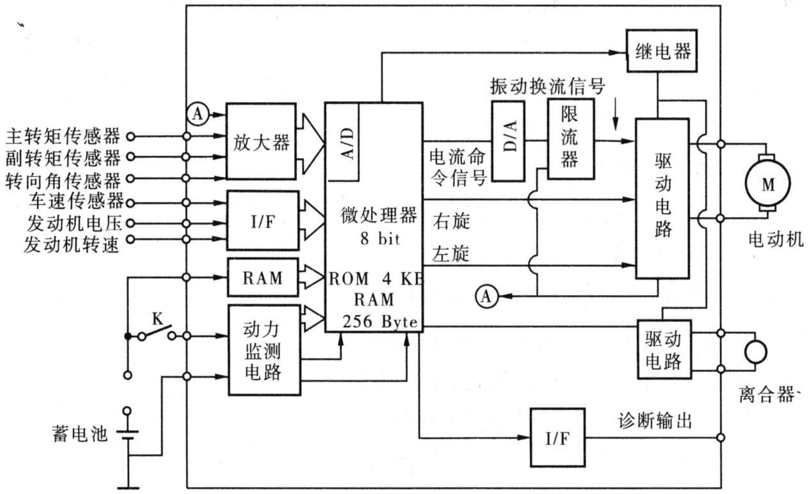

图 8-27　EPS 电子控制单元的基本组成

第四节　电控四轮转向系统的结构与工作原理

一、电控四轮转向系统概述

为了使汽车具有更好的操纵稳定性，一些汽车在后轮上也安装了转向系统。汽车采用四轮转向系统（4WS）的目的是：在汽车低速行驶时，依靠逆向转向（前、后车轮的转角方向相反）获得较小的转向半径，改善汽车的操纵性；在汽车中、高速行驶时，依靠同向转向（前、后车轮的转角方向相同）减小汽车的横摆运动，使汽车可以利用高速变换行进路线，提高转向时的操纵稳定性。

（一）4WS 车辆低速时的转向特性

在低速转向的情况下，可以认为车辆的前进方向和车的朝向基本上是一致的，所以各车轮几乎不产生转向力，四轮的前进方向的垂线在一点相交，而车辆以此交点（转向中心）为中心进行转向。

图 8-28 所示为低速转向时的行驶轨迹，可知 2WS 车辆（前轮转向操纵）的情况是后轮

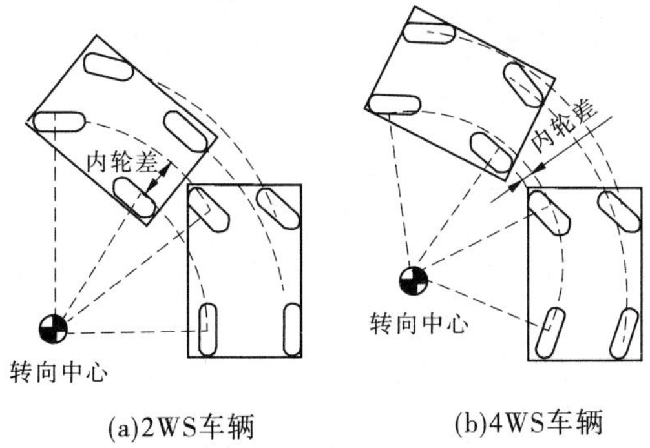

图 8-28　低速转向时的行驶轨迹

不转向，所以转向中心大致在后轴的延长线上。低速转向时，4WS 车辆是对后轮进行逆向转向操纵，转向中心比 2WS 车辆的超前，并在靠近车体处。在低速转向时，若前轮转向角相同，则 4WS 车辆的转向半径更小，内轮差更小，所以转向性更好。对小轿车而言，如果后轮逆向转向 5°，则可减小最小转弯半径约 0.5 m，内轮差约 0.1 m。

（二）4WS 车辆中、高速时的转向特性

直行汽车的转向由下列两个运动合成，即车辆的质心点绕改变前进方向的转向中心的公转和绕质心点的自转运动。

图 8-29 为 2WS 车辆高速转向时的运动状态。前轮转向时，前轮产生侧偏角 α，并产生旋转向心力使车体开始自转。当车体出现偏向时，后轮出现侧偏角 β，且产生旋转向心力。四轮分担自转和公转的力，一边平衡一边转向。但是，车速愈高，离心力就愈大。所以，必须给前轮更大的侧偏角，使它产生更大的旋转向心力。但是，这样使后轮产生与此相对应的侧偏角，使车体有更大的自转运动。而且，车速愈高，车体的自转运动就愈不稳定，容易引起车辆的旋转或侧滑。

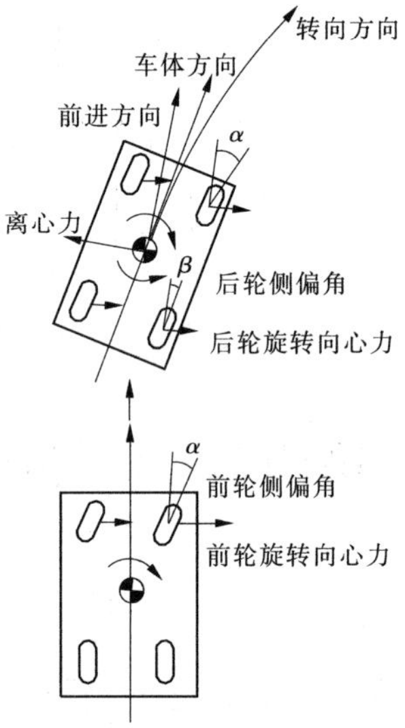

图 8-29　2WS 车辆高速转向时的车辆动态

理想的高速转向的运动状态是尽可能使车体的倾向和前进方向一致，以防多余的自转运动，使后轮产生足够的旋转向心力。在 4WS 的车上，通过对后轮的同向转向操作，使后轮也产生侧偏角 α，使它与前轮的旋转向心力相平衡，从而抑制自转运动。这样有可能得到车体方向与车辆前进方向相一致的稳定转向状态，如图 8-30 所示。

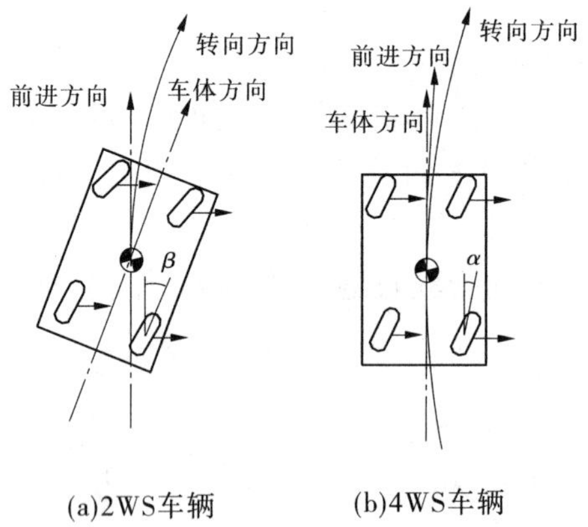

图 8-30　高速转向时的 2WS 车辆与 4WS 车辆同向转向操纵的比较

二、转向角比例控制式四轮转向系统

所谓转向角比例控制，是指使后轮的偏转方向在低速区与前轮的偏转方向相反，在高速区与前轮的偏转方向相同，并同时根据方向盘转向角度和车速情况，控制后轮与前轮偏转角度的比例。转向角比例控制四轮转向系统的构成如图 8-31 所示。前、后转向机构通过连接轴相连。转动方向盘转向时，齿条式转向器齿条在推动前转向横拉杆左右移动使前轮偏转转向的同时，还带动输出小齿轮转动，通过连接轴把这一运动传递到后转向控制机构(齿轮箱)，带动后轮偏转。

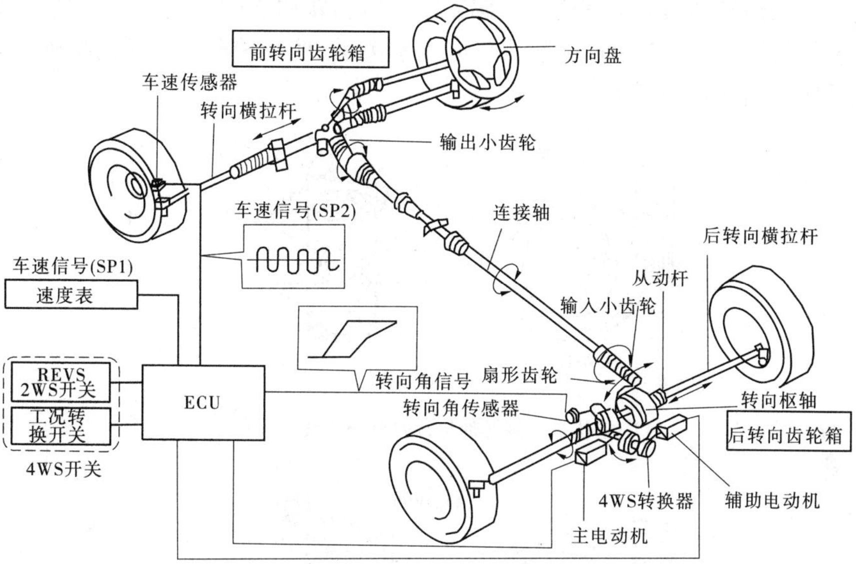

图 8-31　转向角比例控制四轮转向系统的构成

(一)主要元件的构造与工作原理

1. 转向枢轴

后轮转向枢轴的构造如图 8-32 所示。转向枢轴的主要结构是一个大轴承，其外套与扇形齿轮固定为一体，前端用一纵向轴支承在壳体上，可以左右摆转；其内套带有圆周沟槽，与横向从动轴上突出的偏置轴外端相啮合。当转向枢轴在连接轴的带动下左右摆转时，即可利用偏置轴带动从动杆左右移动。从动杆是后转向横拉杆的一部分，左右移动时即带动后轮转向。转向枢轴的左右摆转量最大可达 55°左右。

通过连接轴的输入使小齿轮向左或向右旋转，旋转力就传递到扇形齿轮，再由转向枢轴

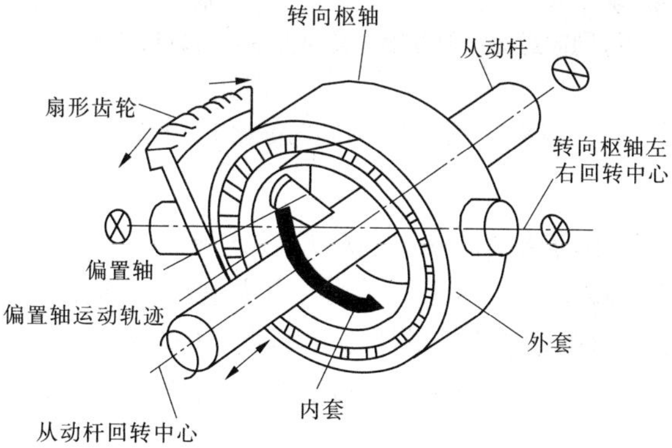

图 8-32　后轮转向枢轴的构造

通过偏置轴使从动杆向左右方向移动，从动杆带动后转向横拉杆和后转向节臂实现后轮的转向。如图 8-33 所示为转向枢轴与偏置轴的运动形成后轮的同相位和逆相位的转向原理图。当偏置轴的前端与转向枢轴旋转中心重合时，即使转向枢轴左右转动，从动杆也完全不动，后轮就在中立状态。随着偏置轴前段位置与转向枢轴的旋转中心的上下方向的偏离，枢轴左右运动时从动杆的移动量就变大。偏置轴与后轮转向之间的动态关系是：偏置轴前端在转向枢轴摆转轴线之上时，前、后轮为反向运动关系；偏置轴前端在转向枢轴摆转轴线之下时，前、后轮为同向运动关系。

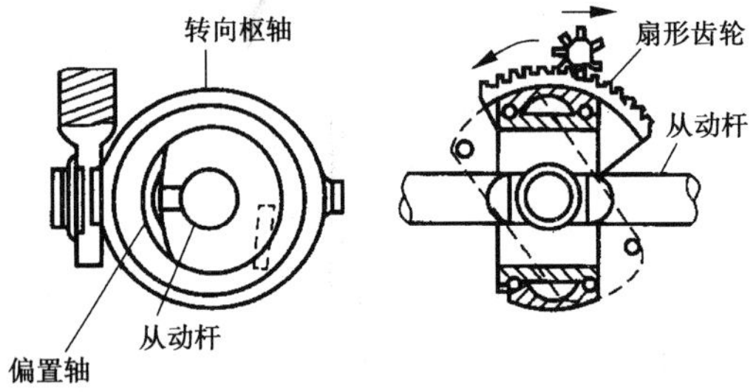

(a) 中立状态：偏置轴与转向枢轴摆转轴线重合

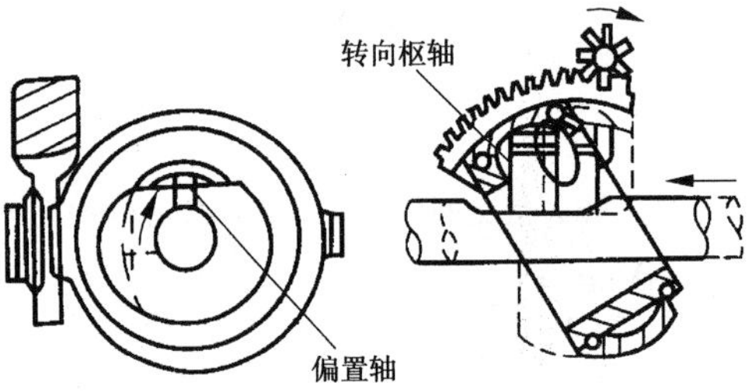

(b) 反向运动：偏置轴在转向枢轴摆转轴线之上

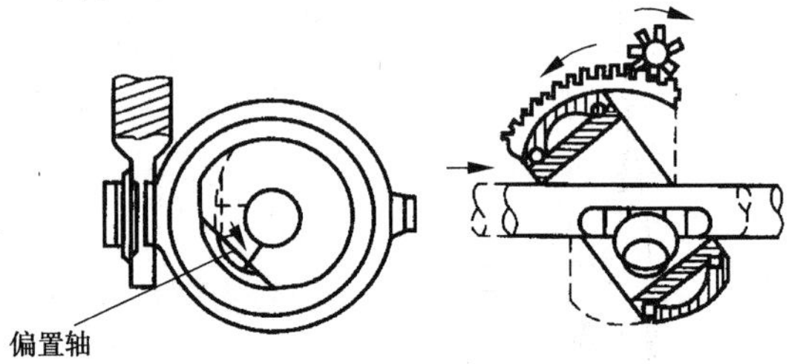

(c) 同向运动：偏置轴在转向枢轴摆转轴线之下

图 8-33　偏置轴与转向枢轴工作原理

2.4WS 转换器

4WS 转换器的作用是驱动从动杆转动，实现 2WS 与 4WS 方式的转换和后轮转向方向与转向角比例控制。4WS 转换器如图 8-34 所示，由主电动机、辅助电动机、行星齿轮减速机构、蜗轮蜗杆机构组成，主、辅助电动机的工作由转向 ECU 控制。正常情况下，作为备用的辅助电动机不工作，由主电动机带动转换器输出轴转动；当主电动机不能工作时，由辅助电动机带动转换器输出轴转动。

为检测转换器的工作状态，在从动杆蜗轮的侧面设置了滑动电阻式转向角比例检测传感器，随时向 ECU 反馈转向角比例控制状态，以便 ECU 随时进行控制和修正。

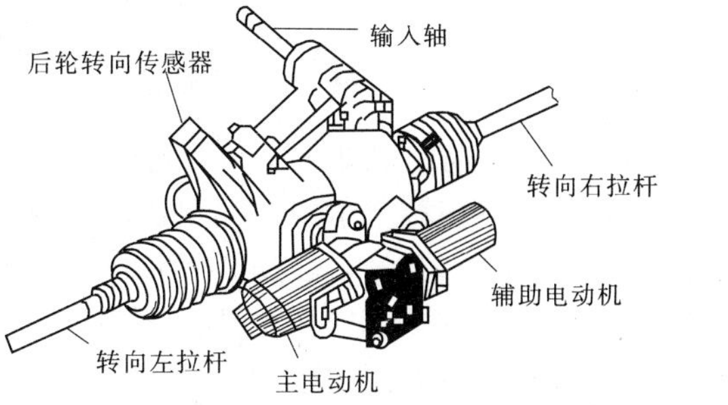

(a)4WS转换器(后轮执行机构)

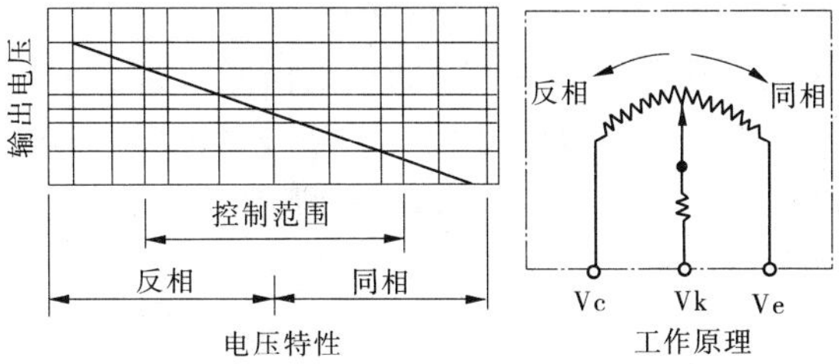

(b)后轮转向传感器电压特性与工作原理

图 8-34　4WS 转换器与后轮转向传感器

3. 转向角比例控制系统

转向角比例控制系统主要由转向 ECU、车速传感器、4WS 转换开关、转向角比例传感器和 4WS 转换器等组成,转向 ECU 是控制中心。

(二)系统的主要控制功能

1. 转向控制方式的选择

当通过 2WS 选择开关选择 2WS 方式时,ECU 控制 4WS 转换器使后轮在任何车速下的转向角为零,这是为习惯于前轮转向驾驶的人设置的。在 4WS 方式下,驾驶员还可根据驾驶习惯和行驶情况,通过 4WS 转换开关进行 NORM 模式与 SPORT 模式的转换,对后轮转向角比例控制特性进行选择。

2. 转向角比例控制

当选定 4WS 方式时,ECU 根据车速信号和转向角比例传感器信号,判定工况和后轮转向角比例控制状态后,向 4WS 转换器电动机发出控制信号,调节后轮转向角的控制比例,转向角比例传感器随时将后转向齿轮箱内从动杆的转动角度、位置情况转变为模拟电压信号,反馈给 ECU,以便 ECU 及时对后轮转向角的控制比例进行修正。

3. 安全保障功能

当转向控制系统发生故障时,4WS 故障警告灯将点亮,并在 ECU 中记忆故障部位,同时,后备系统实施以下控制:

(1)当 4WS 转换器的主电动机故障时,ECU 驱动辅助电动机工作,使后轮以 NORM 模式与前轮做同向转向运动,并根据车速进行转向角的比例控制。

(2)当某车速传感器故障时,ECU 取 SP_1 和 SP_2 两车速传感器中输出车速信号高的作为控制依据,并驱动 4WS 转换器主电动机,使后轮处于与前轮同向转向状态,进行转向角的比例控制。

(3)当转向角比例传感器故障时,ECU 驱动 4WS 转换器辅助电动机,使后轮处于与前轮同向转向最大值,并终止转向角的比例控制。如果辅助电动机发生故障,则通过驱动主电动机完成这一控制。

(4)当 ECU 出现异常时,通过 4WS 辅助电动机驱动后轮至与前轮同向转向的最大值位置,以避免后轮处于反向运动状态,并终止转向角的比例控制。

应当说明的是,当后轮处于与前轮同向转向状态时,后轮的最大转向角很小,且有利于确保高速转向时的方向稳定性。因此,当系统出现影响到后轮转向角比例控制的故障时,后备系统常使后轮处于与前轮同向偏转的最大值状态,以确保安全。

三、横摆角速度比例控制式 4WS

横摆角速度比例控制是一种能根据检测出的车身横摆角速度来控制后轮转向量的控制方法。它与转向角比例控制相比,具有两个优点:一是可以使汽车的车身方向从转向初期开始就与其行进方向保持高度一致;二是可以通过检测车身横摆角速度感知车身的自转运动。因此,即使有外力(如横向风等)引起车身自转,也能马上感知到,并可迅速通过对后轮的转向控制来抑制自转运动。

(一)系统组成

横摆角速度比例控制式 4WS 的组成如图 8-35 所示。后轮转向机构通过转换控制阀油路可以实现后轮转向。后轮转向角由两部分组成:一部分是大转角控制产生的后轮转向角

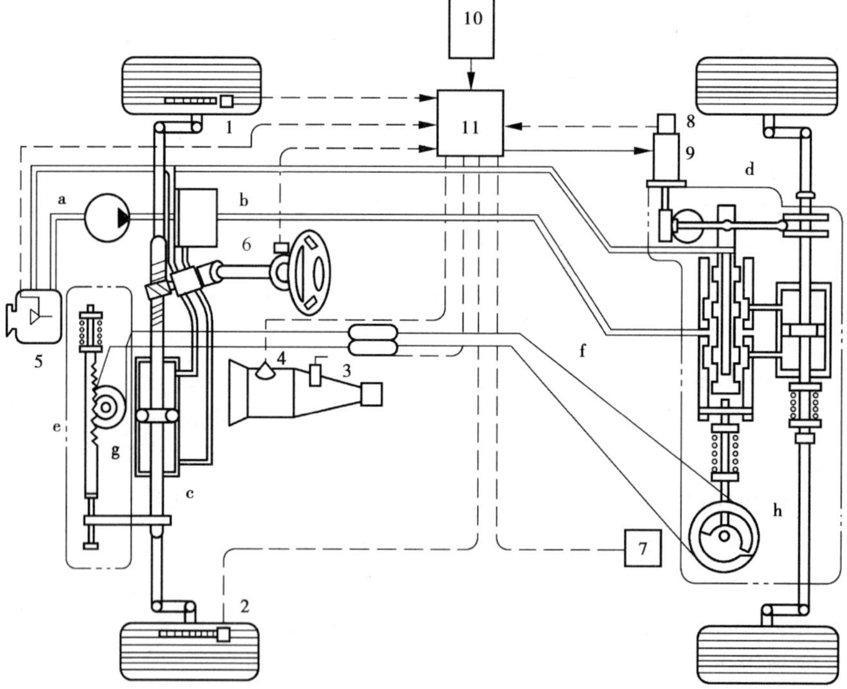

a—液压泵;b—分流器;c—前动力转向器;d—后转向助力器;e—带轮传动组件;f—转角传动拉索;g—前带轮;h—后带轮;1、2—轮速传感器;3—车速传感器;4—挡位开关;5—油面高度传感器;6—转角传感器;7—横摆角速度传感器;8—电动机转角传感器;9—转向电动机;10—ABS ECU;11—4WS ECU

图 8-35 横摆角速度比例控制式 4WS 的组成

(最大角度为5°),另一部分是小转角控制产生的后轮转向角(最大角度为1°)。大转角控制与前轮转向连动,通过传动拉索完成机械转向;小转角控制与前轮转向无关,通过脉动电动机完成电控转向。

1. 前轮转向机构

前轮转向机构如图8-36所示。转向盘1的转动可传到齿轮齿条副2上,随着齿条端部4的移动,控制齿条5左右移动,并带动小齿轮转动。由于前带轮6与小齿轮做成一体,故前带轮亦随小齿轮一起进行正反方向的转动。同时,前带轮的转动又通过转角传动拉索7传递到后轮转向机构中的后带轮上。控制齿条存在一个不敏感行程,转向盘左右约250°以内的转角正好处于此范围内。因此,在此范围内将不会产生与前轮联动的后轮转向,由于高速行驶时转向盘不可能产生这样大的转角,所以当汽车高速行驶时,后轮仅由脉动电动机控制转向。

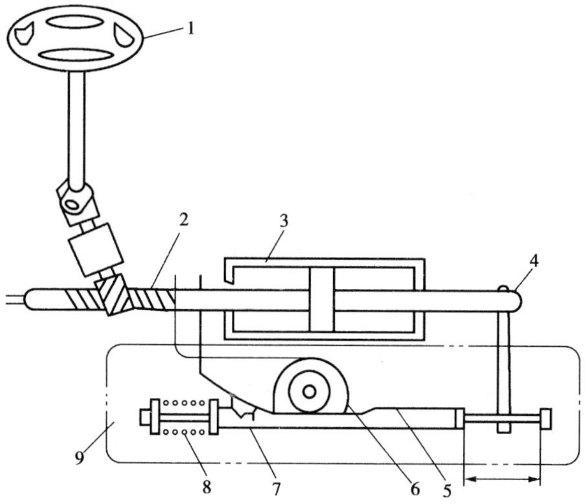

1—转向盘;2—齿轮齿条副;3—液压油缸;4—齿条端部;5—控制齿条;
6—前带轮;7—转角传动拉索;8—弹簧;9—带轮传动组件

图8-36 前轮转向机构

2. 后轮转向机构

后轮转向机构如图8-37所示。在机械转向时,转角传动拉索的行程变化被传递到后带轮1。由于控制凸轮16与后带轮被制成一体,故此时控制凸轮随后带轮一同转动,拉动凸轮推杆2沿凸轮轮缘运动,使阀套筒15左右移动。当转向盘向左转动时,后带轮1向右转动,此时控制凸轮轮缘向半径减小的方向转动,将凸轮推杆2拉出,使阀套筒15向左移动。当转向盘向右转动时,与上述相反,控制凸轮轮缘向半径增大的方向转动,将凸轮推杆推向里面,使阀套筒向右移动。来自液压泵的压力油油路根据阀套筒15与滑阀4的相对位置进行切换。当转向盘向左转动时,阀套筒向左方移动,把来自液压泵的压力油输进液压缸右室9,驱动功率活塞10向左移动。此时,与功率活塞做成一体的液压缸轴11就被推向左侧,带动后轮向右转向。相反,当转向盘向右转动时,功率活塞10被推向右侧,带动后轮向左转向。由此可见,在机械转向时,后轮都是反向转动。

在电动转向时,阀套筒固定不动。此时,由脉动电动机6通过驱动阀控制杆8的左右摆动控制滑阀 4 左右移动，从而引起功率活塞 10 的左右运动，其动作原理与上述机械转向时的一样。由于脉冲电动机是根据 ECU 的指令进行正、反向转动的，所以它完成的后轮转向与前轮转向无关。

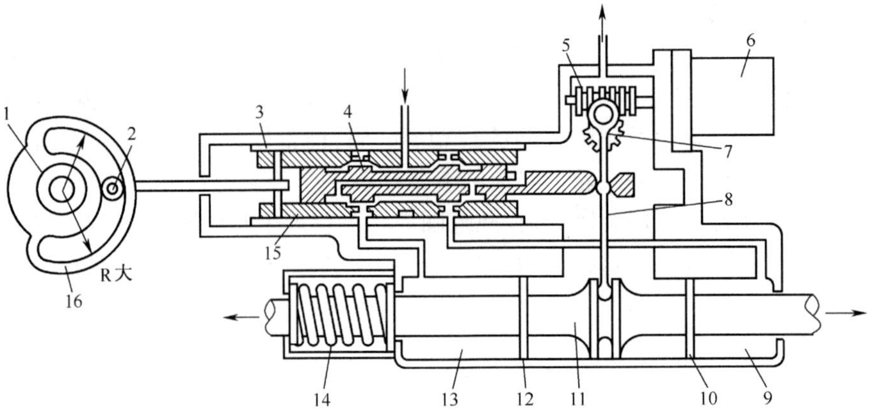

1—后带轮；2—凸轮推杆；3—衬套；4—滑阀；5—主动齿轮；6—脉动电动机；
7—从动齿轮；8—阀控制杆；9—液压缸右室；10、12—功率活塞；
11—液压缸轴；13—液压缸左室；14—弹簧；15—阀套筒；16—控制凸轮

图 8-37 后轮转向机构

(二)控制原理

1. 后轮转角控制

转向盘转角与后轮转角的关系如图 8-38 所示。图 8-38 中的后轮转角特性是由机械转向特性与电动转向特性合成后得到的。从图 8-38 可以看出，转向盘转角在左、右约 200°的反向领域内，实际上表现的是汽车在低速时的大转角与停车时的转向切换操作。而在中高速内的转向就变成了仅在电动转向范围内的后轮转向。ECU 能随时读取来自车速传感器的信号，然后计算出与车辆状态相适应的后轮目标转向角，再驱动脉动电动机，完成后轮转向操作。

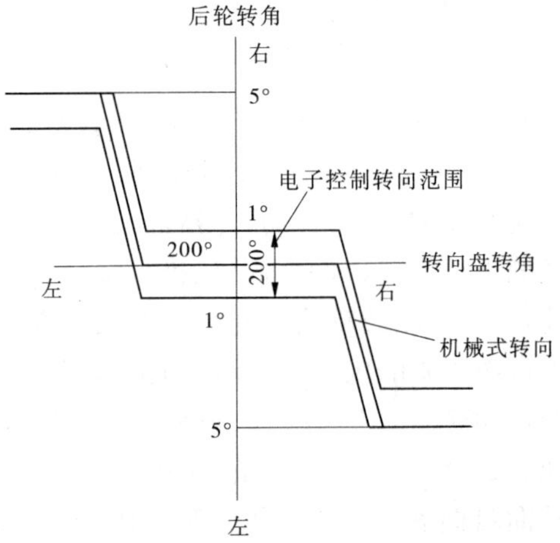

图 8-38 转向盘转角与后轮转角的关系

1)大转角控制(机械式转向)

大转角控制原理如图 8-39 所示。当前轮转角处于不敏感范围内时,阀套筒 7 与滑阀 2 的相对位置处于中间状态。因此,从液压泵来的油液就流回蓄油器中。此时液压缸左、右室仅存较低油压,液压缸轴 5 就在回位弹簧的作用下,处于中间位置。

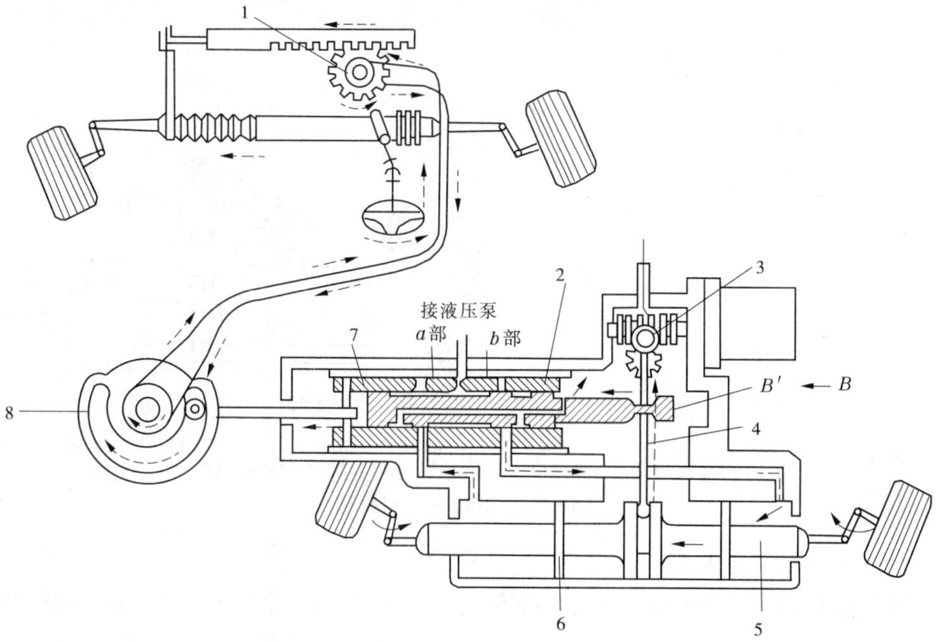

1—前带轮;2—滑阀;3—支点 A;4—阀控制杆;5—液压缸轴;6—功率活塞;7—阀套筒;8—控制凸轮

图 8-39　大转角控制原理

当前轮向左转向时,阀套筒 7 向左移动,它与滑阀 2 之间就产生了相对位移,使 a 部与 b 部的阻尼作用减小,使压力油进入到动力液压缸的右室,把功率活塞 6、液压缸轴 5 推向左侧,使后轮向右转向。由于液压缸轴 5 向左移动,脉动电动机还没有启动,故此时阀控制杆以支点 A 为中心向左转动,带动滑阀移动到比 B 点更左边的 B'点。由于这个原因,已减小的 a 部与 b 部的阻尼作用又增大,使液压缸右室内的压力下降。其结果是当液压缸轴移动到目标位置后,a 部与 b 部又会产生较大的阻尼作用,就正好达到与由车轮产生的外力相平衡的位置,从而使后轮不产生过大的转向。在外力产生变化时,液压缸轴也产生微小的移动变化,引起阀控制杆 4 对滑阀产生一个相应的反馈量,转化为与外力相平衡所需的活塞压力的阻尼作用,使其始终保持平衡。

2)小转角控制(电控转向)

小转角控制原理如图 8-40 所示。脉动电动机的旋转由一个蜗轮传送给从动齿轮 4,使阀控制杆 5 摆动。当脉动电动机驱动从动齿轮左转时,阀控制杆上端支点 A 以被动齿轮的中心点 O 为转动中心,向 A'点摆动。在脉动电动机启动的瞬间,后液压缸轴还没有移动,因此阀控制杆 5 就以 C 点为中心向左方摆动,使阀控制杆上的 B 点移动到 B'点位置,带动滑阀 2 左移。由于转角传动拉索没有动作,故此时阀套筒 1 是固定不动的,因此滑阀 2 的移动就使滑阀、阀套筒之间产生相对位移,使 a 部与 b 部的阻尼作用减小,使液压泵的压力油作用到液压缸左室，使液压缸轴向右方向移动。在液压缸轴向右移动的过程中，阀控制杆以支点 A' 为中心转动，带动滑阀向右移动到 B''，使 a 部和 b 部的阻尼作用增大，油压降低，从而达到与大转角控制转向时一样的力平衡。

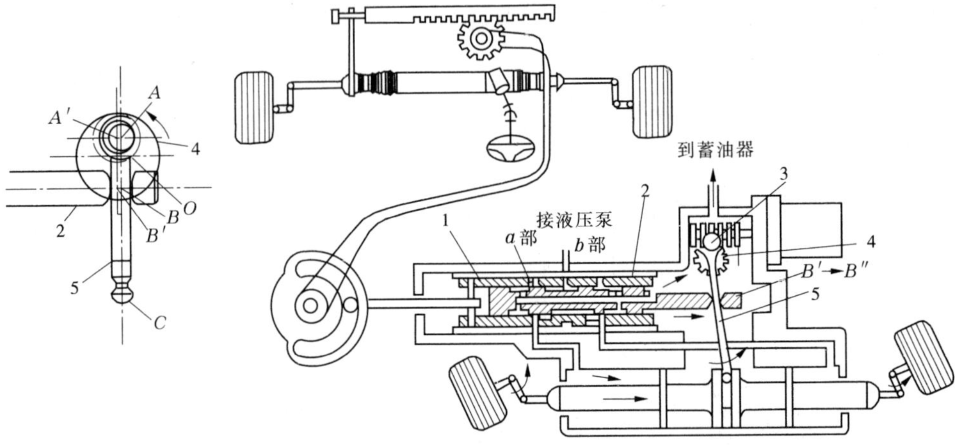

(a)阀控制杆的运动　　(b)整体的运动

1—阀套筒；2—滑阀；3—支点 A；4—从动齿轮；5—阀控制杆

图 8-40　小转角控制原理

2. 使汽车滑移角为零的控制

使汽车滑移角为零的控制是抑制 4WS 汽车在转向初期过渡阶段出现的车身向转向内侧转动滞后的一种控制方法。这种控制方法可在转向开始的瞬间控制后轮反向转动，使车身产生自转运动，抑制公转运动，防止车身向转向外侧转动。此时，横摆角速度传感器会检测出自转运动的增大，并反馈给控制系统，控制后轮产生一个同方向转动，取得自转与公转运动的平衡。这样就能保证从转向初期到转向结束的汽车滑移角始终为零。

3. 受到横向风作用时的控制

在突然受到横向风作用，车辆将要偏向时，横摆角速度传感器会立即感知到这一偏转倾向，控制系统就会操纵后轮向消除将要发生的横摆运动的方向转动。由于后轮的转动，在车身上会产生力矩，减少由横向风产生的自转运动，使车身的偏差降低到最小。

4. ABS 作用的控制

在一般情况下，由于比较重视中低速域的转向响应性，因此其横摆角速度的增益会比高速域的有所降低，但在 ABS 作用时，更重视的是制动车辆的稳定性。所以，会把 ABS 开始起作用时的横摆角速度增益一直保持到制动结束。

四、电动式电控四轮转向系统

(一) 系统构造与组成

图 8-41 是本田—序曲车上采用的电动式电控四轮转向系统。四轮转向电子控制单元对输入的传感器信息进行分析处理，计算出所需的后轮转向角，并操纵后轮转向执行器的电动机使后轮实现正确转向。在此转向系统中，前轮转向器和后轮转向执行器之间没有任何机械连接装置，四轮转向 ECU 利用方向盘转角、车速和前轮转向角传感器的信息控制后轮

转向角。

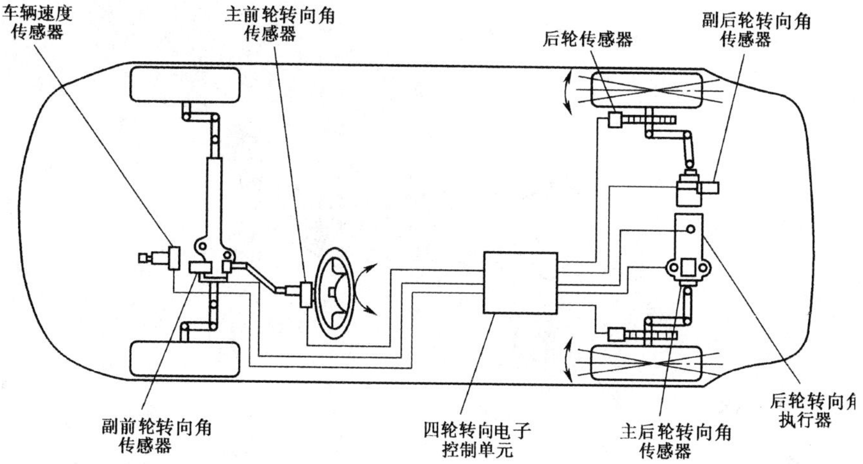

图 8-41　本田一序曲车上采用的电动式电控四轮转向系统

当车速低于 29 km/h 转向时，后轮向相反方向偏转，在车速为零时的最大转向角为 6°，在 29 km/h 时后轮转向角接近为零；当车速大于 29 km/h 时，在方向盘 200°转角以内，后轮的转向角与前轮的一致，方向盘转角大于 200°时，后轮开始向相反方向偏转。当车速提高到 29 km/h，方向盘转角为 100°时，后轮将向相同方向偏转约 1°，方向盘转动 500°时，后轮将向相反方向偏转约 1°。

1. 后轮转向执行器

后轮转向执行器由一个控制循环球螺杆机构的电动机、后轮转向角传感器、回位弹簧等组成。执行器在结构上作为后轮转向横拉杆的一部分，两端的横拉杆与后轮转向节臂相连。电动机受电脑控制转动时，即可通过循环球螺杆产生轴向推力，克服回位弹簧的弹力带动后轮转向。执行器内的回位弹簧在关闭点火开关或四轮转向系统失效时，将后轮推回到直线行驶位置。一个主后轮转向角传感器和一个副后轮转向角传感器安装在执行器的上部。图 8-42为后轮转向执行器的构造。

2. 后轮转向角传感器

后轮转向角传感器为霍尔式，通过检测循环球螺杆上的电磁转子转动情况，感知后轮偏转角度；后轮偏转角度副传感器的伸缩杆顶在与后转向横拉杆的锥形轴表面，通过感知锥形轴的移动即可测得后轮偏转角度。

3. 前轮转向角传感器

方向盘转角传感器又称为前轮主转向角传感器，为霍尔式，装在组合开关下方的转向柱上；副前轮转向角传感器安装在齿条式转向器上，其结构与工作原理和后轮转向角传感器的相同。

4. 车速传感器

与 ABS 共用的两只电磁式后轮车速传感器向 ECU 提供交变电压信号，供 ECU 判定车速。注意：为了防止来自其他电线的干扰，有的传感器带有附加的外屏蔽，如果屏蔽损坏，将严重影响 ECU 的工作。同时，严禁将电子传感器的导线位置移动到靠近其他电源附近。

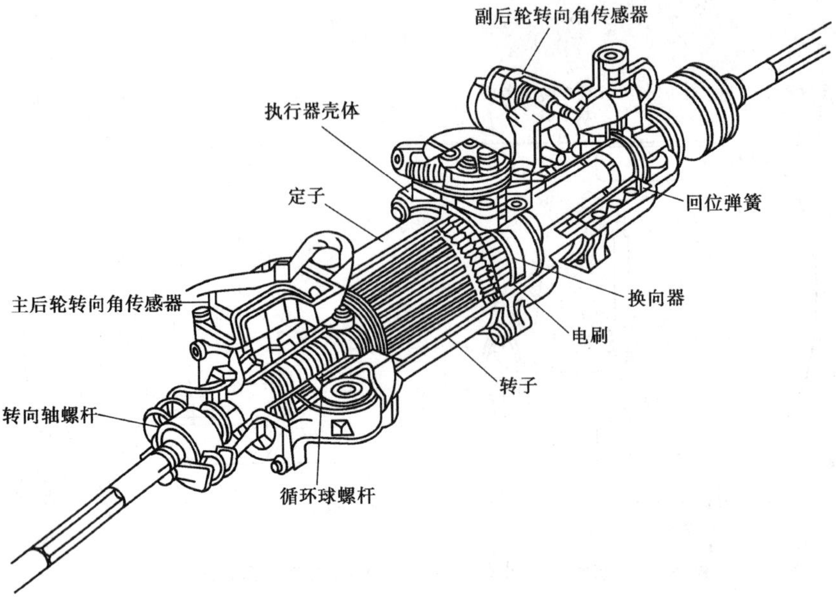

图 8-42 本田—序曲汽车后轮转向执行器的构造

(二)系统的失效保护功能

如果四轮转向系统 ECU 检测到系统出现故障,系统将转换到失效保护状态。在这种状态下,ECU 存入故障代码,并接通四轮转向指示灯发出警告。同时,控制 ECU 切断后轮转向执行器电源,使后轮保持在直行位置,系统回归为两轮转向特性。为防止后轮转向执行器断电时回正过快而造成方向不稳,ECU 在使系统进入保护状态的同时,施加阻尼力矩,使回位弹簧缓慢地将后轮转向横拉杆放回到中央位置。

第五节 电控动力转向/四轮转向系统的使用与检修

下面分别以具体车型为例介绍液压式 EPS、电动式 EPS、四轮转向系统的检查与维修过程。

一、典型液压式电控动力转向系统的维修

下面以皇冠 3.0 轿车为例来说明液压式电控动力转向系统的维修方法。

(一)系统的组成

皇冠 3.0 轿车 EPS 的组成如图 8-43 所示,其电路如图 8-44 所示。其中,电控部分由车速传感器、动力转向 ECU 和装在转向机箱内的电磁阀组成。

(二)电子控制系统的检查

皇冠 3.0 轿车的 EPS 电子控制系统常见的故障有:低速或发动机怠速时,转向沉重;高速行驶时,转向过度灵敏。

在检查电子控制系统前,应先查看胎压、悬架和转向杆件及球形销的润滑情况;检查前轮定位、动力转向泵油压是否正常;各导线插接器是否连接牢靠;转向机柱是否弯曲,等等。

电控系统的检查步骤如下:

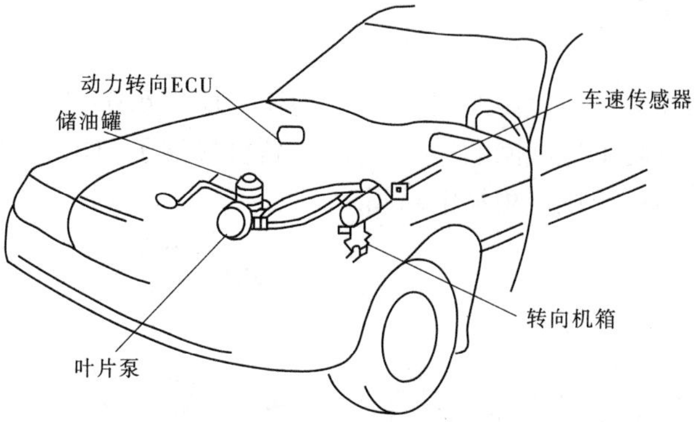

图 8-43　皇冠 3.0 轿车 EPS 的组成

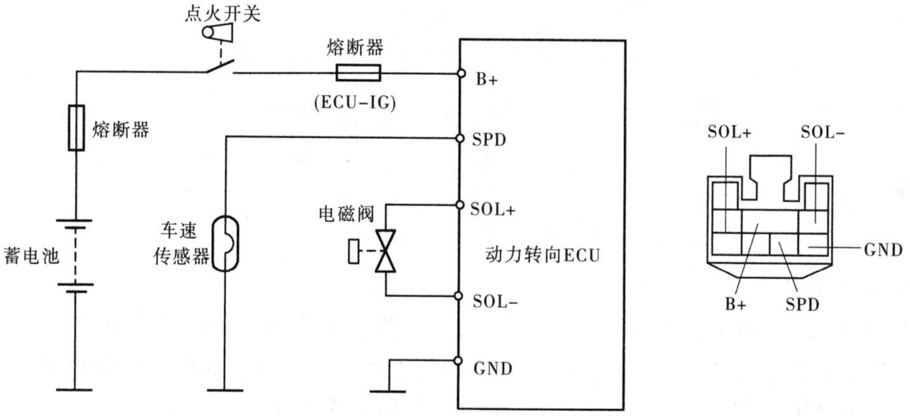

(a)皇冠3.0轿车EPS电路图　　(b)ECU插接器(正面)

图 8-44　皇冠 3.0 轿车 EPS 的电路及 ECU 插接器

(1)接通点火开关,查看 ECU - IG 熔断器是否正常。如果烧毁,并且在重新更换后又烧毁,表明此熔断器与 ECU 的端子 B + 间短路。若熔断器正常或重新更换后正常,则进行下一步检查。

(2)拔下 ECU 插接器,将电压表正表笔接插接器的端子 B + ,负表笔接搭铁,电压应为 10 ~ 14 V(蓄电池电压)。如果无电压,表明 ECU - IG 熔断器与 ECU 的端子 B + 间有断路。

(3)将万用表(欧姆挡)正表笔接插接器 GND 端子,负表笔仍接搭铁,此时电阻值应为零,否则,ECU 的端子 GND 与车身搭铁之间有断路或接触不良。

(4)支撑起一侧前轮,将电阻表的正表笔接插接器端子 SPD,负表笔接端子 GND。然后,转动支撑起的车轮,电阻表阻值应在 0 ~ ∞ 交替变化,否则,说明 ECU 的端子 SPD 与车速传感器之间有断路或短路,或车速传感器有故障。

(5)将万用表的正表笔接插接器的端子 SOL + ,负表笔接端子 GND,万用表所示的电阻值应为∞ ,否则,端子 SOL + 或 SOL - 与端子 GND 间的线路有短路,或电磁阀有故障。

(6)将万用表的正表笔接插接器的端子 SOL + ,负表笔接端子 SOL - ,电阻值应为6.0 ~ 11 Ω,否则,这两个端子之间的线路有断路或电磁阀有故障。如果电阻正常,应检查 ECU。

(三)电控元件的检查

1. 电磁阀的检查

拔开插接器,用万用表测量电磁线圈的电阻,电阻值应为6.0~11 Ω。从转向机箱内拆下电磁阀,将蓄电池正极接电磁线圈的端子 SOL+,负极接端子 SOL-,如图 8-45 所示。此时,电磁阀应缩回约2 mm,否则应更换电磁阀。

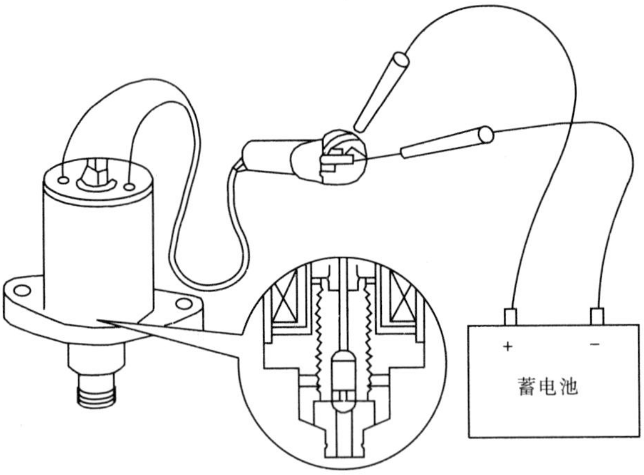

图 8-45 电磁阀的检查

2. EPS ECU 的检查

支撑起汽车,拆下 ECU 插接器,启动发动机,在不拔下 ECU 插接器、发动机怠速运转的情况下,用万用表测量 ECU 的端子 SOL- 和 GND 之间的电压,电表测笔从背面插入,如图 8-46所示。所测电压应比原来增加0.07~0.22 V;如果无电压,应更换 ECU。

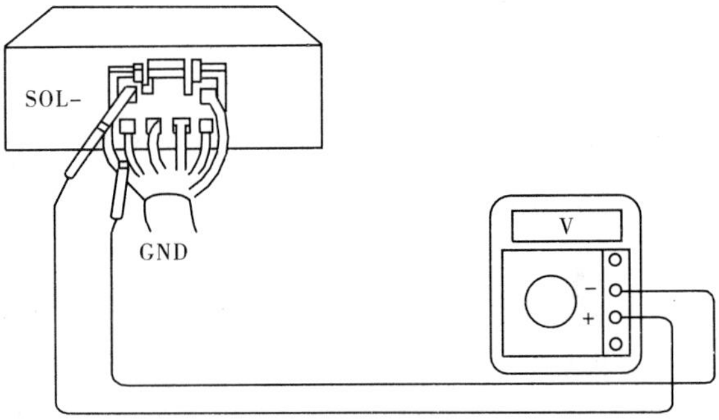

图 8-46 ECU 的检查

二、典型电动式电控动力转向系统的维修

下面以三菱轿车电动式电控动力转向系统为例来说明电动式电控动力转向系统的维修方法。

(一)故障代码的读取与清除方法

1. 警告灯的检查

当点火开关处于 ON 位置时,警告灯应点亮,发动机启动后,警告灯熄灭为正常。当打开点火开关时,警告灯不亮,应检查灯泡是否损坏,熔断器和导线是否断路。若发动机启动后警告灯仍亮，首先考虑系统是否处于保险状态，并应通过自诊断系统进行必要的检查。

2. 自诊断检查方法

三菱系列轿车诊断插座如图 8-47 所示。动力转向系统的故障诊断步骤如下：

(1)将点火开关置于 OFF 位置。

(2)将诊断插座的端子 5 与 8 之间用 LED 灯跨接起来。

(3)将点火开关置于 ON 位置。

(4)读取 LED 灯闪烁的故障代码，故障代码及故障原因如表 8-1 所示。

(5)拆开蓄电池负极 15 s 以上再装回，即可清除故障代码。

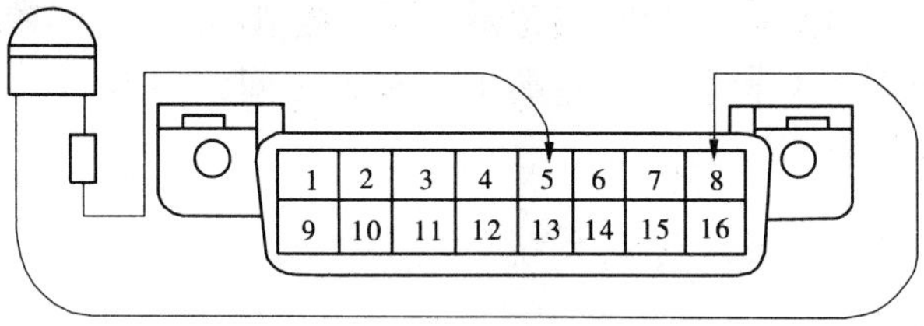

图 8-47　三菱系列轿车诊断插座

表 8-1　三菱系列轿车电动式电控动力转向系统故障代码及故障原因

故障代码	故障原因
11	EPS ECU 电源供电不良
12	车速传感器(VSS)工作不良
13	EPS 电磁离合器工作不良
14	EPS ECU 出现故障

(二)三菱微型汽车电控动力转向系统主要元件的检查与测试

1. 转矩传感器的检测

三菱微型汽车电控动力转向系统导线插接器如图 8-48 所示，当转向盘处于中间位置时，用万用表检测如图 8-48(b)所示插接器上转矩传感器端子 3 和 5 与端子 8 和 10 之间的电压，均为 2.5 V 时良好，在4.7 V以上为断路，在 0.3 V 以下时为短路。

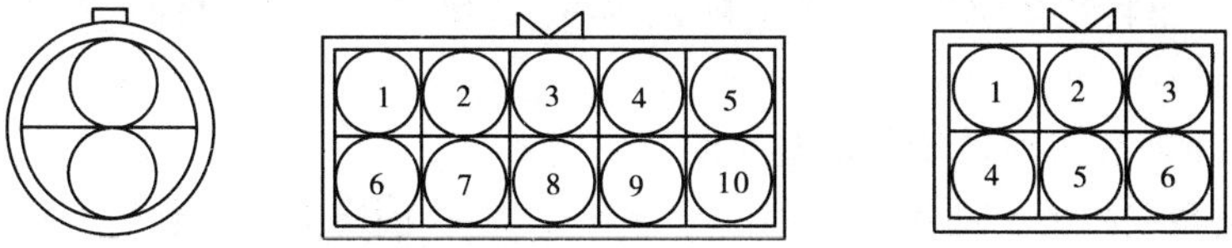

(a)电动机插接器　(b)转矩传感器和电磁离合器插接器　(c)车速传感器插接器

图 8-48　三菱微型汽车电控动力转向系统导线插接器

从转向机箱上拔下导线插接器，用万用表检测如图 8-48 (b)所示插接器上转矩传感器端子 3 和 5 与端子 8 和 10 之间的电阻，其标准值为(2.18 ± 0.66) kΩ。当转矩传感器异常时，应更换传感器总成。

2. 电磁离合器的检测

从转向机箱上断开电磁离合器插接器，将蓄电池的正极接到电磁离合器端子1上，负极与端子6相接，如图8-48(b)所示。在接通与断开的瞬间，离合器应有吸动声。如果没有吸动声，表明离合器出现故障，应更换。

3. 直流电动机的检测

从转向机箱上断开电动机导线插接器，在两端子间加上蓄电池电压时，电动机应有均匀转动声，否则应更换。

4. 车速传感器的检测

从变速器上拆下车速传感器，转动传感器转子应能滑顺转动。若有卡滞，应更换。用万用表测量传感器主侧端子1和2与副侧端子4和5之间的电阻值，应为(165 ± 20)Ω，如图8-48(c)所示。如不符合，应更换。

三、本田一序曲汽车四轮转向系统的维修

(一)故障代码的读取与清除

1. 路试

系统出现故障，即使是暂时性故障，ECU也会存储故障代码，并点亮四轮转向指示灯报警。进行故障诊断前，应向车主了解故障情况，并进行路试。如果路试中四轮转向指示灯没有亮，说明电子系统是完好的，不需进一步诊断。如果仍有问题，应参考维修手册进行人工检查，以发现和排除故障。

2. 一般检查

举升汽车，检查4WS所有电气线路、接头和元件有无断路、松动和损坏。如有损坏，进行必要的修理和更换。

3. 读取故障代码

读取故障代码的方法：取下位于仪表板中部下侧的双孔检查插座，并将两电极短接；打开点火开关，但不要启动发动机；观察位于速度表右上角的4WS指示灯，并读取故障代码；从维修手册中查阅故障代码含义及处理方法。

4. 消除故障代码

消除故障代码可用的方法：断开蓄电池线；断开四轮转向ECU插座；从发动机罩下的熔断器－继电器盒中拔下43号时钟－收音机10A熔断器。

当系统存有与主转角传感器有关的故障代码时，必须拔下43号时钟－收音机熔断器方可消除故障代码。

(二)本田一序曲汽车四轮转向系统的检查与调整

前后轮主、副转向角传感器的电子中性检查和前轮主、副转向角传感器调整及后轮副转向角传感器的调整是系统的基本检查和调整项目。后轮主转向角传感器是不可调整的。

传感器的电子中性是指传感器输出的中性信号(如零转矩、零位移等)与被传感零件(装置)实际中性状态的相符性。

1. 主、副转向角传感器的调整

(1)检查准备。如果在检查前曾断开蓄电池、4WS ECU插接器或43号时钟－收音机熔断器，应将其恢复，并启动发动机，向左、右打满转向盘至少一次。注意：如果后轮转向执行

器锁销插着时,不可打开点火开关和启动发动机,以防损坏执行器和锁销,除非已确认前轮处于直行位置。

(2)作转向记号。将汽车停在车轮转向角检查台上,使四轮处于转向角测量盘的中央,并使测量盘的显示数在车轮处于直行状态时为零。

将转向盘置于直行位置,在转向盘上方贴上500 mm的胶带,并标出中心点和左、右各9 mm、18 mm、55 mm点。然后,短接4WS检查插座电极(插座位于仪表板中部的下方,应先读取故障代码),拉紧手制动,打开点火开关,确认手制动灯点亮,使前轮转向角传感器处于检测状态。

(3)前轮主转向角传感器的电子中性检查。打开点火开关,慢慢左、右转动转向盘,直到找出使4WS指示灯亮2 s以上的位置,应在左、右各9 mm处。否则,应调整前轮主转向角传感器。

(4)前轮副转向角传感器的电子中性检查。打开点火开关,慢慢左、右转动转向盘,直到找出使4WS转向灯以0.2 s间隔闪烁的位置,应在左、右各55 mm处。否则,应调整前轮副转向角传感器。

(5)后轮副转向角传感器的电子中性检查。松开手制动,打开点火开关,确认手制动灯熄灭,使后轮转向角传感器处于检测状态;关闭点火开关,从后轮转向执行器上拆下锁销孔螺盖及密封环,然后装好中心锁销;将前轮置于直行状态,以防接通点火开关时后轮转向,损坏执行器;打开点火开关,用手扳动左后轮,使其转向右侧极限位置,再缓慢推向左转方向,当左后轮刚刚开始左转向时,4WS指示灯应开始闪烁。否则,应调整后轮副转向角传感器。

(6)后轮主转向角传感器的电子中性检查。在点火开关打开时,将左后轮转向最左方极限位置,然后慢慢向右转,在左后轮刚刚开始右转向时,4WS指示灯应点亮2 s以上。否则,应检查后轮主转向角传感器是否损坏。

最后,关断点火开关,拆下后轮转向执行器锁销,并装好螺盖。拆下检查插座短接线,装好4WS执行器罩。

2. 前轮主转向角传感器的调整

(1)将汽车置于转向角检查台上,四轮处于转向角检查盘的中央,并左、右打满方向数次。

(2)当转向盘置于总转动圈数一半的中间位置时,转向盘轮辐应处于水平位置。否则,应检查、调整转向盘和前轮主转向角传感器。

(3)拆下转向盘,查看位于转向柱上的主转向角传感器的黄色标记是否处于正下方位置。如果是,说明主转向角传感器处于电子中性位置;如果不是,应暂时装上转向盘,将黄色标记转到正下方位置,并将转向盘拆下,重新按轮辐水平位置装好。注意:安装转向盘时,转向盘上的小孔应与安全气囊电缆的销钉配合好。

3. 前轮副转向角传感器的调整

(1)举升汽车,使四轮离地,将转向盘置于直行位置,短接4WS检查插座,打开点火开关,安全拉紧手制动,并确认手制动灯亮起,使前轮副转向角传感器处于检测状态,再关闭点火开关。

(2)松开前轮副转向角传感器线束,并拆下罩盖,断开线束插接器。

(3)松开前轮副转向角传感器锁紧螺母,接上线束插接器,并打开点火开关。

(4)在保持前轮处于直行位置状态的情况下，略转动转向盘使4WS 指示灯亮起，并保持方向盘这一位置不变。

(5)沿顺时针方向慢慢转动前轮副转向角传感器至4WS 指示灯熄灭，记下此时传感器相对于转向器壳体的位置；慢慢沿逆时针方向转动传感器，直到4WS 指示灯开始闪烁，记下传感器相对于壳体的位置。

(6)将前轮副转向角传感器调转到4WS 指示灯熄灭和开始闪烁的中间位置，并锁紧。

(7)关断点火开关，并接上插座，固定好线束。

(8)进行一次电子中性检查。

4. 后轮副转向角传感器的调整

(1)举升汽车，使四轮离地，并短接4WS 检查插座。

(2)松开手制动，并打开点火开关，确认手制动灯熄灭后，关闭点火开关。

(3)拆下后轮转向执行器锁销孔螺盖，并装好锁销；松开后轮副转向角传感器导线束，并断开插接器。

(4)松开后轮副转向角传感器锁紧螺母。

(5)接上线束插接器，并将前轮置于直行位置，打开点火开关。

(6)将左后轮向左转到极限位置，然后再将其向右转，直到4WS 指示灯亮(这时，后轮主转向角传感器处于电子中性位置)。

(7)沿逆时针方向慢慢转动后轮副转向角传感器，直到4WS 指示灯熄灭，记下传感器相对于壳体的位置。然后，将后轮副转向角传感器沿顺时针方向转动到4WS 指示灯开始闪烁的位置，并做好记号。

(8)将后轮副转向角传感器转动到4WS 指示灯熄灭和闪烁的中间位置，并锁紧。

(9)关断点火开关。

(10)固定传感器插接器和线束，拆下锁销，装好锁销孔螺盖和执行器罩，进行一次电子中性检查。

注意：后轮主转向角传感器不可调整。

思考练习题

一、填空题

1. 四轮转向系统(4WS)的________与________一起参与转向，是一种提高车辆反应性和________性的关键技术。

2. 为了保证汽车转向时两前轮纯滚动而没有横向滑移，必须使汽车在转弯时________绕________进行转向。

3. 与常规液压动力转向系统相比，电子控制的电动式动力转向系统用________和________，通过减速机构助推齿条运动而代替了液压助力系统。

4. 动力转向系统按控制方式不同，可分为________和________。

5. 电子控制动力转向系统，根据动力源不同可分为________和________。

6. 根据控制方式的不同，液压式电子控制动力转向系统可分为________、________

和________三种形式。

7. 电动式动力转向系统需要控制电动机电流的方向和________。

8. 电动式动力转向系统基本上是由________、________、________、________和减速机组成的。

二、选择题

1. 整体式液压动力转向系统是将(　　)。

A. 转向器、转向动力缸、转向控制阀三者分开布置

B. 转向动力缸和转向控制阀组合成一个整体

C. 转向器、转向动力缸、转向控制阀三者组合成一个整体

D. 以上都不正确

2. 半分开式液压动力转向系统是将(　　)。

A. 转向器、转向动力缸、转向控制阀三者分开布置

B. 转向动力缸和转向控制阀组合成一个整体

C. 转向器、转向动力缸、转向控制阀三者组合成一个整体

D. 以上都不正确

3. 分开式液压动力转向系统是将(　　)。

A. 转向器、转向动力缸、转向控制阀三者分开布置

B. 转向动力缸和转向控制阀组合成一个整体

C. 转向器、转向动力缸、转向控制阀三者组合成一个整体

D. 以上都不正确

三、判断题

1. 液压式动力转向实际上是依靠发动机输出的动力来帮助实现的。(　　)

2. 电子控制动力转向系统中,常见的液压进油道中安装有一个旁通流量控制电磁阀。(　　)

3. 电子控制的液压动力转向系统中,旁通流量控制电磁阀是由电脑控制的,电脑会根据车速、转向盘速度等信息,通过该阀控制液压油的流量。(　　)

4. 电力/电子齿轮齿条转向系统在发动机熄火时还能提供转向助力。(　　)

5. 汽车直线行驶时,动力转向机构处于不工作状态。(　　)

6. 流量控制式 EPS 根据车速传感器信号调节动力转向装置供应的油液压力,改变油液的输入输出流量,以控制转向力。(　　)

7. 电动式动力转向系统是根据车速控制电磁阀,直接改变动力转向控制阀的油压增益来控制油压的。(　　)

8. 转矩传感器的作用是测量转向盘与转向器之间的相对转矩。(　　)

9. 电动式 EPS 是利用直流电动机作为动力源的。电子控制单元根据转向参数和车速等信号,控制电动机扭矩的大小和方向。(　　)

四、名词解释

液压式电控动力转向系统　电动式电控动力转向系统　转向角比例控制

五、简答题

1. 简述电控动力转向系统的优点。

2. 液压式 EPS 中电磁阀、车速传感器、转角速度传感器和 ECU 的作用是什么?

3. 液压式电控动力转向系统出现低速转向沉重故障时,应首先检查液压系统还是电控系统?

4. 电动式 EPS 由哪几部分构成?

5. 电动式 EPS 转矩传感器的作用是什么?

6. 电动式 EPS 是如何控制转向助力、改善转向路感的?

7. 为什么当电控动力转向系统出现故障代码不能明示的故障时,应先进行基本检查,然后再进行电气检查,以诊断故障所在部位?

8. 4WS 车在低速和中高速时的转向特性是怎样的?

9. 转向角比例控制式四轮转向系统是如何操控后轮偏转方向和偏转角度比例的?

10. 在转向角比例控制式四轮转向系统电控装置出现严重故障时,后备系统使后轮处于什么状态?为什么要使后轮处于这种状态?

11. 在电动式电控四轮转向系统中,后轮转向执行器的作用是什么?其是如何工作的?

参 考 文 献

[1] 李春明. 汽车底盘电控技术[M]. 北京:机械工业出版社,2009.

[2] 李雷. 汽车底盘电控系统检修[M]. 北京:人民邮电出版社,2010.

[3] 李培军. 汽车底盘电控技术[M]. 北京:人民邮电出版社,2011.

[4] 娄云. 汽车电子控制技术[M]. 北京:科学出版社,2007.

[5] 黎盛寓,谭克城. 汽车底盘电子控制技术[M]. 北京:北京理工大学出版社,2010.

[6] 史文库. 现代汽车新技术[M]. 北京:国防工业出版社,2005.

[7] 迟瑞娟,李世雄. 汽车电子技术[M]. 北京:国防工业出版社,2008.

[8] 张士江. 汽车底盘电控系统维修[M]. 北京:机械工业出版社,2010.

[9] 李巍. 汽车 ABS/BAS/DSC/ESP 系统维修实例精选及剖析[M]. 北京:机械工业出版社,2010.

[10] 姚焕新. 汽车底盘电控系统检修[M]. 北京:人民邮电出版社,2009.

[11] 杨庆彪. 汽车电控制动系统原理与维修精华[M]. 北京:机械工业出版社,2006.

[12] 冯顺利. 汽车传动系检修[M]. 哈尔滨:哈尔滨工程大学出版社,2011.

[13] 贾广辉. 汽车行驶、转向和制动系检修[M]. 哈尔滨:哈尔滨工程大学出版社,2011.